普通高等教育“十二五”规划教材

大学生文化素质教育系列丛书

# 军事理论教程

孟天财　王文军　编著

国防工业出版社

·北京·

# 内 容 简 介

本书根据2019年教育部、中央军委国防动员部颁发的《普通高等学校军事课教学大纲》修订而成。全书按照学理体系和逻辑结构分为五篇:第一篇中国国防包括国防概述、国防法规、国防建设、武装力量、国防动员、国防精神与国防科技工业;第二篇国家安全包括国家安全概述、国家安全形势、国际战略形势;第三篇军事思想包括中国古代军事思想、毛泽东军事思想、邓小平新时期军队建设思想、江泽民国防和军队建设思想、胡锦涛国防和军队建设思想、习近平强军思想;第四篇信息化装备包括信息化装备概述、信息化作战平台、综合电子信息系统、信息化杀伤武器;第五篇现代战争包括现代战争概述、新军事革命、机械化战争、信息化战争。

本书可作为普通高等学校军事理论课的教材,也可作为我国全民国防教育和国防教育研究人员的参考书。

**图书在版编目(CIP)数据**

军事理论教程/孟天财,王文军编著.—北京:国防工业出版社,2012.8(2022.8重印)
ISBN 978-7-118-08348-4

Ⅰ.①军… Ⅱ.①孟… ②王… Ⅲ.①军事理论—高等学校—教材 Ⅳ.①E0

中国版本图书馆CIP数据核字(2012)第170099号

※

国防工业出版社出版发行
(北京市海淀区紫竹院南路23号 邮政编码100048)
三河市天利华印刷装订有限公司印刷
新华书店经售

*

**开本** 787×1092 1/16 **印张** 20 **字数** 352千字
2022年8月第1版第7次印刷 **印数** 25001—30000册 **定价** 45.00元

---

**(本书如有印装错误,我社负责调换)**

国防书店:(010)88540777 书店传真:(010)88540776
发行业务:(010)88540717 发行传真:(010)88540762

# 前言

南京理工大学由创建于1953年曾是新中国我军培养国防科学和技术人才的最高学府——中国人民解放军军事工程学院(简称:哈军工)分建而成。南京理工大学自1988年被国家教育委员会列入高校学生军训试点单位以来,秉承军工传统,发挥理工学科和军工学科的优势,开展军事理论教学,并在集中军训和军事理论课堂教学活动中积累了大量的有益经验,曾获得全国高等学校学生军训工作优秀学校和全国学生军事训练工作先进单位。

2001年5月,国家教育部、解放军总参谋部、总政治部颁发的《关于在普通高等学校和高级中学开展学生军事训练工作的意见》明确指出,学生军训是普通高等学校本、专科学生的必修课,学校要纳入教学计划。这标志着全国高校的学生军训和军事理论课教学进入普及化和常态化。

鉴于全国普通高校开设军事课程从试点转向全面普及的形势,以及军事科学技术的迅速发展,因此传统使用的多种版本的军事理论教材已不能满足当前高校文科、理科和工科都能通用的教学要求。为了进一步促进军事理论课程建设,为读者提供一本具有鲜明时代性、先进性和科学性的教材,所以根据2007年教育部《关于印发新修订〈普通高等学校军事理论教学大纲〉的通知》精神,在长期积淀和深入研究的基础上,于2012年编撰了《军事理论教程》并由国防工业出版社出版。

中国共产党的十八大以来,我国进入了社会主义的新时代,在习近平新时代中国特色社会主义思想的指引下,社会治理、国防建设等都发生了新的伟大飞跃,特别是习近平强军思想应当进教材、进课堂。因此,2018年本书列入南京理工大学"十三五"首批规划重点教材。

2019年,教育部、中央军委国防动员部颁发的《普通高等学校军事课教学大纲》(以下简称:新《大纲》)明确指出,军事课要以习近平强军思想和习近平总书记关于教育的重要论述为遵循,全面贯彻党的教育方针、新时代军事战略方针和国家总体安全观,围绕立德树人根本任务和强军目标根本要求,着眼培育和践行社会主义核心价值观,以提升学生国防意识和军事素养为重点,为实施军民融合发展战略和建设国防后备力量服务。

本书的创新:全书按照学理逻辑分为五篇。其具体表现:一是按照学科门类研究论述,给读者以清晰严密的学理逻辑结构,以免在认知上产生混乱;二是每一篇都是一个大的学科体系,特别是军事技术篇是一个大的工学门类,涉及国防科学技术九大学科,本书科学、巧妙地解决了庞大知识体系与教学大纲有限的教学时数之间的矛盾,深入浅出、简明易懂;三是各章节分布合理、内容详实,体例新颖、具有鲜明的时代性和科学性。

本书的鲜明特点如下:

(1)逻辑结构清晰严谨。梳理学科背景和知识体系,改变以章为序的单一结构模式,根据教材内容的学科体系和逻辑关系整合为五篇,每篇各章均具有逻辑联系,五篇为本书整体。例如:第一篇中国国防包括国防概述、国防法规、国防建设等六章。各篇、各章在内容上具有独立性,在知识体系中各章又具有相关性,授课时既能作为独立单元讲授,又可在内容上衔接,实现了军事理论知识体系的完整性和逻辑结构的严谨性。

(2)谋篇布局务实合理。为了方便学生阅读和教师实施课堂教学,本教材在各章内容分布上是用了心力的。首先是遵照教学大纲谋篇。每一章的知识体系和信息量构成一次课的完整教学单元,避免了传统教材有的单元内容太多、有的单元内容不足。其次是以教和学为本布局。特别是在军事技术内容方面,涉及较多工学学科领域的知识,若处理不好就会导致教师在备课、授课以及学生学习时发生困难。本书科学合理地解决了这个问题,既便于教师按大纲合理、定量安排课程进度,又有利于学生课外阅读。

(3)文理兼顾适用性强。本教材内容丰富、信息量大,适合各类高校使用。对文科学生而言,可能大多关注点和兴趣点在国防和军事思想方面,同时与他们的专业学习也有一定相关性。在国防和军事思想方面,本教材有两篇共12章内容足够实施课堂教学和供学生课外阅读。对理工科学生而言,在信息化装备和现代战争方面,有8章内容足够实施课堂教学和供学生课外阅读。简言之,本书充分考虑了文科学生对国防和军事思想方面的兴趣需求,理工科学生对信息化装备和现代战争的兴趣需求。

(4)军工特色突出鲜明。南京理工大学是一所具有悠久军工传统的高校,在国家国防现代化建设中承担着重要的作用,不仅参与重大国防科研项目,每年也输送大量人才从事军工工作。本教材专门在中国国防篇中编写“国防精神与国防科技工业”一章。从国防精神、国防教育、国防科技工业发展概况等方面系统讲述我国国防发展的历程及相关内容,以利于培养和树立学生献身国防的责任感和历史使命感。

(5)概念界定科学严密。克服了市面上一些《军事理论》教材存在部分概念欠准确、标题与内容不符等问题。本教材对于基本概念、含义进行了严格推敲和界定,同时选取权威部门的最新界定和解释,力求概念准确。对于引用的数据进行比对,以免数据偏差;对于内容相似、易混淆的概念或名词(如高技术战争与信息化战争),采用深入浅出的诠释与全方位对比的方法,做到了发展脉络清晰、概念清楚。

(6)引用素材先进新颖。由于军事技术、国际和周边形势、军事理论研究等方面都处于动态发展中,因此在编写中国国防篇、信息化装备篇时,广泛搜集了军事科技前沿的成果及国际、周边最新进展。例如:我国航天领域取得的辉煌成就、我国南海主权的争端等。在军事思想篇中,严格按照大纲基本内容施教的同时,融入目前国内外理论界研究的新成果,使内容、观点与时俱进,符合思想理论的传承性和创新性。

(7)教学手段多元开放。为了提高授课质量,本教材配备课堂多媒体教学课件(PPT),受到学生的普遍欢迎,并已经制作本课程慕课(MOOC)。为实施多元化教学,军事教研室与校外多媒体公司合作,将教师授课内容录制成系列影像,创建有关战争及武器装备的影像库,已经开发了试题库,充分运用现代媒体技术,以满足各类学生的学习需求。

2021年本书列入南京理工大学“十四五”教材建设规划。因此,本书根据新《大纲》的规定和要求进行了大量修改。

由于编者水平所限,书中不足之处在所难免,欢迎广大读者批评指正!

编著者

2022年5月

# 目录

## 第一篇　中国国防

# 第二篇　国家安全

# 第三篇　军 事 思 想

## 第四篇 信息化装备

# 第五篇　现代战争

# 第一篇　中国国防

国防概述

国防法规

国防建设

武装力量

国防动员

国防精神与国防科技工业

国防，即国家的防务，伴随国家的产生而产生，服务于国家利益。丘吉尔有一句名言：我们没有永恒的朋友，也没有永恒的敌人，只有永恒的利益。可见国防直接关系到国家的根本利益——安全、民族的尊严、社会的发展。

我国古代视礼义事关国体，为维护社会和国家的安全力量，必须严格遵行，防止逾越，称为国防。现在国防是指为保卫国家的主权、领土完整和安全，防御外来的武装侵略和颠覆所采取的一切措施。

现代国防又称为社会国防、大国防、全民国防，包括武装力量建设、国防体制、军事科技和工业、国防工程、军事交通通信、国防动员、国防教育、国防法规等方面，是一个庞大而复杂的系统。从国家元首到每个公民，从军事到政治、经济、文化、教育、科技和意识形态都与之密切相关。现代国防以军事力量为核心，还包括有关的非军事力量。它重视国家的战争潜力，特别是战时的动员效率；它还是以经济和科技为主的综合国力的体现。现代军队是知识和科技密集的武装集团，强调质量建军胜过“人海战术”。和平时期国防的作用是威慑，要求不战而胜；战时国防的责任是实战，目标是取得胜利。本篇从国防的基本属性出发叙述中国国防。

# 国防概述

“国无防不立,民无兵不安”。作为一个国家、一个民族,最重要的无非是两件大事:一个是发展问题,另一个是安全问题。国防是人类社会发展与安全需要的产物,它是关系到国家和民族生死存亡、荣辱兴衰的根本大计。“兵者,国之大事,死生之地,存亡之道,不可不察也”。

## 第一节　国防的基本概念

国防是伴随国家的产生而产生的。任何国家自诞生之日起,就要固国强边,防备和抵御各种外来侵略,以保障国家安全、维护国家利益、推进国家发展。国防是国家生存与发展的安全保障,关系国家的安危、荣辱和兴衰。国家的生存与发展,离不开国家的主权独立、领土完整、安全稳定和统一。无论是确保国家的内政不被干涉、主权不被侵犯、领土不被分裂和占领,还是维护国家的统一,促进国家的长治久安和人民的安居乐业,都不能没有强大的国防。

### 一、国防的含义

国防是国家为防备和抵抗侵略,制止武装颠覆,保卫国家的主权、统一、领土完整和安全而进行的军事及与军事有关的政治、经济、外交、科技、教育等方面的活动。

国防是阶级斗争的产物,伴随阶级和国家的形成而产生,只要世界上有国家存在,国防就会存在。在人类社会发展的不同阶段,在不同阶级专政的国家中,国防具有不同的特征。奴隶社会和封建社会,国防的职能是将各阶级维持在一定的“秩序”范围之内;资本主义社会,国防的职能是用军队保护和扩大商品生产与贸易,对外进行疯狂掠夺;人类历史上诞生社会主义国家之后,国防有了新的阶级内涵,其职能是确保各民族的平等生存、发展,抵抗外来侵略,维护世界和平。

维护国家安全利益是国防的根本职能;捍卫国家主权、领土完整和防止外来侵略、颠覆,是国防的主要任务。衡量一个国家国防实力的强弱,军事实力不是唯一标准,还涉及这个国家的政治、经济、文化、科技、外交等。尤其是人类历史进入21世纪,人类社会建立在社会化大生产、大经济的基础上,社会各方面已经成为一个紧密相关的有机整体,国防只有成为这个有机整体的不可分割的一部分,才可能具有无穷的威力。因此,要树立一个大国防观,将国防建设放入整个国家乃至人类发展的大环境中进行思考、规划。

现代国防是对传统国防的继承和发展,是一种全新的国防观念和国防实践活动。现代国防绝非单纯的武力较量,而是在综合国力的基础上以军事手段为主,在政治、经济、科技、外交、文化等手段配合下进行的总体较量。

## 二、国防的基本特征

**1. 现代国防是国家综合国力的体现**

现代国防的主体是军事力量,但它还包括与国防相关的非军事力量,如政治、经济、外交、科技、文化等。此外,它不仅依靠国家的现实实力,还依靠国家的潜力,以及将潜力转化为现实实力的能力。例如:国土面积、地理位置、自然资源、生产能力、人口数量和质量、科技和文化水平、交通运输、通信状况、国家政策、管理能力、国际关系和国际地位等。如何充分运用本国所具有的各种资源,并在战时尽快且有效地使其转化为战争能力,是一个国家综合国力强弱的根本体现。

**2. 现代国防既是一种国家行为,又是一种国际行为**

一个国家想要持续发展,首要的条件是巩固国防,只有国防巩固了,政府才能集中精力制定正确的政策,才能调动一切人力、物力进行经济建设,人民才能安居乐业。然而,经济全球化的发展趋势,使得一个国家的发展受到国际环境的影响和制约,世界尤其是周边国家局势动荡,该国就得更多的关注国防。如果该国受到别国的武力威胁,则该国就必须进行国防动员,以迎接外来挑战。因此,现代国防作为一种国家基本行为的同时,也日益成为一种国际行为。

**3. 现代国防具有多层次的目标**

政治、经济对现代国防的影响越来越深刻。由于各国的国家利益不同,特别是经济利益不同,因此所制定的战略也不同,加上各国军事实力和综合国力的差异,就使得现代国防呈现多层次的目标体系。

国防的目标可分为自卫目标、区域目标和全球目标。一是本国在国土之外的经济利益有限,加上自身实力不足,因此只能将国防目标定位于最基本一个层次上,即自卫目标的国防,着眼于维护国家主权和领土完整。二是一些国家虽然在世界范围都有自己的经济利益,但不奉行扩张政策,或者军事实力达不到全球范围,所以将防卫目标锁定在本国及周边区域,即区域目标国防,在维护本国安全利益这个层次上再提高一步,努力为本国的发展创造一个良好的周边环境,并扩大自卫的纵深和弹性。三是少数实力雄厚的国家，国家利益遍及全球，或者出于保护本国利益的目的，或者出于称霸世界的企图，将国防的目标对准世界，以维护世界和平、稳定和消除战争危险，或进行侵略扩张，将自己的意志强加给别国。

从内涵上对国防的目标层次进行分类。一种是基于保证国家生存、民族独立型的国防，称为生存目标；另一种是国家生存无忧，民族独立无虑，国防的目标在于争取一个适合国家发展的空间，称为发展目标。

总的来说，国防因国家性质、制度、国力及其推行的政策不同而具有不同的特征。所有国家的国防的着眼点都是捍卫和扩大本国的利益。

### 三、国防的类型

当代世界各国的国防归纳起来可概括为以下四种类型。

**1. 扩张型国防**

扩张型国防是指某些经济发达大国，为了维护本国在世界许多地区的利益，奉行霸权主义侵略扩张政策，打着“防卫”“人道主义”和“维护人权”等幌子，对其他国家进行侵略、颠覆和渗透。其特点是把本国的“安全”建立在其他国家屈服的基础上，把“国防”作为侵犯别国主权和领土、干涉他国内政的代名词。例如：美国推行霸权主义政策，在世界各地建立了300多个军事基地，把本国的国防延伸到其他国家和地区，为其全球战略服务。

**2. 自卫型国防**

自卫型国防是指在国防建设上以防止外敌入侵为目的，主要依靠本国的力量，广泛争取国际上的同情和支持，以达到维护本国的安全、周边地区和世界的和平与稳定。我国坚持积极防御的战略方针，充分体现了自卫型国防。

**3. 联盟型国防**

联盟型国防，即以结盟形式，联合一部分国家来弥补自身力量的不足。在联盟型国防中，有扩张型国防和自卫型国防两种。从联盟国之间的关系来看，还可分为一元体联盟型国防和多元体联盟型国防，前者有一个大国处于盟主地位，其余国家从属于他，后者基本处于伙伴关系，共同协商防卫大计。

**4. 中立型国防**

中立型国防主要是指中小发达国家为了保障本国的繁荣和安全，严守和平中立的国防政策，制定了总体防御战略和寓兵于民的防御体系，如瑞士寓兵于民大搞全民皆兵的国防。

## 第二节 国防史概要

公元前21世纪，在我国建立了奴隶制国家：夏王朝，作为抵御外来入侵和讨伐他国的工具——国防便产生了。我国先后经历了奴隶社会、封建社会、半殖民地半封建社会和社会主义社会。我国的国防也经历了无数个强盛与衰落的交替,从而留下了宝贵的国防经验和深刻的历史教训。

## 一、古代国防

我国古代的国防是指从公元前21世纪夏王朝的建立到1840年鸦片战争,共经历了近四千年的漫长历史。中华民族经历了无数次战争的锤炼,形成了强大的民族凝聚力,培育出了自强不息、前仆后继、不畏强暴、卫国御敌的尚武精神,成为一个多民族的大疆域国家。

**1. 古代的国防政策和国防理论**

随着中国古代社会进入奴隶制社会,作为抵御外来侵犯和征伐别国的武备——国防的雏形便产生了。在几千年的征战中,为保家卫国,逐渐形成了我国古代的国防政策和国防理论。

春秋战国时期,由于各诸侯国之间连年征战,使国防观念迅速得到强化,虽然当时的诸子百家在政治和哲学主张各放异彩,但在国防方面认识趋同,形成了如"义战却不非战""非攻兼爱却不非诛""足食足兵""以正治国,以奇用兵""富国强兵,文武相济""尚战、善战、慎战""不战而屈人之兵"等思想。这些国防思想已经上升到理论的高度,标志我国古代军事思想在这个时期已经基本成熟。现存最早、影响最深的军事思想著作《孙子兵法》,就是这个时期的杰出代表作。在几千年的军事历史中一直被视为兵学经典的7部著作中,就有5部产生在这个时期。诸子百家的大量的军事论述,共同形成了我国军事学术史上的第一个高峰。在此基础上也形成较为完整的战争观,并提出了普遍的战争指导原则,如孙子的"知彼知已,百战不殆""示战先算""伐谋伐交,不战而胜""以智使力"等。同时,在此基础上总结出一整套治军方法,形成了比较合理的军队编制结构;重视改善武器装备,明确提出把军队的教育训练当作治军的首要任务。

我国古代秦朝、汉朝、隋朝、唐朝、五代时期,国防建设有了进一步的发展具体如下:

公元前230年至前221年,秦国经过10年的统一战争,先后兼并六国,结束了历史上的长期分裂局面,第一次建立起中央集权的封建国家,标志着我国封建社会进入一个新的历史阶段。汉朝、唐朝时期是我国封建社会的盛世,军事上也处于开疆拓土的鼎盛时期,直到公元10世纪中叶的近1300年间,我国古代国防政策和国防理论得到了进一步的丰富的发展。其主要表现:开始全面整理兵书,初步形成古代军事学术体系。通过三次大规模的整理兵书,形成了研究军事战略的"兵权谋",研究战役、战术的"兵形势",研究军事天文、气象的"兵阴阳",研究兵器、装备的制造和运用技巧的"兵技巧",共四大类,构成一个较为完整的军事学术体系。另外,战略思想趋于成熟,战略防御思想得到进一步完善。

宋朝至清朝前期,是中国封建地主阶级没落时期,军事上进入冷兵器、热兵器并用时代，因此这个时期国防政策和国防理论上也有相当的发展，并且武学开始纳入国家教育体系。北宋初期采用了以文制武，将中从御，结果导致了重文轻武，国防衰落。宋仁宗时期，开办了“武学”，后设武举，为军队培养、选拔了大批军事人才，同时也繁荣了军事学术。明、清两朝将武举推向更深层次，甚至出现文人谈兵、武人弄文的局面，大量军事著作面世，军事思想研究向体系化发展。

从总体上来说，我国古代国防理论主要有：“以民为体”“居安思危”的国防指导思想，“富国强兵”“寓兵于农”的国防建设思想，“爱国教战”“崇尚武德”的国防教育思想，“不战而胜”“安国全军”的国防斗争策略等。在这些思想和策略的指导下，我国抵御了无数次外敌入侵，为中华民族的繁衍生息，国家的发展提供了基本的生存条件，甚至使国防出现过“中国既安，四夷自服”的辉煌。

**2. 古代的兵制建设**

兵制，即常说的军事制度，也称为军制，是国家或政治集团组织、管理、维持、储备和发展军事力量的制度。我国古代的兵制建设主要包括军事领导体制、武装力量体制和兵役制度等内容。

在军事领导体制上，夏、商、西周时期，一般由国王亲自掌握和指挥，没有形成专门的军事领导机构。春秋末期，实现将相分权治国，以将（将军）为主组成军事指挥机构。战国时期，将军开始独立统兵作战。秦国一统天下之后，设立了专门管理军事的机构，太尉为最高的军事行政长官。隋朝设立了三省六部制，设兵部专门主管军事。宋朝设置枢密院作为军事领导的最高机构，主官用文官担任，主要目的是防止“权将”拥兵自重。枢密院有权调兵却无权指挥，将军有权指挥却无权调兵，形成枢密院和将军的相互牵制的局面。各朝代在军事领导体制方面的做法虽各有千秋，但军队的最终调拨使用大权始终是掌握在皇帝手中的。

在武装力量体制上，秦朝之前的时期武装力量结构单一，一个国家通常只有一支国家的军队。从秦朝开始，国家的政治制度逐渐完善，生产力不断发展，因此秦朝之后的各朝代根据国家的状况和国防的需要以及驻防地区和担负任务的具体情况，将军队区分为中央军、地方军和边防军三种，并对军队的编制体制、屯田戍边、兵役军赋、军队调动、军需补给、驿站通道、军械制造和配发等都做了具体的规定，并以法律的形式颁布执行，如唐朝的《卫禁律》《军防令》等。

在兵役制度上，随着各个历史时期的政治、经济、人口状况和军事需要而发展变化。奴隶社会时期，生产力低下，人口稀少，战争规模小，主要实行兵民合一的民军制度。封建社会时期，民军制度逐渐演变为与当时历史条件相适应的兵役制度，如秦汉时期的征兵制、三国、两晋、南北朝时期的世兵制、隋唐时期的府兵制、宋朝的募兵制、明朝的卫所兵役制等。

**3. 古代的国防工程建设**

我国古代为抵御外敌的侵犯，巩固边海防，修筑了众多、规模庞大的国防工程，如城池、长城、京杭运河以及海防要塞等。

在我国古代的国防工程建设中,城池的建设时间最早、数量最多。城池建筑最早始于商朝,之后城池建设规模不断扩大,结构日益完善,一直延续到近代。因此,在我国古代战争中,城池的攻守作战成为主要的样式之一。

长城是城池建设的延伸和发展。春秋战国时期已经开始建造长城,秦始皇统一六国之后,为了巩固国防,防御北方匈奴的南侵,于公元前214年开始将秦、赵、燕三国北部的长城连为一个整体,形成西起临洮(今甘肃岷县),北傍阴山,东至辽东宏伟工程。后经各朝代多次修建连接,至明代形成了东起辽宁虎山,西至北京居庸关,另修建祁连山东麓到甘肃嘉峪关,人工墙体的长度为6259.6千米的万里长城。

京杭大运河是我国古代兴建的伟大水利工程。隋炀帝时期,征调大量人力物力,将原有的旧河道上拓宽和连贯,形成北起洛阳,南至杭州,全长1700多千米的大运河。该运河把南北许多州县连成一线,成为军事交通和"南粮北运"的大动脉,具有重大的军事和经济作用。

古代海防建设是从明朝开始的。14世纪,倭寇频繁袭扰我国沿海地区,明朝在沿海重要地段陆续修建了以卫城、新城为骨干,水陆寨、营堡、墩、台、烽堠等相结合的海防工程体系,为抗击倭寇的入侵起到了重要作用。

**4. 古代国防的兴衰**

古代国防的兴衰是与各朝代的政治、经济、军事状况密切相关。纵观我国几千年的国防史不难发现,当统治阶级处于上升时期,政治开明、经济繁荣、军事强大、民族团结、国家统一的时候,国防就强盛;当统治阶级走下坡路时,政治腐败、经济衰落、军事孱弱、民族分裂、国内混乱的时候,国防就削弱、崩溃。

从整个历史来看,我国古代前期,即从春秋战国到秦汉、盛唐,国防日趋发展,且不断发展到鼎盛。我国古代后期,即从中唐到两宋,再到晚清,我国国防便日趋衰败,甚至清朝后期一触即溃、不可收拾。从整体上来看,我国古代国防事业的基本趋势是由弱小到强盛,再从强盛走向衰落。

从汉、唐、明、清等几个大的历史朝代看,国防事业都是由兴而盛,由盛及衰。其间固然不乏极盛之前的短暂衰落,衰败之后的一时复兴,但终其一朝由盛及衰的基本趋势是没有改变的。

## 二、近代国防

我国近代的国防是孱弱、衰败和屈辱。在西方殖民主义者的侵略面前,腐朽的统治者奉行的国防指导思想是"居安思奢""卖国求荣",执行的国防建设思想是"以军压民""贫国臃兵",倡导的国防教育思想是"愚兵牧民""莫谈国事",制定的国防斗争策略是"不战而败""攘外必先安内"。其结果是有国无防,国家沦为殖民地半殖民地,人民惨遭蹂躏和屠杀。

**1. 清朝后期的国防**

1644年,清军大举入关,最终建立大清王朝。经过"康乾盛世"之后,政治日趋腐败,国防日益疲弱。1840年鸦片战争爆发,西方殖民主义者大举入侵,从此清王朝一蹶不振、江河日下、有国无防、内乱丛生、外患不息,逐步沦为半殖民地半封建社会。

1)清朝的武备

军事领导体制方面。1840年以前,大清王朝先后设立了议政王大臣会议、兵部和军机处,作为高层军事决策和领率机构。1840年鸦片战争后,开始实施"洋务新政",成立了总理衙门。八国联军入侵中国后,清朝统治者企图通过改革军制来强军安国,遂改总理衙门为外务部,撤消原有的兵部,成立陆军部。

在武装力量体制方面。清军入关之前,军队是八旗兵;入关后为弥补兵力的不足,将投降的明朝军队和新招募的汉人单独编组,成立了绿营。1851年以后,为镇压太平天国运动,清朝统治者号召各地乡绅编练乡勇,湘军和淮军逐渐成为清军的主力;中日甲午战争之后,开始编练新军。

在兵役制度方面。八旗兵实行的是兵民合一的民军制。太平天国运动被镇压后,湘军、淮军取代八旗兵和绿营兵,成为清军的主力。甲午战争中,湘军、淮军大部分溃散,清朝开始"仿用西法,编练新兵"。新军采用招募制,在入伍的年龄、体格及识字程度方面均有比较严格的要求。

2)清朝的疆域和边海防建设

清朝初期重视边海防建设。这一时期疆域西到今巴尔喀什湖、楚河、塔拉斯河流域、帕米尔高原,北到戈尔诺阿尔泰、萨彦岭,东北到外兴安岭、鄂霍茨克海,东到海包括台湾及其附属岛屿,南到南海诸岛,西南到广西、云南、西藏包括拉达克,建立了一个空前统一、疆域辽阔的多民族的封建专制国家。从道光年间开始,政治日益腐败,边海防逐渐废驰。清军的北洋水师"日久玩生,弁兵于操驾事宜全不练习,遇敌之时雇佣舵工,名为舟师,不谙水务"(《清史稿》);边防废驰,海防要塞火炮年久失修,技术性能落后,炮弹威力很小,而且射程相当近。西方殖民主义者乘虚而入,以坚船利炮打开了中国封闭的国门。19世纪中叶以后,香港、澳门、台湾、澎湖分别被英国、葡萄牙、日本占领,东北乌苏里江以东、黑龙江以北及西北今国界以外的广大地域被沙俄侵占,帕米尔地区被沙俄、英国瓜分,拉达克被英国属克什米尔所吞并。

3)"五次"对外战争

1840年,英帝国主义以清王朝禁烟为由,对中国发动了战争,史称:鸦片战争。1842年,战败的清王朝被迫在英国的军舰上签订了我国历史上第一个丧权辱国的不平等条约——《南京条约》。中国的领土和主权遭到破坏,开始沦为半殖民地半封建社会。

1856—1860年,英国联合法国,分别以"亚罗艇事件"和"马神甫事件"为借口,对中国发动了第二次鸦片战争。战败的清王朝被迫与英国签订了中英《天津条约》,与法国签订了中法《北京条约》,此时的沙俄趁火打劫,强迫清政府签订了《瑷珲条约》。中国的领土主权进一步遭到破坏,半殖民地半封建社会程度加深。

19 世纪 80 年代初,法国殖民主义者在完全占领越南后,开始觊觎我国西南地区。1884—1885 年中法交战。清军将领冯子材、刘永福痛击法军,取得了镇南关大捷,导致法国茹费里内阁的倒台。但是腐败的清政府却一味苟且偷安,李鸿章认为法国船坚炮利,强大无敌,中国即便一时而胜,难保终久不败,不如趁胜而和。因此,清政府和法国签订了《中法新约》,将广西和云南两省的部分权益出卖给了法国,使中国不败而败,法国不胜而胜。

1894 年日本以清朝出兵朝鲜为由发动了甲午战争。北洋水师全军覆没,清政府被迫与日本签订了《马关条约》,中国被进一步肢解,民族危机加剧。

1900 年英国、美国、德国、法国、俄罗斯、日本、意大利、奥匈帝国,以保护在华侨民"利益"为借口,组成联军,发动侵华战争。战败的清政府被迫签订了《辛丑条约》。这个条约从政治、经济、军事等方面都扩大和加深了帝国主义对中国的统治,并表明清政府已完全成为帝国主义统治中国的工具,中国完全沦为半殖民地半封建社会。

从 1840 年鸦片战争到 1911 年辛亥革命,清政府与列强签订了数百个不平等条约,割让领土近 160 万平方千米,共赔款 2700 万元、白银 7 亿多两。当时,在 1. 8 万多千米的海岸线上,清政府竟找不到自己享有主权的港口。国家有海无防,有边不固,绝大部分我国领土成了帝国主义的势力范围:俄国在长城以北,英国在长江流域,日本在台湾、福建,德国在山东,法国在云南。

**2. 民国时期的国防**

1911 年暴发的辛亥革命,虽然推翻了清朝的统治,彻底废除了封建专制制度,建立了"中华民国",但并没有改变中国任人宰割的历史。帝国主义国家通过扶植各派军阀作为自己的代理人,加紧对中国的控制掠夺。各派军阀争权夺利、混战不休,中国依然是有边不固,有海无防,人民有家难安。

1)军阀混战与中华民族的觉醒

辛亥革命后,各派军阀以帝国主义国家为靠山,割据称雄、混战不休。直、皖、奉三大派系军阀先后窃取中央政权,贿选国会议员和总统,出卖国家和民族利益。《二十一条》的签订和"巴黎和会"中国外交的失败,使中国面临被帝国主义国家进一步瓜分的命运,激起了中华民族同仇敌忾、共御外敌的决心和勇气,以"五四运动"为重要标志。1921 年 7 月中国共产党的成立,把中国人民的救亡图存斗争推向新的阶段,中国工人阶级开始以自觉的姿态登上了历史舞台。

2)日本的入侵及中国人民的抗战

1931 年 9 月 18 日日本发动了"九一八事变",蒋介石政府却奉行"攘外必先安内"的方针,使东北大片国土迅速沦陷。1937 年 7 月 7 日日本发动"卢沟桥事变",侵华战争全面爆发,中华民族到了生死存亡的紧要关头。中国共产党高举团结抗日的旗帜,团结全国各族人民进行了艰苦卓绝的 14 年抗战,终于取得了我国近代历史上第一次抗击外敌侵略的完全胜利。

3）解放战争及新中国的成立

抗日战争胜利后，中国人民迫切需要一个和平安全、休养生息的环境，中国共产党顺民心，从民愿，不计前嫌，准备与国民党第三次携手，合作建国。但蒋介石政府背信弃义，妄图消灭中国共产党及其领导的军队，经过 4 年的解放战争，中国人民终于推翻了蒋家王朝，结束了一百多年来中华民族有国无防的屈辱历史。

## 三、近代国防屈辱史的启示

历史是一面镜子，以史为鉴面向未来，深刻汲取历史的经验、教训是历史的永恒价值所在。我国几千年的国防史的启示主要有以下几点。

**1. 经济发展是国防强大的基础**

早在春秋时期齐国的政治家管仲就提出“富国强兵”的思想，孙子更直接地指出：兵不强则不可以摧敌，国不富不可以养兵，富国是强兵之本，强兵之急。这一观点抓住了国防强大的根本所在。我国古代凡是有作为的政治家、军事家，无不强调富国强兵。秦朝以后的汉、唐、明、清各朝前期国防的强盛，都是与民休养生息、发展经济的结果。与此相反，则各朝代衰败。无数史实证明，经济发展是国防强大的基础。

**2. 政治开明是国防巩固的根本**

纵观我国数千年的国防历史不难发现，凡是兴盛的时期和朝代，都十分注意修明政治，实行较为开明的治国之策。例如：原本西陲小国的秦国，从商鞅变法开始，修政治、明法度，发展生产、繁荣经济，国防日渐强大，为统一中国奠定了坚实的基础；大唐王朝初建之时，满目疮痍、百废待兴，由于制定并实施了一系列开明的政治制度，使国家很快从隋末的战争废墟中恢复过来，成为国力昌盛、空前统一的帝国。

**3. 国家的统一和民族的团结是国防强大的关键**

从我国几千年的国防史可知，凡是国家统一、民族团结的时期，国防就巩固、强大；凡是国家分裂、民族矛盾尖锐的时期，国防就虚弱、颓败。晚清时期，在西方列强的进攻面前，清政府不敢发动反侵略战争，不依靠、不支持人民群众进行战争，反而认为“患不在外而在内”“防民甚于防火”。所以，清政府对人民群众自发组织的反侵略斗争实行残酷的镇压，最终造成对外作战中屡战屡败、割地赔款，逐步沦为半殖民地半封建社会。历史的教训最为深刻，经验弥足珍贵，值得我们永远记取。

# 第三节 国防建设主要成就

新中国成立以来，我国的国防建设在军队、国防科技与国防工业、国防动员等方面取得了辉煌的成就。

## 一、国防科技和工业的发展

1949年新中国成立时的大阅兵，当时参阅的装备除了马匹是国产的以外，其他的装备大多是缴获的：既有美式卡车、飞机和火炮，也有日本的坦克、飞机和小高炮，还有英制的枪支。当时海军只有2个排，空军只有17架缴获的飞机。

1954年国庆5周年时的阅兵，当时参加阅兵的装备，无论是汽车、火炮，还是坦克、飞机，基本上都是苏式（苏联制造）的。

1959年国庆10周年时的大阅兵，第一个接受检阅的坦克方队，其装备是我国制造的59式中型坦克。在受阅的6种型号的火炮中，有5种型号是我国自己制造的；从天安门上空飞过的歼－5飞机也是我国自己制造的。从此，我国的国防工业开始走上了仿制的道路。

1984年国庆35周年大阅兵时，这次阅兵使用的全部装备都是国产的新式装备，主要包括：作战飞机117架、战略导弹在内的导弹189枚、坦克装甲车205辆、火炮126门、火箭布雷车18辆、轻武器6429支、汽车2216辆等。特别是战略导弹第一次向外展示，充分说明我国的国防工业和国防科研具有了自主研制、自主生产的能力。

1999年国庆50周年大阅兵武器装备种类比1984年增加了近一倍，其中95%是新装备。主战坦克更新换代为88式和99式，步兵登上了新式步战车、新型展带式装甲输送车，检阅队伍里有了防空导弹方队、自行火炮方队。蓝白相间的4种型号的海军舰空导弹、舰舰导弹方阵，是我国90年代自行研制生产的，具有低空反导弹能力的舰空导弹和反舰导弹。16台白色和16台深绿色的“一车四箭”新型导弹发射车，是具有当代先进水平的防空武器。战略导弹部队展示的都是当时世界上最现代化的固体燃料地地导弹。空中10个梯队的132架战机，首次由陆、海、空三军航空兵联合组成。无论是兵种构成、梯队规模、飞机数量，还是装备性能都是我军阅兵史上前所未有的。海军航空兵称为“中国飞豹”的歼击轰炸机，具有很强的对空对地攻击能力。第一次公开展示的空中加油机，它向世界传达了一个新的信息：中国空军远程作战能力有了具有战略意义的突破。陆军航空兵的武装直升机和攻击直升机，预示着陆军已具备了“空地一体”的立体作战能力。

2009年国庆60周年大阅兵展示的武器装备技术性能又有新的提升。这次阅兵与过去阅兵最大的不同就是减少了陆军方队和徒步方队，增加了军兵种方队和装备方队，提高了装备的科技含量，参阅的要素更加齐全，兵种参阅的更加全面，装备类型更加多样，具有很强的联合性，体现了我军机械化和信息化复合发展的特色。这次参阅的装备都是国产的装备，近90%是首次参阅。其中以前没有出现过的新装备：陆军的无人机和卫星通信等，海军的陆战队战车和歼轰机等，空军的预警机、空降兵战车等。这些都体现了进入新世纪、新阶段以来，我国的国防和军队现代化建设取得的新成就。

到2016年，我国在陆、海、空、天、电领域的国防装备又有了跨越式、爆发性发展。东风系列战术、战略导弹（东风－26、东风－21D、东风－5、东风－41等）公开亮相，新型战略核潜艇下水。辽宁号航母服役，万吨以上的船坞登陆舰入列，可以和美国宙斯盾级驱逐舰相媲美的中华神盾052D服役。歼－15舰载机在辽宁号航母成功起降，达到世界先进水平的五代隐身战机歼－20、歼－31试飞成功，大型运输机运－20服役，轰－6K常态化战斗巡航南海。一批新型卫星上天，北斗导航投入使用，陆基中段导弹拦截系统试验成功，在侦查、监视、跟踪、定位、打击一体化的航天领域处于国际前列。形成了陆、海、空、天、电五维立体的国防武器装备体系，为保卫国家主权领土完整和人民生命财产安全提供了坚实的物质基础。

2017年7月30日，中国人民解放军举行了庆祝建军90周年盛大阅兵，是野战化、实战化的沙场点兵，是人民军队整体性、革命性变革后的全新亮相。此次阅兵展示现役主战武器装备信息化水平和新质战斗力，反映现代新型军兵种力量鲜明特色，体现信息化联合作战编成及运用方式，展示我军规模结构和力量编成的新重塑。40%的装备是第一次亮相，如歼－20、歼－16、运－20、D31－AG等。

2021年9月28日至10月3日珠海航展，我国歼－16D咆哮狼、歼－20、运－20、直－20、歼－10C、歼－15、空警－500h、运－8反潜机、无侦－7、无侦－8、霹雳－15E、攻击－11、彩虹－6无人机、VU－T10无人作战平台、新型空空导弹PL－15E等型号导弹、航母山东舰的大比例模型、FC－31隐身战机模型都在展览中亮相。

## 二、建立了完备的国防科技工业体系

### 1. 航天工业

我国已成为世界上少数几个能独立研制和发射人造卫星，掌握卫星回收技术，能够提供国际航天发射服务的国家。我国自行研制的长征系列运载火箭已具备发射地球近地轨道、地球同步静止轨道和太阳同步轨道等多种轨道、多种载荷卫星的能力，可以满足现有国内外不同类型卫星的发射需要，已成功地为国内外用户发射国外卫星。近20年来我国在国际商业发射服务市场所占份额约为10%，2015年我国发射的航天器约占全球总额的22.1%，出口卫星约为10%。我国先后与70多个国家建立了航天领域的技术交流与合作关系。“神州”系列载人宇宙飞船的发射成功和顺利返回，完成了单人单天、多人多天以及宇航员太空出舱活动等研究和实践。2012年6月18日神舟九号与天宫一号首次载人交会对接取得成功，天宫二号空间实验室于2016年9月15日成功发射。2021年5月空间站天和核心舱完成在轨测试验证，9月17日三名航天员在空间站工作三个月后顺利返回，10月17日三名宇航员再次入住空间站，首次在轨驻留六个月，开启了中国空间站有人长期驻留的时代。2020年6月23号，中国北斗卫星导航系统全球星座部署完成，目前全球已有120余个国家和地区使用北斗系统。2020年7月23日，中国首个火星探测器“天问一号”在海南文昌航天发射场由“长征五号”运载火箭成功发射升空并成功进入火星转移轨道。2020年12月，中国探月工程“绕落回”三步走战略完美收官，嫦娥五号返回器载着两千克月壤在12月17日凌晨成功着陆；天问一号于2021年2月到达火星附近，5 月着陆巡视器与环绕器分离，软着陆火星表面，标志着我国由航天大国迈入航天强国。

**2. 船舶工业**

中国人民海军设计建造了包括核潜艇在内的各类舰艇、辅助船舶达 100 余万吨。1971 年 8 月 23 日，中国第一艘核潜艇首次以核动力驶向试验海区。1974 年“八一”建军节，中央军委命名第一艘核潜艇为“长征一号”，正式编入海军序列，中国海军由此跨入世界核海军行列。1981 年 4 月，中国第一艘弹道导弹核潜艇下水。“远望”三号、四号航天测量船、大型综合补给船等军辅船舶已装备部队，大大增强了人民海军的战斗力。自 1985 年至今，海军军舰编队十余次出访外国，跨越印度洋、大西洋、太平洋，出访的 6 个种类 30 余艘(次)舰船全部是我国自行建造的。2011 年 8 月我国第一艘实验、训练型航空母舰下水，现在已经初步形成战斗力，2017 年我国自行设计建造的航母下水，2019 年 12 月 17 日，山东舰在海南三亚某军港交付海军，充分显示了中国船舶工业的实力。

**3. 航空工业**

从 1956 年 10 月的第一架喷气式歼击机的研制成功，已累计研制生产了包括歼击机、强击机、轰炸机、运输机、侦察机、直升机等在内的各种军用飞机。我国还有相当数量飞机可投放核武器的能力，具有机动核反击的能力。以歼 -8 系列为代表的一批高空高速歼击机，特别是“飞豹”歼击轰炸机，新型歼 -10、歼 -11B 已列装，可与世界上先进作战飞机相媲美。2016 年第五代战机歼 -20 在珠海航展成功表演，同年大型运输机运 -20 服役，歼 -15 成功在航母上起降。

## 三、建立了比较完善的国防动员体制

常备军和后备力量是现代国防的两大基本要素。实行精干的常备军与强大的后备力量相结合，形成以常备军为骨干、后备力量为基础，二者互为补充、互相依赖、协调发展的国防力量统一体。当前，我国已经基本建立了一套比较完善的国防动员体制，基本做到了平时少养兵、养精兵，战时多出兵、出好兵，能打仗、打胜仗，可以迅速将国防潜力转化为军事实力。

**1. 健全了国防动员机构**

动员，即人力、财力、物力等方面的整合与调集。我国的动员体制是在中央军委下设人民武装委员会，负责指导和协调全国后备力量建设和动员工作；国务院有关部委设有动员机构，各省、市、自治区以及各地级市、区、县政府均设立动员机构。军队从总部机关到各集团军、海军基地、战区空军、火箭军基地都设有动员机构和动员军官，特别是在大军区一级设有动员部。省军区、军分区、人民武装部，既是同级党委的军事部门，又是政府的兵役机关，是后备力量建设与动员工作于一体的机构。

**2. 建设了强大的后备力量**

国防后备力量包括预备役部队和民兵。如果说常备军是国家武装力量的主体，那么国防后备力量是常备军的力量源泉和动员扩编的基础,是在和平时期制约战争、维护和平的重要国防威慑力量,是夺取未来战争最后胜利的战略力量。《兵役法》确立了我国民兵与预备役相结合的国防后备力量体制,根据“控制数量、提高质量、抓好重点、打好基础”的原则,各大战区都建立了预备役部队,按中国人民解放军的编制组建,实现了我国国防后备力量的新发展。目前,我国民兵已发展成为一支拥有炮兵、防空兵、通信、工兵、防化以及海军、空军等专业技术分队的强大群众武装。预备役部队已拥有不同军兵种的师、团和专业技术部(分)队,其快速动员和遂行作战任务的能力大大提高。

## 思考题

1. 如何理解国防的含义与类型?
2. 我国国防史的主要阶段与经验教训是什么?
3. 国防史给了我们哪些启示?
4. 如何理解国防力量是综合国力的体现?

# 国防法规

纵观古今中外,为了把一个国家、一个地区乃至整个世界稳定在一定的秩序范围,使社会和谐安宁,其方略:一是德治,二是法制。

## 第一节　国防法规概述

国防法规是由国家立法机关制定的并以国家强制力保证其实施的,用于调整国防体制、武装力量建设、国防科技建设、战争动员体制、国防生产、全民防御和国防教育等社会关系的法律规范的总称。它是国家国防政策的法律体现,是指导国防活动的行为准则,又是国家法律体系的重要组成部分。

### 一、国防法规的含义

国防法规体系是指国家关于国防的法律、法令、条例、规则、章程等的总称。

我国的国防法规体系,按立法权限区分为四个层次。第一个层次是法律。法律是由全国人民代表大会及其常务委员会制定的。现行的国防方面的法律共有15件,其中国防法律11件,关于法律问题的决定4件,如修改兵役法的决定,设立全民国防教育日的决定等,其与法律具有同等效力。第二个层次是法规。法规是由国务院和中央军委制定的。由中央军委制定的为军事法规,现有126件;由国务院制定或国务院与中央军委联合制定的为军事行政法规,现有39件。第三个层次是规章。由军委各总部、各军兵种、各军区制定的军事规章,由国务院有关部委与军委有关总部联合制定的为军事行政规章,现有规章2500多件。第四个层次是地方性法规。由省、自治区、直辖市人民代表大会及其常务委员会制定的贯彻执行国家国防法规的实施办法、实施细则、补充规定等。

新中国成立以来,中国共产党和中国政府十分重视国防法规建设,形成了比较系统的国防法规体系。

国防法规中的法律体系是根本、核心,条例、规则、章程等针对特定的事项和人群。本章主要介绍国防法律体系。

## 二、国防法制的含义

国防法制是国家关于国防的法律制度,包括法律的制定、执行和遵守,是维护社会稳定和国家安全的方法和工具。

我国的国防法制可分为16个门类:国防基本法类、国防组织法类、兵役法类、军事管理法类、军事刑法类、军事诉讼法类、国防经济法类、国防科技工业法类、国防动员法类、国防教育法类、军人权益保护法类、军事设施保护法类、特区驻军法类、紧急状态法类、战争法类、对外军事关系法类。

## 三、国防法规建设取得积极进展

2000年3月全国人民代表大会通过的《中华人民共和国立法法》,首次以国家基本法律的形式,对中央军委以及各总部、军兵种、军区的立法权限做出明确规定:中央军委根据宪法和法律,制定军事法规;各总部、军兵种、军区,可以根据法律和中央军委的军事法规、决定、命令,在其权限范围内,制定军事规章;军事法规、军事规章在武装力量内部实施;军事法规、军事规章的制定、修改和废止办法,由中央军委依照该法规定的原则规定。这个法规,确立了军事立法在国家立法体制中的重要地位。

进入21世纪,中国制定了国防和武装力量建设方面的法律以及有关法律问题的决定3件、法规56件、规章420件。全国人民代表大会常务委员会制定的《中华人民共和国国防教育法》,为开展国防教育提供了法律依据。新修订的《中华人民共和国现役军官法》,进一步完善了人民解放军的军官服役制度。国务院、中央军委联合制定的《中华人民共和国军事设施保护法实施办法》,明确规定了军事设施保护工作的领导组织体系以及具体的保护措施和处罚办法。新修订的《中国人民解放军内务条令》《中国人民解放军纪律条令》,对新形势下加强依法治军提供了有力的法规保障。

为维护国防利益和军人合法权益,我国对军事司法制度进行了改革。根据中华人民共和国最高人民法院授权,军事法院开始审理军队内部包括合同、婚姻家庭、房地产、知识产权、医疗事故损害赔偿纠纷及申请军人失踪或死亡等在内的民事案件,履行军队内部民事审判职能。地方各级政府和军队有关部门正在努力建立和完善维护军人及其家属合法权益的工作机制,为国防和军队建设创造良好的法制环境。

根据国家的统一部署,我国武装力量从2001年开始进行第四个五年普法教育,主要内容包括学习宪法和国家的基本法律,以及与国防和武装力量建设、履行军队职能、发展社会主义市场经济、官兵切身利益相联系的法律法规等。军事法、战争与武装冲突法等已经纳入军事院校的法律课程,并列入部队的训练大纲。

# 第二节　主要国防法律概要

国防法律是指国家为了加强防务，尤其是加强武装力量建设，用法律形式确定并以国家强制手段保证其实施的行为规范的总称。本节介绍《国防法》《国防教育法》《兵役法》。

## 一、《国防法》

**1.《国防法》的含义**

《中华人民共和国国防法》简称:《国防法》，是根据宪法制定的一部综合性的调整和规范国防建设的基本法律，是调整和指导国防领域中各种关系的基本法律规范，在国防法规体系中的根本法，是其他军事立法的基本法律依据。

《国防法》是由全国人民代表大会八届五次会议于1997年3月14日通过并于当日颁布实施。它既是一部充分体现国家意志，凝聚着全国各族人民根本利益的国防建设的总章程，又是一部全面继承中国革命和建设优良传统，凝聚改革开放硕果，吸收国外先进经验，反映现代国防建设规律，适应社会主义市场经济需要，并具有时代特征和中国特色的国防法典。它的颁布实施是我国国防史上具有划时代意义的大事，也是国防和军事法制建设的重要里程碑。

《国防法》的颁布实施，对于我国依法固防，依法治军，加快国防现代化建设进程，保证国家长治久安，具有深远的历史意义。其有利于把国家防务纳入法制化轨道，有利于国防建设更加适应国家经济体制的转变，有利于国防法制的健全与完备，有利于树立和维护我国爱好和平的国际形象。

**2.《国防法》的基本精神**

《国防法》是我国国防的基本法，共十二章70条。它对涉及国防领域各方面的关系进行了调整。2020年12月26日，中华人民共和国第十三届全国人民代表大会常务委员会第二十四次会议修订通过《中华人民共和国国防法》，共十二章73条，自2021年1月1日起施行。

(1)规范了国家防务建设的基本方针和基本原则。例如:抵御外敌入侵，防止颠覆，维护国家安全，捍卫国家主权，保卫国家领土、领海、领空不受侵犯，坚持全民自卫，坚持国防建设同国民经济建设协调发展以及独立自主处理国防事务等原则。规定了国防建设的方针、原则，明确了国防建设的发展方向。

(2)规范了国防建设的基本制度。例如:兵役、军事人事、军事经济、国防科技、国防动员、国防协调会议、国防教育等若干基本制度。法定的国防制度方面的规范，使我国国防建设走向法制化，避免政出多门，互相抵触。

(3)规范了国防领导体制的构成及职责。例如:规定了党对武装力量和国防活动的领导,国家机构的国防职权等。通过对国家防务和国防建设主管部门职责的规范,可以明确领导关系,分工合作,共同做好国家的防务工作。

(4)规范了武装力量的构成、性质、宗旨、任务、建设目标及武装力量活动的原则等。通过这方面的规范,进一步确保武装力量属于人民,遵守宪法和法律,接受中国共产党的领导。

(5)规范了公民、国家机关、社会组织的国防义务和权利。例如:依法征兵,保证兵员质量,公民依法服兵役,自觉接受国防教育,相关企事业单位要保质保量地完成国防科研生产、接受国家军事订货等。

《国防法》是我国在新的历史条件下组织和动员全国各族人民积极投身于国防建设事业的基本法律。在学习和贯彻《国防法》时,应着重把握以下基本方针原则:坚持实行积极防御的战略方针,坚持独立自主、自力更生地建设和巩固国防的原则,坚持全民自卫的原则,坚持国防建设与经济建设协调发展的原则,坚持国家对国防活动实行统一领导的原则,坚持国家对外军事关系的基本原则,坚持国防义务与权利相一致的原则,坚持普及全民国防教育的原则。

中国特色社会主义进入新时代,面对世界百年未有之大变局,要解决好国家安全和发展两件大事,必须要有法律作为保障。同时,国防和军队建设改革也在不断地深化,武装力量的使命任务有了新的拓展,《国防法》必须做出修订和完善。特别是中国共产党的"十八大"以来,军队的指挥体制、规模结构和力量编成、军事政策制度改革等进一步推进,形成了很多重要的改革成果,需要用法律的形式体现和固化。例如:新修订的《国防法》增加了保卫国家发展利益的内容,增加了太空电磁网络空间等新领域的内容,为国家安全和发展提供更全面更充分的法律保障,做到国家利益拓展到哪里国防建设就必须跟进到哪里。

新修订的《国防法》修改了 54 条,增加了 6 条,删除了 3 条。其主要体现在八个方面:一是确立了习近平新时代中国特色社会主义思想在国防活动中的指导地位;二是结合中国共产党和国家机构改革、国防和军队改革实际,调整了国家机构的国防职权,增加了军委主席负责制的内容;三是充实了武装力量的任务和建设目标;四是着眼新型安全领域活动和利益的防卫需要,明确了重大安全领域防卫政策;五是根据国防教育和国防动员领导管理体制改革实际,充实完善了国防教育和国防动员制度;六是着眼"使军人成为全社会尊崇的职业",强化了对军人地位和权益的保护;七是改进国防科研生产和军事采购制度;八是贯彻总体国家安全观和习近平外交思想,充实了对外军事关系方面的政策制度。

概括起来,新修订的《国防法》贯穿了一条主线:坚持习近平中国特色社会主义思想指导地位;奉行一条基本政策:奉行防御性国防政策;聚焦一个根本指向:建设巩固国防和强大武装力量;体现一个高度统一:军民融合,实现富国和强军的统一。

## 二、《国防教育法》

**1.《国防教育法》的含义**

《国防教育法》是《国防法》的下位法，是国家为了普及和加强国防教育，发扬爱国主义精神，促进国防建设和社会主义精神文明建设，根据《国防法》和《教育法》制定的基本法律。国家通过开展国防教育，使公民增强国防观念，掌握基本的国防知识，学习必要的军事技能，激发爱国热情，自觉履行国防义务。

《国防教育法》是由第九届全国人大常委会第二十一次会议于2001年4月28日审议通过并于当日颁布实施。2018年4月27日，第十三届全国人民代表大会常务委员会第二次会议通过对《中华人民共和国国防教育法》作出修改，是我国全面调整和规范国防教育的重要法律。

《国防教育法》全面体现了新时期党中央关于加强国防教育的重要指导思想和党中央、国务院、中央军委关于加强国防教育的一系列重要指示，科学总结了多年来全国开展国防教育的成功经验，把一些行之有效的做法进一步规范化。《国防教育法》适应改革开放和社会主义市场经济条件下开展国防教育的特点和规律，提出了普及和加强国防教育的新举措。

《国防教育法》的公布实施，标志着我国国防教育事业迈上法制化轨道。对于保证全民国防教育的深入开展，推动新时期的国防建设，增强全民国防观念和民族凝聚力，提高全民素质，促进经济建设与国防建设协调发展，促进社会主义精神文明建设具有重大而深远的影响。《国防教育法》对国防教育的地位作用、指导原则、领导体制、学校国防教育、社会国防教育、国防教育的保障以及法律责任等方面作了明确规定，为深入贯彻党和国家在国防教育方面的方针政策，推动国防教育深入持久、富有成效地开展，提供了可靠的法律保障。

**2.《国防教育法》的基本精神**

《国防教育法》共六章38条。

（1）国防教育法的方针原则。《国防教育法》规定：国防教育贯彻全民参与、长期坚持、讲求实效的方针。这一方针体现了国防教育的广泛性、长期性和实效性。一是国防教育是“全民参与”的教育，普及和加强国防教育是全社会的责任；二是国防教育只有长期坚持，才能激发和保证广大公民的国防热情，使其积极投身到国防建设事业之中，从而确保我国国防力量不断发展，真正适应现代化战争的要求；三是国防教育特别强调效果，不能片面追求形式，做表面文章。

《国防教育法》将国防教育的原则概括为三个“结合”，即“经常教育与集中教育相结合，普及教育与重点教育相结合，理论教育与行为教育相结合。”经常教育与集中教育相结合是指国防教育要形式与对象的结合，既要采取各种形式持续不断地进行教育，又要根据公民的年龄、特定的时间和工作情况等进行集中教育。普及教育与重点教育相结合是指国防教育在对象和内容上的结合。普及教育是对社会全体成员的普遍性教育，教育内容是一般性的国防知识。重点教育是对部分公民进行的教育，目的是让他们掌握更多的国防教育的内容。理论教育与行为教育相结合是理论与实践上的结合。理论教育与行为教育二者相辅相成，理论教育是行为教育的基础，行为教育是理论教育的运用和提高。

（2）国防教育的重点内容。国防教育法涉及与国防直接或间接联系的内容，包括理论、精神、知识、技术等，贯穿于政治、经济、外交、科技、教育、体育等方面，是国家整个教育事业的重要组成部分。其重点内容：一是国防理论，重点是中国共产党的领导核心关于国防的基本论点、建设现代国防的基本规律等；二是军事理论，重点是军事技术、兵器知识、高技术局部战争的基本特点和规律；三是国防技能，重点是公民在高技术战争中进行自我防护和参与对敌斗争的基本程序、手段和方法；四是国防法制，重点是国家机构的国防职责，公民及各种组织的国防权利与义务。

（3）国防教育的重点对象。《国防教育法》明确规定，普及和加强国防教育是全社会的共同责任，依法接受国防教育是每个公民的权利和义务，但同时又强调了国防教育的重点对象。一是《国防教育法》第二章有5条专门讲学校国防教育的。“学校的国防教育是全民国防教育的基础”“高等学校、高级中学和相当于高级中学的学校应当将课堂教学与军事训练相结合，对学生进行国防教育”。把学生确定为重点对象，在大学、中学、小学中广泛开展国防教育，使广大青少年养成关心国防、热爱军队、崇敬军人的高尚情操和美德，确立“国家兴亡，匹夫有责”的爱国主义观念。二是《国防教育法》规定了国家机关必须对工作人员进行国防教育。在机关工作人员中，要把党政领导干部确定为重点对象。要组织党政领导干部认真学习《国防教育法》，使党政领导干部认清新形势下抓好国防教育的责任感和使命感。三是把基干民兵和第一类预备役人员确定为重点对象。

（4）国防教育的重点与时机。《国防教育法》第五条规定：一切国家机关和武装力量、各政党和社会团体、各企业事业组织及基层群众性的自治组织，都应当根据各自的实际情况组织本地区、本部门、本单位开展国防教育。为此，国防教育应抓住重点，不失时机地采取多种形式进行。一是利用每年的全民国防日、“八一”建军节及国庆节等时机进行国防教育。尤其是全国人民代表大会常务委员会第二十三次会议通过的《关于设立全民国防教育日的决定》确定每年9月的第3个星期六为“全民国防教育日”。这是我国第一个以法律形式明确规定国防教育的主题活动日，是加大国防教育的重大举措。二是把学生军训、经常性国防教育与学校德育教育有机地结合起来进行。三是利用民兵训练和征兵等时机进行国防教育。四是结合开展“双拥”“共建”活动的时机进行国防教育。五是利用国际、国内形势的变化，尤其是我国周边安全环境发生变化的时机进行国防教育。

（5）依法加大对国防教育的检查监督力度。为使国防教育工作落到实处，《国防教育法》专门设置了法律责任一章内容，对拒不履行国防教育义务的单位和个人，明确规定了追究的法律责任。针对目前存在有法不依、违法不究、执法不严的情况．必须加强国防教育法规制度的宣传教育和贯彻落实。各地应根据《国防教育法》的总要求，制定符合本地实际情况开展国防教育的地方性法规和实施细则。同时,要加大对《国防教育法》贯彻执行情况的监督检查力度,促进国防教育法律的全面落实。

## 三、《兵役法》

《中华人民共和国兵役法》(以下简称:《兵役法》)是我国法律的重要组成部分,是兵役工作的基本法律,是加强军队建设和国防现代化的根本保障。对大学生进行兵役法知识教育,对增强国防观念,提高学生对军训目的、意义和履行兵役义务的自觉性有重要意义。

### 1.《兵役法》的含义

《兵役法》是国家关于公民参加军队和其他武装组织或在军队外接受军事训练的法律。兵役法规定国家总的兵役制度,其核心是确定国家兵役制度和形式,是根据国家的具体情况和军事战略的需要,确定实行的兵役制度。它主要规定了国家武装力量的组成,实行兵役制度,公民服兵役的条件、形式、期限和应享有的权利与义务,后备力量建设体制,兵员征集动员方式以及对违犯兵役法应给予惩处等内容。制定兵役法的目的是对军队平时的兵员补充,加强国家武装力量建设,保障社会主义祖国的安全和“四化”建设大业的顺利进行。

新中国的第一部《兵役法》是1955年7月30日全国人民代表大会一届二次会议通过的《中华人民共和国兵役法》。这部兵役法将我国在战争年代长期实行的“志愿兵役制”改为“义务兵役制”。该法实施了近30年,对我国国防和军队建设起了巨大作用。为了适应国防和军队现代化建设的需要,1984年5月31日全国人民代表大会六届二次会议通过并颁布了现行的《兵役法》。该法在第一部《兵役法》的基础上,吸收了外国的先进经验,增加了新的内容,成为一部独具中国特色的兵役法律。随着社会主义市场经济体制的建立和新时期军队建设的发展,我国现行《兵役法》的有些规定已不适应新的情况。为了加强国防和军队建设,依法开展兵役工作,依法保障军队的合法权益,第九届全国人民代表大会常务委员会第六次会议于1998年12月29日审议通过了《中华人民共和国兵役法修正案》,对1984年颁布的《兵役法》进行了第一次修正。2009年8月27日第十一届全国人民代表大会常务委员会第十次会议通过了《关于修改部分法律的决定》第二次修正,2011年10月29日第十一届全国人民代表大会常务委员会第二十三次会议通过了《关于修改〈中华人民共和国兵役法〉的决定》,根据前三次修正的《兵役法》,2021年8月20日第十三届全国人民代表大会常务委员会第三十次会议审议通过新修订的《兵役法》。

### 2. 我国现行兵役法的主要内容

新修订的《兵役法》在原《兵役法》的基础上做了进一步修改、调整和补充,共十一章65条,归纳起来有以下几个方面。

(1) 从法律上强化党对兵役工作的统一领导,确立习近平强军思想的指导地位;

(2) 优化兵役基本制度,由“义务兵与志愿兵相结合、民兵与预备役相结合”调整为

“以志愿兵役为主体的志愿兵役与义务兵役相结合”的兵役制度；

（3）调整预备役制度，将预备役人员聚焦为预编到现役部队和编入预备役部队服预备役的人员；

（4）健全兵役登记制度，对兵役登记的对象范围、程序办法、查验核验、信息管理等进行系统规范；

（5）加大高素质兵员征集力度，规定普通高等学校应当有负责兵役工作的机构，将研究生的征集年龄放宽至26周岁；

（6）优化服役待遇保障制度，规定义务兵服现役期间表现特别优秀的经批准可以提前选改为军士，公民入伍时保留户籍，义务兵家庭优待金由中央财政和地方财政共同负担；

（7）完善退役安置政策，增加军士和军官退出现役可以“采取逐月领取退役金”的安置方式；

（8）创新兵役工作方式方法，规定国家加强兵役信息化建设，建立考核激励和责任追究机制，进一步明确单位和个人应当承担的法律责任。

新修订的《兵役法》增加吸引高文化素质青年入伍的内容，删去了原《兵役法》关于正在全日制学校就学的学生可以缓征的规定。2021年颁布的新修订的《兵役法》规定：普通高等学校毕业生的征集年龄可以放宽至24周岁，研究生的征集年龄可以放宽至26周岁；大学毕业生入伍后表现优秀的，可以直接提拔为军官。大学生入伍后，保留入学资格或者学籍，退出现役2年内允许复学，并按照国家有关规定享受奖学金、助学金和减免学费等优待；入学或者复学后参加国防生选拔、参加国家组织的农村基层服务项目人选选拔，以及毕业后参加军官人选选拔的，优先录取；将兵役登记时间从现行兵役法规定的每年9月30日提前至6月30日，以便与大学生毕业时间及普通高校招生的时间衔接起来。

总之，新的《兵役法》既考虑到当前现实情况，又考虑到将来发展趋势，更符合我国和我军新时代的实际情况。

**3. 我国《兵役法》的主要特点和优越性**

（1）我国《兵役法》的主要特点。《兵役法》的最鲜明特点是规定我国实行义务兵与志愿兵相结合、民兵与预备役相结合的兵役制度（简称：“两个结合”）。这个制度既坚持了我国的传统制度，体现了我国兵役制度的特色，又适应了军队建设发展的需要．符合当今世界各国军队职业化的总趋势。

“两个结合”：一是指义务兵与志愿兵相结合，二是指民兵与预备役相结合。

新修订的《兵役法》把“两个结合”调整为“以志愿兵役为主体的志愿兵役与义务兵役相结合”的兵役制度。志愿兵可以较长期地留在部队服现役，以提高部队战斗力。因此，实行义务兵与志愿兵相结合的制度既可保持义务兵役制的优点，又弥补了义务兵役制的不足。

随着军队现代化建设的发展和职业化程度的提高,我军的兵员结构发生了很大变化,志愿兵的比例不断增加。

“民兵与预备役相结合”是指既要坚持和继承传统的民兵制度,又要健全预备役制度。民兵制度是我国的传统制度,是我国武装力量的重要组成部分,是进行人民战争的基础,也是加强国防建设的基本国策。现代战争需要大量的军官和技术兵员,若要能够在战争突然爆发的情况下,按照合成军队的要求,成建制地实施快速动员,则仅靠民兵制度是不够的,必须建立健全预备役制度。通过这种制度,将符合服役条件的公民按战时兵员编成的要求,组织起来进行训练,以便战时成建制地进行动员和补充组建部队。所以,民兵与预备役只有密切结合,不能完全等同或相互代替。

(2)《兵役法》的优越性。现行兵役制度符合我国国情、民情、军情,它的优越性可以概括为以下四点。

一是有利于兵员更新,保持兵员年轻化。实行义务兵役制可以建立定期征兵和退伍制度,每年征集一定的优秀青年到部队服现役,也有一批经过培养锻炼的士兵、军官退出现役,转入预备役。这就可以使部队的兵员得到定期轮换,不断补充新生力量,保证部队的兵员年轻力壮、朝气蓬勃、生龙活虎,具有旺盛的战斗力。

二是有利于部队保留技术骨干,提高部队战斗力。实行义务兵与志愿兵相结合的制度,把义务兵中一部分技术骨干转为志愿兵,这样可以稳定部队技术力量。这些技术骨干具有较熟练的专业技术并熟悉部队具体情况,有一定的管理能力,是士兵中的骨干力量。有这样一批老战士在较长时间内留在部队,掌握和传授各种专业技能,对加速我军现代化建设,提高部队战斗力有重要作用。

三是有利于加强民兵建设,为在现代条件下开展人民战争打下基础。民兵是不脱离生产的群众武装组织,是中国人民解放军的助手和后备力量,是中华人民共和国武装力量的组成部分。民兵在我国长期革命战争和保卫社会主义建设中作出了重要贡献,在未来反侵略战争中还将要发挥更大的作用。为了进一步加强民兵建设,修改后的《兵役法》民兵专列一章内容,规定了民兵的性质、任务和编组原则及训练要求,参加民兵组织的办法等,并把参加民兵组织作为公民履行兵役义务的一种形式,从法律上做了肯定。这样对民兵组织的地位、作用、建设等是有益的。把民兵建设好,一旦打起仗来,不仅可以保证部队兵员得到源源不断的补充,而且可以以民兵为骨干带领广大人民群众,配合和支援现役部队作战,充分发挥群众武装力量的威力。

四是有利于健全预备役制度,提高战时快速动员能力。现代战争突然性强、破坏性大,人力、物力消耗大。这就要求在平时必须建立健全预备役制度,有计划地积蓄强大的后备兵员,并能在战时将他们迅速动员组织起来,补充到现役部队或组建新部队,投入反侵略战争中。

**4. 积极参加军训,自觉履行公民义务**

保卫祖国依法服兵役是公民应尽的一项基本义务。我国宪法第五十五条规定,“保卫祖国,抵抗侵略是中华人民共和国每个公民的神圣职责”“依照法律服兵役和参加民兵组织是中华人民共和国公民的光荣义务”。《兵役法》第五条再一次明确规定,“中华人民共和国公民,不分民族、种族、职业、家庭出身、宗教信仰和教育程度,都有义务依照本法的规定服兵役。”这些规定表明,依法服兵役既是公民不可推卸、不能逃避的责任,又是公民光荣神圣的职责。

1)公民履行兵役义务的形式

我国公民履行兵役义务的形式,按照兵役法的规定,主要有以下几种。

(1)服现役。《兵役法》规定,兵役分为现役和预备役。在中国人民解放军或武装警察部队中服现役的称为现役军人,现役军人包括现役士兵和现役军官。现役士兵按兵役性质分为义务兵役制士兵和志愿兵役制士兵。义务兵役制士兵称为义务兵,义务兵服现役的期限为2年。志愿兵役制士兵称为军士,军士实行分期服现役制度。军士服现役的期限,一般不超过30年,年龄不超过55岁。现役军官是指在军队中被任命为排级以上职务或初级以上职业技术职务,并授予相应军衔的现役军人。

(2)服预备役。服预备役包括预备役军官和预备役士兵。预备役士兵是指未服现役的适龄公民和退出现役依法确定服预备役的退伍士兵。士兵服预备役的年龄为18~35岁。预备役军官是退出现役转入预备役的军官。

(3)参加民兵组织。民兵是不脱离生产的群众武装组织,是中国人民解放军、中国人民武装警察部队的助手和后备力量。民兵分为基干民兵和普通民兵两种。基干民兵一般是指28岁以下退出现役的士兵和经过军事再训练的人员。普通民兵是指18~35岁符合服兵役条件的男性公民。

(4)高等院校和高级中学的学生参加军事训练实际上就是参加民兵训练,是服兵役的另一种形式。

2)学生参加军训的意义

原《兵役法》规定,正在全日制学校就学的学生可以缓征,但他们仍有履行兵役的义务。2011年修正的《兵役法》规定,可以在全日制高等学校在读大学生中征集义务兵。大学生在就学期间接受基本军事训练或挑选优秀大学生参军,是学校知识、能力、人格三位一体培养新型人才的迫切需要,是学生履行兵役义务接受国防教育的基本形式,是适应新形势、提高兵员素质、加强我国国防和军队现代化建设的重要举措。大学生通过军事训练或参军入伍,可以提高思想政治觉悟,激发爱国热情,发扬革命英雄主义和集体主义精神,增强国防观念和组织性、纪律性,掌握基本军事知识技能,也是接受锻炼的机会。通过这种机会,可以造就出一批坚持社会主义方向的高级专门人才,为中国人民解放军提供后备兵员和预备役军官打好基础。

高等院校学生军事训练分为两种:一种是对学生普遍进行基本军事训练,学习必要的军事知识和掌握一定的军事技能;另一种是培养预备军官的短期集训,即在普遍进行基本军事训练的基础上,挑选一部分专业对口、适合担任军官职务条件的学生,进行一定时间的集中训练,考核合格的学生,经军事机关批准,服军官预备役。

## 思考题

1. 试述国防法制与法规的区别与联系。
2. 大学生如何依法履行兵役义务?
3. 《国防法》等为何把军事理论课列入高校课程体系?
4. 试述学好军事理论课的意义。

# 国防建设

国防建设是指国家为了保卫自己的领土主权,防备外来侵略,制止武装颠覆,维护国家稳定,保卫国家安全所进行的军事活动,以及与军事有关的政治、经济、科技、外交、教育、文化等方面的活动。

## 第一节　国防体制

国防体制,是国家防卫机构的设置、管理权限划分以及领导体系的制度,是国家体制的重要组成部分,与国家的政治、经济、文化教育等体制既互相联系又相对独立。其内容主要包括:国防领导体制、武装力量体制、国防经济体制、国防科学技术和武器装备发展的管理体制、兵役制度、动员制度、国防教育制度以及国防法制等。

中华人民共和国的国防体制,坚持中国共产党对军队的绝对领导制度,并在新的历史条件下,使中国共产党和国家对军队和国防事业的领导体制更加完善。我国的国防体制使军队能够牢牢掌握在中国共产党和人民手中,永远保持无产阶级军队的性质;同时进一步明确了军事系统在国家机构中的地位,从而可以通过国家机器加强军队和国防事业的全面建设,便于全国军民在必要时迅速转入战时体制,增强对突发事件迅速作出有效反应的能力,保卫国家主权、安全和领土完整,保障社会主义建设事业的顺利进行。

### 一、中共中央职权

中国共产党作为执政党,是领导中国社会主义事业的核心力量。中共中央在国家生活包括国防事务中是领导核心。有关国防、战争和军队建设的重大问题,都是由中共中央、中央军委、中央政治局及其常务委员会作出决策并通过必要的法定程序,作为党和国家的统一决策贯彻执行。《中国人民解放军政治工作条例》规定:中国人民解放军必须置于中国共产党的绝对领导之下,其最高领导权和指挥权属于中国共产党中央委员会和中央军事委员会。

## 二、全国人民代表大会的职权

中华人民共和国全国人民代表大会是最高国家权力机关。它在国防方面的职权主要包括:决定战争与和平的问题;制定有关国防方面的基本法律;选举中央军事委员会主席,根据中央军事委员会主席的提名,决定中央军事委员会其他组成人员,并有权罢免以上人员;审查和批准包括国防建设计划在内的国民经济和社会发展计划和计划执行情况的报告;审查和批准包括国防经费预算在内的国家预算和预算执行情况的报告;改变或者撤销全国人民代表大会常务委员会在国防方面的不适当的决定;应当由全国人民代表大会行使的国防方面的其他职权。

全国人民代表大会常务委员会在国防方面的职权主要包括:在全国人民代表大会闭会期间,如果遇到国家遭受武装侵犯的情况,决定战争状态的宣布;决定全国总动员或者局部动员;制定有关国防方面的法律;在全国人民代表大会闭会期间,审查和批准包括国防建设计划在内的国民经济和社会发展计划,包括国防经费预算在内的国家预算在执行过程中所必须作的部分调整方案;监督中央军事委员会的工作;在全国人民代表大会闭会期间,根据中央军事委员会主席的提名,决定中央军事委员会其他组成人员的人选;根据最高人民法院院长和最高人民检察院检察长的提请,任免军事法院院长和军事检察院检察长;决定同外国缔结的有关国防方面的条约和重要协定的批准和废除;规定军人的衔级制度;规定和决定授予在国防方面国家的勋章和荣誉称号;全国人民代表大会授予的国防方面的其他职权。

## 三、中华人民共和国主席的职权

中华人民共和国主席在国防方面的职权主要包括:根据全国人民代表大会的决定和全国人民代表大会常务委员会的决定,宣布战争状态;根据全国人民代表大会的决定和全国人民代表大会常务委员会的决定,发布动员令;公布全国人民代表大会及其常务委员会制定的有关国防方面的法律;根据全国人民代表大会常务委员会的决定,授予在国防方面国家的勋章和荣誉称号;根据全国人民代表大会常务委员会的决定,批准和废除同外国缔结的有关国防方面的条约和重要协定。

## 四、中华人民共和国国务院的职权

中华人民共和国国务院是最高国家权力机关的执行机关,是最高国家行政机关。它在国防方面的职权是领导和管理国防建设,包括:编制国防建设发展规划和计划;制定国防建设方面的方针、政策和行政法规;领导和管理国防科研生产;管理国防经费和国防资产;领导和管理国民经济动员工作和人民武装动员、人民防空、国防交通等方面的有关工作;领导和管理拥军优属工作和退出现役军人的安置工作;领导国防教育工作;与中央军事委员会共同领导民兵的建设和征兵、预备役工作以及边防、海防、空防的管理工作;法律规定的与国防建设事业有关的其他职权。

### 五、中华人民共和国中央军事委员会的职权

中华人民共和国中央军事委员会是最高国家军事机关,负责领导全国武装力量。其职权主要包括:统一指挥全国武装力量;决定军事战略和武装力量的作战方针;领导和管理中国人民解放军的建设,制定规划、计划并组织实施;向全国人民代表大会或者全国人民代表大会常委委员会提出议案;根据宪法和法律,制定军事法规,发布决定和命令;决定中国人民解放军的体制和编制,规定总部以及军区、军兵种和其他军区级单位的任务和职责;依照法律、军事法规的规定,任免、培训、考核和奖惩武装力量成员;批准武装力量的武器装备体制和武器装备发展规划、计划,协同国务院领导和管理国防科研生产;会同国务院管理国防经费和国防资产;法律规定的其他职权。

中央军委实行主席负责制,中央军委主席为全国武装力量的统帅。中央军委组成人员:中央军委主席,副主席若干人,委员若干人。按照军委管总、战区主战、军种主建的总原则,军委机关的 7 个部(厅):军委办公厅、军委联合参谋部、军委政治工作部、军委后勤保障部、军委装备发展部、军委训练管理部、军委国防动员部,3 个委员会:军委纪律检查委员会、军委政法委员会、军委科学技术委员会,5 个直属机构:军委战略规划办公室、军委改革和编制办公室、军委国际军事合作办公室、军委审计署、军委机关事务管理总局,共 15 个职能部门;五大战区:东部战区、南部战区、西部战区、北部战区、中部战区五大战区。

## 第二节　国防战略

积极防御战略思想是中国共产党一以贯之的国防战略思想。在长期革命战争实践中,人民军队形成了一整套积极防御战略思想,坚持战略上防御与战役、战斗上进攻的统一,坚持“防御、自卫、后发制人”的原则,坚持“人不犯我、我不犯人,人若犯我、我必犯人”。

新中国成立后,中央军委确立积极防御军事战略方针,并根据国家安全形势发展变化对积极防御军事战略方针的内容进行了多次调整。1993 年,制定新时期军事战略方针,以打赢现代技术,特别是高技术条件下局部战争为军事斗争准备基点。2004 年,充实完善新时期军事战略方针,把军事斗争准备基点进一步调整为打赢信息化条件下的局部战争。

中国社会主义性质和国家根本利益,走和平发展道路的客观要求,决定中国必须毫不动摇坚持积极防御战略思想,同时不断丰富和发展这一思想的内涵。根据国家安全和发展战略,适应新的历史时期形势、任务的要求,坚持实行积极防御的战略方针,与时俱

进加强军事战略指导,进一步拓宽战略视野、更新战略思维、前移指导重心,整体运筹备战与止战、维权与维稳、威慑与实战、战争行动与和平时期军事力量运用,注重深远经略,塑造有利态势,综合管控危机,坚决遏制和打赢战争。

实行新形势下积极防御的战略方针,调整军事斗争准备基点。根据战争形态演变和国家安全形势,将军事斗争准备基点放在打赢信息化局部战争上,突出海上军事斗争和军事斗争准备,有效控制重大危机,妥善应对连锁反应,坚决捍卫国家领土主权、统一和安全。实行新形势下积极防御军事战略方针,创新基本作战思想。根据各个方向安全威胁和军队能力建设实际,坚持灵活机动、自主作战的原则,运用诸军兵种一体化作战力量,实施信息主导、精打要害、联合制胜的体系作战。

实行新形势下积极防御的战略方针,优化军事战略布局。根据中国地缘战略环境、面临安全威胁和军队战略任务,构建全局统筹、分区负责,相互策应、互为一体的战略部署和军事布势;应对太空、网络空间等新型安全领域威胁,维护共同安全;加强海外利益攸关区域国际安全合作,维护海外利益安全。

实行新形势下积极防御的战略方针,坚持以下原则:服从服务于国家战略目标,贯彻总体国家安全观,加强军事斗争准备,预防危机、遏制战争、打赢战争;营造有利于国家和平发展的战略态势,坚持防御性国防政策,坚持政治、军事、经济、外交等领域斗争密切配合,积极应对国家可能面临的综合安全威胁;保持维权维稳平衡,统筹维权和维稳两个大局,维护国家领土主权和海洋权益,维护周边安全稳定;努力争取军事斗争战略主动,积极运筹谋划各方向、各领域军事斗争,抓住机遇加快推进军队建设、改革和发展;运用灵活机动的战略战术,发挥联合作战整体效能,集中优势力量,综合运用战法手段;立足应对最复杂最困难情况,坚持底线思维,扎实做好各项准备工作,确保妥善应对、措置裕如;充分发挥人民军队特有的政治优势,坚持党对军队的绝对领导,重视战斗精神培育,严格部队组织纪律性,纯洁巩固部队,密切军政、军民关系,鼓舞军心士气;发挥人民战争的整体威力,坚持把人民战争作为克敌制胜的重要法宝,拓展人民战争的内容和方式、方法,推动战争动员以人力动员为主向以科技动员为主转变;积极拓展军事安全合作空间,深化与大国、周边、发展中国家的军事关系,促进建立地区安全和合作架构。

## 第三节　国防政策

中国的社会主义国家性质,走和平发展道路的战略抉择,独立自主的和平外交政策,“和为贵”的中华文化传统,决定了中国始终不渝奉行防御性国防政策。

### 一、捍卫国家主权、安全、发展利益

捍卫国家主权、安全、发展利益是新时代中国国防的根本目标。慑止和抵抗侵略,保卫国家政治安全、人民安全和社会稳定,反对和遏制“台独”,打击“藏独”“东突”等分裂

势力，保卫国家主权、统一、领土完整和安全。维护国家海洋权益，维护国家在太空、电磁、网络空间等安全利益，维护国家海外利益，支撑国家可持续发展。

维护国家主权和领土完整。南海诸岛、钓鱼岛及其附属岛屿是中国固有领土。中国在南海岛礁进行基础设施建设，部署必要的防御性力量，在东海钓鱼岛海域进行巡航，是依法行使国家主权。中国致力于与直接有关的当事国在尊重历史事实和国际法的基础上，通过谈判协商解决有关争议。中国坚持与地区国家一道维护和平稳定，坚定维护各国依据国际法所享有的航行和飞越自由，维护海上通道安全。

解决台湾问题，实现国家完全统一，是中华民族的根本利益，是实现中华民族伟大复兴的必然要求。中国坚持"和平统一、一国两制"方针，推动两岸关系和平发展，推进中国和平统一进程，坚决反对一切分裂中国的图谋和行径，坚决反对任何外国势力干涉。中国必须统一，也必然统一。中国有坚定决心和强大能力维护国家主权和领土完整，决不允许任何人、任何组织、任何政党、在任何时候、以任何形式、把任何一块中国领土从中国分裂出去。我们不承诺放弃使用武力，保留采取一切必要措施的选项，针对的是外部势力干涉和极少数"台独"分裂分子及其分裂活动，绝非针对台湾同胞。如果有人要把台湾从中国分裂出去，中国军队将不惜一切代价，坚决予以挫败，捍卫国家统一。

## 二、坚持永不称霸、永不扩张、永不谋求势力范围

坚持永不称霸、永不扩张、永不谋求势力范围是新时代中国国防的鲜明特征。"国虽大，好战必亡"，中华民族历来爱好和平。近代以来，中国人民饱受侵略和战乱之苦，深感和平之珍贵、发展之迫切，决不会把自己经受过的悲惨遭遇强加于人。新中国成立以来，中国没有主动挑起过任何一场战争和冲突。改革开放以来，中国致力于促进世界和平，主动裁减军队。中国由积贫积弱发展成为世界第二大经济体，靠的不是别人的施舍，更不是军事扩张和殖民掠夺，而是人民勤劳、维护和平。中国既通过维护世界和平为自身发展创造有利条件，又通过自身发展促进世界和平，真诚希望所有国家都选择和平发展道路，共同防范冲突和战争。

中国坚持在和平共处五项原则基础上发展同各国的友好合作，尊重各国人民自主选择发展道路的权利，主张通过平等对话和谈判协商解决国际争端，反对干涉别国内政，反对恃强凌弱，反对把自己的意志强加于人。中国坚持结伴不结盟，不参加任何军事集团，反对侵略扩张，反对动辄使用武力或以武力相威胁。中国的国防建设和发展，始终着眼于满足自身安全的正当需要，始终是世界和平力量的增长。历史已经并将继续证明，中国决不走追逐霸权、"国强必霸"的老路。无论将来发展到哪一步，中国都不会威胁谁，都不会谋求建立势力范围。

## 三、新时代军事战略方针

新时代军事战略方针，坚持防御、自卫、后发制人原则，实行积极防御，坚持"人不犯

我、我不犯人，人若犯我、我必犯人”的原则，强调遏制战争与打赢战争相统一，战略上防御与战役战斗上进攻相统一。

新时代军事战略方针，服从服务党和国家战略全局，落实总体国家安全观，强化忧患意识、危机意识、打仗意识，积极适应战略竞争新格局、国家安全新需求、现代战争新形态，有效履行新时代军队使命任务。根据国家面临的安全威胁，扎实做好军事斗争准备，全面提高新时代备战打仗能力，构建立足防御、多域统筹、均衡稳定的新时代军事战略布局。坚持全民国防，创新人民战争的战略战术和内容方法，充分发挥人民战争整体威力。

中国始终奉行在任何时候和任何情况下都不首先使用核武器，无条件不对无核武器国家和无核武器区使用或威胁使用核武器的核政策，主张最终全面禁止和彻底销毁核武器，不会与任何国家进行核军备竞赛，始终把自身核力量维持在国家安全需要的最低水平。中国坚持自卫防御核战略，目的是遏制他国对中国使用或威胁使用核武器，确保国家战略安全。

## 四、坚持走中国特色强军之路

建设同国际地位相称、同国家安全和发展利益相适应的巩固国防和强大军队，是中国社会主义现代化建设的战略任务，是坚持走和平发展道路的安全保障，是总结历史经验的必然选择。

新时代中国国防和军队建设，深入贯彻习近平强军思想，深入贯彻习近平军事战略思想，坚持政治建军、改革强军、科技兴军、依法治军，聚焦能打仗、打胜仗，推动机械化、信息化融合发展，加快军事智能化发展，构建中国特色现代军事力量体系，完善和发展中国特色社会主义军事制度，不断提高履行新时代使命任务的能力。

新时代中国国防和军队建设的战略目标是，到 2020 年基本实现机械化，信息化建设取得重大进展，战略能力有大的提升。同国家现代化进程相一致，全面推进军事理论现代化、军队组织形态现代化、军事人员现代化、武器装备现代化，力争到 2035 年基本实现国防和军队现代化，到本世纪中叶把人民军队全面建成世界一流军队。

## 五、服务构建人类命运共同体

中国人民的梦想与世界人民的梦想息息相通。一个和平稳定繁荣的中国，是世界的机遇和福祉。一支强大的中国军队，是维护世界和平稳定、服务构建人类命运共同体的坚定力量。

中国军队坚持共同、综合、合作、可持续的安全观，秉持正确义利观，积极参与全球安全治理体系改革，深化双边和多边安全合作，促进不同安全机制间协调包容、互补合作，营造平等互信、公平正义、共建共享的安全格局。

中国军队坚持履行国际责任和义务，始终高举合作共赢的旗帜，在力所能及的范围内向国际社会提供更多公共安全产品，积极参加国际维和、海上护航、人道主义救援等行动，加强国际军控和防扩散合作，建设性参与热点问题的政治解决，共同维护国际通道安全，合力应对恐怖主义、网络安全、重大自然灾害等全球性挑战，积极为构建人类命运共同体贡献力量。

## 第四节 军民融合

习近平总书记在党的十九大报告中指出，“坚持富国和强军相统一，强化统一领导、顶层设计、改革创新和重大项目落实，深化国防科技工业改革，形成军民融合深度发展格局，构建一体化的国家战略体系和能力。”全面贯彻习近平强军思想，深入实施军民融合发展战略，在新的起点上开创军民融合发展新局面，为实现中国梦强军梦提供坚强有力支撑。

### 一、军民融合的发展现状

把军民融合发展上升为国家战略。党的十八大以来，习近平总书记深刻把握世情、国情、军情的变化，在国家总体战略中兼顾发展和安全，把军民融合发展确立为兴国之举、强军之策，作出一系列重要论述和重大决策，形成了习近平关于军民融合发展重大战略思想。党的十八届三中全会把军民融合发展改革纳入全面深化改革总体布局加以推进，军民融合发展体制改革基本到位。

战略指导和规划统筹显著加强。中共中央、国务院、中央军委印发《关于经济建设和国防建设融合发展的意见》，首次从中央层面明确了军民融合发展的重点。国务院、中央军委颁布实施《经济建设和国防建设融合发展“十三五”规划》。军民融合发展相关财政、税收、金融政策进一步完善，资金保障渠道不断拓展。国家主导、需求牵引、市场运作相统一的融合局面加快形成。

重点领域军民融合深化拓展。“军转民”“民参军”步伐加快，军民科技协同创新加速推进，北斗导航系统、国产大型客机 C919、华龙一号等研发和应用取得重大突破。重大安全领域融合发展全面推进，公共安全和应急能力建设持续加强，海外综合保障能力稳步提升，依托国民教育培养军事人才深入开展。军队保障社会化成效明显，全面停止军队有偿服务扎实推进。

区域性军民融合蓬勃发展。各省（自治区、直辖市）因地制宜推动国防建设与区域经济融合发展。省军区系统军民融合协调职能得到拓展。军地科技信息交流、科研资源共享不断深化。地方市政对部队基础设施建设保障力度加大。国家军民融合创新示范区创建活动有序开展，一批信息共享、投资融资、孵化转化平台相继建成。

### 二、军民融合深度发展的重大意义

一是推进军民融合深度发展是支撑国家由大向强的必然选择。历史经验表明，一个国家在走向强盛的过程,必须正确处理发展和安全的关系,否则就可能出大问题,甚至影响和改变国家前途命运。这就要求加快推动军民融合深度发展,统一富国和强军两大目标,统筹发展和安全两件大事,统合经济和国防两种实力,为促进国家发展、保障国家安全提供可靠支撑。

二是推进军民融合深度发展是赢得国际科技和军事竞争新优势的关键。我国近代落后挨打的一个重要原因,就是与历次科技革命失之交臂,导致军力弱、国力弱。当前,世界主要国家纷纷加大战略投入,争先发展能够大幅提升军事能力和产业实力的颠覆性技术。我国科技发展既面临赶超和跨越的繁重任务,也面临差距拉大的严峻挑战。必须把军民融合作为争取主动、实现超越的战略途径,整合国家科技资源和力量,增强军民协同创新能力,全面推进科技兴军、建设世界科技强国。

三是推进军民融合深度发展是实现国家治理体系和治理能力现代化的内在要求。正确处理经济建设和国防建设的关系,确保经济社会持续发展和国家长治久安,是国家治理的重大命题。当前,军民"两张皮"问题仍然存在,浪费国家资源,影响管理效能。必须适应现代国家治理要求,打破军民二元分离结构,加强跨军地、跨部门、跨领域治理,完善在党领导下统筹管理经济社会发展和国家安全的制度体系,推动经济建设和国防建设协调发展、平衡发展、兼容发展。

四是推进军民融合深度发展是建设世界一流军队的重要途径。强大的经济实力、科技实力和综合国力是实现中国共产党在新时代的强军目标、建设世界一流军队的基本依托。只有同建设海洋强国、航天强国、网络强国、制造强国一体联动,整合一切优质资源、利用一切先进成果,强军事业才能加快发展。必须更加注重军民融合,更好把国防和军队建设融入经济社会发展体系,植根于我国日益雄厚的物质技术基础,加紧构建中国特色现代军事力量体系。

## 三、军民融合深度发展的目标任务

中央和国家颁发的意见和规划提出了军民融合发展的战略抓手。落实党的十九大精神,要贯彻这一系列战略决策部署。

要形成军民融合深度发展格局,构建一体化的国家战略体系和能力。当前和今后一个时期,就要紧紧围绕这一目标,坚持总体国家安全观,贯彻习近平强军思想,坚持中国共产党的领导,强化国家主导,注重融合共享,发挥市场作用,深化改革创新,推动军民融合由初步融合向深度融合过渡,进而实现跨越发展,形成全要素、多领域、高效益的军民融合深度发展格局。

军民融合要破解军民融合发展方面的突出问题,关键是加强中国共产党的集中统一领导,同步推进体制和机制改革、体系和要素融合、制度和标准建设。一是强化战略引领,健全军民融合发展规划计划体系。二是完善体制机制,深化军民融合发展体制改革,统筹推进具有"四梁八柱"性质的重大改革事项,构建组织管理体系、工作运行体系、政策制度体系。三是加强法治建设,加快军民融合综合性法律立法进程,提高军民融合发展的法治化水平。四是推动标准融合,解决好新时代的"车同轨、书同文"问题。

军民融合要推进基础建设军民一体,统筹军民一体化的国家科技基础、工业基础、人才基础和基础设施建设,实现国家一份投入,多份产出。推进国防军工军民结合,推动军工行业与制造业深度融合,构建中国特色先进国防科技工业体系。推进人力资源军民共用,培养高素质新型军事人才和经济社会发展急需特殊人才。推进公共安全军民统筹,提高应急应战一体化建设水平和能力。推进对外合作军民互补,构建海外综合保障体系,加快形成军政企协同、国内外互动的维护海外利益格局。

打通阻碍军民融合的"玻璃门""弹簧门",充分调动各方面的积极性创造性。创新发展方式,推动军民融合发展由条块分散设计向"军地一体"筹划转变,由注重增量统筹向增量存量并重转变,由要素松散结合向全要素集成融合转变,由行政手段为主向强化市场运作转变。统筹抓好军民融合重大示范项目,培育先行先试的创新示范载体,打造一批龙头工程、精品工程。发挥市场经济条件下新型举国体制优势,优化市场环境,引导经济社会领域更好服务国防建设,促进国防建设成果更好服务经济社会发展。营造充满活力、健康有序的融合氛围。地方各级党委和政府要关心支持国防和军队建设,做好退役军人管理保障工作。军队要忠实履行党和人民赋予的使命任务,服务"一带一路"建设、京津冀协同发展、长江经济带建设,以实际行动为人民造福兴利。

## 思考题

1. 如何理解国防建设?
2. 国防建设的战略重点是什么?
3. 试述推进军民融合的战略意义。

# 第四章

# 武装力量

常备军和后备力量是我国武装力量建设的两大基本要素。我国实行精干的常备军与强大的后备力量相结合,形成以常备军为骨干,后备力量为基础,二者互为补充、互相依赖、协调发展的武装力量统一体。当前,我国已经基本建立了一套比较完善的武装力量体制,可以迅速将国防潜力转化为军事实力。

## 第一节 武装力量的构成

我国的武装力量构成是中国人民解放军、中国人民武装警察部队和中国民兵"三结合"的武装力量体制。

中国人民解放军是中华人民共和国武装力量的重要组成部分。其主要任务是在中国共产党中央委员会和中国共产党中央军事委员会(简称:中央军委)的领导下,担负着巩固国防、抵抗侵略、保卫祖国、保卫人民的和平劳动、参加国家建设的任务。

中国人民武装警察部队主要任务是担负着保卫人民的和平劳动,积极应对非传统安全威胁,维护国家和社会稳定,参加国家建设的任务。其核心任务是以担负固定目标执勤和处置突发事件为主。在战时其承担保国安民、抵抗侵略、保卫祖国的任务。

中国民兵是中国共产党领导的不脱离生产的群众武装组织。其主要任务是积极参加社会主义现代化建设,带头完成生产和各项任务;担负战备勤务、保卫边疆,维护社会治安;随时准备参军参战,抵抗侵略,保卫祖国。

本章简要介绍中国人民解放军的建设。

### 一、中国人民解放军的组织架构

根据不同的作战空间、不同的作战任务和使用主要武器装备的性能,中国人民解放军可分为陆军、海军、空军、火箭军、战略支援部队、联勤保障部队等军种。

中国人民解放军的最高领导机关是中国共产党中央军事委员会。中央军委下设7个部(厅)、3个委员会、5个直属机构共15个职能部门。

现役部队由中国人民解放军的五大战区及其海军、空军、火箭军和战略支援部队构成。

### 二、中国人民解放军的历史沿革

中国人民解放军创建于1927年8月1日的南昌起义。建军以来,经历了土地革命战争、抗日战争、解放战争、抗美援朝战争和国防建设五个时期。为推翻“三座大山”,建立和保卫新中国,英勇作战、前仆后继,做出了巨大的牺牲和重大的贡献。在中国革命的史册上,记载下了它光辉的业绩和不朽的功勋。曾任中国人民志愿军第一任司令员兼政委的彭德怀元帅在抗美援朝战争战后总结指出,“抗美援朝战争雄辩地证明,西方侵略者几百年来只要在东方一个海岸上架起几尊大炮就可霸占一个国家的时代是一去不复返了”。由于抗美援朝战争的胜利,中国人民极大的增强了民族的自信心和自豪感,中国的国际地位空前提高。

## 第二节 中国人民解放军各军兵种

2015年2月31日。中国人民解放军陆军领导机构、中国人民解放军火箭军、中国人民解放军战略支援部队成立。2016年1月11日,军委机关调整组建,按照军委管总、战区主战、军种主建的总原则。把总部制改为多部门制,由原来的总参谋部、总政治部、总后勤部、总装备部等4个总部,改为军委办公厅、军委联合参谋部、军委政治工作部、军委后勤保障部、军委装备发展部、军委训练管理部、军委国防动员部7个部(厅),军委纪委、军委政法委、军委科技委3个委员会,军委战略规划办公室、军委改革和编制办公室、军委国际军事合作办公室、军委审计署、军委机关事务管理总局5个直属机构。这是我军领导指挥体制改革取得的一个突破性进展,通过改革使军委机关职能配置更加合理,工作运行更加高效。2016年9月13日,中央军委联勤保障部队成立,以推进社会化、集约化保障,精简军队后勤保障机构和人员,提高联勤保障整体效益,实现优化资源配置,构建以联勤部队为主干、军种为补充,统分结合、通专两线的保障体制,标志着具有我军特色的现代联勤保障体制的正式建立。

### 一、陆军

我国陆军自建军起发展到今天,已由过去单一的步兵发展到诸兵种合成。其具备了从未有过的强大的火力、突击力和快速的机动力,既能独立作战,又能与海、空协同作战,是陆战场上决定胜负的主要力量。在建国前22年的历程中,中国人民解放军基本上都是单一的军种。新中国成立后,我国陆军先后进行了1次出国作战,3次自卫反击作战,陆军为建立和保卫新中国做出了巨大的牺牲和重大的贡献。

**1. 陆军的编成**

我国陆军由步兵、炮兵、装甲兵、防空兵、陆军航空兵、工程兵、通信兵、防化兵、电子对抗兵、侦察兵和专业部(分)队组成。

战区陆军机关在隶属关系上归陆军总部领导,按照“军种主建”的原则,开展战区陆军各集团军的建设和管理,包括人事、财务、物资、装备等。战区总部则专注谋划“战”。战区陆军机关与其他军种机关一起为战区联合作战指挥中心提供保障。

**2. 陆军的任务**

我国陆军的任务主要有三项:抗敌军事入侵,在一定地区和方向上打赢局部战争,维护国家和平统一和社会稳定。

**3. 陆军的武器装备概要**

改革开放以来,我国陆军武器装备的发展已经有了质的飞跃。以7.62mm口径枪族、新一代主战坦克、火炮、反坦克武器等为代表的高新技术武器装备,其技术性能已经达到世界先进水平。陆军的重型作战装备,已经实现了由骡马化、摩托化到机械化的跨越,基本上形成了立体机动作战的装备体系和比较配套的支援和保障体系,独立作战的能力得到了进一步的增强,为今后遂行诸军兵种联合作战任务创造了条件。

## 二、海军

海军是以舰艇部队为主体,主要在海洋遂行作战任务的军种。它具有在水面、水下和空中作战的能力,既能单独在海上作战,又能协同陆军、空军作战。

**1. 海军的编成**

我国海军由潜艇部队、水面舰艇部队、海军航空兵、海军岸防兵、海军陆战队等兵种和各种专业勤务部队组成。

舰队是海军担负某一海洋战区作战任务的战役军团,受军委海军和所在战区的双重领导。舰队下辖海军基地、潜艇部队、水面舰艇部队、航空兵部队、岸防兵、陆战队及各种专业勤务部队。

**2. 海军的任务**

我国海军的任务:防御外敌海上入侵,收复敌占岛屿,保卫我国领海主权,维护祖国统一和海洋权益。其主要任务有以下六个方面:协同陆军、空军进行反袭击,保卫海军基地、港口和沿海重要目标;消灭敌战斗舰艇和运输舰船,破坏敌海上交通运输;袭击敌海军基地、港口和岸上重要目标;协同陆军、空军进行登陆、抗登陆作战;进行海上封锁和反封锁作战;保证我海上交通运输、渔业生产、资源开发、科学实验和海洋调查的安全。

**3. 海军各兵种的武器装备**

我国海军是由多兵种组成的技术装备比较复杂的合成军种。

1）潜艇部队

潜艇部队主要在水下遂行作战任务的海军兵种。潜艇部队装备有多种型号的常规动力潜艇和核动力潜艇。艇上的武器装备有鱼雷、水雷、飞航式导弹、弹道导弹等。

潜艇的主要战术技术特点：一是隐蔽性好，二是突击威力大，三是续航力和自给力大。常规动力潜艇续航力可达到1万海里，自给力可达60昼夜；而核潜艇的续航力可达20万海里，自给力可达90昼夜。因此，潜艇能远离基地、港口，在广阔的海洋上遂行作战任务。

2）水面舰艇部队

水面舰艇有航空母舰及多种型号的导弹驱逐舰、护卫舰、导弹艇、鱼雷艇、护卫艇、猎潜艇、布雷舰、扫雷舰艇、登陆舰艇、气垫船及各种专业勤务舰船，包括运输船、油船、水船、冷藏船、工程船、消磁船、医院船、救生船、侦察船等。舰艇上的武器装备主要包括：中口径的各型舰炮、多种舰舰导弹、反潜武器（深水炸弹、鱼雷）、航空导弹（海红旗－61、海红旗－7等），有的舰还装备舰载直升机。

（1）航空母舰（简称：航母）。它是一种以舰载机为主要作战武器的大型水面舰艇，可以提供舰载机的起飞和降落。航母舰体通常拥有巨大的甲板和舰岛，舰岛大多坐落于右舷。航母一般是一支航母战斗群的核心舰船。舰队中的其他船只提供其保护和供给，而航母则提供空中掩护和远程打击能力。

（2）驱逐舰、护卫舰。它是以导弹、鱼雷、舰炮和反潜武器为主要装备的中型或轻型水面战斗舰艇，是我海军海上作战的主力战舰。两者除吨位大小、武器装备有所区别外，其任务基本相同，如消灭敌水面舰船和潜艇，担负舰艇编队的防空、反潜、护航、巡逻、警戒、侦察，支援登陆和抗登陆作战等。其主要特点：武器装备齐全，作战指挥系统完善，攻防能力强；排水量大、抗风力强、续航能力大。它的弱点是隐蔽性差，对空防御能力弱。

（3）导弹艇、鱼雷艇。它是水面舰艇中的小型高速战斗舰只，分别以舰舰导弹和鱼雷为主要攻击武器，在近岸海区作战，是我海军重要的海上突击力量。其特点：舰体小、航速高、机动灵活、隐蔽性好，攻击快速突然、突击威力大，能给敌以致命打击。它的弱点是续航力小、抗风力弱、自给力差，不能远离基地作战。其任务是消灭敌大、中型舰船，以及巡逻、警戒和反潜等。

（4）猎潜艇。它是以近海反潜为主要任务的小型水面战斗舰只，装备反潜武器，主要用于搜索和攻击敌潜艇，以及巡逻、警戒、护航和布雷等。

（5）扫雷艇。它是具有搜索和排除水雷能力的水面舰艇。其特点：装备不同类型的扫雷器材和较完善的导航定位设备；舰（艇）体吃水较浅、噪声小，并有较完善的消磁消音设备；舰体结构强度大，采取了抗暴抗震措施，有较完善的消防救生设备。其任务主要用于扫除航道、基地、港口、江河等水域的水雷。

（6）登陆舰艇（两栖舰艇）。它专门用以输送登陆兵、武器装备和物资器材，实施由岸到岸或由舰到岸的登陆作战的舰艇。其特点:船体平、吃水浅、装载量大,设有前后大门、吊桥等;浮力大、抗沉性好,具有直接抢滩上陆的能力。但其机动性能差,防御能力弱,作战时需其他兵力保障。

3）海军航空兵

海军航空装备的飞机和空军航空兵基本相同。其有多种型号的歼击机、轰炸机、强击机、水上飞机、反潜机等。此外,还有各种运输机、直升机和其他特种飞机。机载武器有航炮、航空火箭弹、航空炸弹、空空导弹、空舰导弹、鱼雷和深水炸弹等。防空部队装备有 37mm、57mm、100mm 口径的高炮和各种雷达。

4）海军岸防兵

海军岸防兵是以岸舰导弹和岸炮为基本装备,部署在沿海地段,主要遂行海岸防御作战任务的海军兵种。它是海岸防御的骨干力量。海岸导弹部队,装备“海鹰”(“海鹰” -1、“海鹰” -2)和“鹰击”(“鹰击” -6、“鹰击” -8)系列多种型号的岸舰导弹。这些导弹的特点是飞行高度低、速度快、射程远、威力大、命中精度高,但技术保障复杂,易受干扰。岸炮部队装备有双管 130 毫米口径的自动化火炮。其特点是稳定性好、瞄准快、命中精度高、防护力强、射程远、威力大、持续作战能力强。

5）海军陆战队

海军陆战队是以两栖作战武器为基本装备,主要遂行登陆作战任务的海军兵种。海军陆战队装备自动化的步兵武器、反坦克导弹、防空导弹、各种火炮、火箭炮,还配有舟桥、冲锋舟、气垫船、水陆两用坦克、装甲输送车及其他特种装备和作战器材。其主要装备具有两栖化、装甲化、自动化、轻型化的特点,具有很强的突击力、火力、机动力和保障能力。

## 三、空军

空军是以航空兵为主体,主要遂行空中作战任务的军种。空军具有高速机动、远程作战和猛烈突击的能力。它既能协同陆军、海军作战,又能单独作战。我国空军成立于 1949 年 11 月 11 日,在国土防空、抗美援朝、抗美援越等作战中取得了辉煌战绩,为保卫祖国领空和社会主义建设作出了重大贡献。

### 1. 空军的编成

空军由航空兵、地空导弹兵、高射炮兵、空降兵、雷达兵等兵种及其他专业勤务部队组成。

### 2. 空军的任务

空军的任务:组织国土防空;夺取制空权,协同陆、海军作战;保卫祖国领土、领空、领海主权和国家利益;维护国家统一和安全;保障我国改革开放和经济建设的顺利进行。空军的具体任务还包括:独立实施空中进攻作战,实施空降作战、空中威慑、空中输送、电子对抗、航空侦察、无线电技术侦察和雷达侦察。

### 3. 空军各兵种的武器装备

1）航空兵

航空兵是以军用飞机为基本装备，主要遂行空中作战和保障任务的兵种，是空军的基本兵种。它通常包括歼击、轰炸、强击、侦察、运输航空兵等。

（1）歼击航空兵。歼击航空兵是空中战斗的主要力量，具有高速机动、猛烈攻击和全天候作战的能力。其在夺取制空权、对空防御和对地攻击方面具有重要作用。歼击航空兵装备多种型号的歼击机，如苏－27、苏－30MKK、苏－30MK3、歼10、歼11等。这些飞机机动性能好、速度快、升限高、空战火力强。其机载武器有航炮、航空火箭弹、航空炸弹和中距、近距空空导弹等。

（2）轰炸航空兵。轰炸航空兵是从空中投掷炸弹、鱼雷、核弹或发射空地导弹摧毁地面及水下目标的航空兵兵种，是空中突击的主要力量，具有猛烈突击、远程作战和全天候出动能力。其主要用于摧毁敌战役战略纵深目标，在争夺制空权、削弱敌作战能力和战争潜力方面具有重要作用。轰炸航空兵装备轰－6K轰炸机，这种飞机航程远（最大航程约8000千米）、载弹量大（最大可达12吨，可携带各类常规炸弹、鱼雷、空地导弹，也可携带核弹等）、远程作战和突击能力强（作战半径为3500千米，升限为13.1千米）。

（3）强击航空兵。强击航空兵是在低空100～1000米，超低空100米以下，攻击地面和水面目标的航空兵兵种，是航空火力支援的主要力量，具有高速机动、猛烈突击和低空、超低空攻击地（水）面目标的能力，可直接协同陆、海军作战。强击航空兵装备强－5系列强击机。其机载武器有航炮、航空火箭弹、航空炸弹和空地导弹等。

（4）侦察航空兵。侦察航空兵是空中侦察的主要力量。它采用目视侦察、照相侦察、电子侦察和辐射侦察等手段，可以及时获取敌各种情报。侦察航空兵装备多种型号的战术侦察机。其机载设备有航空照相机、侧视雷达、预警机的相控阵雷达和夜视、红外等侦察设备。

（5）运输航空兵。运输航空兵是空运、空投和保障空降作战的主要力量。它具有远程、快速的运输能力和广泛的机动能力，对保障部队机动和补给具有重要作用。运输航空兵装备运－7、运－8和引进的依尔－76、运－20等运输机。

此外，我军航空兵还有电子干扰机、预警机、空中加油机等专业飞机。

2）地空导弹兵

地空导弹兵是以地空导弹武器系统为基本装备，遂行地面防空作战任务的兵种。它具有战斗威力大、射击精度高和机动能力较强的特点。地空导弹兵装备红旗系列导弹和引进的第三代C－300地空导弹，是一种全天候、大空域、多通道、自行式防空导弹。其主要用于保护要地，抗击敌人大规模空袭和在强电子干扰条件下，抗击不同高度的集群目标及巡航导弹。

3）高射炮兵

高射炮兵是以高射炮武器系统为基本装备，主要遂行地面防空作战任务的兵种。它具有迅猛的火力和较强的机动力的特点。其主要担负保卫国家要地、军队集团和重要目标对空安全的任务,必要时也可遂行对地(水)面目标射击任务。

4)空降兵

空降兵是以降落伞和陆战武器为基本装备,航空器为运输工具,主要遂行伞降和机降作战任务的空军兵种。我军空降兵是夺取、扼守敌纵深内的重要目标和地域,配合陆军、海军作战;突袭敌方的部队、指挥机构、重要军事设施和后方供应系统;支援我方在敌后作战的部队和游击队等。

5)雷达兵

雷达兵是以对空情报雷达为基本装备,主要遂行对空目标探测和报知空中情报任务的兵种。它有全天候搜索、测定和监视空中目标的能力。其任务是实施对空警戒侦察,及时提供空中情报;保障有关部门对航空器飞行的指挥引导和实施航空管制等。其主要有多种型号的超视距、超远程、中远程、中近程警戒雷达。这些雷达功率大、接受灵敏度高、探测距离较远,可达数百到数千千米,尤其是三坐标雷达,可以同时测报方位、距离和高度,以保障准确地实施指挥引导。

此外,空军还有通信兵、电子对抗兵、工程兵、防化兵、技术侦察兵等专业勤务部队。

目前,我国航空兵歼击机形成了高档、中档、低档搭配的装备系列,以轰炸机、强击机为主,形成了对地攻击机系列,大型、中型、小型运输机结合,形成了空中运输体系;多种型号的地空导弹和先进的高炮构成了高空、中空、低空和远距离、中距离、近距离的防空火力配系;情报预警装备形成了覆盖全国的防空雷达网;指挥控制装备实现了成片联网的格局。

我国空军,经过半个多世纪的现代化建设,已从过去的单一兵种发展成为由航空兵、地空导弹兵、高射炮兵、空降兵、雷达兵等兵种组成的高技术兵种。其具有了高速机动、远程作战、猛烈突击的空中、地面、海上全方位抗击能力。

## 四、火箭军

2015年12月31日,在北京的“八一”大楼召开陆军领导机构、火箭军、战略支援部队成立大会,中央军委主席习近平对火箭军的定位:我国战略威慑的核心力量,我国大国地位的战略支撑,维护国家安全的重要基石。按照核常兼备、全域慑战的战略要求,增强可信可靠的核威慑和核反击能力,加强中远程精确打击力量建设,增强战略制衡能力。

火箭军曾称为中国人民解放军第二炮兵地地战略导弹部队(以下简称:二炮),是以地地战略导弹为基本装备,实现积极防御战略方针的重要核反击力量。这支部队是1966年7月1日组建的军种,受中央军委的直接领导和指挥,是我国反对超级大国的核威慑、完成核反击任务的主要力量。

以前二炮只负责陆基核导弹,二炮升级为火箭军后,就可以整合统筹海基、空基、陆基三位一体的战略核力量。因此,拥有了海军的战略核潜艇、空军的战略轰炸机之后,也就统一称为火箭军。这样,火箭军就成为世界第一个集中了一国三位一体核力量的独立军种,其体系整合程度比其他国家更高。可单独作战或与其他军种协同作战。

**1. 火箭军的编成**

火箭军由地地近程、中程、远程、洲际等导弹部队及各种保障部队、院校和科研实验单位等组成,按导弹基地、旅、营编成,已经整合为陆、海、空三位一体的核常兼备、全域慑战的战略力量。

**2. 火箭军的任务**

火箭军是我国核力量的主体,担负实施核反击的战略任务。我国火箭军的使命:一是威慑,二是实战。其作战任务:打击敌海、空进攻力量,削弱敌远程航空兵和海军的作战能力,减轻来自空中和海上对我国的威胁;打击敌重要交通枢纽,中断敌交通运输,以组织或迟滞敌人的战略机动和物资补给;打击敌重要经济目标,削弱敌方战争潜力和进攻能力;打击敌方政治、经济中心;打击敌方军政首脑指挥中心,打乱和破坏其战略指挥;打击敌方重兵集团,杀伤其有生力量,削弱其地面部队的作战能力;配合其他军种实施常规导弹突击,遂行常规作战任务。火箭军装备有多种型号的地对地导弹,包括近程导弹、中程导弹、远程导弹、洲际导弹。这些导弹的主要特点:一是反应速度快,二是射程远,三是杀伤破坏威力大,四是命中精度高,五是突防能力和生存能力强。

### 五、战略支援部队

中国人民解放军战略支援部队是维护国家安全的新型作战力量,是我军新型作战能力的重要力量,主要是将战略性、基础性、支撑性都很强的各类保障力量进行功能整合后组建而成的。建立战略支援部队有利于优化军事力量结构,提高综合保障能力。

## 第三节 武装力量建设成就

武装力量建设是以军队建设为主体,是国防建设的重要组成部分,是捍卫国家主权、领土的完整和安全,防御外来侵略、颠覆和威胁的根本保障。

### 一、铸造了一支现代化的合成军队

中华人民共和国成立70多年来,我军实现了从“数量”向“质量”的跨越。20世纪90年代,中央军委提出了“科技强军”和实现“两个根本性转变”的战略思想,即1995年中央军委会议确定的:在军事斗争准备上,由应付一般条件下的局部战争向打赢现代技术特别是高技术条件下局部战争转变;在军队建设上,由数量规模型向质量效能型、人力密集型向科技密集型转变。

**1. 优化结构**

通过调整军队编制体制,变革军事力量结构,科学合理地确定各军兵种比例、战斗部队与保障部队比例、官兵比例等，以求军事力量实现合成化，实现整体优化。

我国陆军从单一步兵力量发展至今已拥有了以装甲兵、步兵组成的地面突击力量，以炮兵、防空兵、陆军航空兵组成的火力支援力量，以侦察兵、通信兵、工程兵、防化兵、气象兵和电子对抗专业部(分)队组成的作战保障力量，以运输、输油管线、卫生、军需等专业部(分)队组成的后勤保障力量，以装备供应、修理、器材等专业分队组成的装备技术保障力量为一体的集团军，大大提高了现代条件下的合成作战能力。

我国海军从老式舰船发展至今已拥有了水下潜艇、水面舰艇、航空兵、陆战队、岸防部队五大兵种，成为海上的精锐之师，具备现代海上综合作战能力，也可协同其他军种送行海上作战。

我国空军从马拉飞机发展至今已拥有了航空兵、空降兵、地面防空兵、雷达兵等兵种，具备较强的空中攻防作战能力。在全国范围内，构成了航空兵和地面诸兵种合成的完整防空体系。

火箭军是我军的一个新军种，起步虽晚但发展快，目前已形成了核导弹与常规导弹兼有，近程、中程、远程和洲际导弹齐备，陆、海、空三位一体，能独立或协同其他军种对敌实施自卫核反击和纵深常规打击能力。特别是核潜艇导弹和车载式机动洲际导弹的发射成功，标志着我国具有了机动、隐蔽的二次核打击能力。

我国战略支援部队是我军陆、海、空、火箭军之后的第五个军种。具体来说，战略支援部队包括情报侦查、卫星管理、电子对抗、网络攻防、心理战等五大部分，是综合了这个时代最先进的天军、网军等看不见硝烟的战场上的作战部队，是专门担负软杀伤使命的作战力量。

**2. 提高素质**

“没有文化的军队是愚蠢的军队，而愚蠢的军队是不能战胜敌人的。”这句名言是在争取抗战最后胜利的关键时期，毛泽东在陕甘宁边区文教工作者会议上讲演时提出来的。进入新世纪，现役人员的学历结构发生了重大变化，全军新军官均是本科以上学历。我军军官队伍的整体素质，特别是科学文化素质发生了根本性变化。于此同时，新修订的《兵役法》鼓励大学生服现役，大大提升了我军的文化素质。

**3. 强化训练**

习近平主席强调，“仗怎么打，兵就怎么练”。当前，军事训练逐步实现了系统化、科学化、现代化。首先是改革训练体制。由各单位、各部门的分散训练，转变为教导团、训练团、训练基地的集中训练；对于干部，实行在职训练与进校训练结合，初级、中级、高级干部必须进行相应院校培训。其次是改革训练内容。由重点抓士兵训练转到抓干部训练，由传统的“三打三防”训练(打坦克、打飞机、打空降，防原子、防生物、防化学武器)转到现代的“三打三防”训练(打隐身飞机、打巡航导弹、打武装直升机，防精确打击、防电子干扰、防侦察监视)，由单一兵种训练转到诸军兵种合同训练、联合训练。最后是训练手段日益现代化。由实兵训练转变为作战模拟训练，由模拟器材代替实装实弹。训练手段现代化,缩短了训练周期,节约了训练经费,提高了训练质量。

## 思考题

1. 我国武装力量的优势与不足是什么?
2. 如何提高军人的素质?
3. 你对我军的体制改革有何建议?
4. 试述武装力量建设的根本任务。

# 第五章

# 国防动员

国防动员是集中国家力量实施的战争动员，是一个主权国家为了保卫国家安全而采取的措施。国防动员是国家安全的重大战略问题，世界各主要国家无不重视国防动员建设，普遍从国家安全与发展的战略高度，大力加强国防动员建设，以增强国防动员能力，建立总体国防体制，实现寓军于民的战略。

## 第一节 国防动员的内涵

### 一、国防动员的内涵

国防动员也称为战争动员，是国家或政治集团为保持和增强战争能力，应对战争或其他军事危机，使社会诸领域全部或部分由平时状态转入战时状态的活动；是国家采取紧急措施，统一调动人力、物力、财力为战争服务，简称：动员。其通常包括武装力量动员、国民经济动员、人民防空动员和政治动员。武装力量动员是将军队和其他武装组织由平时体制转为战时体制；国民经济动员是把国家和平时期的经济转入战时轨道；人民防空动员是采取各种防护措施，防敌空袭，保护居民、经济设施及其他重要目标；政治动员是围绕实施战争对全体军民进行宣传教育和政治鼓动。

国防动员实施主体是国家，即国防动员是国家行为，是国家职能的具体体现。随着世界新军事变革的加速发展，以信息为核心的联合作战作为一种新的作战样式在改变传统作战方式、方法的同时，也必将对国防动员产生影响，使国防动员呈现许多新的特点，如动员领域多元化，动员实施一体化精确动员、联盟动员等。美国军队（以下简称：美军）在其《2002 联合构想》中指出，“在未来的军事行动中，不仅要依靠跨军种、跨国的联合，还要准备与美国政府各部门、非政府组织、私营企业以及地区性组织和国际机构合作，在政治、军事、科技、财政、军工生产、交通运输、邮电通信等社会领域实施广泛动员，以满足联合作战的需要。”同样，我国国防动员必须适应世界新军事变革的发展，为在未来战争中赢得主动权，而有针对性地夯实动员基础。

国防动员是国家在国防方面的重要活动，是关系到国家安危的大事。战时兵员动员是国防动员的一个重要组成部分。

### 二、国防动员的分类

按领域分类，国防动员分为武装力量动员、国民经济动员、政治动员、民防动员和科技动员等。其涉及政治、经济、科技、文化、思想、外交和军事等领域，包括交通运输、邮政电信、财政金融、内外贸易、医疗卫生、文化教育、军工生产乃至整个社会各行各业，如武装力量动员、经济动员、科学技术动员、信息动员、人民防空动员、交通运输动员、政治动员等。

按资源分类，国防动员分为人力动员、物力动员和财力动员。

按规模分类，国防动员分为总动员和局部动员。总动员是在全国范围内所进行的全面动员，局部动员是在部分地区或部门进行的动员。

按阶段分类，国防动员分为战争初期动员、战争中期动员和战争后期持续动员。其中，战争初期动员是在战争爆发前后较短时间内所进行的动员，持续动员是在战争初期动员后所进行的中后期动员。

按方式分类，国防动员分为秘密动员和公开动员等。公开动员是公开发布动员令，宣布进入战争状态实施的动员；秘密动员是在各种伪装措施掩护下隐蔽实施的动员。

## 第二节 国防动员的主要内容

### 一、主要内容

国防动员的主要内容包括：组织领导机构及其职权，国防动员计划、实施预案与潜力统计调查，与国防密切相关的建设项目和重要产品，预备役人员的储备与征召，战略物资储备与调用，军品科研、生产与维修保障，战争灾害的预防与救助，国防勤务，民用资源征用与补偿，宣传教育等。

### 二、动员准备

动员依据最高权力机关发布的动员令和动员计划组织实施。国家或政治集团在动员实施的过程中，通过采取各种非常措施，使社会诸领域全部或部分由平时状态转入战时状态的同时，将战争潜力转化为战争实力。动员实施活动受到动员潜力、动员准备情况、战争或军事危机的形势、国际和国内环境等因素的制约。

(1) 建立健全动员组织体系。普遍建立由最高权力机构负责动员决策,由行政机关领导组织,企业事业单位等社会组织协助配合的动员组织体系。在此基础上,建立和完善动员的组织工作制度,形成职权明确、联系顺畅、运转灵活、反应迅速的组织机制。

(2) 明确动员的思路和政策。通过有关文件和法律法规,明确动员在军事活动中的地位作用,明确国家或政治集团关于动员的指导思想和基本原则,以及在动员活动中处理各方利益关系的政策依据等,以此作为组织开展动员活动的基本依据和行动指南。

(3) 进行动员潜力统计调查。定期或不定期地对人力、物力等一切可用于战争的资源进行统计调查,分析掌握各类资源的现存状态、发展趋势和军事价值等情况,为规划、计划动员准备与实施提供基本依据。

(4) 筹划制定动员计划。在对所拥有的战争动员潜力进行统计调查的基础上,依据军事战略和战争准备的需要,制定动员计划,详细筹划在动员实施时所要采取的各种措施,并据此进行动员准备及动员能力建设。

(5) 加强动员的各项基础建设。根据动员计划,适度进行动员的各项基础建设,合理确定动员基础建设的规模、布局和水平以及所应具备的动员能力。例如:以后备力量和装备物资动员为主要内容的武装力量动员基础建设,以军工生产动员、战略物资储备、劳动力动员、交通运输动员和信息通信动员为主要内容的经济动员基础建设,以人防设施、战时人口和物资疏散动员和重要目标防护动员为主要内容的民防动员基础建设等。

(6) 组织开展战争动员演练。根据战争动员计划和动员基础建设情况,组织开展动员组织指挥、预备役征召、军工生产动员、交通运输动员和物资征用演练等不同内容和不同形式的动员演练,以发现动员准备以及动员计划中存在的问题,完善组织机构、政策制度和计划预案,提高动员能力。

(7) 加强民众的国防观念教育。其普遍的做法是将国防教育纳入国民教育体系,有计划地对国家公职人员和其他社会群体,开展以国家安全形势、国防政策制度、国防责任和义务等为主要内容的全民国防教育,提高全民的国防观念和支持、参与国防活动的积极性。国家或政治集团在遇到战争或军事危机时,启动动员程序使动员付诸实施的活动。

(8) 适时作出关于动员实施的决定。最高权力机关或其授权的机构依照法定程序,适时作出动员实施的决定,发布动员令,宣布进行总动员或局部动员,启动动员计划和预案。

(9) 强化动员的组织领导体制和政策制度。其主要包括:依据有关的法律法规,调整组织领导机构及其动员职权,充实动员的组织力量,改变关于重大动员问题的决策和议事程序,实行战时动员政策和制度,调整对内、对外政策等。

(10) 迅速进行武装力量动员。其主要包括:停止现役军人休假和退役,征召预备役人员和其他公民服现役,将预备役部队转服现役,扩编现役部队,动员民兵参战支前等。

（11）组织开展战时宣传教育。其主要包括：加强官方的战争宣传，组织开展社会宣传，通过各种文艺形式对民众进行战争教育，争取国际舆论的支持等。

（12）强化军事经济活动。其主要包括：启用应急储备金，增加军事拨款，发行战争公债，加速新式武器装备的研制和生产，动员民用企业转产军品，对军品生产所需的劳动力和原材料实行优先分配，征用民用资源，加大战略物资的进口等。

（13）加强对社会经济活动的统一管理。其主要包括：控制商品流通，对重要物资实行统购统销，将交通、通信系统纳入战时轨道，冻结银行存款，限制外汇交易，加强物价管理等。

## 三、组织实施

国防动员依据国家发布的动员令和动员计划组织实施。能否有效而持续地实施国防动员，不仅取决于一国的领土、人口、资源和工农业生产、科学技术的发展水平等条件，而且取决于社会制度和战争的性质，民族精神和文化传统，组织国防动员的能力和国防动员准备的程度等。由于不同时期各国的军事、政治、经济等情况不同，因此国防动员的范围、规模和方式也有差异，但实施国防动员的基本方法大体相同。

（1）国家发布动员令，宣布进入战时状态，实行战时管制，建立健全战时领导指挥机构，实施各项动员计划，落实各项动员措施。

（2）运用广播、电视、报刊、文艺等宣传工具，对全体军民进行爱国主义教育，激发爱国热情，动员参军、参战，努力生产、厉行节约，为夺取战争胜利贡献力量，并争取友好国家的同情和支持。

（3）按战时编制将现役部队补充满员，预备役部队转为现役部队；征召预备役士兵和军官，组建扩建新的部队；加强民兵、预备役人员的临战训练，以保证补充扩大军队。

（4）将国民经济各部门迅速转入战时状态，重新分配人力、物力、财力，统筹安排军需民用；调整经济建设布局，搬迁重要工厂、企业和战略物资；改变产业、产品结构，实施工业转产，扩大军工生产，保障战争需要。

（5）将交通运输部门迅速转入战时体制，利用交通运输线、设施和运输工具，保障军队兵员和武器装备、作战物资的运输，并完成居民疏散、工厂搬迁，以及其他人员、物资的前送后运任务。

（6）统一组织科研部门、科研人员，利用科研设施和科研成果，开拓新的军事科研领域，加速研制新式武器装备。

（7）按照预定计划疏散城市居民，健全警报系统，加强安全防护措施；组织人民防空专业队伍，进行抢修、抢险，保护重要目标和交通运输线；配合军队防空作战，消除空袭后果。

（8）及时消除战争灾害。其主要包括：对遭到破坏的公共设施进行抢修抢建，对伤病人员进行及时救治，对难民进行妥善安置等。

(9) 组织民众担负战时勤务。其主要包括:组织民众随军担负勤务保障,动员民众就地参加军事工程建设等。

(10) 对社会生活采取多种非常措施。其主要包括:对某些地区、部门和行业实施管制,在部分地区实行戒严、宵禁,对主要生活日用品实行统一调配,发动民众开展节约活动,限制人口流动,限制或禁止营业性娱乐活动等。

(11) 战后经济和生活秩序的恢复。终止全部或部分正在实施的国防动员活动,将社会秩序和国防动员的资源由战争状态或紧急状态恢复到平时状态的活动。战后恢复涉及动员的各个方面,主要包括:战时国家管理体制的恢复,社会生产生活秩序的恢复,人员的恢复和征用物资的善后处理等。科学地组织实施恢复,对于最大限度地减轻国家和人民群众的战争负担,使社会生产生活秩序尽快恢复到正常状态,正确处理国家、社会组织和公民三者之间的利益关系,保持社会各方面履行动员义务的积极性,以及加强国防动员能力建设等,具有重要意义。

## 第三节　国防动员的重要意义

### 一、加强国防动员建设对夺取战略主动权具有重要作用

国防动员直接关系到战争的进程和结局。对于交战双方而言,谁在战场上争取到战略主动,谁就能取得战争胜利的先决条件,而战略主动权的获得,往往与快速国防动员、快速反应密切相关。发动战争的一方往往先发制人,迫使对方仓促应战,力求速战速决。而国防动员正是保证国家由平时状态转入战时状态的重要措施。通过国防动员,使国家军事、政治、经济、文化等转入战时状态,人力、物力、财力均服从战时需要,从而产生巨大的组织力、凝聚力和抗击力,制止敌人的突然袭击,逐步创造条件,变被动为主动。因此,国防动员组织水平的高低决定着是否能够快速反应,争取在较短的时间内完成紧急国防动员,实行战略展开,以稳定战局,掩护国家转入战时体制,掌握战争初期的主动权。

### 二、国防动员是将战争潜力转化为军事实力的桥梁

战争不仅是军事实力的竞赛,而且是战争潜力乃至综合国力,即国防动员能力的比拼。而国防动员对控制和合理分配资源具有重要的调节作用。由于现代科学技术的飞速发展,武器装备日益现代化,使现代战争的杀伤力和破坏力空前增大,交战双方军队的人员伤亡和物力、财力消耗越来越大。通过充分利用民间的人力、物力和国家战时军工生产能力,可以迅速将民用工业和交通运输改为军用,前线后方融为一体,使潜在的生产能力转化为实力,弥补因战争破坏而造成的巨大消耗,源源不断地满足战争需要。

## 三、国防动员是建立现代“总体国防”的战略举措

如今，战争完全突破了军事领域的局限，广泛涉及政治、军事、经济、科技、文化等领域，呈现出总体战特征。因此，由现代战争的总体性特征，决定现代国防的一个显著特点，即总体性和系统性特征。国家的组织力、政治凝聚力、经济和社会发展的现代化水平、战略资源等都以不同方式和途径化作国家的战争能力，成为决定战争胜负的重要因素。任何一个方面的软弱，都可能导致整个对抗形势的改变，乃至安全利益的丧失。因此，当今世界各主要国家无不把建设可实施总体对抗的“总体国防”作为国防建设的大战略，在建立和保持一支强大武装力量的同时，使国家政治、经济、文化、科技等方面做好全面对抗的准备，以在总体对抗中处于不败之地。国防动员建设的重要作用是通过为国家提供国防动员能力，满足“总体国防”及“总体战”对国家政治、经济、军事、科技、文化等方面提出的要求。因此，我国以建立“总体国防”为目标，在加强武装力量建设的同时，大力加强国防动员建设，从而为实现经济发展和民族振兴提供全面的安全保障。

国防动员的主要任务是使国防潜力得到有效的开发和积蓄，并为国防潜力转化为国防实力做好各项准备。国防动员的这个重要作用成为保障国家安全与发展的重要途径。

## 四、加强国防动员建设是提高国家危机管理的基础性建设

当国家的全部或局部遇到危机时，或国家处于战争状态或紧急状态的情况下，如何对资源实施有效的控制及科学分配，以获得遏止或消除危机所需的环境和力量，就成为国家危机管理所要解决的重要问题之一。而国防动员组织体系为解放这个问题提供了组织保障。

由于国防动员是国家应对危机必不可少的措施，因此国家的国防动员能力在很大程度上代表着国家的危机管理能力，进而反映国家的执政能力。长期以来，我国的国防动员体制在应对各类危机的实践中，实际承担着国家危机管理的部分职能，发挥着“应战”与“应急”的双重作用，不仅多次顺利完成了应付战争和其他军事危机的动员任务，还多次成功地完成了维护社会稳定和抢险救灾的动员任务。

任何国家投入的任何战争，必须首先对武装力量实施动员。世界一些主要国家在经过两次世界大战为主的战争动员实践后，根据形势的发展变化，不断调整国家武装力量动员战略与政策，探索出一些适合本国实际的武装力量动员新路子，较好地体现了现代战争中武装力量动员的特点规律，并在一些局部战争中得到验证。因此，国防动员建设纳入国家建设与发展的规划之中，融为一体、协调发展，全面落实军民融合战略；在战时则可通过国防动员的转化机制，调整国家的中心任务，把国家的力量集中用于保障反侵略战争，维护国家安全和祖国统一的需要。

实践证明，任何一场战争，无论其性质如何，都要进行国防动员。而国防动员体制的功能状态，直接决定着国防动员的效益。现阶段，我国正加快国防动员体制和机制的改

革:一是在国防动员体制改革创新方面;二是在国防动员机制改革创新方面。同时,要针对新形势和新问题,跟踪国防动员在实践中的新发展;跟踪国防动员在信息化条件下局部战争国防动员的本质内涵、特点要求、内容重点和方法模式;研究武装力量动员、大型运力动员、联盟动员、新闻媒体动员、信息网络动员等重点领域的发展趋势和能力提升的对策;开拓国防动员军民融合式发展的新局面;兴起国防动员文化建设的新高潮;谋求国防动员能力生成模式转变的新突破。

## 思考题

1. 如何理解国防动员的重大意义?
2. 你认为国防动员的核心要义是什么?
3. 大学生在国防动员中扮演何种角色?

# 第六章

# 国防精神与国防科技工业

国防精神是关系一个国家、一个民族存亡的灵魂,是一个国家安全和发展的软实力,是国家综合国力的重要体现,是国防力量的决定因素。中华民族在长期御敌卫国、抗击侵略的过程中,形成了可贵的国防精神。特别是新中国成立以后,面对帝国主义的制裁、封锁和威胁,形成了独具特色的中华民族新时期的国防精神。正是在这种精神的支撑、牵引和感召下,中华民族创造了举世瞩目的国防科技和国防工业。

## 第一节　国防精神与国防教育

国防精神是一种社会意识,是人类在长期的国防实践和斗争中产生。它扎根于中国无产阶级斗争的实践中,渗透于中国共产党领导全国人民夺取政权和保卫政权的全过程。它以维护民族和国家利益为标志,以爱国主义为核心,具有一种伟大的凝聚力和向心力,既可在军事上转化为强大的战斗力,又可在经济上转化为巨大的生产力。

### 一、基本含义

国防精神是国家及其成员在国防实践中形成且与国防需要相适应,维护国家安全、保障国家稳定、促进国家发展的意识、思维和心理状态。它通常表现为公民对国家防卫的关心、对国防建设重要性的认同,以及对国防的义务感、责任感和保卫国家的坚强意志。

国防教育是国防领域里的教育现象,是为了捍卫国家主权统一、领土完整和安全,防御外来侵略、颠覆和威胁,维护世界和平,对全体公民进行具有特定目的和内容的普及性教育活动。

国防精神与国防教育是一个问题的两个方面,既有区别又有联系。其区别是精神和教育是两个概念,联系是国防精神离不开国防教育,而最高层次和最终目标是一个民族要有国防精神,这种精神取决于两个层面:一是历史的传承,二是持续的培育。

## 二、历史趋向

随着国家的产生,战争的出现,国防教育应运而生。千百年来,国防意识和国防教育一直是围绕着维护帝王的“社稷安危”展开,“溥天之下,莫非王土,率土之滨,莫非王臣”。国防教育就是在这样的思想支配下,根据各朝代的不同特点发展起来的,孙子的“兵者国之大事,死生之地,存亡之道,不可不察也”超越了诸家的观点,认识到战争已是关系到国家存亡,人生死之大事。“战胜,则所以在亡国而继绝世也,战不胜,则所以削地而危社稷也”明确指出,“战胜而强立”“富国强兵”的国防思想。中华民族为了求生存,在长期的历史实践中总结:“天下虽安,忘战必危”“居安思危,思则有备,有备无患”“民无兵不安,国无防不立”“国家兴亡、匹夫有责”等思想。

在第一次世界大战中,法国面对占明显优势的德国进攻,实行了全国总动员,在凡尔登防线同仇敌忾、奋力抗击,虽然牺牲了50多万人,但终于抵御了德国的进攻,保卫了国家安全。然而,第一次世界大战胜利后,法国国内和平主义盛行,忽视了对人民进行国防教育,结果在第二次世界大战时,仅仅40天的时间就军败国亡。

瑞士联邦是一个只有4.12万平方千米,800多万人的小国,其常备军仅有几万人,但已有600多年没有发生过战争,长期和平中立。其原因是实行了寓军于民的国防发展战略,重视国防教育。

由此可以得出结论:重视国防,才能国泰民安;崇军尚武,才能固国安邦。忽视国防,只能山河破碎;穷兵黩武,只能削弱国防。

培养全体公民,特别是青年学生良好的国防精神,持续地接受国防教育,其核心是拥有爱国心、忧国心和报国心。

爱国心。陆游的《示儿》:死去元知万事空,但悲不见九州同。王师北定中原日,家祭无忘告乃翁。诗人为收复中原奔走呼号,奋斗了一生,临终仍念念不忘祖国的统一。爱国不是让每个人做轰轰烈烈的大事,爱国也很简单:做好你该做的每一件事,刻苦学习,努力培养自己成为社会有用人才,这就是爱国;公民的工作岗位上,兢兢业业、恪尽职守,这也是爱国。忧国心、报国心。陆游的《十一月四日风雨大作》:僵卧孤村不自哀,尚思为国戍轮台。夜阑卧听风吹雨,铁马冰河入梦来。诗人在睡梦中仿佛正在战场上激烈拼杀。诗歌深沉地表达了收复国土、报效祖国的壮志和“年既老而不衰”的矢志不渝的精神,充分表现了诗人崇高的爱国之情和国防精神。

## 三、重要地位

### 1. 培育国防精神是践行“中国梦”的基本要求

一是培育国防精神是加强国防建设的根本要求。在国防建设中,最根本的就是要加强和培育以爱国主义为核心的国防精神。二是培育国防精神是加强国防建设的精神支柱。我军在漫长的革命斗争历程中,先后创造了在军内外具有重大影响的长征精神、南泥湾精神和“一不怕苦，二不怕死”的“两不怕”精神；新的历史时期，我军创造了“特别能吃苦，特别能忍耐，特别能战斗”的“三个特别”精神等。正是这些强大的精神力量，使我军不断发展壮大，从胜利走向胜利。三是培育国防精神是加强国防建设的政治思想保证。毛泽东说过，“决定战争胜负的是人而不是物”。这就要求必须注重从开展国防精神教育入手，通过教育，大力培育全民国防精神，增强全民国防观念，激发全民参与和支持国防建设的积极性。

**2. 培育国防精神是加强国防建设的重要组成部分**

一是国防精神的强弱，集中体现和反映一个国家的国防建设的软实力。广泛开展国防教育，大力培育全民国防精神，是增强和提升国防建设软实力的最根本的有效途径。国防精神作为一种精神力量，可以强化全民的国防观念，激发民族精神，凝聚民族力量，离开国防精神谈国防建设犹如无源之水，无本之木。二是国防精神是加强国防建设的精神动力，也是国防建设科学发展的决定性因素。强烈的国防精神可以使全民站在国家安危、民族兴衰的高度，增强爱国心、责任感和紧迫感。国防精神培育得如何，可以直接反映到国防建设的实际工作中去，集中体现在国防建设成果上。三是国防精神是国防观念的直接反映，也是加强国防建设的重要思想基础。

**3. 培育国防精神是构建全民大国防的战略思维**

当前，我国台海形势更加复杂，南海问题、东海问题日趋严峻，环境气候问题日益突显，国际经济摩擦持续不断。由此可见，我国的国家安全依然面临着严峻的形势。在纷繁复杂的国际国内大背景下，如果没有强烈的危机意识，忽视国防精神培育，就难以应对复杂多变的形势。要保持国家安全发展，必须有强大的国防实力作后盾。因此，必须更加国防精神培育，增强全民国防观念。这就要求我们必须紧紧围绕培育国防精神，完善工作机制，积极适应形势发展和时代要求，进一步整合资源、创新形式，广泛开展国防教育，构建全民崇尚国防精神、增强国防观念，支持国防建设的社会环境，为实现国防和经济建设全面协调可持续发展营造良好的发展空间。

## 第二节　中国当代国防精神

中国当代国防精神的集中表现是“两弹一星”精神，也最能表征中国当代伟大的国防精神。

### 一、两弹一星的含义

“两弹一星”最初是指原子弹、导弹和人造卫星。“两弹”中的一弹是原子弹，后来演变为原子弹和氢弹的合称；另一弹是指导弹。“一星”是人造地球卫星。1964 年 10 月 16 日我国第一颗原子弹爆炸成功，1967 年 6 月 17 日我国第一颗氢弹空爆试验成功，1970 年 4 月 24 日我国第一颗人造卫星发射成功。中国的“两弹一星”，在当时非常艰难的条件下,创造了比美国、苏联研制周期都短的成就,是中华民族创建的辉煌伟业。

## 二、国内外背景

20 世纪 50 年代、60 年代是极不寻常的时期,当时我国面对严峻的国际形势,为抵制帝国主义的武力威胁、封锁、禁运和核讹诈,以毛泽东同志为核心的第一代党中央领导集体,根据当时的国际形势,为了保卫国家安全、维护世界和平,高瞻远瞩,果断地作出了独立自主研制“两弹一星”的战略决策。

大批优秀的科技工作者,包括许多在国外已经有杰出成就的科学家,怀着对新中国的满腔热爱,响应党和国家的召唤,义无反顾地投身到这一神圣而伟大的事业。他们和参与“两弹一星”研制工作的广大干部、工人、解放军指战员一起,在当时国家经济、技术基础薄弱和工作条件十分艰苦的情况下,自力更生、发愤图强,完全依靠自己的力量,用较少的投入和较短的时间,突破了原子弹、导弹和人造地球卫星等技术,取得了举世瞩目的辉煌成就。

1956 年在周恩来、陈毅、李富春、聂荣臻的主持下,制订了《1956 至 1957 年科学技术发展远景规划纲要》。毛泽东则在 1958 年先后表示,“我们也要搞人造卫星!”“搞原子弹、氢弹、洲际导弹,我看有十年功夫是完全可能。”即便当时中国开发上述技术的环境还十分落后和艰苦,但不少科学家从此开始投入这些开发计划。

邓小平说过,“如果六十年代以来中国没有原子弹、氢弹,没有发射卫星,中国就不能叫有重要影响的大国,就没有现在这样的国际地位。这些东西反映一个民族的能力,也是一个民族、一个国家兴旺发达的标志。”

江泽民在表彰“两弹一星”科技专家大会上的讲话指出:我们要永远记住那火热的战斗岁月,永远记住那光荣的历史足印:一九六四年十月十六日,我国第一颗原子弹爆炸成功;一九六六年十月二十七日,我国第一颗装有核弹头的地地导弹飞行爆炸成功;一九六七年六月十七日,我国第一颗氢弹空爆试验成功;一九七〇年四月二十四日,我国第一颗人造卫星发射成功。这是中国人民在攀登现代科技高峰的征途中创造的非凡的人间奇迹。

## 三、“两弹一星”功勋人物

为了替未来的科教兴国政策铺路,确定未来政策主轴。1999 年 9 月 18 日在庆祝中华人民共和国成立 50 周年之际,由中共中央、国务院及中央军委制作了“两弹一星”功勋奖章,授予于敏、王大珩、王希季、朱光亚、孙家栋、任新民、吴自良、陈芳允、陈能宽、杨嘉墀、周光召、钱学森、屠守锷、黄纬禄、程开甲、彭桓武,同时追授王淦昌、邓稼先、赵九章、姚桐斌、钱骥、钱三强、郭永怀共 23 位为研制“两弹一星”作出杰出贡献的科学家。

## 四、“两弹一星”精神

1999 年 9 月,江泽民同志在表彰为研制“两弹一星”作出突出贡献的科技专家大会上,将“两弹一星”精神进一步概括:热爱祖国、无私奉献,自力更生、艰苦奋斗,大力协同、勇于登攀。

“两弹一星”精神是在非常艰苦、没有外援的条件下,从事科学技术研究的精神,也是科教兴国政策的开端。

钱学森为代表的“两弹一星”功勋科学家与中国航天、与民族尊严紧紧地连在一起。他们放弃国外优越的生活和科研条件,毅然地回到积贫积弱的祖国。例如:美国海军部次长曾恶狠狠地说:“他知道所有美国导弹工程的核心机密,一个钱学森抵得上 5 个海军陆战师,我宁可把这个家伙枪毙了,也不能放他回红色中国去!”然而钱学森硬是冒着生命危险,辗转 5 年登上了轮船回国。这些科学家的崇高精神可以概括:伟大的爱国精神,不懈的科学创新精神,无私的奉献精神。

“两弹一星”是在非常艰苦、没有外援的条件下所研究出来的成果。而“两弹一星的精神”象征了中华民族自力更生,在社会主义之下集中力量从事科学研究,并创造“科技奇迹”的态度与过程,是爱国主义、集体主义、社会主义精神和科学精神的体现,是 20 世纪中华民族创造的宝贵精神财富。在为“两弹一星”事业奋斗的过程中,广大科技工作者培育和发扬了这种崇高的精神。

“两弹一星”是新中国伟大成就的象征,是中华民族的骄傲。20 世纪 50 年代中期,新中国百废待举,面对国际严峻的形势和军备竞赛的发展,以毛泽东同志为核心的党中央第一代领导集体毅然作出发展原子弹、导弹、人造地球卫星,突破国防尖端技术的战略决策。1956 年,研制导弹、原子弹被列入我国的 12 年科学技术发展规划。1960 年我国成功地发射了第一枚自主研制的导弹。1964 年我国研制的第一颗原子弹爆炸成功,1967 年又爆炸成功第一颗氢弹。1970 年,我国的“东方红一号”人造卫星上天。“两弹一星”事业所取得的巨大成就,是中国人民挺直腰杆站起来的重要标志。

“两弹一星”事业的巨大成功,有赖于党中央的英明领导和科技工作者的爱国情怀。在这些科技工作者中许多人都在国外学有所成,拥有优越的科研和生活条件,为了投身于新中国的建设事业,冲破重重障碍和阻力,毅然回到祖国。他们以其惊人的智慧和高昂的爱国主义精神创造着人间奇迹。爱国主义是他们创造、开拓的动力,也是他们克服一切困难的精神支柱。正是有了这样的精神,他们不怕狂风飞沙、严寒酷暑,没有仪器就自己制造仪器,缺少资料就刻苦钻研。他们以惊人的毅力和速度从无到有、从小到大,创造出“两弹一星”的伟大成就。

## 第三节　国防科技工业梗概

1931 年 10 月中国共产党在江西省兴国县建立中央军委兵工厂。新中国成立后,在国防科技工业发展中形成了新时期的“国防精神”,“国防精神”又推动和加快了国防科学技术和工业的发展。

## 一、建国初期的国防科技工业

建国初期,原解放区共有兵工厂94个,军工队伍达9万余人,国民党政府遗留下来的军工企业72个,职工约5万余人。之后合并为76个军工企业,各种设备3万台(套),职工10万余人。其中,兵工厂45个,航空修理厂6个,无线电器材厂17个,船舶修造厂8个。这些军工企业,只能从事旧杂式武器装备的修配和小批量生产,专业门类也很不全。

**1. 加快国防工业建设步伐**

新中国成立伊始,就面临帝国主义的经济封锁、军事包围和战争威胁。当时中国人民解放军的武器装备很多是在抗日战争和解放战争中从敌人手中缴获来的,重型装备只有400多辆坦克、100多架飞机、100多艘中小型舰艇,而且多数是美国、日本等在第二次世界大战时的装备。中国人民解放军的枪炮、弹药也十分繁杂,产自十几个国家,有“万国牌”之称。1951年10月,中共中央政治局扩大会议决定,集中力量建设重工业、国防电子工业和其他相应的基础工业。

(1) 建立国防工业领导机构。1951年1月成立了中央军委兵工委员会(简称:中央兵工委员会),周恩来总理兼任主任,中国人民解放军代总参谋长聂荣臻、中央财经委员会副主任李富春为副主任。同时,将重工业部的兵工办公室改组为兵工总局。成立航空工业管理委员会,聂荣臻和李富春任正、副主任,并在重工业部设立航空工业局。1952年8月,中央成立了主管国防工业的第二机械工业部(简称:二机部),负责管理兵工、航空、电信和船舶工业,并组织大规模的调整建设工作。

(2) 调整原有军工企业。1951—1953年,中央将原有的45个兵工企业合并,调整为39个按专业化生产的企业;将空军6个修理厂、2个兵工厂及10个工厂的主要人员和设备集中到6个重点大厂;无线电电信工厂按专业化要求,组成北京、天津、上海、重庆等6个无线电厂;船舶工业通过改造、租用和重组,按海军发展形成了武昌、上海、大连等重型造船厂。这样基本满足了“抗美援朝战争”对武器装备生产、修理的需要。

(3) 制定和实施国防工业建设计划。1953年,我国开始进行国民经济的第一个五年计划建设。中央将国防工业列为“一五”计划建设的重点,规划5年内初步建设起国防工业体系。1952年、1956年苏联向我国建设的66个大型军工企业和8个科研院、科研所提供援助,还对我国原有几十个军工企业进行改建、扩建的技术改造。我国完成了制式武器试制生产和飞机、坦克、舰艇的修理及部分制造任务。第二个五年计划期间,我军武器装备从仿制、改进,逐步走向自行研制。到1959年底,我国国防工业建成了大、中型军工企业100多个,独立的军工科研设计机构20多个,职工增加到70多万人,其中技术人员3.3万人,初步形成了比较完备的国防工业体系。这一时期,国防工业累计仿制生产了100多种制式武器,装备了中国人民解放军。在国庆10周年时,我国自己制造的超声速歼击机、中型坦克、装甲履带运输车、100mm高射炮、122mm、152mm榴弹炮和大威力火箭炮等武器装备,通过天安门广场接受检阅。

**2. 发展国防科技事业**

20 世纪 50 年代中期,毛泽东主席强调指出:“中国不但要有更多的飞机和大炮,而且还要有原子弹”。在党中央“向科学进军”的伟大号召下,我国制定并实施了“十二年科学规划”,形成了我国科技发展的第一个里程碑。

(1) 成立国防科学技术委员会。1958 年 10 月,中共中央批准成立国防部国防科学技术委员会(简称:国防科委),由聂荣臻任主任,陈赓任副主任。

(2) 制定国防科技发展规划。以发展原子弹技术、喷气与火箭技术、半导体技术、电子计算机技术、自动控制技术等为重点,部署发展原子弹和导弹研制的重大任务。国家汇集了一批优秀的科学技术专家,如钱学森、郭永怀、钱三强、王淦昌、赵忠尧、彭桓武等,研究发展以原子弹和导弹为主要内容的尖端技术。

(3) 建设国防科研机构和试验基地。从 1954 年到 1963 年,国防部第五局成立了导弹研究院(五院),钱学森任院长。该研究院建成了 3 个分院和一批专业研究、试验站;同时,国家在北京建立了核武器研究所,以后建成西北核武器研制基地。国防工业部门先后建立了 10 个无线电电子研究所、7 个航空技术研究所、5 个舰船技术研究所、7 个兵器技术研究所等;建成了陆海空常规兵器的综合性试验基地、综合导弹试验靶场、海军武器装备综合试验基地和核武器试验基地等;组建了航空、舰艇、无线电电子学 3 个研究院。先后建设的 38 个科研单位和试验基地,形成了一支约 8 万人的武器装备研制队伍,初步形成了一个比较完整、配套的国防科技体系。

(4) 建设国防科技工业高等院校。自 1961 年初到 1965 年,我国先后将哈尔滨工业大学、北京航空学院、成都电讯工程学院、西北工业大学、南京航空学院、上海交通大学、太原机械学院、军事电信工程学院、炮兵工程学院、军事工程学院划归国防科委领导,还确定北京大学、清华大学、复旦大学、兰州大学等高等院校设置特殊专业,培养军工专业人才。

## 二、备战时期的国防科技工业

20 世纪 60 年代初我国经济处于困难时期。美帝国主义借机武装插足台湾,干涉我国内政,公然侵略越南,威胁我国安全。苏联又对我国全面毁约停援,并在中苏边境陈兵百万相威胁。面对严峻的形势,党中央制定了“立足于战争,从准备大打、早打出发,积极备战”的战略方针,作出了“依靠自己努力,突破‘两弹’”技术和加强三线建设”的重大决策,并取得了令人瞩目的成就。

**1. 依靠自己的力量发展国防尖端技术**

(1) 加强国防科技工业的统一领导,成立国防工办和中央专委。1960 年 11 月,中央成立了国务院国防工业办公室(简称:国防工办),直接管理二机部、三机部和国防科委、国防工委所属范围的工作。从 70 年代开始,各省、市、自治区陆续成立了国防工办,形成了从中央到地方统一的国防科技工业的管理系统。1962 年 11 月,鉴于“两弹一星”技术的复杂性和高度综合性,党中央成立了中共中央十五人专门委员会(简称:十五人专委),由周恩来任主任。专委办公室设在国防工办,由罗瑞卿兼办公室主任。1965 年 3 月,中央十五人专门委员会改称为中央专门委员会,并将导弹、核武器、常规兵器和海军装备实验基地化归国防科委建制,统一领导和管理。

(2) 调配力量,聚集“两弹”技术攻关人才队伍。1960 年,在有关部门的大力支持下,国防部五院补充了上百名有实际工作经验的技术骨干、6000 名大学和中等专业技术学校的毕业生。中央还批准从全国各地区、各部门,选调了数百名高级、中级科技骨干和工程技术人员,以及数十名留学生、数百名大专毕业生和数千名工人,参加核武器的研制工作。同时,全国增办技术院校,扩大高等院校招生名额,在有关院校开设“两弹”缺门专业,举办各种业余大学、专业训练班等形式进行人才培养。

(3) 加强国防科技基础研究工作。1960 年春,我国开始组织力量探讨基本理论,进行设计计算和实验验证。在原子弹研制工作开始不久,中央又部署了氢弹的预先研究工作。同时,中近程地地导弹、核潜艇和人造地球卫星在大量基础性、开拓性的预先研究工作的基础上研制,这样不仅缩短了研制的周期,还提高了我国科技发展的整体水平。

**2. 调整战略布局,进行大规模三线建设**

为了改善工业布局,应对可能发生的侵略战争,1964 年党中央作出了“搞好战略布局,加强三线建设”的战略决策。这是新中国成立后的一次重大经济和军事战略布局调整,是为保卫国家安全和经济建设的顺利进行而采取的一项重大措施。

在历时 17 年的三线建设中,先后建成约 2000 个大中型骨干企业、科研院所和大专院校,形成了 45 个重大产品科研生产基地和多个各具特色的新兴工业城市。我国基本形成了以重工业为主体、国防科技工业为重点、科研与生产相配套、门类比较齐全的工业体系。但“三线建设”也存在规模过大、战线过长、布点过散,以及不适当地钻山、进洞等问题,给国防科研生产和职工生活造成了极大的困难。1983 年以后,国家逐步对“三线建设地区”的建设项目进行有计划、有步骤地调整。

**3. “两弹一星”研制成功**

(1) 爆炸第一颗原子弹。1960 年春,我国开始进行原子弹的理论和工程技术的探索工作。1964 年 10 月 16 日 15 时,我国自行研制的第一颗原子弹爆炸成功。1967 年 6 月 17 日,我国首次自行研制的全当量氢弹空爆试验也获得成功。我国研制的原子弹、氢弹比世界有核国家研制的时间都要短,标志着我国的国防科技跨越发展的水平,确立了中华民族在世界上的大国地位。

(2) 中近程地地导弹和核导弹研制成功。1964 年 6 月 29 日,我国第一发改进设计后的中近程地地导弹在西北综合导弹试验基地试验成功。1966 年 10 月 27 日,装有核弹头的中近程地地导弹发射,并在预定地点上空实现了核爆炸,试验获得圆满成功,使我国的国防现代化建设又向前推进了一大步。

(3) 第一颗人造卫星上天。从 20 世纪 50 年代末起,在中国科学院张劲夫、竺可桢、裴丽生、钱学森、赵九章等领导下,对火箭、人造地球卫星技术进行了艰苦的理论探索和预先研制工作。经过5年多的拼搏奋斗,1970年4月24日我国长征1号运载火箭将第一颗人造地球卫星"东方红1号"准确送入轨道。

**4. 常规武器装备从仿制走向自行研制**

经过几年的努力,常规武器装备在不断提高质量的基础上品种有所增加,性能有所提高,配套状况有所改善。到1965年,500多项定型的产品中,自行设计的占50%左右。这标志着中国常规武器装备的发展已从仿制走向自行研制阶段。

(1)陆军武器装备研制获得较大进展。20世纪50年代末,兵器科研机构逐步建立。到60年代中期,自行研制成功一批符合中国实际的新型武器装备。例如:轻型坦克、水陆坦克、履带装甲输送车、反坦克无坐力炮、破甲弹、反坦克枪榴弹、火箭弹等相继研制成功;11.6mm口径的自动步枪、微型冲锋枪等步兵武器轻型化研制工作取得长足进展;红旗1号地空导弹仿制成功,有力地保障了抗美援越和中苏边界自卫反击战的胜利。这标志着陆军装备向国产化、系列化迈出了重要的一步。

(2)自行研制军用飞机。1960年,中央军委提出空军以高空、高速歼击机为重点的发展方针,继歼-6型飞机关键技术过关后经过两年多,歼-7型飞机试制成功,与歼-6型飞机配套的空空导弹,以及强5型超声速喷气式强击机,都在60年代中期完成了定型生产。这标志着我国航空工业掌握了超声速歼击机的整套生产制造技术。

(3)海军舰艇成功实现仿制生产。根据中央军委提出海军以潜艇、快艇为重点的建设方针。60年代初,船舶工业集中力量搞"两艇一雷"(鱼雷快艇、鱼雷潜艇和鱼雷)和"两艇一弹"(导弹潜艇、导弹快艇、舰舰导弹)研制。到1965年,试制成功了当时近海作战迫切需要的鱼雷快艇,完成了中型常规动力鱼雷潜艇的制造并装备了部队;1966年成功制造第一条蒸汽瓦斯鱼雷、反潜护卫艇和火炮护卫舰等,使海军装备上了一个台阶。

(4)军事电子装备基本形成自行研制局面。按照自主发展军用电子技术的方针,电子工业得到了迅速发展。虽然只用几年时间进行攻关,但不仅保证了"两弹"和部分战备急需的常规武器配套,而且在雷达、通信、电子计算机、新型器件等方面,也突破了一些新的技术,特别是研制出一批有代表性的晶体管电子计算机。这样使我国进入了第二代军用电子计算机的发展时期,大大增强了国防通信和电子作战能力。

## 三、改革开放后的国防科技工业

党的十一届三中全会后,国防科技工业从服从和服务于国家战略出发,实行了军民结合的发展方针,由单一面向国防建设服务转为面向四个现代化服务。

**1. 实行军民结合发展方针**

1982年1月,邓小平提出了"军民结合,平战结合,军品优先,以民养军"的发展方针(简称:"十六字"方针)。我国组织各国防工业部门制定了26类240种民品的发展规划,还制定并实施了"六五"计划的18大类275种民品的发展规划。此后,我国又安排了两批共300项军民结合重点技术改造项目,取得了显著的经济效益和社会效益。

(1) 开发了一批民用产品。军工部门开发生产了大量轻工和家用电器,如照相机、自行车、缝纫机、洗衣机、电冰箱、摩托车等。其中:摩托车年产量一度占到当时全国轻工和家用电器产量的80%以上;生产了各种汽车几十万辆,军工微型汽车一度占全国微型车产量的一半左右;铁路敞车的生产规模达到5000辆。

(2) 完成了一批国家重点项目。航天工业部门承担了电子对撞机等重要部件的加工任务;船舶工业部门建设了新型海上钻井平台;核工业部门建设秦山核电站和大亚湾核电站工程;民用飞机得到了迅速发展,并在飞播造林、森林防火、农作物播种、灾害治理、航空摄影、海上探油、短途和支线客货运输等方面作出了重要贡献。

(3) 加速军工技术向民用转移。截止1989年,国防科技工业开发军转民技术近3万项,技术合同成交额逾15亿元。军转民技术合同从1983年的416个发展到1985年的近2万个,在国民经济建设的许多领域发挥了积极作用。

(4) 发展出口贸易和对外技术交流。1980年,国务院、中央军委先后批准成立了新时代公司、北方工业公司、原子能工业公司、航空技术进出口公司、船舶工业公司、电子技术进出口公司等外贸公司。

**2. 调整改革国防科技工业管理体制和运行机制**

1982年5月,将国防科委、国防工办、中央军委科学技术装备委员会办公室合并组成中国人民解放军国防科学技术工业委员会(简称:国防科工委)。同时,撤销第六机械工业部,成立中国船舶工业总公司;将二机部、三机部、四机部、五机部、七机部,分别更名为核工业部、航空工业部、电子工业部、兵器工业部、航天工业部。1990年后,航空工业部、航天工业部、兵器工业部又分别改组为航空工业总公司、航天工业总公司、兵器工业总公司。

1989年,成立了国务院、中央军委专门委员会(简称:中央专委),办公室设在国防科工委,负责日常工作。到1989年,军队使用部门和工业部门双方已有91%的军品研制项目签订了合同。通过实行合同制使军队使用部门和工业部门双方形成新的合作关系,对提高武器装备的研制质量、加快研制进度产生了良好影响。

**3. 调整国防科研和生产能力,发展新型武器装备**

(1) 陆军武器装备有了新发展。我国自行研制的新型主战坦克、第二代履带式装甲输送车、轮式步兵和履带式火箭扫雷车等,较大地提高了部队的快速反应和机动作战能力。一批性能良好的大口径火炮相继研制成功,增强了战场压制的能力。单兵肩射防空导弹武器系统、双管自行高炮等的成功研制,有力地加强了我军野战防空作战能力。我国自行研制的小口径枪族,特别是85式7.62mm口径的轻型冲锋枪,达到了20世纪80年代国际同类武器的水平。

(2) 研制出具有新特点的歼击机。航空工业研制的新型歼击机、歼击教练机和空空导弹,以及可全向攻击的空空导弹等武器装备,使我国的国土防空和要地防空能力都得到显著加强。

(3) 研制出第二代海军舰艇。我国相继研制成功新型导弹驱逐舰、多功能护卫舰、新型常规动力潜艇等海军舰艇,反舰导弹和水中兵器等武器装备。导弹护卫舰、驱逐舰,以及固体舰舰导弹、低空超声速反舰导弹和自导反潜鱼雷等的研制也都取得了较大进展。

(4) 研制出新的军事电子装备。我国相继研制成功中高空远程警戒雷达,新型舰用雷达以及雷达情报处理自动化系统,新一代远程警戒引导雷达、高炮火控雷达、防空自动化指挥系统,以及电子计算机等装备并广泛应用,普遍提高了指挥、控制、通信的自动化程度。军用卫星地面站的建设和光缆通信设备的装备等,有效地提高了作战指挥能力。银河数字仿真计算机系统技术的成功研制,使我国计算机技术具有20世纪80年代初期国际先进水平。

(5) 战略导弹和核武器研制取得了新进展。这一时期,我国核武器研制工作有了新的发展和突破:机动发射的固体核导弹的诞生,标志着我国已经掌握了战略导弹核武器固体化、机动发射和潜艇水下发射的新技术,为核潜艇的研制打下了坚实基础。

(6) 航天技术从试验走向应用。从20世纪80年代中期起,我国先后成功发射了几十颗卫星,包括安全监测卫星、国土普查卫星、返回式遥感卫星、通信广播卫星和气象卫星等,并将卫星遥感资料广泛应用于国民经济各领域。运载火箭的工作范围从近地轨道推进到地球静止轨道,标志着我国运载火箭技术跨入了世界先进行列。

## 四、迈入新世纪的国防科技工业

### 1. 调整国防科技工业管理体制

1998年3月,第九届全国人大一次会议决定组建新的国防科学技术工业委员会(简称:国防科工委)。其作为国务院的职能管理部门之一,新国防科工委将原国防科工委管理国防科技工业的职能、国家计委国防司的职能和各军工总公司承担的政府职能统一起来,将有国防特色的北京理工大学、北京航天航空大学、南京理工大学等7所高等院校交由国防科工委直属管理。

### 2. 制定新的国防科技工业发展方针

按照“军民结合、寓军于民、大力协同、自主创新”的发展方针。重点发展武器装备总体设计、总装和总测,对零部件、原材料和一般的加工制造充分利用全国科技和工业力量,逐步建立军民结合、寓军于民、开放竞争、精干高效的国防科技工业新体系,实现武器装备技术和军民两用高技术跨越发展,把我国军民结合科技工业推上新的发展阶段。

### 3. 国防科技工业产业结构的调整

一是核心产业,或称为军事装备产业,主要是研制、生产和营销武器装备。其包括核武器、军事卫星和航天运载、军用飞机、舰船、陆军武器和军用电子等,这是国防科技工业的立足之本和发展之源。二是主导产业,即具有明显的军工特点和国防科工委实施行业管理的。其包括核能和平利用、民用航天、民用飞机、民用船舶和民用爆破器材等五大行业。三是优势产业。由于军转民的发展,该产业的产品主要是在国民经济其他行业市场中占据相当份额的,包括汽车、摩托车及其零部件,光电信息产品、环境保护产品、机械装备产品、新型材料、医药及医疗器械等。

"十五"~"十三五"期间国防科技工业产业结构的调整实现了新的历史性跨跃:主导产业形成了产业规模;优势产业,利用跨国公司在我国建立研究开发中心、生产制造基地和地区分部的机遇,融合发展,形成经济规模,提高了经济效益。2008 年 3 月,国防科工委与工业与信息化部合并,成立国家国防科工局(副部级)。党的十八大以来"军民融合"确定为国家发展战略。

## 五、国防工业简况

**1. 核工业**

新中国成立前,我国核科学技术几乎是一片空白,从事原子能科学的研究人员不足 10 人,连一台小型的加速器都没有。新中国成立后,我国建立了一套完整的核工业体系。

(1) 新中国成立初期核工业的创建。1958 年 2 月 11 日第二机械工业部成立,同年 8 月中央决定,由第二机械工业部承担核潜艇动力堆及其控制系统防护设备等研究设计任务。1959 年 7 月中共中央决定:"自己动手,从头摸起,准备用八年时间搞出原子弹"。

(2) 20 世纪 60 年代核工业的辉煌发展。继原子弹、氢弹的试爆成功后,1970 年 7 月 30 日我国核潜艇陆上模式堆达到了满功率运行。与发展核技术的几个其他发达国家相比,我国核技术发展起点高、速度快、花钱少。

(3) 20 世纪 70 ~80 年代核工业的调整。1982 年 5 月 4 日,人大常委会决定将第二机械工业部改为核工业部。我国先后动工了秦山核电站、大亚湾核电站的建设,并参加了国际原子能机构,成立了中国原子能工业公司。我国组建了科技、工业、贸易相结合的全国性核总公司,依法担负核工业生产、经营、科研、开发和建设等任务。

(4) 20 世纪 90 年代核工业的二次创业。1991 年 12 月 15 日,我国第一座自行设计的秦山核电站并网发电,开创了我国核工业发展的新纪元,自投运以来连续保持安全稳定运行。1994 年 2 月 1 日和 5 月 6 日,大亚湾核电站一号机组和二号机组分别投入商业运行。在"九五"期间又先后建成了 30 万、60 万、100 万千瓦压水堆燃料元件生产线。90 年代我国核技术已广泛应用到医学、农业、工业和环保领域。

(5) 核工业技术进步成绩斐然。基础研究方面,2014 年我国建成世界先进质子回旋加速器,达到了国际先进水平。我国核工业的产品主要包括核武器、核电、核燃料循环和同位素辐射产品等。

**2. 航天工业**

(1) 航天工业的建设。1956 年 5 月,由周恩来总理主持的中央军委会议决定:创建我国导弹研究机构——国防第五研究院,钱学森为首任院长。至 1956 年底,组建了导弹总体、空气动力、发动机、结构强度、推进剂、控制系统、控制元件、无线电、计算技术、技术物理等10个研究室。1957年11月,仿制的东风一号地地导弹发射成功。1960年自行设计中近程地地导弹东风二号,1964年6月东风二号发射成功。

(2) 航天工业体系形成。国防第五研究院初建时按专业技术组建了3个分院,1964年11月调整为4个型号的分院,组建了第七机械工业部,统一组织和管理航天工业的研究、设计、试制和生产。中国空间技术研究院于1968年2月成立。

(3) 航天工业的壮大。1970年1月,我国中远程两级液体弹道导弹飞行实验成功。4月24日成功将我国第一颗人造卫星东方红一号发射到轨道。20世纪70年代到80年代初,我国运载火箭、人造卫星的研制取得了丰硕的成果:长征二号11次成功发射返回式卫星并取得了一箭多星发射技术的重大突破;实践一号人造卫星设计寿命为1年,实际运行时间长达8年。

1980年5月18日,我国第一枚洲际射程的运载火箭从酒泉发射场起飞,经过30分钟飞行,准确到达南太平洋预定海域,成为世界上第三个获得洲际射程的运载火箭全程飞行试验成功的国家。1982年10月12日,我国潜艇发射固体弹道导弹取得成功,成为世界上第五个拥有潜地战略导弹的国家。

(4) 改革开放后航天工业的发展。长征三号乙三级液体捆绑火箭于90年代后期研发成功,我国跃入世界上拥有大型火箭行列的国家。从神州1号升空并成功回收,到神州5号载人成功返回;从神州7号翟志刚出舱并成功返回,到神舟8号飞船与天宫1号实现自动对接,3名宇航员先后驾驶神舟9号、神舟10号与天宫1号成功实现自动交会对接和人工对接,在空间实验室开展工作12天。2016年10月,宇航员驾驶神舟11号飞船与天宫2号对接,在天宫2号空间实验室开展工作30天后安全返回,标志着我国载人航天技术取得重大突破。2016年11月3日,长征5号大推力火箭在海南文昌航天发射场成功发射,标志着我国已由航天大国迈入航天强国。2021年10月14日,经我国空间站阶段飞行任务总指挥部决定,翟志刚、王亚平和叶光富三名宇航员执行神州13号载人飞行任务并工作六个月。2022年6月5日,经空间站阶段飞行任务总指挥部研究决定:陈冬、刘洋、蔡旭哲3位航天员执行神舟14号载人飞行任务。我国航天员长期在轨驻留进入新时代。

**3. 航空工业**

(1) 新中国初期的航空工业。1952年修理了数百架飞机,支持了抗美援朝战争。1954年7月3日新中国试制的第一架飞机——初教-5教练机首飞成功。1956年7月19日新中国制造的第一架喷气式飞机——歼-5歼击机首飞成功。20世纪60年代,生产了歼-6、歼-7、歼-8、轰-5、轰-6、直-5、强-5等机型。

(2) 改革开放以来的航空工业。先后研制和生产了歼-7B、歼-7M、歼-7Ⅲ、歼教-7、歼-8、强-5、教-8、运-7、运-8、直-9等飞机。截至20世纪90年代末,中国航空工业的主要产品有军用飞机、民用飞机、战术导弹、航空发动机、机载设备,以及非航空产品。军用飞机包括歼击机、强击机、轰炸机、教练机、侦察机、无人驾驶飞机以及直升机等。时至今日,我国自主研发的五代隐身战机试飞成功,大型运输机运-20已经服役,航母舰载机已经装备部队。

**4. 船舶工业**

(1) 新中国初期的船舶工业。先后自行设计建造了52甲、53甲、55甲等近百艘小型炮艇。我国仿制建造了护卫舰、木质鱼雷快艇、中型鱼雷潜艇、大型猎潜艇和基地扫雷舰等较大型舰艇,为新中国海军提供了第一批舰艇装备。

(2) 战备时期的船舶工业。1961—1978年,自行研制成功的船舶主要有核动力鱼雷攻击潜艇、中型导弹驱逐舰、护卫舰、鱼雷潜艇、鱼雷快艇、小型导弹快艇、低磁钢扫雷艇、艇具合一型扫雷艇、中型登陆舰等。

(3) 改革开放以来的船舶工业。1978年12月十一届三中全会后,我国从军民结合、以军为主,调整为军民结合、军品优先,并提出了"国内为主,积极出口,船舶为主,多种经营"的生产经营方针,使军用船舶有了新的发展。进入20世纪90年代,我国先后研制生产了一批新型导弹驱逐舰,新型导弹护卫舰、新型常规动力潜艇和航天测量船、大型综合补给船等装备海军部队。

(4) 新世纪的船舶工业。进入21世纪,我国已初步形成以大企业集团为核心,大、中、小企业协调发展,机构优化、布局合理,规模化和专业化相结合,具备了自行设计建造航母、大型船坞登陆舰、万吨以上大型驱逐舰的能力,基本适应国防和国民经济发展需要的产业格局。这个时期,我国研制的舰船军事装备包括水下舰船、水面舰船、航空母舰、巡洋舰、驱逐舰、护卫舰、鱼雷快艇、导弹快艇、猎潜艇、水雷战舰艇、登陆舰艇、军用辅助舰船。

**5. 兵器工业**

(1) 革命战争时期的兵器工业。1931年10月成立了中央军委兵工厂,能制造步枪、手枪、机枪、炸药、迫击炮、和炮弹等。

(2) 新中国初期的兵器工业。1949年新中国成立后,兵器工业形成了东北、华北、华东、中南和西南5个兵工厂生产基地。我国先后研制和仿制成功一批当时较为先进的武器弹药,对抗美援朝战争提供了有力的支撑。1953—1959年是我国兵器工业第一次大规模建设时期,其中18个项目是苏联援建156项工程的重要组成部分。到1959年底,这18个大型项目基本建成,特别是建成了坦克和发动机、大口径高射火炮、机载火炮和水中兵器骨干企业,初步形成了行业门类齐全,技术比较先进的兵器工业体系。

(3) 战备时期的兵器工业。20世纪60年代初,我国建设"三线"成为兵器工业的首要任务,涉及26个省市、自治区,共有154个建设项目。1969年3月,由于中苏联边境的紧张局势,因此我国决定大力发展反坦克武器,同时兵器工业自行研制成功了海岸炮武器系统。1975年8月,我国兵器工业已形成较为完整的科研生产体系,拥有158个直属企业、200个地方兵工企业和上百条兵器生产线。

（4）改革开放以来的兵器工业。我国在军品研制方面完成兵器型号设计定型项目400多个,完成外贸设计定型7余项,省部级以上科技成果3500多项,其中国家级科技成果奖400多项。我国先后研制和生产了精确打击、两栖突击、远程压制、防空反导、信息夜视、高效毁伤和近战攻防等高新技术武器装备,使常规兵器向机械化、信息化迈出了一大步,有力地提高了我军精确打击、防空反导、纵深打击和快速反应能力。

**6. 军事电子工业**

（1）新中国初期的军事电子工业。1949年,我国仅有17家无线电器材厂可进行军事装备的维修和制造。例如:抗美援朝时期紧急设计并生产了近3万部供师、团、营使用的2W和15W短波电台及营、连使用的短波及超短波步谈机,近1万部150W报话机及12管收信机和大量野战电话机和交换机等。紧急修复了10部废旧的日本、美国对空警戒雷达,组建了我军第一个雷达营,修复和改装了100多部雷达,在抗美援朝战争中发挥了重大作用。

（2）战备时期的军事电子工业。1960年中央军委提出“两弹为主,导弹第一,努力发展电子技术”的方针。在短短的几年时间,我国建立了十几个无线电电子研究所,建设了数十个军事电子企业。这些研究所和企业为核试验研制了一系列核电子设备和上千台套仪器,为保障导弹、卫星发射,独立自主研制了“无线电测控系统”等精密测量,遥测遥控、时统、安全控制等关键电子设备系统,以及多种弹载和星载电子设备。我国建成了遍布全国几十个台站的弹、星测控网,为保证向太平洋发射洲际导弹和同步通信卫星的远程测量船站配备了大量新研制的电子装备,使我国成为世界少数拥有先进弹、星测控网的国家之一;研制了“大型相控阵预警雷达”,对卫星、低空导弹进行跟踪和预报。

（3）改革开放以来的军事电子工业。改革开放以来,我国在以计算机为代表的新的技术革命的推动下,军事电子工业向部队提供了大量固态化的新型地面、机载和船载的战术和战略通信系列装备、卫星通信地面站、潜地快速通信、地空及地海数据传输、宽带光纤通信,以及全军密话网、数据网、长话网及野战综合通信系统等。军事电子装备包括指挥控制电子信息系统、军事电子信息的产业等。

## 思考题

1. 何谓中国当代的国防精神?
2. 中国当代的国防精神是如何形成的?
3. 大学生如何继承和发扬中国当代的国防精神?
4. 试述我国国防科技工业的优势与差距。

# 第二篇　国家安全

国家安全是指国家政权、主权、统一和领土完整、人民福祉、经济社会可持续发展和国家其他重大利益相对处于没有危险和不受内外威胁的状态,以及保障持续安全状态的能力。我国的国家安全工作应当坚持总体国家安全观,以人民安全为宗旨,以政治安全为根本,以经济安全为基础,以军事、文化、社会安全为保障,以促进国际安全为依托,维护各领域国家安全,构建国家安全体系,走中国特色国家安全道路。

习近平主席指出:贯彻落实总体国家安全观,必须既重视外部安全,又重视内部安全,对内求发展、求变革、求稳定、建设平安中国,对外求和平、求合作、求共赢、建设和谐世界;既重视国土安全,又重视国民安全,坚持以民为本、以人为本,坚持国家安全一切为了人民、一切依靠人民,真正夯实国家安全的群众基础;既重视传统安全,又重视非传统安全,构建集政治安全、国土安全、军事安全、经济安全、文化安全、社会安全、科技安全、信息安全、生态安全、资源安全、核安全等于一体的国家安全体系;既重视发展问题,又重视安全问题,发展是安全的基础,安全是发展的条件,富国才能强兵,强兵才能卫国;既重视自身安全,又重视共同安全,打造命运共同体,推动各方朝着互利互惠、共同安全的目标相向而行。

# 国家安全概述

国家安全是安邦定国的重要基石。坚持总体国家安全观，是习近平新时代中国特色社会主义思想的重要内容。党的十八大以来，习近平总书记高度重视国家安全，发表了一系列重要论述，立意高远、内涵丰富、思想深邃，是指导新时代国家安全工作的强大思想武器。

## 第一节 国家安全的内涵

国家安全是指国家政权、主权、统一和领土完整、人民福祉、经济社会可持续发展和国家其他重大利益相对处于没有危险和不受内外威胁的状态，以及保障持续安全状态的能力。为了维护国家安全，保卫人民民主专政的政权和中国特色社会主义制度，保护人民的根本利益，保障改革开放和社会主义现代化建设的顺利进行，实现中华民族伟大复兴，必须维护国家安全。

国家安全是国家的核心利益，是一个国家处于没有危险的客观状态，也就是国家没有外部的威胁和侵害，也没有内部的混乱和疾患的客观状态。当代国家安全包括 16 个方面：政治安全、国土安全、军事安全、经济安全、文化安全、社会安全、科技安全、网络安全、生态安全、资源安全、核安全、海外利益安全、生物安全、太空安全、极地安全、深海安全等于一体的国家安全体系。

第一，国家安全是国家没有外部的威胁与侵害的客观状态。

所谓外部的威胁与侵害，大致可分为外部自然界的威胁和侵害与外部社会的威胁和侵害两大类。由于国家安全是一种社会现象，国家的外部威胁和侵害主要是指处于一国之外的其他社会存在对本国造成的威胁和侵害。从威胁和侵害者看，这种外部威胁和侵害包括：

（1）其他国家的威胁；

(2) 非国家的其他外部社会组织和个人的威胁,如某些国际组织或地区组织对某国的威胁和侵害;

(3) 国内力量在外部所形成的威胁和侵害,如国内反叛组织在国外从事的威胁和侵害本国的活动。

第二,国家安全是国家没有内部的混乱与疾患的客观状态。

危及国家生存的力量不仅来源于一个国家的外部,还来源于一个国家的内部。国内的混乱、动乱、骚乱、暴乱,以及其他各种形式的疾患,直接都会危害到国家生存,造成国家的不安全。因此,国家安全必然包括没有内部混乱和疾患的要求,仅仅是没有外部的威胁和侵害,国家并不一定就会安全。

第三,只有在同时没有内外两方面的危害的条件下,国家才安全,因此只有这两个方面的统一,才是国家安全的特有属性。

无论是“没有外部威胁”,还是“没有内部混乱”,都不是国家安全的特有属性,因此并不能把国家安全与国家不安全完全区别开来,若单独从这两方面的任何一方面来定义国家安全,都是片面的、无效的。如果把这两个方面结合起来,表述为“既没有外部威胁和侵害,又没有内部混乱与疾患”,那么可以把国家安全与国家不安全区别开了,也就抓住了国家安全的特有属性,从而就形成了一个真实有效的定义:“国家安全是国家既没有外部威胁和侵害也没有内部混乱与疾患的客观状态”。

## 第二节　国家安全的原则

坚持中国共产党对国家安全工作的领导,建立集中统一、高效权威的国家安全领导体制。

第一,确立国家与民族崛起的基本目标。

第二,采取综合一体化的手段。

第三,新安全观包括主权安全、综合安全和合作安全。国家享有主权,包括独立权、管辖权、平等权、自卫权。国家综合安全包括政治、经济、社会、信息安全等。经济安全是国家综合安全的核心。军事安全是国家安全的支柱。

第四,解决经济发展与国家安全脱节的问题。

第五,树立独立发展理念,为“全球化”条件下的民族和国家定位。

习近平总书记明确指出,坚持党对国家安全工作的领导,是做好国家安全工作的根本原则。认清国家安全形势,维护国家安全,要立足国际秩序大变局来把握规律,立足防范风险的大前提来统筹,立足我国发展重要战略机遇期大背景来谋划。世界多极化、经济全球化、国际关系民主化的大方向没有改变,要引导国际社会共同塑造更加公正合理的国际新秩序。要切实加强国家安全工作,为维护重要战略机遇期提供保障。不论国际形势如何变幻,我们要保持战略定力、战略自信、战略耐心,坚持以全球思维谋篇布局,坚持统筹发展和安全,坚持底线思维,坚持原则性和策略性相统一,把维护国家安全的战略主动权牢牢掌握在自己手中。

在中共中央政治局举行第二十六次集体学习时习近平总书记指出,一是坚持党对国家安全工作的绝对领导,坚持党中央对国家安全工作的集中统一领导,加强统筹协调,把党的领导贯穿到国家安全工作各方面全过程,推动各级党委(党组)把国家安全责任制落到实处。

二是坚持中国特色国家安全道路,贯彻总体国家安全观,坚持政治安全、人民安全、国家利益至上有机统一,以人民安全为宗旨,以政治安全为根本,以经济安全为基础,捍卫国家主权和领土完整,防范化解重大安全风险,为实现中华民族伟大复兴提供坚强安全保障。

三是坚持以人民安全为宗旨,国家安全一切为了人民、一切依靠人民,充分发挥广大人民群众积极性、主动性、创造性,切实维护广大人民群众安全权益,始终把人民作为国家安全的基础性力量,汇聚起维护国家安全的强大力量。

四是坚持统筹发展和安全,坚持发展和安全并重,实现高质量发展和高水平安全的良性互动,既通过发展提升国家安全实力,又深入推进国家安全思路、体制、手段创新,营造有利于经济社会发展的安全环境,在发展中更多考虑安全因素,努力实现发展和安全的动态平衡,全面提高国家安全工作能力和水平。

五是坚持把政治安全放在首要位置,维护政权安全和制度安全,更加积极主动做好各方面工作。

六是坚持统筹推进各领域安全,统筹应对传统安全和非传统安全,发挥国家安全工作协调机制作用,用好国家安全政策工具箱。

七是坚持把防范化解国家安全风险摆在突出位置,提高风险预见、预判能力,力争把可能带来重大风险的隐患发现和处置于萌芽状态。

八是坚持推进国际共同安全,高举合作、创新、法治、共赢的旗帜,推动树立共同、综合、合作、可持续的全球安全观,加强国际安全合作,完善全球安全治理体系,共同构建普遍安全的人类命运共同体。

九是坚持推进国家安全体系和能力现代化,坚持以改革创新为动力,加强法治思维,构建系统完备、科学规范、运行有效的国家安全制度体系,提高运用科学技术维护国家安全的能力,不断增强塑造国家安全态势的能力。

十是坚持加强国家安全干部队伍建设,加强国家安全战线党的建设,坚持以政治建设为统领,打造坚不可摧的国家安全干部队伍。

## 第三节 总体国家安全观

国家安全工作应当坚持总体国家安全观,以人民安全为宗旨,以政治安全为根本,以经济安全为基础,以军事、文化、社会安全为保障,以促进国际安全为依托,维护各领域国家安全,构建国家安全体系,走中国特色国家安全道路。

以"总体安全观"为遵循构建国家安全体系是习近平总书记对当前和今后一个时期国家安全工作提出的明确要求,强调要突出抓好政治安全、经济安全、国土安全、社会安全、网络安全等各方面安全工作。同时,既重视外部安全,又重视内部安全;既重视国土安全,又重视国民安全;既重视传统安全,又重视非传统安全;既重视发展问题,又重视安全问题;既重视自身安全,又重视共同安全。

因此,当前和今后一个时期我国的国家安全工作谋求的正是构建集政治安全、国土安全、军事安全、经济安全、文化安全、社会安全、科技安全、信息安全、生态安全、资源安全、核安全等于一体的国家安全体系。

习近平总书记提出的"总体国家安全观",是一种大安全时代的国家安全大思路,从多方面体现了唯物辩证法和系统思维,对当前和今后一个时期我国的国家安全工作具有重要的战略性指导作用。

习近平总书记强调,"保证国家安全是头等大事",提出总体国家安全观,涵盖政治、军事、国土、经济、文化、社会、科技、网络、生态、资源、核、海外利益、太空、深海、极地、生物等诸多领域,要求全党增强斗争精神、提高斗争本领,落实防范化解各种风险的领导责任和工作责任。党中央深刻认识到,面对来自外部的各种围堵、打压、捣乱、颠覆活动,必须发扬不信邪、不怕鬼的精神,同企图颠覆中国共产党领导和我国社会主义制度、企图迟滞甚至阻断中华民族伟大复兴进程的一切势力斗争到底,一味退让只能换来得寸进尺的霸凌,委曲求全只能招致更为屈辱的境况。

中国共产党着力推进国家安全体系和能力建设,设立中央国家安全委员会,完善集中统一、高效权威的国家安全领导体制,完善国家安全法治体系、战略体系和政策体系,建立国家安全工作协调机制和应急管理机制。中国共产党把安全发展贯穿国家发展各领域全过程,注重防范化解影响我国现代化进程的重大风险,坚定维护国家政权安全、制度安全、意识形态安全,加强国家安全宣传教育和全民国防教育,巩固国家安全人民防线,推进兴边富民、稳边固边,严密防范和严厉打击敌对势力渗透、破坏、颠覆、分裂活动,顶住和反击外部极端打压遏制,开展涉港、涉台、涉疆、涉藏、涉海等斗争,加快建设海洋强国,有效维护国家安全。

中国共产党十八大以来,国家安全得到全面加强,经受住了来自政治、经济、意识形态、自然界等方面的风险挑战考验,为党和国家兴旺发达、长治久安提供了有力保证。

中国共产党的十九大报告提出:"坚持总体国家安全观。统筹发展和安全,增强忧患意识,做到居安思危,是我们党治国理政的一个重大原则。必须坚持国家利益至上,以人民安全为宗旨,以政治安全为根本,统筹外部安全和内部安全、国土安全和国民安全、传统安全和非传统安全、自身安全和共同安全,完善国家安全制度体系,加强国家安全能力建设,坚决维护国家主权、安全、发展利益"。总体国家安全观,是新时代中国特色社会主义建设的基本方略之一，是习近平新时代中国特色社会主义思想的重要内涵，是新形势下维护和塑造中国特色大国安全的有力思想武器。在当前世界不稳定、不确定因素日益增多、国际格局复杂多变的关键期，坚持以总体国家安全观为引领，对于我国妥善应对新问题新挑战，努力开创国际合作新局面具有重要指导意义和重大现实意义。

中国共产党十八大以来，以习近平同志为核心的党中央在国家安全方面做出一系列战略性布局，国家安全全面加强。其中，最主要的是以“中央国家安全委员会”为标志的国家安全体制机制的健全，以“总体国家安全观”为内容的国家安全思想理论的创新，以新《国家安全法》为基准的国家安全法律体系的形成，以《国家安全战略纲要》为框架的国家安全方略谋划的完善，以“国家安全教育日”为载体的国家安全宣传教育工作的推进。在党中央的坚强领导下，解决了许多长期想解决而没有解决的难题，办成了许多过去想办而没有办成的大事，牢牢掌握了维护国家安全的全局性主动。

“统筹发展和安全”是站在新的历史方位、开启新征程的重要起点，根据社会主要矛盾的发展变化，从顶层设计的高度对“发展”和“安全”之间的辩证关系及其重要地位做出的新界定、新安排，也是党和国家从治国理政高度制定的关于国家安全工作的根本原则。“坚持总体国家安全观”必须“坚持国家利益至上、以人民安全为宗旨、以政治安全为根本”三个核心理念，深刻反映了三者在国家安全总体布局中的战略地位和相互关系，是新时代我国国家安全工作具体实践的基本遵循。

“坚持总体国家安全观”需要辩证处理五对核心关系，坚持四大内核。五对核心关系：统筹外部安全和内部安全、国土安全和国民安全、传统安全和非传统安全、自身安全和共同安全、发展问题和安全问题。四大内核：内外兼顾、以内保外，包容共赢、命运共同，经济优先、核心不让，义利并举、有所作为。这实际上确立了新时代统筹我国国家安全工作的总体思路，是国家安全工作辩证思维与底线思维的统一。把国家安全置于前所未有的战略高度，从“保障和改善民生水平，加强和创新社会治理”的视角，阐明了维护社会安全的具体布局和要求，对国家安全工作进行了系统的战略部署。

习近平总书记强调，“有效维护国家安全”。国家安全是安邦定国的重要基石，维护国家安全是全国各族人民的根本利益所在。要完善国家安全战略和国家安全政策，坚决维护国家政治安全，统筹推进各项安全工作。健全国家安全体系，加强国家安全法治保障，提高防范和抵御安全风险能力。依法严密防范和坚决打击各种渗透颠覆破坏活动、暴力恐怖活动、民族分裂活动、宗教极端活动。加强国家安全教育，增强全党全国人民国家安全意识，推动全社会形成维护国家安全的强大合力。

## 第四节　国家安全法概要

《中华人民共和国国家安全法》对政治安全、国土安全、军事安全、文化安全、科技安全等 11 个领域的国家安全任务进行了明确，共 7 章 84 条。

第一章总则,共十四条。明确了制定国家安全法的依据、原则、总体国家安全观,规定了中央国家安全领导机构职权和工作任务。以维护国家安全,遵守宪法和法律,坚持社会主义法治原则,尊重和保障人权,依法保护公民的权利和自由。明确了维护国家安全辩证统一关系,明确了工作的原则、途径、内容和方法。明确了中国的主权和领土完整不容侵犯和分割。明确了港澳同胞和台湾同胞在内的全中国人民的共同义务。明确了法律责任。规定每年4月15日为全民国家安全教育日。

第二章维护国家安全的任务,共二十条。国家坚持中国共产党的领导,维护中国特色社会主义制度;防范、制止和依法惩治窃取、泄露国家秘密等危害国家安全的行为;防范、制止和依法惩治境外势力的渗透、破坏、颠覆、分裂活动;维护和发展最广大人民的根本利益;维护国家领土主权和海洋权益;维护发展利益和世界和平;国家维护国家基本经济制度和社会主义市场经济秩序;防范和抵御外部金融风险的冲击;保障经济社会发展所需的资源能源持续、可靠和有效供给;保障粮食供给和质量安全;增强文化整体实力和竞争力;保障重大技术和工程的安全;维护国家网络空间主权、安全和发展利益;实现各民族共同团结奋斗、共同繁荣发展;国家依法取缔邪教组织,防范、制止和依法惩治邪教违法犯罪活动;依法取缔恐怖活动组织和严厉惩治暴力恐怖活动;促进社会和谐,维护公共安全和社会安定;国家完善生态环境保护制度体系促进人与自然和谐发展;不断增强有效应对和防范核威胁、核攻击的能力;国家坚持和平探索和利用外层空间、国际海底区域和极地;保护国家的海外利益不受威胁和侵害;国家根据经济社会发展和国家发展利益的需要,不断完善维护国家安全的任务。

第三章维护国家安全的职责,共九条。全国人民代表大会依照宪法规定,行使宪法规定的涉及国家安全的其他职权;实施国家安全法律法规和政策;中央军事委员会领导全国武装力量;中央国家机关各部门按照职责分工,管理指导本系统、本领域国家安全工作;地方各级人民政府依法管理本行政区域内的国家安全工作;香港特别行政区、澳门特别行政区应当履行维护国家安全的责任;人民法院依照法律规定行使审判权;有关军事机关在国家安全工作中依法行使相关职权;国家机关及其工作人员在履行职责时,应当贯彻维护国家安全的原则。

第四章国家安全制度,共二十四条。中央国家安全领导机构实行统分结合、协调高效的国家安全制度与工作机制;国家建立国家安全重点领域工作协调机制;国家建立国家安全工作督促检查和责任追究机制;各部门、各地区应当采取有效措施,贯彻实施国家安全战略;建立跨部门会商工作机制;国家建立关于国家安全的协同联动机制;国家建立国家安全决策咨询机制;建立情报信息工作协调机制;依法搜集涉及国家安全的情报信息;加强对情报信息的鉴别、筛选、综合和研判分析;国家制定完善应对各领域国家安全风险预案;国家建立国家安全风险评估机制;国家健全国家安全风险监测预警制度;及时报告可能即将发生或者已经发生的危害国家安全的事件;国家建立国家安全审查和监管的制度和机制;中央国家机关各部门依照法律、行政法规行使国家安全审查职责;省、自治区、直辖市依法负责本行政区域内有关国家安全审查和监管工作；国家建立统一领导、协同联动、有序高效的国家安全危机管控制度；依法启动应急预案，采取管控处置措施；依法决定进入紧急状态、战争状态或者进行全国总动员、局部动员的；有关机关依法律履行国家安全危机管控职责；应当选择有利于最大程度保护公民、组织权益的措施；国家健全国家安全危机的信息报告和发布机制；国家安全威胁和危害得到控制或者消除后，应当及时解除管控处置措施，做好善后工作。

第五章国家安全保障，共八条。国家健全国家安全保障体系，增强维护国家安全的能力；国家加大对国家安全各项建设的投入，保障国家安全工作所需经费和装备；保证储备物资的使用效能和安全；发挥科技在维护国家安全中的作用；加大人身保护和安置保障力度；国家安全机关、公安机关、有关军事机关开展国家安全专门工作；国家加强国家安全新闻宣传和舆论引导，增强全民国家安全意识。

第六章公民、组织的义务和权利，共七条。公民要遵守宪法、法律法规关于国家安全的有关规定；及时报告危害国家安全活动的线索；如实提供所知悉的涉及危害国家安全活动的证据；为国家安全工作提供便利条件或者其他协助；向国家安全机关、公安机关和有关军事机关提供必要的支持和协助；保守所知悉的国家秘密；法律、行政法规规定的其他义务。任何个人和组织不得有危害国家安全的行为，不得向危害国家安全的个人或者组织提供任何资助或者协助。机关、人民团体、企业事业组织和其他社会组织应当对本单位的人员进行维护国家安全的教育，动员、组织本单位的人员防范、制止危害国家安全的行为。企业事业组织根据国家安全工作的要求，应当配合有关部门采取相关安全措施。公民和组织支持、协助国家安全工作的行为受法律保护。公民和组织因支持、协助国家安全工作导致财产损失的，按照国家有关规定给予补偿；造成人身伤害或者死亡的，按照国家有关规定给予抚恤优待。公民和组织对国家安全工作有向国家机关提出批评建议的权利，对国家机关及其工作人员在国家安全工作中的违法失职行为有提出申诉、控告和检举的权利。在国家安全工作中，需要采取限制公民权利和自由的特别措施时，应当依法进行，并以维护国家安全的实际需要为限度。

## 思考题

1. 如何树立国家安全观？
2. 你是怎样理解国家安全观的？
3. 为什么要制定国家安全法？

# 第八章

# 国家安全形势

国家安全环境是指在一定时期内对国家安全产生影响的客观条件和因素。在这些条件和因素中,战略格局、外交关系、经济发展、政治形势、军事态势等都是多变的动态因素,它们的变化无疑对中国安全环境的变化起到了重要作用。地缘环境是比较稳定少变的因素,对中国安全环境具有长远的影响。为了把握中国安全环境的复杂性,有必要首先了解中国地缘环境的特殊性。

## 第一节 地缘环境与国家安全

国家的地缘环境是指影响国家安全的地理位置、地理特征以及与地理密切相关的国家关系等因素。中国的地缘环境很特殊,从古到今这种特殊的地缘环境无时不在影响着中国的安全形势、安全观念、防务政策和军事战略。

### 一、中国曾经重陆轻海

中国是一个陆海大国,历史上曾经重陆轻海。中国位于欧亚大陆的东南部,拥有300万平方千米的海洋国土,有便利的海上通道和丰富的海洋资源是一个陆海兼备的濒海大国。由于中国特殊的地理、历史、社会情况,因此使中国长期以来形成了重陆轻海的观念。其主要原因:一是中国陆地面积广大,陆上资源丰富,气候条件良好,有足够的生存空间,在世界进入现代文明之前,中华民族依靠江河流域发展为自给自足的农业文明。二是中国以小农生产方式为经济基础的中央集权的封建社会形成较早,体制和制度严密,政治和思想上统治力量强大,极大地限制和束缚了资本主义生产方式的发展,使中国古代缺乏向海洋谋求经济利益的社会动力。三是在中国古代,对中央王朝的主要威胁来自陆地,即来自中国内部北方游牧民族的侵扰,历代中央王朝的主要防御方向是北方。长城的走向标志着中原农业文明与北方游牧文明的分界线,长城两侧是中央王朝与北方游牧民族交战的主战场。

直至近代西方列强从海上大举入侵,才迫使中国开始重视对海上的防御。早在明代,中国就开始遭遇倭寇从海上的侵扰,但由于明王朝的海军力量薄弱,一代抗倭名将戚继光只能采取以海战为辅,陆战为主,待敌上陆后加以歼击的方略。清朝后期,为对付列强从海上的入侵,中国从国外买进先进的大吨位铁甲舰,建立北洋水师。但是,由于清政府的腐败和作战指导上的消极被动,甲午一战使北洋水师全军覆没,从此中国海军便一蹶不振。中华人民共和国成立后,毛泽东提出建立强大海军的思想,实际上确立了海陆并重的方针。20 世纪 60 年代后,由于中苏两国交恶,苏联侵略中国的危险性增大,敌我军力对比强弱悬殊,因此中国只能采取诱敌深入的方式对付可能的侵略战争。在这种情况下,中国海军的任务只能是配合和保障以陆军为主的陆上防御,从而形成了一支近岸防御型海军力量。目前,维护祖国统一,保卫祖国海洋国土和海洋权益的任务十分艰巨,海军力量需要大大加强。彻底改变重陆轻海的观念是有效维护国家海洋权益,保卫国家安全和发展的重要前提。

## 二、中国的边界和海岸线屡遭帝国主义列强入侵

中国有漫长的陆地边界线和海岸线,近代以来屡遭帝国主义列强入侵。中国有 2.2 万多千米的陆地边界,有 1.8 万多千米的大陆海岸线。在西方列强的势力还未扩展到东亚之时,我国古代王朝并不十分担心其漫长的边界和海岸线会有什么危险。青藏高原和帕米尔高原将中国与南亚、中亚隔断,在西北只有一条穿越茫茫沙漠戈壁的狭窄通道与中亚相连,南有云贵高原和横断山脉为屏障,东面的万里海域更是不可逾越的障碍。随着近代西方工业化的发展,其军事技术和航海能力很快粉碎了中国封建统治者的这种安全感。

从 1840 年以后的 100 年里,帝国主义者屡屡跨过中国的边界入侵中国。无论陆上还是海上,无论东南西北,没有一个方向是安全的。过去被认为是最安全的海疆成为帝国主义者侵入次数最多的方向。在第一次鸦片战争中,英国军队攻占过广州、厦门、定海、镇海、宁波、镇江,并从长江口侵入南京江面。在第二次鸦片战争中,英法联军攻占过广州、大沽口、天津,并从天津侵入北京。在中法战争中,法国军队攻占过中国南方海军基地福建的马尾港。在甲午战争中,日本军队从辽东半岛花园口登陆攻占旅顺,从山东半岛荣城登陆攻占威海。1897 年,德国军舰占领胶州湾,俄国军舰闯进旅顺口。1900 年,八国联军登陆大沽口,攻陷天津和北京。1914 年日本军队从胶东半岛登陆,沿胶济铁路侵入济南,而后攻占青岛。1932 年,日本军队进攻上海。日本在 1937 年以后的全面侵华战争中,日本军队先后从海上经上海、青岛、广州、广西钦州等地向中国腹地进攻。陆地边界也不安全。沙俄和日本军队先后侵占中国东北地区,沙俄军队主要是从满洲里、瑷珲、抚远、绥芬河、珲春等方向侵入中国,而日本军队主要是从朝鲜半岛出发越过鸭绿江侵入中国。在西北面,沙俄及其支持下的浩罕汗国军队曾先后从喀什、伊宁、阿拉山口、

吉木乃、阿勒泰等方向侵入中国新疆地区。在西面，英国军队先后两次从亚东方向入侵中国西藏地区，其中英国军队第二次入侵时，经江孜攻占了西藏首府拉萨，另外英国军队还曾侵入西藏班公湖及其附近地区。在南面，英国军队和日本军队曾先后越过中缅边境侵入云南境内，法国军队则从中越边界强占过云南一些边境地段。以上列举的只是对中国大陆领土的入侵，还没有把对中国台湾、海南岛等入侵计算在内。

中华人民共和国成立后，建立起了军、警、民密切联防的强大巩固的边海防体系；采取了正确的民族政策，加强了边疆地区各族人民的团结。在经济上大力支援边疆建设，奠定了雄厚的边海防物质基础；进行自卫反击作战，粉碎了敌人的蚕食和侵袭，保卫了边疆的安全。但是在现代条件特别是高技术条件下的战争中，面对敌人的"空、天、地、海"联合作战，不仅要建立强大的边海防，而且要建立一支有快速反应能力、强大投送能力、高度机动能力的军队，国家在任何方向上遭到侵略都能迅速投入交战，并取得胜利。

## 三、邻国对中国安全的影响

中国有众多的邻国，它们对中国安全有不同的影响。在陆上与中国接壤的国家有 15 个，在海上与中国相邻的 7 个国家。中国的邻国数量，在世界上居第二位，俄罗斯的邻国虽然比中国多一个，但其陆地面积比中国大将近一倍。与中国面积相当的美国只有 2 个陆上邻国，加拿大只有一个邻国。

众多邻国对中国安全的影响是复杂的。在这些国家中，有的国家曾经对中国进行过侵略，并且目前仍然是经济大国或军事大国，有着雄厚的综合国力和军事实力，具有对中国安全造成重大影响的能力；有的邻国之间积怨很深，严重对立、剑拔弩张，一旦它们之间爆发战争或武装冲突，必将影响中国边境安全；有的国家内部不稳定因素很多，一旦发生大的内乱，必将对中国边境造成很大压力；有的国家与中国之间存在历史遗留的边界领土争议和海洋国土划界的争议，有引发边界事件甚至武装冲突的隐患。

## 四、中国与大国关系的相互影响

中国位于世界两大地缘战略区的交接处，既受其他大国关系的影响，又影响其他大国关系。目前，世界可划分为两大地缘战略区，即海洋地缘战略区和欧亚大陆地缘战略区。美国属于海洋地缘战略区，而且是世界超级海洋强国，具有全球性影响。而世界上其他强国大都集中在欧亚大陆地缘战略区，俄罗斯则位于该战略区的心脏地带。中国属于欧亚大陆地缘战略区，背靠欧亚大陆，面向太平洋，处于两大战略区的交接处，历史上曾遭到两大战略区强国的侵略和压迫，现在则成为能够对两大战略区关系产生重要影响和作用的国家。

冷战时期，美国企图通过控制欧亚大陆边缘地带，构成对苏联的遏制包围圈，企图把苏联困死在欧亚大陆中心；苏联企图控制大陆边缘地带，千方百计向海洋地缘战略区扩展自己的势力。所有处在边缘区的国家在当时都不能摆脱美国、苏联两个超级大国争霸的影响,中国也不例外。那时,如何处理与两个超级大国的关系是中国国家安全政策的中心问题。中国根据形势的变化和自身安全的需求,多次调整安全政策。中国的政策反过来又影响着美国、苏联两方的力量对比和战略态势,形成了著名的"大三角关系"。冷战结束后,美国成为世界上唯一的超级大国;处于大陆心脏区的俄罗斯虽然暂时力量衰弱,但它仍然是世界第二大军事大国;与中国同处在欧亚大陆东部边缘的日本正在向政治大国迈进。中国处在这些大国交接处,如何处理好与美国、俄罗斯、日本的关系,不仅关系到中国自身的安全,而且关系到东亚、亚太地区乃至世界的安全与稳定。

## 第二节 尚存在的不安全因素

中国的安全环境存在着两重性:一方面,一个相对和平稳定的安全环境不断得到巩固和发展;另一方面,中国又面临一些不安全因素和潜在的威胁。

### 一、西方大国企图以两面政策遏制中国发展

美国等西方大国纷纷与中国建立伙伴关系,但遏制中国的暗流仍在涌动。随着两极格局的解体,世界正在逐步走向多极化。中美关系经历了一个曲折的发展过程,科索沃危机的挫折之后,重新走向健康的方向。1997 年 10 月,江泽民同志访问美国发表了《中美联合声明》指出:中美双方将"共同致力于建立中美建设性战略伙伴关系",为此双方将"在中美三个联合公报的原则基础上处理两国关系"。1998 年 6 月克林顿回访中国。中美两国元首决定,中美不把各自控制下的战略核武器瞄准对方。克林顿第一次在公开场合表示:美国不支持台湾独立,不支持"一中一台""两个中国",不支持台湾加入任何必须由主权国家才能参加的国际组织。2011 年 1 月,胡锦涛同志访问美国期间两国发表的联合声明,强调了"相互尊重"与"互利共赢",成为中美关系新的闪光点。2015 年 9 月习近平主席访问美国,中美两国表示:将继续努力构建基于相互尊重、合作共赢的中美新型大国关系,以建设性方式管控分歧,使中美关系不断取得新的具体成果。然而,美国拜登政府上台以来,不断推进印太战略,拉帮结派搞小圈子,打造美国、日本、印度、澳大利亚四方机制,强化美国、英国、澳大利亚三方军事同盟,围堵遏制中国的图谋昭然若揭。中国、日本建交后,两国关系基本平稳发展。中日双方都明确把发展长期稳定的友好关系作为各自的基本国策。然而,自 2012 年日本上演"购岛"闹剧以来,中日关系急转直下。中国与欧盟各国保持良好的关系。欧盟决定把与中国的关系提高到与美国、俄罗斯、日本等同等重要的地位。1998 年中国与欧盟领导人在伦敦亚欧首脑会议期间成功地举行了首次会晤,并就建立中欧年度会晤机制和中欧长期稳定的建设性伙伴关系达成共识。

西方各国与中国发展关系的同时,仍然有一股企图遏制中国的逆流在涌动。他们不愿看到中国富强和统一,对中国综合国力迅速的增长感到十分恐惧,竭力鼓吹"中国威胁

论”,散布21世纪西方世界必然会与中国发生冲突的谬论,主张西方世界联合起来遏制中国。他们的对华政策对西方国家政府有相当大的影响。以美国政府为例,其对华政策存在着明显的两面性。美国在对中国实行“接触”政策时,毫不掩饰地宣称,接触是推进美国理想和价值观的最好办法。同时,继续对中国保持经济制裁,在技术转让上限制中国。美国特朗普政府上台后,发动针对中国的贸易战,经常在人权、西藏、军贸、知识产权、环境保护等问题上攻击中国;南海问题从幕后走到了台前,从隐晦转为了公开,对我国实施了强大的军事压力;继续坚持向中国台湾出售武器,与中国台湾当局不时往来,干涉中国内政,对中国的统一大业起到阻挠或破坏作用。西方国家特别是美国对华政策的这种两面性,是中国安全环境的不稳定因素之一。

## 二、周边地区热点对中国的影响

中国周边地区热点问题有的在逐渐降温,有的仍存在爆发危机的可能。在中国周边地区的热点问题中,对中国安全影响较大的是朝鲜半岛问题和印度与巴基斯坦之间的对立。在这两个热点地区,既存在着降温、缓和的发展趋势,又存在着升温、发生危机的可能性。

2016年,朝核危机不断升温,特别是随着美国与韩国决定萨德反导系统部署韩国,朝鲜半岛危机四伏。朝鲜半岛是东亚各大国利益的交汇点,世界各大国都不希望半岛出现危机,各大国的努力也是半岛形势出现缓和的原因之一。但是,朝鲜半岛形势发生突变的可能性不能排除。朝鲜半岛是中国各周边地区中军事力量最为密集的地区,而且朝鲜半岛南北方军事部署近在咫尺,军事对峙的僵局很难打破,所以发生战争的可能性不能排除。

对中国安全影响较大的另一热点是印度与巴基斯坦的对立。印度与巴基斯坦之间的核军备竞赛是对中国安全环境有较大影响的重要问题。1998年5月,这两国核军备竞赛骤然升级,印度首先进行了5次核试验,接着巴基斯坦进行了6次核试验。值得注意的是,印度政府和军方领导人公开宣称进行这些核试验的原因是对付所谓“中国威胁”。因此,印度已经拥有对中国内地进行核打击的能力,印度与巴基斯坦核军备竞赛已对中国的安全环境产生了不利影响。

随着世界经济和战略重心加速向亚太地区转移,美国持续推进亚太“再平衡”战略,强化其地区军事存在和军事同盟体系。日本积极谋求摆脱战后体制,大幅调整军事安全政策,国家发展走向引起地区国家高度关注。该地区个别国家在涉及中国领土主权和海洋权益问题上采取挑衅性举动,在非法“占据”的中方岛礁上加强军事存在。一些域外国家也极力插手南海事务,对我国保持高频度海空抵近侦察,所以海上方向维权斗争将长期存在。亚太地区一些陆地领土争端依然存在,朝鲜半岛和东北亚地区局势存在诸多不稳定和不确定因素,地区恐怖主义、分裂主义、极端主义活动猖獗,这些都对中国周边安全稳定带来不利影响。

## 三、边界和海洋权益争端解决困难

中国与各邻国睦邻友好关系继续发展,但边界和海洋权益争端的解决并非易事。中国坚持在“和平共处五项原则”基础上与一切国家发展友好关系,特别注重发展睦邻友好关系。20 世纪 60 年代,中国先后与缅甸、尼泊尔、巴基斯坦、蒙古、阿富汗、朝鲜等 6 国签订了边界条约或协定,1991 年又与老挝签订了《中老边界条约》。90 年代以来,中国分别与俄罗斯、哈萨克斯坦、吉尔吉斯斯坦签订了国界协定,与哈萨克斯坦、俄罗斯、吉尔吉斯斯坦、塔吉克斯坦的边界问题全部解决。中国、俄罗斯、哈萨克斯坦、吉尔吉斯斯坦、塔吉克斯坦 5 国领导人多次进行会晤,签署了《关于边境地区加强信任的协定》及《关于在边境地区相互裁减军事力量的协定》。中国同越南和印度实现了关系正常化。中国与越南签署了《关于边界领土问题的基本原则协议》,边界问题已经解决,与印度签署了《关于中印边境实际控制线地区军事领域建立信任措施的协定》,为边界问题的解决创造了良好气氛。

中国与其邻国的边界争议及关于海洋权益的争议情况复杂,解决起来难度很大,这些争议始终是可能威胁中国边境和领海安全的不稳定因素。例如:中国与印度之间陆地边界的争议问题,中国与朝鲜、韩国之间关于黄海、东海大陆架划分,与日本之间关于东海大陆架划分和钓鱼岛归属,都存在争议。中国的南海岛屿被侵占、海域被分割、资源被掠夺。关于南沙群岛的争议更为突出,涉及多个国家,如果处理不当,很可能引发武装冲突。随着美国亚太战略地实施,美国的战略轰炸机、航母战斗群屡犯我国临近海域和空域,拉帮结派搞军演,使得南海问题更加复杂。美国总统拜登上台以来,延续特朗普时期的印太战略,把 60% 的海军力量部署到印太地区,推进“四国机制”,围堵遏制中国。

## 四、“台独”倾向是中国安全的最大内患

马英九正式就任中国台湾地区领导人以来,海峡两岸之间关系总的发展由对抗走向对话,由紧张走向缓和,由隔绝走向交往,但在统一问题上举步维艰。自 20 世纪 80 年代末以来,两岸经贸关系发展迅速,相互成为主要贸易伙伴。到 1997 年底,经香港的两岸间接贸易额累计超过 1000 亿美元,而 2021 年大陆与台湾的贸易额就达到 3283.4 亿美元。而蔡英文就任中国台湾地区领导人后,“台独”的政党已在台湾“立法院”占有多数席位,鼓吹“台独”论调更加猖獗,企图倚美谋独。美国对台售武从未停止且越演越烈。台独势力是中国安全的最大内患。

## 五、转型时期出现新的社会矛盾

国内经济繁荣、政治稳定,但转型期内出现了一些新的社会矛盾。国内经济发展势头良好,综合国力明显增强。城乡人民生活水平显著提高,居民储蓄大幅度增长,全国贫困人口迅速减少,2021 年已实现全国脱贫,我国脱贫攻坚战取得了全面胜利。社会主义

精神文明建设取得新的成绩，社会主义民主和法制建设得到加强，社会稳定，人心安定。但是，中国的经济体制和社会、经济结构正处在深刻的变化之中，由此而产生了一些新的社会问题和矛盾。例如：城市居民之间，城市与农村之间，东部沿海地区与西部偏远地区之间，贫富差距有拉大的趋势；每年新增加的待业人口及向城市流动的大批农村富余劳动力，使就业问题成为一项十分艰巨的社会工程。这些问题如果处理不当，社会矛盾就会激化。

## 第三节 机遇、挑战与国防任务

21 世纪以来新兴市场国家和发展中国家快速发展，世界多极化加速发展，国际格局日趋均衡，国际潮流大势不可逆转。在整个世界格局新旧交替之际，中国所面临的外部形势是机遇和挑战并存。

### 一、中国安全环境面临的机遇大于挑战

从总体上说，目前及未来一个相当长时期的国际安全环境是有利于中国的安全和发展。世界各国纷纷把国家战略的目光投向以经济、科技为中心的综合国力的发展，努力争取 21 世纪的战略主动权。各国之间经济合作程度越来越深，互相交融、互相依存，世界经济一体化和区域经济集团化的两种趋势在同时加强。世界上维护和平的力量超过了战争力量。这种环境有利于中国集中精力、一心一意地进行经济建设，有利于中国扩大与各国的经济、科技合作，实现“三步走”的国家发展宏伟目标。总体和平稳定的环境，有利于中国着眼长远目标，有计划、有步骤的与国民经济协调发展的道路。

**1. 局部战争成为主要战争威胁**

中华人民共和国成立以后，曾经长时期处在某个超级大国的全面军事入侵的威胁之下，有时甚至面临两个超级大国同时入侵的危险，迫使中国不得不把战略重心放在准备这种战争的威胁。目前，中国与一些国家之间还存在关于陆地边界、海域岛礁、海洋权益的争议，如果某个国家放弃平等协商、和平解决的原则，单方面改变现状，甚至使用武力手段扩大占领，就有可能引发武装冲突或局部战争。可能引发局部战争还有中国台湾问题。若在中国台湾问题引发的两岸武装冲突中存在国外力量武装干涉，则会导致中国与外国发生武装冲突的可能性。

**2. 国家经济发展面临的威胁日渐突出**

现在中华民族已经摆脱了生存的重大威胁，经济、科技、社会的全面发展成为中国国家利益最集中的表现。中国的经济能否保持持续、快速、健康的发展，是关系到国家的命运，关系到中国能否在 21 世纪自立于世界民族之林的大事。在国家发展最重要的时期，可能面临种种威胁。一旦发生迫使中国卷入的局部战争，无论其规模大小，必将干扰甚至迟滞国家的经济发展。除此之外，还存在以下可能的威胁：经济发展面临世界性的激

烈竞争,外国推行贸易保护主义并对中国设置贸易壁垒和实施技术封锁;全球或地区经济、金融危机波及中国;中国与西方大国的矛盾由于某些意料不到的原因而激化,导致西方大国对中国采取经济制裁;中国周边地区发生动乱或局部战争,战火殃及中国或难民潮冲击中国;中国国内由于敌对势力或民族分裂势力的煽动和破坏,导致相当规模的动乱或暴乱。

**3. 中国台湾独立的危险成为中华民族心腹大患**

中国台湾问题已经存在了半个多世纪,重新统一祖国一直是中国人民的奋斗目标。在执掌中国台湾地区李登辉上台前的40年里,海峡两岸之间虽然关系紧张,而且有时兵戎相见,但是海峡两岸都坚持一个中国的立场。那时,中国台湾当局对内宣布“台独”为非法组织,坚决禁止“台独”活动,对外坚决拒绝所谓“划峡而治”的建议,并在外交场合尽力避免形成“两个中国”的局面。因此,虽然没有实现祖国统一,但中国台湾独立的危险并不大。李登辉执掌中国台湾地区后不仅顽固拒绝“和平统一,一国两制”的主张,鼓励怂恿“台独”势力大肆活动,而且企图通过“特殊两国论”为今后的大陆政策定调,把“台独”写在中国国民党的旗帜上。同时,进一步推行所谓“务实外交”,在国际上造成“两个中国”或“一中一台”的既成事实。陈水扁执掌中国台湾地区后公然抛出“一边一国”的“台独”论调,中国台湾独立的危险日益引人注目。马英九执掌中国台湾地区后积极推进两岸经济往来,但“台独”势力仍然不可小觑。2016年蔡英文执掌中国台湾地区后,拒不承认“九二共识”,两岸关系降到了冰点,台海形势更加复杂。

## 二、中国的国防任务十分艰巨

由于当前我国所处的安全环境,国防任务十分艰巨,因此在新形势下中国国防任务主要有以下内容:创造并维护和平稳定的周边环境,保障国家改革和发展的顺利进行;防止任何外敌的任何形式的入侵,保障国家和人民的安全;防止他国对中国陆地领土和海洋领土的蚕食和侵占,保障国家领土主权的完整;保障国家在大陆架、专属经济区、公海上的一切合法海洋权益;制止台湾独立,反对民族分裂,维护国家统一;粉碎对国家政权的颠覆活动,维护国内社会的稳定。完成上述任务,不仅需要建设强大的国防力量,而且需要有正确的战略筹划和高超的斗争艺术。

**1. 遏制战争与打赢战争的矛盾**

当前国家的统一、领土完整以及海洋权益等方面面临一定的威胁,保卫这些利益是紧迫的国防任务。国家经济发展需要一个和平稳定的外部环境,中国国防力量必须坚定不移地执行以和平方式解决边界领土和海洋权益争端的政策,坚决贯彻“和平统一,一国两制”的方针,争取以和平方式解决中国台湾问题。同时,中国国防力量又必须做好充分准备,在一旦外敌把战争强加给中国以及因中国台湾问题而进入危急状态的情况下,有能力、有把握赢得自卫和维护国家统一的战争。一旦爆发战争,就有可能暂时破坏和平稳定的环境,进而影响国家经济建设的进程。因此,既要坚决保卫国家统一和领土完整,又要维护和平稳定环境，是中国国防面临的一个十分艰巨的任务。

**2. 国防力量现代化水平与打赢信息化条件下局部战争要求不相适应的矛盾**

由于新技术革命的推动，世界军事领域的深刻变革正在兴起，许多发达国家军队已经配备了大量信息化武器装备，并正在研究和发展信息时代的军队组织和作战理论。未来一旦发生战争，中国军队将会遇到用各种信息化武器武装起来的对手。与一些国家和地区相比，中国在武器装备质量方面有差距。在武器装备敌优我劣的情况下，能否打赢和如何打赢一场信息化条件下的局部战争，对中国国防来说，无疑是一个前所未有的挑战。这就要求中国军队努力赶上世界先进水平，提高防卫作战能力，同时做好以现有装备战胜敌人的准备。

**3. 加快国防现代化步伐与国防费不足的矛盾**

为了完成各项国防任务，需要有一支强大的国防力量。由于中国国防力量的现代化水平与军事强国存在差距，而现代化特别是信息化的武器装备价格又非常昂贵，因此实现中国国防现代化将需要很大的资金投入。目前，中国还处在社会主义的初级阶段，国家还不富裕，所以在短时期内国防投入还不能完全满足国防建设的需求。近些年来，国家已经适度增加了国防投入，使国防投入维持在与国民经济发展相适宜的状态，信息化武器装备大幅度增加，增强了国防的硬实力。

## 思考题

1. 怎样认识中国安全环境的复杂性？
2. 我国的地缘环境对我安全有何影响？
3. 我国周边的安全威胁如何应对？
4. 如何理解我国周边安全环境的机遇与挑战？

# 第九章

# 国际战略形势

随着冷战的结束和人类社会进入21世纪，要和平、谋合作、促发展，已成为时代的主流。尽管维护持久和平的因素在增长，但世界和平仍面临威胁，不公正、不合理的国际经济秩序没有根本改变，局部战争时有发生，天下并不太平。本章主要介绍时代主题呈现的特点与趋势，走向多极化的国际战略格局，多元化的安全威胁和激烈竞争中的军事战略调整。

## 第一节　时代主题呈现的特点与趋势

国际形势深刻演变，国际力量对比、全球治理体系结构、亚太地缘战略格局和国际经济、科技、军事竞争格局正在发生历史性变化。维护和平的力量上升，制约战争的因素增多，在可预见的未来，世界大战打不起来，总体和平态势可望保持。但是，霸权主义、强权政治和新干涉主义将有新的发展，各种国际力量围绕权力和权益再分配的斗争趋于激烈，恐怖主义活动日益活跃，民族宗教矛盾、边界领土争端等热点复杂多变，小战不断、冲突不止、危机频发仍是一些地区的常态，世界依然面临现实和潜在的局部战争威胁。

### 一、国际形势总体缓和但局部冲突仍然不断

#### 1. 国际总形势趋向缓和

冷战之后，两极世界格局解体，爆发世界大战的可能性越来越小。过去因两个超级大国插手而难以解决的许多国际热点问题，大多可以通过政治、外交途径得到解决，或陆续取得一些突破性进展。大国关系出现战略性调整，中国、美国、俄罗斯、欧盟、日本等国和地区频繁进行高层领导人直接对话，促进了国际安全环境的改善。世界各国独立自主、合作发展的意识有所加强，和平力量更加壮大。国与国之间相互依存与制约关系不断加深，维护全球安全的共同利益愈来愈得到广泛的认同。国际裁军与军控取得新的进

展，多数国家纷纷把武装力量调整到适度规模。新的国际安全机制正在形成和发展，各种双边和多边安全合作方式的出现及联合国作用的增强，进一步促进了国际社会的和平与稳定。

**2. 局部战争的危险依然存在**

由于历史结怨、格局转换、民族矛盾、宗教对立、力量失衡、外部插手、资源纠纷、武器扩散等因素，导致局部战争和武装冲突此起彼伏，一度出现增多的势头。以美国为首的西方军事同盟，正在成为新的战争策源地。非洲先后有20多个国家发生动乱和武装冲突。拉美地区也曾多次发生武装冲突和内战。在亚洲，阿富汗、柬埔寨、斯里兰卡等国曾发生长期的内战，有的至今还持续不断。朝鲜半岛、克什米尔地区仍处在严重的军事对峙状态。叙利亚问题、朝核问题、伊核问题、阿拉伯国家和以色列的矛盾一直未从根本上得到解决，中东和平进程屡屡受挫，战事仍有可能发生。随着美国军事战略向亚太地区的转移，频频插手我国南海。

## 二、经济全球化成为大趋势但也存在负面影响

**1. 经济全球化的主要表现**

贸易自由化的范围正迅速扩大，从传统的商品贸易领域向技术、金融等领域快速拓展。金融国际化的进程正明显加快，时间、地域、国界对资本流动的限制作用缩小。生产跨国化的体系正逐步形成，全球已拥有跨国公司4万多家。投资外向化的比重正日趋增大，发达国家是跨国投资的主体，发展中国家的对外投资额也在稳步增长。区域集团化的趋势正加速发展，全球已有140多个国家和地区参加了30多个各类区域性经济集团，经济全球化可以促成生产要素的合理配置。

**2. 经济全球化带来负面影响**

对于发达国家来说，经济全球化带来的负面影响主要表现为对资本、技术、贸易、市场的争夺加剧；对于发展中国家而言，主要是面临保护和发展本国经济、打破发达国家的经济垄断和封锁、提高参与国际经济竞争力等严峻的挑战。因为，经济全球化的规则，主要是在旧的经济秩序和制度规则基础上发展起来的，对发展中国家很不利。在国际分工体系中，处于外围边缘地带的发展中国家，容易接受发达国家扩散的低层次产业，导致产业结构的单一性和从属性。近些年来，世界经济持续低迷，世界主要经济体贸易保护主义抬头，采用援助和投资资金倒流、限制科技成果转让、转嫁危机等手段，限制发展中国家的经济发展，拉大发达国家与发展中国家的贫富差距。

## 三、大国较量竞争的重点转向综合国力

冷战结束后，世界各大国间较量的重点已从以军事力量为主，转向以科技为先导、以经济为基础的综合国力竞争。其主要内容：夺取科技优势，促进国家经济、军事、教育等方面的全面发展，壮大综合国力，为夺取或保持在世界战略格局中的有利地位创造条件。

美国不断完善并加紧实施高新科技研究计划，推动高新科技产业的发展，保持其世界领先的地位。日本以"科技立国"方针为指导，制定"下一代产业基础技术研究开发计划""创造性科学技术推进计划"和"人类新领域研究计划"，与美国和欧盟展开竞争。欧盟各国则联合起来，在"尤里卡计划"基础上，实施欧洲联合高新科技计划，与美国和日本展开竞争。其他国家也普遍重视科技的作用，把发展高新科技及其产业作为加强综合国力的根本措施。

## 四、军备竞赛有所趋缓但质量竞赛更加激烈

### 1. 核军控进程受到挫折

在核军备方面，尽管美国、俄罗斯两国开始大幅度裁减核武器，但仍保持有庞大的核武器库。2011 年，美国、俄罗斯双方拥有全世界 90% 的核弹头，总数超过 10000 枚。美国、俄罗斯、法国、英国都在继续加强核武器的研制和更新换代。同时，世界上有能力制造核武器、生物武器和化学武器的国家也越来越多。2021 年 10 月，美国、英国、澳大利亚三国宣布成立 AUKUS 联盟，并签署协定由美国和英国帮助澳大利亚进行核潜艇的建造。

### 2. 高科技建军步伐加快

美国加快了运用高技术提高军队质量水平的步伐，强调用高技术提高美军的战斗力，将工业时代的武装力量转变为信息时代的武装力量。俄罗斯则要求运用最新科技成果、最新工艺、最新材料超前研制新一代武器装备。法国、英国、德国等在提高军队质量、发展高技术武器装备方面也不遗余力。中东地区一些国家自海湾战争以来，从美国等西方国家购买武器装备总金额已达数百亿美元。日本、印度、韩国、东盟各国大幅度增加发展高技术武器装备的投入，使其军费开支保持高额并不断攀升。日本自解禁集体自卫权以来加大了研发、生产、采购高精尖的武器装备投入，自主研制航母，已经突破平宪法生产出口武器，引起周边国家的严重关切。

## 五、霸权主义依然存在并呈现新的表现形式

### 1. 政治强权有所发展

以美国为首的某些西方国家仗恃其实力优势地位，粗暴干涉别国的内政，致使许多发展中国家政局不稳，社会动荡、战乱不休。尤其是在人权问题上，西方竭力鼓吹"人权高于主权"等观点，甚至提出建立"国际人权干预部队"。自 20 世纪 90 年代初至今，西方国家在联合国人权委员会上，连续十几次假借人权问题，干涉中国内政；联合国人权委员会在美国等少数西方国家操纵下通过的一系列决议针对发展中国家。

### 2. 军事干涉更加频繁

西方大国使用军事力量干涉别国事务的行为更是有恃无恐，有增无减，并在科索沃战争中表现出前所未有的破坏性和冒险性。自 1989 年"柏林墙"倒塌以来，美国平均每年对外用兵 5 次以上，大大超过其在冷战时期对外用兵年均 2.8 次的纪录，加剧了地区紧

张局势,破坏了地区和平与稳定。

**3. 经济制裁逐渐增多**

美国等西方国家几乎在每一次重大的国际对抗与冲突中,都使用了经济制裁与封锁手段,或以经济利益为交换条件,逼迫对方让步。近年来,美国在与伊拉克、伊朗、利比亚、古巴、叙利亚、俄罗斯等国家的对抗和冲突中,以及处理其他国际争端时,美国政府和国会的首要行动通常是宣布进行经济制裁与封锁。

**4. 文化渗透日趋公开**

文化渗透是西方国家推行其价值观念、生活方式和政治制度模式的重要手段之一。它们凭借信息传媒工具的技术优势,以各种消遣娱乐、流行时尚等商业文化,或以影视音像、文学作品等形式,或通过信息高速公路的互联网络,跨国进行思想文化渗透,达到文化渗透的目的。文化渗透已成为某些西方大国对别国进行"和平演变"的基本手段,甚至成为引发某些国家社会动乱的祸水。

纵观当今世界形势,和平与发展是时代的主旋律,对话代替对抗是主流,振兴和发展经济是主体。同时,国际社会还存在一些与和平与发展时代主题不和谐的声音,在发展经济中也充满激烈的竞争,人类谋求全面和平和持久发展的美好愿望仍然受到诸多的挑战。21 世纪,"霸权主义、强权政治的存在,始终是解决和平与发展问题的主要障碍"。

## 第二节　走向多极化的国际战略格局

世界两极格局被打破后,国际战略格局正朝着多极化方向发展。在未来的战略格局中,起主导作用的可能会是美国、欧盟、俄罗斯、日本、中国五大力量中心。

### 一、美国欲建立单极世界,却难阻多极化潮流

美国拥有一支全球进攻性军事力量。据《2016 年美国军力评估报告》称,2016 年美国军队(以下简称:美军)现役总兵力为 284. 75 万人,其中现役部队 128. 2 万余人,后备役部队 80. 1 万人,拥有各式火炮及火箭炮约 3000 门,防空导弹系统约 2000 个,各式轻重型运输车辆 37 万辆,坦克和装甲运兵车 4. 3 万辆,各类飞机 4000 架,10 艘"尼米兹"级核动力航母,71 艘潜艇等,是世界上最强的三位一体的核进攻力量。美军具有很强的远程精确打击、隐身攻击、电子战、联合作战和综合保障能力。其海军能够控制世界各大洋和海峡咽喉要道,空军能够全球到达和全球攻击,陆军能够在世界各地区实施作战,后勤力量能够有效保障美军在海外的作战行动。美军把全球划分为五大战区,在海外部署了占其总兵力近 1/4 的军事力量,在世界各个重要地区保持"前沿存在",曾准备在海外同时打赢两场大规模战区战争或地区战争作为指导思想的核心。

美国企图建立以其为领导的单极世界。其战略构想:以美洲大陆为依托,以北约和美日军事同盟为两大战略支柱,从欧、亚两大陆向全球进行新的战略扩张,长期保持美国

唯一的超级大国地位。但是,几乎所有国家都不赞成建立以“美国为轴心的世界”新格局;美国在国内面临众多的社会问题和经济问题,不具备承担“领导世界重任”的能力;在国际上有欧洲、日本等国家和地区的在各领域的竞争;无论美国如何强大和富有,都不可能包揽解决所有问题。因此,未来的国际战略格局绝不可能完全按美国的意图发展。

## 二、欧盟力量在不断增长且自主意识日趋发展

欧盟是当今世界上规模最大、一体化程度最高的地区经济集团,截至2020年底欧盟共27个成员国,人口约4.48亿。欧盟具有雄厚的经济、科技和军事实力,其整体经济实力已经超过美国;在联合国安理会5个常任理事国中占有1个席位,在处理全球或地区事务中有一定的发言权;欧盟与曾是其殖民地的发展中国家有较大的影响力,还保持着较为密切的政治经济文化联系。

在欧盟诸国中,法国、德国军事力量的作用和影响较大。法国是一个有重要影响力的军事强国。2021年据“全球火力网”报道,法国现役总兵力约38万人,战略核力量有5艘弹道导弹潜艇,80枚潜射弹道导弹,18架战略轰炸机。法国成立海外诸军种联合作战参谋部,并在非洲保持1万人的驻军。德国军事力量在原东德、西德统一后大大增强。据相关报道,2021年德国现役总兵力约18.5万人。近年来,德国多次突破《基本法》的限制出兵海外,参加维和行动,意欲谋求在欧洲和国际安全事务中发挥更大的影响力。

冷战时期,欧洲是两极对抗的主战场,西欧国家依附美国。冷战结束后,欧盟企图谋求使欧洲真正成为未来多极世界中强有力的一极,争取与美国平起平坐的地位。尽管美国的盟主地位在欧洲受到冲击,但欧盟仍未摆脱对美国的依赖。法国、意大利、西班牙、葡萄牙四国宣布组建“欧洲陆军”和“欧洲海军”两支联合部队;法国、德国军团已建立,并已成为欧盟防卫力量的核心。未来的欧盟将可能成为影响力大大增强的一极。

## 三、俄罗斯发挥军事力量的作用力保大国地位

苏联解体后,俄罗斯的实力和国际影响力大大削弱。但是,从总体上看,俄罗斯仍具有较强的综合国力。它继承了苏联在联合国安理会常任理事国的席位,以及苏联76%的领土和70%的国民经济总资产,国土横跨欧亚两大洲,总面积1700万平方千米以上,自然资源极其丰富,物质技术基础雄厚,燃料动力、冶金、机械制造、化学和交通运输业十分发达,科技实力较强,人民受教育程度较高,在航空、航天、核能、生物工程和新材料等领域居世界先进水平,仍具有巨大的发展潜力。

俄罗斯军队(以下简称:俄军)仍然是目前世界上唯一能与美国抗衡的军事力量。它接管了苏联75%的军队,约80%的战略核力量和大部分军工企业。俄军现役编制员额约113.41万人。战略核力量拥有陆基弹道导弹800枚,远程战略轰炸机110架,弹道导弹潜艇34艘,潜射弹道导弹540枚,其三位一体的核力量足以毁灭任何国家。目前,俄罗斯把北约东扩视为对其国家安全的主要外部威胁,在独联体一些国家中驻军约10万人。

## 四、日本加快由经济大国走向政治大国的步伐

日本是当今世界上仅次于中国的第三经济大国,人均国民收入已超过美国,并且正在向政治大国迈进。据《日本经济新闻》报道,2022 年日本军费预算 5. 3422 万亿日元。

日本军事力量较强,现在自卫队总兵力约 24. 77 万人,预备役部队 4. 79 万人,按照远洋、近海、本土三线配置,强调“海上歼敌”。日军武器装备先进,航空自卫队具备较强的远洋上空对敌拦截能力,海上自卫队有较强的海上打击、护航反潜、海峡封锁和扫雷布雷作战能力。日本坚持日美军事同盟,不断拓宽“专守防卫”军事战略的内涵,已突破和平宪法的限制向海外派遣军事力量,并将其防卫范围扩展到包括朝鲜半岛、台湾海峡和南中国海在内的整个亚太地区。以打击海盗为名在海外建立军事基地,一旦发生战事,日本准备与美军共同干涉“周边事态”。2015 年 7 月,日本众议院表决通过安保法案,解禁集体自卫权,随后突破“武器出口三原则”,向海外出售武器装备。2016 年以来大幅提高军费,军事力量借驻亚太地区的美军,能够对该地区的局势产生重大影响。

## 五、其他国家和国家集团的实力与地位也在增长

现在世界上有一些国家和地区集团,如印度、巴西、东盟等,其经济的迅速发展带动了综合国力的明显增强,在全球和地区事务中的地位和作用日益提高。

印度是南亚地区性大国,其国土面积 297. 47 万平方千米,人口数量位居世界第二,资源较丰富,科技力量较强,具有较快发展综合国力的客观条件。2021 年军费支出 737 亿美元居全球第三位,印军现役总兵力约为 144. 5 万人,其地面部队在南亚次大陆占有绝对优势;空军可以夺取局部空中优势,进行纵深打击和火力支援;海军有一定远洋作战能力;战略核力量已初步具有核威慑与核打击能力。印度积极争当世界军事强国,力图做核大国,保持和发展一支地区进攻性军事力量。

东南亚是 20 世纪 80 年代以来世界经济最具活力的地区之一。随着经济实力的壮大,东盟作为一支新兴的政治力量,正在不断加强内部多边、双边防务合作,积极调整与对本地区有影响的美国、日本、中国、俄罗斯等国的关系,同时加紧扩大成员国数量,积极争取对东亚事务有更大的发言权。

## 六、中国在国际事务中将发挥越来越大的作用

中国一贯坚持正义的原则立场,反对以大欺小、以强凌弱和以富压贫的强权政治,致力于建立公正合理的国际新秩序,是反对霸权主义和维护世界和平的重要力量。

中国的主要工业产品的产量在世界上的名次不断上升,钢铁、原煤、水泥、粮食、棉花、汽车、手机、彩电、冰箱等 20 多项工业品产量居世界第一位,石油、化肥、发电量等产量位居世界前列。中国幅员辽阔,自然资源较丰富,拥有广阔的战略空间和巨大的市场,有很强的民族凝聚力和博大精深的文化底蕴。中国自实行改革开放以来,经济飞速发展

令世人瞩目，到1997年底，工业企业资产总额比1978年增长26.6倍，主要农业产品产量居世界第一位，2010年国民生产总值在世界上的排位已上升到第二。据国家统计局报道，在“新冠肺炎”疫情扩散全球的大环境下，中国成为了全球唯一经济实现正增长的主要经济体。2021年GDP为114.4万亿，增速为8.1%，占全球经济的比重由2011年的9.27%上升到18.50%。

中国已拥有一支数量可观、实力较为雄厚的科学技术队伍，较为齐全的科研设施，在一些重要的科技领域已接近或达到世界先进水平。中国的国防实力日益增强，能够独立研制各种型号的坦克、火炮、战机、舰艇、导弹等兵器，而且自行设计和制造了原子弹、氢弹、运载火箭、卫星等，成为世界上少数几个掌握这类技术的国家之一。中国奉行独立自主的和平外交政策，赢得了崇高的国际威望。随着科教兴国战略的实施，中国的综合国力日益强盛，在世界上的地位和作用进一步提高。

从上面世界各种力量发展和变化的情况看出，国际战略格局正呈现出多极化趋势。多极化趋势的发展，增强了广大中小国家参与国际事务的权利，削弱了超级大国控制国际局势的能力，有利于世界的和平与稳定。然而，由于国际战略格局的转换不是战争的结果，而不能很快形成，这就决定了新旧格局的交替必然是一个长期、复杂、曲折的渐进过程。在新旧格局的转换过程中，各种力量将呈现出既相互竞争又相互依存，既相互制约又相互借重，既充满斗争又协调合作的多极互动局面。

在中国的一贯倡导下，2022年中国、俄罗斯、美国、英国、法国五个核武器国家领导人同步发表《关于防止核战争与避免军备竞赛的联合声明》：核战争打不赢也打不得，重申不将核武器瞄准彼此和其他任何国家，承诺维护和遵守双多边军事协议，强调各国应避免军事对抗，防止军备竞赛。该联合声明体现了五国防止核战争的政治意义，发出了维护全球战略稳定、减少核冲突风险的共同声音，为构建总体稳定、均衡发展的大国关系具有积极意义。

## 第三节　多元化的安全威胁

作为一个发展中大国，中国面临多元复杂的安全威胁，遇到的外部阻力和挑战较多，生存安全问题和发展安全问题、传统安全威胁和非传统安全威胁相互交织，维护国家统一、维护领土完整、维护发展利益的任务艰巨繁重。

### 一、安全威胁更加复杂多变

冷战结束后冷战思维并没有终结，霸权主义更加猖獗，仍是威胁世界和平与发展的主要根源。不公正不合理的国际政治经济旧秩序，还严重地损害着发展中国家的利益。民族、宗教、文化和领土、资源等矛盾，以及国际犯罪、恐怖主义、环境恶化等问题日益突出，从而使国际安全形势变得更加复杂多变。

**1. 领土争端和资源争夺明显增多**

一是历史上长期遗留的领土争端,成因复杂、时间久远,屡次冲突、积怨较深。二是殖民统治者为了给获得独立的国家制造麻烦而留下的领土纠纷,使冲突各方长期对峙甚至诉诸武力,而西方国家从中渔利。三是两极格局解体后新独立国家间的领土争端。四是新的国际法出台前后引发的国家间领土争端,如联合国《国际海洋法公约》制定过程中及其被批准生效之后,一些国家开始对某些海洋岛屿提出主权要求,甚至对别国拥有明确主权的岛屿提出主权要求,从而引起国家间的海洋领土争端等。

**2. 民族矛盾和宗教纷争不断加剧**

这些民族矛盾主要表现在下面几个方面:一是冷战时期遗留的民族矛盾的继续和延伸。二是两极格局解体导致的民族分离主义。三是极端民族主义抬头。目前,极端民族主义势力在许多国家和地区蔓延,从而陷入严重的战乱之中:有的地区企图建立同一民族组成的超出原有疆界的新的民族国家;有的感到外来民族压力增大,采取各种排外行动,引发社会内部动乱等。

宗教信仰是一个世界性问题,科索沃战争使世界各地民族分离主义分子得到一个明确信息:只要迎合西方大国的需求,就有可能得到包括军事干涉在内的各种支持,进而达到分裂的目的。一些西方大国在利用军事、经济手段的同时,还利用宗教矛盾,支持和挑起其他国家分裂或内战,企图破坏其他国家的政治稳定甚至颠覆别国政权。

**3. 跨国性问题日益严重**

由于科学技术的发展和全球经济一体化的进程加快,整个世界的空间在相对缩小,"地球村"正在逐步形成,许多跨国性的问题也随之出现并日益严重,对国际社会的安宁与稳定构成了越来越严重的威胁。

(1)大规模杀伤武器扩散的危险增大。冷战结束后,联合国以压倒多数先后批准和通过了无限期延长《不扩散核武器条约》和《全面禁止核试验条约》。然而,一些国家采取各种手段,研制和发展核生化武器;一些有核国家的非法组织为了谋取经济利益,进行有组织的核材料走私贩运;同时,以美国为首的西方大国在防扩散问题上常采取双重标准,即在对一些国家采取严格的限制、核查和制裁的同时,又怂恿和支持另一些国家秘密研制核生化武器。

(2)国际恐怖主义活动有时十分活跃。恐怖主义活动是指某些国家、组织或个人,为了达到某种政治目的或经济目的,使用非战争的暴力手段进行的极端活动。冷战结束后,国际恐怖主义活动时而收敛,时而活跃。一些极端恐怖组织或恐怖分子,多次制造暗杀、爆炸和绑架人质等恶性事件,特别是近十余年来发展起来的极端恐怖组织"伊斯兰国",增加了国际社会的紧张与恐慌。

(3)难民潮有增无减。2019 年底,据联合国最新统计,全球已有 7000 多万人逃离自己的家园,是 20 年前难民数量的 20 倍。事实证明,难民问题往往与战乱紧密相连,如巴尔干地区、西亚库尔德人居住区、叙利亚、阿富汗、利比里亚、卢旺达、布隆迪、索马里、苏丹等战乱,使大量民众流离失所,沦为难民。这些难民加剧了国际组织救援工作的负担,给国际社会造成很大的压力。

(4)国际贩毒走私更加猖獗。国际毒品控制委员会认为,全球性毒品问题日益恶化。东南亚的“金三角”、拉美的哥伦比亚和秘鲁等传统的毒品生产地依然十分活跃。近年来,又滋生出一些新的毒品产地和新的国际毒品转运地,使国际贩毒走私成为一个日益严峻的国际问题。

## 二、局部战争是对世界和平与稳定的主要威胁

综合前面分析可以看出,当今国际社会面临日趋复杂化、多元化的不安全因素。若处理不当,则有可能导致局部战争和武装冲突,从而对世界和平与稳定构成主要威胁。

**1. 局部战争的多发性**

据不完全统计,冷战期间世界共发生过182场次局部战争和武装冲突,年均4场次。冷战结束后,由于一些国家之间或国家内部的矛盾逐步激化,西方大国插手地区事务和干涉别国内政等原因,导致局部战争和武装冲突的数量比冷战时期明显增多。据有关资料统计,从1991—1997年,世界上各种规模的局部战争和武装冲突共计245场次,年均约35场次,呈现出局部战争和武装冲突不断蔓延之势。

**2. 局部战争的破坏性**

自美国和苏联元首于1989年底在马耳他宣布冷战结束后,世界上发生的局部战争和武装冲突与冷战时期一些大规模局部战争相比,其规模和激烈程度通常较小,除了海湾战争、波黑战争、美国入侵巴拿马等为数较少的几场局部战争外,大多没有出现过大兵团的正规作战行动。尽管如此,这些局部战争和武装冲突仍给国际社会和当事国造成巨大损失。其主要表现以下:

(1)人员伤亡代价惨重。第二次世界大战以后,平均每场局部战争死亡约10万人以上。例如:在冷战后的局部战争和武装冲突中,海湾战争中伊拉克伤亡人数达15万人,波黑内战中交战各方伤亡人数总计约为20万人,卢旺达内战中双方伤亡人数高达数十万人,叙利亚内战爆发至今,死亡人数至少35万,受伤人数逾百万。

(2)战争物资消耗代价巨大。历时42天的海湾战争,多国部队的战争物资消耗总量达800万吨以上,耗资高达600多亿美元,平均每天耗资11亿多美元。美军弹药日消耗量为朝鲜战争时的20倍,单兵日均消耗物资量达200千克以上,是第二次世界大战时的10倍,越南战争时的4倍。

(3)战争破坏的经济代价沉重。在海湾战争中,伊拉克近9000幢楼房被毁损,80%~90%的工业、石油和电力设施遭到破坏,90%的产业工人失业,直接经济损失超过2000亿美元。在非洲,许多贫困的发展中国家因连年战乱,给人民带来了深重灾难。

**3. 局部战争的不确定性**

例如:海湾战争的发生、发展与结局出乎国际社会的意料。1997年5月,扎伊尔反政

府武装组织发动内战夺取了政权,成立了刚果民主共和国,结束了内战,但时隔一年又重新爆发内战,使国际社会始料不及。此外,一些国家局部战争往往久拖不决,前景不可预料。

**4. 局部战争引起国际组织的更多介入**

一是进行国际调解,推动和平进程。二是进行国际军事干预,强制实现和平。三是派遣国际维和部队,维持冲突地区的和平。

## 第四节　激烈竞争中的军事战略调整

### 一、战略调整的目标与动因

**1. 战略调整的目标**

美国作为唯一的超级大国,其战略调整的目标是确保美国军事力量在21世纪的绝对优势,继续称霸世界,以建立美国领导下的“世界新秩序”。一些西方大国和地区强国的战略目标是谋求地区事务的支配权或地区霸权,争取在国际舞台上拥有更多的主导权。其他国家尤其是广大发展中国家战略调整的目标,则是创造和保持一个有利于本国发展和稳定的国际环境,致力于本国的经济建设和社会稳定,以努力提高本国的国际地位。

**2. 战略调整的动因**

(1)国际安全环境发生了变化。当前国际形势继续趋向缓和,局部战争和地区冲突仍然不断发生。世界上新发生的局部战争和武装冲突的频次大大高于冷战时期。这些新的局部战争或地区冲突主要是由于霸权主义、强权政治以及领土争端、经济摩擦和民族宗教矛盾等引发的,已经成为当前和今后一个时期内世界各国所面临的主要威胁。此外,还有走私贩毒、恐怖主义等其他多元威胁。

(2)高新技术的发展引起军事领域里的深刻变革。科学技术的进步,尤其是信息技术的飞速发展,一场新军事革命随之蓬勃兴起,并不可避免地改变传统的军事观念,产生一系列新的军事理论、作战思想、武器装备和军队体制编制。这在客观上要求各国调整自己的军事战略,顺应时代的发展趋势。

(3)世界各国面临新的机遇和挑战。随着世界多极化和经济全球化的发展,21世纪将是一个更加充满竞争和发展机遇的世纪。21世纪的竞争需要21世纪的战略。21世纪国际竞争中的赢家,将产生于那些今天在战略上已做好充分准备的国家。一些国家早在冷战后期就着手进行军事战略的调整,以抢先占领军事领域中的战略制高点。

### 二、战略调整的特征

**1. 主动性**

冷战结束后美国主动进行了7次大的军事战略调整:1992年老布什政府提出“地区

防备”战略;1995年克林顿政府制定了“灵活选择与参与”战略;1997年克林顿政府提出“塑造－反应－准备”的战略积极参与国际事务;2001年小布什政府提出,美国全力反恐并大力推动向其他国进行民主输出;2012年奥巴马政府提出了“亚太再平衡战略”指出,美国将在2020年前将60%的美国战舰部署在太平洋;2017年特朗普政府提出“印太战略”,从而充实军备、深化军事伙伴关系以及地区互联等;2021年拜登政府增加国防预算,对中国战略竞争,对俄罗斯战略威慑。尽管这些战略调整在内容实质上没有大的变化,但战略调整的周期如此之短,这在美国军事战略发展史上还前所未有。俄罗斯在重新立国后的6年时间中,已主动进行了两次大的军事战略调整,现在的战略是以遏制北约向东扩张为长期目标,以遏制地区性冲突为重点,有效地遏制外国的袭击和入侵,并正在制定新的国家军事学说,将提出新的军事战略方针。日本从1995年开始,修订《防卫计划大纲》,与美国共同发表了《日美安全保障联合宣言》和新《日美防务合作指针》,对其军事战略作了重大调整。英国、法国、德国等的战略调整更加注重主动性、自主性,战略重点从防御作战转向对外军事干涉行动。

**2. 综合性**

冷战时期针对现实威胁,解决如何遏制和打赢战争的问题。多数国家的战略调整,涉及领域都比较宽泛,综合性较强:既考虑到军事因素,也考虑到政治、经济、科技和文化等因素;既包括对威胁的判断、可能的作战对象,又包括战略目标、战略任务、战略指导、战略力量和手段等内容;既运筹军事力量的使用,也谋划军事力量的建设等。世界一些大国的军事战略调整更加关注如何应对国家经济安全、社会稳定和跨国犯罪等问题。例如:美国明确要求,使用军事力量直接为美国的经济利益服务。俄罗斯军事战略则将国家经济安全和社会稳定列为主要任务之一。日本军事战略已突破其和平宪法确立的原则限制,配合美军回归亚太地区的军事行动,其防卫任务由应付周边事态逐步向全球范围扩展。印度近年来侧重发展其核战略和海军战略,企图建立能打陆海空天“四维空间战”的新型军队,建立“世界级海军”。

**3. 灵活性**

例如:冷战后,美国在对外使用经济制裁和政治挤压的同时,频繁运用武力或以武力相威胁。在战略部署上,以“前沿存在”与快速反应相结合,随时准备应付在世界各地发生的危机和冲突。目前,美军在欧亚两大战区形成“哑铃”型部署态势,同时在可能的危机地区或其附近海域建立武器装备的预置舰船。一旦危机发生,则依靠前沿存在兵力控制局势;若事态扩大则从本土或其他战区迅速调集兵力,则实施大规模军事行动。“北大西洋公约组织”(以下简称:北约)根据其“危机反应”军事战略,建立了占北约一体化部队总兵力的12.3%的多国快速反应部队。俄罗斯也在组建以空降兵为骨干的总数约20万人的机动部队。日本、印度、越南等许多国家也都在建立自己的快速反应部队。

**4. 超前性**

军事战略的调整历来要求既立足当前又着眼未来。在这次全球性军事战略调整中,不少国家超前规划的时间跨度由通常的5年左右，延伸至10～30年以上。美国的"塑造－反应－准备"军事战略，就充分照顾到了美国当前、近期和中远期的国家安全利益和军事力量的建设与使用。在这一战略思想指导下．美军制定出《2016年航空航天构想》《2025年海军发展构想》等新的战略规划．并开始研究"后天的军队"，即2030年以后美军的发展构想。英军制定了2014年前《陆军数字化建设纲要》，法军要实现军队数字化和信息化，马来西亚制定了《未来20年海军防卫现代化计划》，菲律宾也出台了《未来20年武装部队现代化计划》等。

邓小平同志主持军委工作时洞察了当今世界的发展大势，提出和平与发展是当今时代的主题，领导了国防和军队建设指导思想的战略转变，使我国成为这场全球军事战略调整中最早提出并最先完成战略转变的国家之一。江泽民同志主持军委工作时，提出将新时期我国军事斗争准备转向重点准备打赢现代条件特别是高技术条件下局部战争。胡锦涛同志主持军委工作后，就我军建设提出了以增强打赢信息化条件下局部战争的能力为核心，完成多样化军事任务的能力等一系列新思想、新观点、新主张。习近平主席主持军委工作以来，在强军思想的指引下，加强军队顶层设计，改革军事编制体制，全面实施改革强军战略，落实了能打仗、打胜仗的根本目标。这些思想和观点对加强人民军队建设具有重要的指导意义。

## 思考题

1. 时代主题的特点是什么？
2. 对如何认识当前的国际战略格局？
3. 国际安全形势的特点是什么？
4. 世界主要国家的军事战略是如何调整的？
5. 我国如何应对当前的国际战略格局？

# 第三篇　军事思想

中国古代军事思想

毛泽东军事思想

邓小平新时期军队建设思想

江泽民国防和军队建设思想

胡锦涛国防和军队建设思想

习近平强军思想

军事思想是关于战争、军队和国防的基本问题的理性认识，是人们长期从事军事实践的经验总结和理论概括。其通常包括战争观、战争问题的方法论、战争指导思想、建军思想及国防思想等基本内容。作为一个学术范畴，军事思想以战争和军事问题为研究对象，它的根本任务是揭示战争的本质、战争的规律及进行战争的指导规律，研究和阐明军队和国防建设的基本理论和原则，从总体上反映研究战争和军事问题的成果。不同的时代、阶级、国家和人物有不同的军事思想。

军事思想来源于军事实践，又给军事实践以理论指导并随着战争和军事实践的发展而发展。在和平时期军事思想的发展则应适应社会生产力和科学技术的发展。积极探索军事领域出现的新情况和新问题，努力使军事思想适应新的历史条件，以保证它对未来战争发挥正确的理论指导作用。本篇主要介绍中国古代军事思想、毛泽东军事思想、邓小平新时期军队建设思想、江泽民国防和军队建设思想、胡锦涛国防和军队建设思想和习近平强军思想。

# 中国古代军事思想

中国古代军事思想是指我国在奴隶社会、封建社会时期,各阶级、集团及其军事家和军事论著者对于战争与军队问题的理性认识。它随着社会的前进、战争的发展而不断深化,经历了形成与发展的沿革过程。

## 第一节　中国古代军事思想的形成与发展

中国古代军事思想源远流长、博大精深、异彩绚烂,在世界军事思想发展史上具有杰出地位,是战争经验的总结,血染的理论财富,智慧的结晶。

### 一、萌芽时期(夏、商、西周时期)

公元前21世纪至公元前8世纪,我国先后建立了夏、商、西周三个奴隶制王朝。这是中国奴隶社会从确立、发展到鼎盛的整个历史阶段,也是我国古代军事思想的萌芽时期。这个时期军队数量不多,没有专职的指挥将领;除甲士有铜兵器外,许多徒(步)兵仍使用木、石兵器;作战方式基本上是以密集队形进行集团肉搏正面冲杀。商代以后逐渐以车兵为主,作战中形成以车兵为核心的方阵队形。由于对战争客观规律认识的局限,战争受迷信的影响极大,经常以占卜、观察星象等来决定战争行动,因此产生了以靠天命观为中心内容的战争指导思想。军队的治理以"礼"和"刑"为基础。"礼"主要适于上层的贵族和军官,讲究等级名份、上下有序;对下级和士兵的管理主要靠严酷的刑罚,所谓刑不上大夫、礼不下庶人。这个阶段已产生了一些萌芽形态的兵书。商代甲骨文、西周的金文中就有大量关于军事活动的记载。西周时期出现的《军志》《军政》等军事著作,虽早已失传,但这是我国古代军事思想萌芽的重要标志。

### 二、形成时期(春秋战国时期)

公元前8世纪初到公元前3世纪末,即春秋战国时期,是我国从奴隶制向封建制的过渡时期，是我国古代政治、经济、文化、科技大发展的一个历史阶段，也是古代军事大发展的时期。在这个时期阶级矛盾不断激化，战争频繁，战争规模不断扩大，作战形式多样。许多代表新兴地主阶级的军事家和兵书著作不断涌现，包括研究战争论、治兵论、用兵论及研究战争的方法论等方面的著作，全面奠定了我国古代军事思想的基础，标志着我国古代军事思想已基本形成。

现存最早，影响最大的就是春秋末期孙武所著《孙子兵法》。它是新兴地主阶级军事理论的奠基作，它标志着封建阶级军事思想的形成，成为后世兵书的典范。其他影响较大的兵书还有《吴子》《司马法》《孙膑兵法》《尉缭子》《六蹈》等。

## 三、充实提高时期(秦～五代时期)

公元前3世纪初至公元10世纪中叶，是中国封建社会发展的上升阶段。这期间主要经历了秦、汉、晋、隋、唐等王朝，其中汉、唐两代是中国封建社会的盛世，军事思想也进一步得到了充实和提高。

秦以后进入了以铁兵器为主的时代，骑兵成为战争力量的主角，舟师水军参战也更多了。这就要求作战指挥必须加强步、骑、水军的配合作战。从汉到隋曾多次发生像赤壁之战、淝水之战这样大规模、多兵种大集团的配合作战。在这些战争中，政治斗争与军事斗争的结合，谋略与决策的运用以及作战指挥艺术都达到了相当高的水平。战争的发展使得战略战术的运用和指挥艺术都得到高度发展，战略思想也日臻成熟。

这个时期出现了许多总结军事斗争经验的兵书，其中汉初出现的《黄石公三略》(又称:《三略》)和唐代的《李卫公问对》等，是传世的重要著作。《三略》是一部从政治与军事关系上论述战争攻取的兵书，它进一步阐述了“柔能制刚，弱能制强”的朴素的军事辩证法思想，并指出最高统治者必须广揽人才，重视民众与士卒的作用。《李卫公问对》结合唐代初期的战争经验，对以往的兵书进行了探讨，对《孙子》提出的虚实、奇正、攻守等原则及其内在联系，作了比较辩证的论述，而且在某些方面提出了更新的见解，发展了前人的思想，深化了先秦某些用兵原则的内涵。特别是它“论从史出，以史例论兵”的研究方法，开创了结合战例探讨兵法的新风，受到历代兵家的高度赞赏和效仿。

## 四、完善时期(宋～清前期)

公元960年到1840年，历经宋元明清(前期)四个朝代。这期间，中国封建社会已进入后期。火器逐渐普遍使用使战争进入了冷、热兵器并用的时代。宋朝从建国之初，就面临着民族矛盾扩大、阶级矛盾激化和统治阶级内部矛盾加剧的局面。因此，当政者为了维护统治，确立了兵书在社会的正统地位，武学开始纳入国家教育体系。北宋中叶开始重视武事，开办武学，设立武举，发展军事教育。统治者为了教习文臣武将熟悉军事，命曾公亮等编纂《武经总要》，总结古今兵法和本朝方略，并颁布《孙子》《吴子》《司马法》《六韬》《尉缭子》《三略》和《李卫公问对》为《武经七书》，并官定为武学教材。武举的设立,武学的兴办,武经的颁定,培养了大批军事人才,繁荣了军事学术。

这个时期是中国古代军事思想历经漫长的丰富和发展之后,走上体系化的时期。其主要表现是兵书数量繁多、门类齐全,兵书概括性强、自成体系,成为我国古代兵书数量最多的一个时期。据《中国兵书总目》统计,宋、元、明、清(不含近代)兵书总共有1815种,占我国古代兵书总数的3/4以上,而且内容丰富,分门别类地概括了军事思想的各个方面,形成逻辑性较强的比较完整的体系。

## 第二节　孙武的主要军事思想

孙子名武,字长卿,又称为孙武子或吴孙子。春秋末期(生卒年月已不可考,约与孔子同时代,主要活动于公元前6世纪末至前5世纪初)齐国(今山东境内)东安(今山东惠民县,一说山东博兴北,一说山东广饶)人。为齐国田氏家族后裔,后移居吴国,经伍子胥推荐,晋见吴王阖闾,献兵书,任将军,辅佐吴王经国治军,西破强楚,北威齐晋,名显诸侯。他是毛泽东给予过很高评价的"中国古代大军事学家"。

孙武的军事思想就是孙武关于战争和军队等问题的理性认识。它产生于我国由奴隶制向封建制过渡时期,是对前人兵学思想的继承和当时军事实践经验的理论总结,是中国古代军事思想的奠基石及最重要的组成部分。它的军事思想集中反映在其所著的《孙子兵法》之中。

《孙子兵法》又称为《吴孙子兵法》《孙武兵法》或《孙子》,享有"兵经""武经""百世兵家之师"等美誉,是我国和世界现存最古老的兵书,在我国和世界军事学术史上占有突出的地位,至今仍有多方面的重大现实价值。

《孙子兵法》,历史记载有82卷、图9卷,现存仅为13篇,共6076字。十三篇可分为4个部分:第一部分包括《计》《作战》《谋攻》,侧重于战略运筹和谋划,是提挈全书的部分;第二部分为《形》《势》《虚实》《军争》《九变》,侧重论述作战指导思想和原则;第三部分为《行军》《地形》《九地》,侧重论述军队在各种地形、地理条件下的处置原则及军队在各种环境中的管理问题;第四部分为《火攻》和《用间》,侧重论述以火、水辅助作战问题和使用间谍的原则及方法,其中也阐明了一些重要的战争观点。

### 一、重战、慎战、备战思想

**1. 重战思想**

《孙子兵法》开篇就指出:"兵者,国之大事,死生之地,存亡之道,不可不察也"。战争是国家的大事,关系到军民生死,国家存亡,是不可不认真研究的。这段关于战争的精辟概括,是孙武军事思想的基本出发点。春秋末期,诸侯兼并、战乱频繁,战争不仅是各国维持其政治统治,向外扩张发展的主要手段,而且关系到国家的存亡。孙武总结了一些国家强盛,一些国家灭亡的经验和教训,提出"兵者,国之大事"的著名论断,这对于人类认识战争的实质是一个巨大的贡献。

**2. 慎战思想**

“亡国不可以复存，死者不可以复生，故明君慎之，良将警之”。国家灭亡了就不能再存在，人死了就不能再活。所以，对待战争问题，明智的国君要慎重，贤良的将帅要警惕。从这点出发，孙武主张，“非利不动，非得不用，非危不战”，即不是对国家有利的，就不要采取军事行动；没有取胜把握的，就不能随便用兵；不处在危急紧迫情况下，就不能轻易开战。

**3. 备战思想**

“用兵之法，无恃其不来，恃吾有以待也；无恃其不攻，恃吾有所不可攻也”，即用兵的原则，不要寄希望于敌人不会来，而要依靠自己有充分的准备；不要寄希望于敌人不会来攻，而要依靠自己有使敌人无法攻破的条件。战争的立足点要放在事先做好充分准备，严阵以待，使敌人不敢轻易向我发动进攻的基点上。

## 二、“知彼知己，百战不殆”的战争指导思想

“知彼知己，百战不殆；不知彼而知己，一胜一负；不知彼，不知己，每战必殆。”了解敌人又了解自己，则百战不败；不了解敌人而了解自己，可能胜也可能败；既不了解敌人，又不了解自己，那就会每战必败。

孙武用简明扼要的语言，指明了战争指导者了解敌我双方情况与战争胜负的关系，从而揭示了指导战争的普遍规律。这个思想是极富科学价值。自有战争以来，古今中外的战争指导者，都不能违背这一规律。毛泽东对此曾有高度评价，在《论持久战》一文中指出：“战争不是神物，乃是世间的一种必然运动，因此，孙子的规律‘知彼知己，百战不殆’乃是科学的真理”。这条规律，从哲学意义上讲，是实事求是的朴素的唯物主义思想；从战争理论上讲，是分析判断情况的根本规律；从指导战争的意义上讲，是先求可胜的条件，再求必胜之机的重要抉择。

## 三、以谋略制胜为核心的用兵思想

谋略是指用兵的计谋。《孙子兵法》军事思想的核心是谋略制胜。它认为军事斗争不仅仅是军事力量的竞赛，而且是敌我双方政治、经济、军事和外交等综合斗争，也是双方军事指导艺术的较量，即斗智。孙武谋略制胜思想突出体现在以下几个方面。

**1. “庙算”制胜**

“多算胜，少算不胜，而况于无算乎！吾以此观之，胜负见矣”，即战前，计算周密，胜利条件多，可能胜敌；计算不周，胜利条件少，不能胜敌；而何况于根本不计算，没有胜利条件呢？我们从这些方面来考察，谁胜谁负就可以看出来。

庙算制胜，主要是指战前要从战争全局上，对战争诸因素进行分析对比，决定打不打？怎么打？用什么部队打？在什么时间、地点打？打到什么程度？如何进行战争准备

和后方保障？做到有预见、有计划、有保障，心中有数，打则必胜。也就是说先求“运筹于帷幄之中”，然后才能“决胜于千里之外”。

**2. 诡道制胜**

“兵者，诡道也”“兵以诈立”。用兵打仗是一种诡诈行为，要依靠诡诈多变取胜。军事上的诡道是指异于常规的一些做法。“兵不厌诈”，古今常理。在战争的舞台上，如果对敌人讲“君子”之道，就必然被敌所制；如果能较好地运用诡道，造成敌人的过失，创造战机，那就会陷敌于被动。这种战例，举不胜举，如马陵道之战，日本偷袭珍珠港，诺曼底登陆等。孙武将诡道归纳为十二法：“能而示之不能，用而示之不用，近而示之远，远而示之近，利而诱之，乱而取之，实而备之，强而避之，怒而挠之，卑而骄之，佚而劳之，亲而离之，攻其无备，出其不意，此兵家之胜，不可先传也”。

**3. 不战而屈人之兵**

“故百战百胜，非善之善者也；不战而屈人之兵，善之善者也”。在战争中，百战百胜，并不是好中最好的，不战而使敌人屈服才是最好。所以，孙武主张“上兵伐谋；其次伐交；其次伐兵；其下攻城”。最好的是以谋制胜，使敌人屈服。其次是通过外交途径，分化瓦解敌人的同盟，迫使敌人陷入孤立，最后不得不屈服。例如：战国时，秦国采取“远交近攻”的政策，逐步灭了六国，就是以外交手段配合军事进攻而取得胜利的。伐兵，即用武力战胜敌人。最下策是攻城，硬碰硬的攻坚战。孙武指出：“善用兵者，屈人之兵而非战也，拔人之城而非攻也，毁人之国而非久也，必以全争于天下，故兵不顿而利可全，此谋攻之法也”。善于用兵的人，使敌人屈服不用直接交战，一定要用全胜的计谋争胜于天下，这样军队就不至于疲惫受挫，又能获得全胜的利益。这就是孙武以计谋攻敌的原则和全胜的思想。

“全胜”的思想，不战而胜，是要以强大的军事力量作后盾的，如果没有强大的军事力量，就不可能达到不战而胜的目的。例如：1949 年平津战役时，之所以能取得傅作义起义，和平解放北平，其前提条件是由于我军西克张家口、东陷天津、百万大军兵临城下，使北平之敌处于一无逃路、二无外援，战则必败的境地，加上我党的政策的感召等。

总之，孙武“不战而屈人之兵”的思想，对后世的影响很大，并为世界所公认。中国孙子兵法研究会名誉会长、军事科学院原副院长高锐将军称，“这是军事思想史上的一个独创”，是“最完美的战略”。

孙武还总结了若干作战用兵原则，如先胜而后求战的原则，示形、动敌的原则，避实而击虚的原则，我专而敌分的原则，因敌而制胜的原则等。

## 四、《孙子兵法》的治军思想

**1. 依法治军**

“法者，曲制、官道、主用也”，就是说军队组织编制和通信联络、将帅的统辖管理和职责区分、军用物资的供应和管理等制度规定，都要严明有序。

**2. 重视将帅的选拔与修养**

“智、信、仁、勇、严”为择将标准。孙武认为“将者,国之辅也”“知兵之将,生民之司命,国家安危之主也”,即作为国君助手的将帅,必须是深知兵法的人才,这是关系着民众的命运和国家的安危与存亡,不能不给予足够的重视。同时,将帅也要有良好的修养和品格,他提出:“将军之事,静以幽,正以治”,要“进不求名,退不避罪,唯民是保,而利合于主,国之宝也”,即指导战争的人们,应该有深邃冷静的思谋,公正、廉明的品格,要不为个人邀功诿过,一切要从国家的利益出发,这样的人才才是国家的瑰宝。

**3. 在军队的管教方面**

要“令之以文,齐之以武”,即要以文教统一政令,亲合士卒,团结内部;要以军令严格训练,统一阵法,达到令行禁止,整齐划一的目的。这样的管教才能使军队具有战斗力。所谓“文”是指政治思想范畴,称为仁义、忠信;所谓“武”是指军纪、军法、阵法,即军事规范。他还主张“令素行以教其民”,即要使管理教育经常化,以养成良好的习惯,而不是简单化。

**4. 严明赏罚**

孙武把赏罚作为“七计”的内容,提出“赏罚孰明”,即强调军队要赏罚严明。这是争取胜利的重要条件之一。他指出:“取敌之利者,货也。故车战得车十乘已(以)上,赏其先得者”,即主张论功行赏,以鼓励军队的士气。他还指出:“施无法之赏,悬无政之令”,即在特殊情况下要打破常规,给以特别的赏罚。同时他也反对滥施赏罚,指出:“数赏者,窘也;数罚者,困也;先暴而后畏其众者,不精之至也”。他认为,滥施赏罚是将帅窘困的表现,是很不精明的。

总之,孙武的治军思想十分丰富,尽管没有开辟专篇论述治军,但是他的每一篇治军思想有许多精辟的观点,值得研究和借鉴。

## 五、朴素唯物论和原始辩证法思想

《孙子兵法》之所以具有极大的时空跨度,经久而不衰,与它反映的朴素唯物论和原始辩证法思想是分不开的。

兵法中反映的唯物论主要包括三个方面:一是对战争的认识,冲破了“鬼神论”和“天命论”;二是把客观因素作为决定战争胜负的基础;三是注意到时间和空间在军事上的作用。

原始辩证法思想主要表现在能够正确认识战争中各种矛盾的对立统一及相互转化的关系。《孙子兵法》中的辩证概念要领有 85 对,使用 260 次之多,如敌我、攻守、胜负、迂直、强弱、勇怯、奇正、虚实、分合、久速等,并充分论述了在一定条件下是可以转化的。

《孙子兵法》作为一部伟大的军事著作,它的科学价值和历史功绩是不可磨灭的。但是,由于它诞生在 2000 多年前的古代,难免存在时代和阶级的局限。其局限主要表现:战争观方面未能区分战争的性质;治军方面的愚兵政策;军队补给方面的抢掠政策以及作战原则方面存有某些片面性等。虽然,在学习和运用《孙子兵法》中应注意剔除和分析这些缺点,但在认识这部伟大著作时,决不能求全责备。因为《孙子兵法》不仅是春秋战国时期军事思想中最光辉灿烂的部分和杰出的代表,而且它具有超越时间和空间的科学价值,是我国乃至世界最宝贵的文化遗产之一。

## 思考题

1. 我国古代军事思想的形成与发展几个阶段有何特点?
2. 《武经七书》有何历史意义?
3. 试述“五事七计”的理论价值及意义。
4. 略谈《孙子兵法》的主要军事观点及其影响。

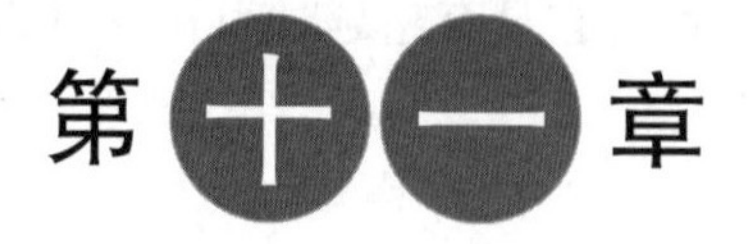

# 第十一章 毛泽东军事思想

毛泽东军事思想是关于中国革命战争、人民军队和国防建设的科学理论体系，是毛泽东思想的重要组成部分。其从多方面吸取了古今中外军事思想的精华，是运用马列主义普遍原理与中国革命战争和国防建设实际相结合的产物，是中国共产党领导中国人民及其军队长期军事实践经验的科学总结，是以毛泽东为代表的中国共产党人集体智慧的结晶。毛泽东军事思想是中国共产党领导中国革命战争、军队建设、国防建设和反侵略战争的指导思想。

## 第一节　毛泽东军事思想的形成与发展

毛泽东军事思想既产生于中国革命战争的实践，又指导革命战争的实践，并随着革命战争实践的发展而不断地受到检验和发展。毛泽东军事思想的形成和发展，是同中国革命战争的发生、发展和胜利及同党内"左倾""右倾"错误的斗争紧密联系在一起。中华人民共和国成立后，在新的历史条件下毛泽东军事思想适应国防建设和军事斗争的需要，继续得到了丰富和发展。

### 一、毛泽东军事思想的产生

从中国共产党成立到党的遵义会议，是毛泽东军事思想的产生时期。俄国"十月革命"一声炮响，给中国送来了马列主义。在俄国"十月革命"的影响下，中国共产党从接受马克思列宁主义关于暴力革命学说开始，逐渐认识到军事工作在中国革命中的重要性。第一次大革命失败的严酷现实，使中国共产党进一步认识到武装斗争和掌握军队的极端重要性。1927 年 8 月 1 日的"南昌起义"，打响了武装反抗国民党反动派的第一枪，开创了中国共产党独立领导武装斗争的新时期。同年 8 月 7 日，毛泽东在党的"八七会议"上，提出了枪杆子里面出政权的著名论断。9 月，毛泽东又亲自发动和领导了湘赣边界的

“秋收起义”。他带领“秋收起义”的部队进军井冈山,建立了第一个农村革命根据地,实行“工农武装割据”,开辟了一条以农村包围城市的崭新的革命道路。

从“三湾改编”到“古田会议”,毛泽东提出并制定了一套较为完整的人民军队的建军原则。在反对敌人“进剿”和“围剿”的武装斗争中提出并实践了动员群众、依靠群众和武装群众的人民战争思想;总结出了游击战争的“敌进我退、敌驻我扰、敌疲我打、敌退我追”的十六字诀原则和诱敌深入、集中兵力、运动战、速决战、歼灭战等红军作战原则。经过斗争实践,形成了一条马列主义的军事路线。

这个时期,以毛泽东为主要代表的中国共产党人,从中国的实际情况出发,不断地探索和总结武装斗争和军队建设的经验,提出了中国革命战争的总方针,创造性地解决了中国革命的道路问题,提出了人民战争思想及一系列人民战争的战略战术原则。至此,毛泽东军事思想的基本内容已经产生,为其科学体系的形成奠定了坚实的基础。

## 二、毛泽东军事思想的形成

从“遵义会议”到抗日战争的胜利,是毛泽东军事思想的形成时期。“遵义会议”纠正了王明“左倾”冒险主义在军事领导上的错误,重新肯定了以毛泽东为代表的正确军事路线,确立了毛泽东在红军和中共中央的领导地位。这是中国革命由挫折走向胜利的一个伟大的历史转折点,也是毛泽东军事思想由产生到形成发展的起点。

红军长征到达陕北后,毛泽东在指挥作战之余,开始总结土地革命战争以来的经验,把土地革命战争时期产生的军事思想创造性地运用于抗日战争,制定了抗日民族统一战线的政治路线和军事战略方针,并完成了他一生中最辉煌的军事理论巨著。1936 年 12 月,毛泽东在《中国革命战争的战略问题》一文中,阐明了无产阶级对待战争的根本立场、观点和研究指导战争的基本方法,深刻地分析了中国革命战争的特点和规律,系统地论述了中国革命战争的战略指导问题,确立了积极防御的基本原则。随后,毛泽东在《抗日游击战争的战略问题》《论持久战》和《战争和战略问题》等军事著作中,深刻分析了中国革命战争,特别是抗日战争的特点和规律,确立了指导战争的方针和原则及战略和策略问题,把游击战提高到战略地位,创立了系统的游击战争理论;同时,全面阐述了人民军队的建军宗旨、原则和人民战争的基本内容。

1945 年 4 月,中国共产党第七次全国代表大会在延安召开。毛泽东在所做的政治报告《论联合政府》中,不仅总结了抗日战争以来全党全军创造的新鲜经验,还明确提出了“人民战争”“人民的军队”“人民战争所必需的一系列的战略战术”等概念,并作了精辟阐述。朱德在他所做的军事报告《论解放区战场》中,就把这些科学概念的具体内容进行了系统的阐述,并提出了“毛泽东同志的军事理论”和“毛泽东同志的军事学说”概念。1951 年 1 月 9 日,刘伯承在军事学院学术研究会做的题为《关于当前军事学术研究工作的意见》的报告,提出了“毛泽东军事思想”这一概念。从此,毛泽东军事思想成为中国共产党在军事战线上的指导理论。毛泽东军事思想所涉及的无产阶级战争观和方法论、人民军队、人民战争、人民战争的战略战术等,都发展成为系统的理论,形成了比较完整的军事科学体系。

## 三、毛泽东军事思想的发展

抗日战争胜利后,经过解放战争、抗美援朝战争及社会主义建设时期,毛泽东军事思想得到了全面的丰富和发展。在战争指导上,毛泽东相继发表了《抗日战争胜利后的时局和我们的方针》《以自卫战争粉碎蒋介石的进攻》《集中优势兵力,各个歼灭敌人》《大举出击,经略中原》《解放战争第二年的战略方针》《目前的形势和我们的任务》《评西北大捷兼论解放军的新式整军运动》《关于三大战役的作战方针》《将革命进行到底》等文章,其中《目前的形势和我们的任务》明确提出了著名的十大军事原则。解放战争时期,毛泽东军事思想得到了极大的发展,不仅使战略防御和运动战理论有了发展,还创立了战略进攻、战略决战和战略追击的系统理论。

抗美援朝战争是一场挫败现代化敌人的反侵略战争。毛泽东根据当时的情况和特点,提出了一系列在现代条件下进行反侵略战争的理论及原则。例如:对英军、美军实行战术小包围,打小规模歼灭战;把阵地战提高到战略地位;建立强大的后勤系统,搞好后勤保障;军事打击紧密配合政治斗争等。

中华人民共和国成立后,毛泽东提出了建设现代化、正规化的国防军队,发展尖端国防科技和全民皆兵的思想,并指出要在大力发展国民经济,增强国家经济实力的基础上,建立完整的国防工业体系,发展现代化的技术装备,独立自主地建设强大的国防,做好反侵略战争的准备。

# 第二节　毛泽东军事思想的主要内容

毛泽东军事思想博大精深,是一个完整的科学体系,内容非常丰富。其主要包括五个部分:无产阶级的战争观和方法论,是毛泽东研究和指导战争的基本立场、观点和方法,揭示了中国革命战争的指导规律,是毛泽东军事思想的理论基础;人民战争思想是我军从事革命战争的根本指导思想,是毛泽东军事思想的核心;人民军队思想是建设人民军队的指南,人民军队生存、发展于人民战争之中,是实行人民战争的骨干力量;人民战争的战略战术是适应人民战争需要的战略原则和作战方法,是人民战争取得胜利的保证;国防建设理论是毛泽东军事思想在中华人民共和国成立后新的历史条件下的开拓性发展,提出了国防建设的指导思想、方针、原则,是实现国防现代化的指南。

## 一、无产阶级的战争观和方法论

以毛泽东为代表的中国共产党人,在指导中国革命战争的实践中,创造性地运用马列主义的辩证唯物论和历史唯物论,观察和分析战争的基本问题,认识和运用军事领域的辩证规律,阐明了无产阶级的战争观和方法论。

**1. 毛泽东的战争观**

毛泽东的战争观是对战争的起源和根源、战争与政治和经济等方面的科学分析和理性认识,是对马列主义战争观的继承和发展。

(1) 战争的起源和根源。马列主义认为,战争不是人类开始就有的,是人类社会出现私有财产、分化为不同的阶级以后所特有的社会现象,它不是由偶然因素决定的,而是由社会的必然因素导致的。它的起源和根源,列宁简明地指出:"私有制引起了战争,而且永远会引起战争""战争总是由剥削者、压迫者阶级挑起的"。

毛泽东对战争的起源和根源作了精辟的概括,他说,"战争——从有私有财产和有阶级以来就开始了的、用以解决阶级和阶级、民族和民族、国家和国家、政治集团和政治集团之间、在一定发展阶段上的矛盾的一种最高的斗争形式。"毛泽东还多次形象地说,"敌人拿起刀,我们照此办理,也拿起刀。"毛泽东不仅概括了战争的起源和根源,同时指明战争的范围和战争的必然性与间断性的关系。压迫与被压迫的矛盾,必然导致战争,但这种矛盾的对抗并不是时时以战争的形态表露,它有一定的潜伏期。潜伏期内表现为其他的斗争形态,只有这种斗争形态无法解决时,才激化上升到战争这个矛盾的最高斗争形式,从而揭示战争时起时伏的特性。

(2) 战争与政治和经济。战争与政治。毛泽东明确指出:"'战争是政治的继续',在这点上说,战争就是政治,战争本身就是政治性质的行动,从古以来没有不带政治性的战争。""但是战争有其特殊性,在这点上说,战争不即等于一般的政治。'战争是政治的特殊手段的继续。'政治发展到一定的阶段,再也不能照旧前进,于是爆发了战争,用以扫除政治道路上的障碍。""政治是不流血的战争,战争是流血的政治"。毛泽东关于战争与政治的关系的论点,阐明了两层意思:一是战争从属于政治,服务于政治。政治处于主导和支配的地位,战争居于从属和被支配地位;战争是达到政治目的的一种特殊手段;政治贯穿于战争的全过程。二是战争不仅是实现政治目的的手段和工具,而且反作用于政治、推动政治。

战争与经济。在井冈山革命根据地斗争时期,毛泽东就把"有足够给养的经济力"作为选择和建立根据地的基本条件之一。他说,"只有开展经济战线方面的工作,发展红色区域的经济,才能使革命战争得到相当的物质基础,才能顺利地开展我们军事上的进攻,给敌人的"围剿"以有力的打击;才能使我们有力量去扩大红军,……也才能使我们的广大群众都得到生活上的相当的满足,而更加高兴地去当红军,去做革命工作"。毛泽东在这里充分说明了战争与经济的关系,即经济是战争的物质基础,战争依赖于经济。

(3) 拥护正义战争,反对非正义战争。正确区分战争的性质是确定对待战争的正确态度的前提。一般说来,区分战争的性质,首先要看进行战争的阶级在社会中所处的地位,以及他们通过战争要达到的政治目的;其次,要看这种战争对社会发展所起的作用。毛泽东明确指出:"历史上的战争分为两类,一类是正义的,一类是非正义的。一切进步的战争都是正义的，一切阻碍进步的战争都是非正义的。”毛泽东对战争性质的划分，奠定了无产阶级对待战争的根本态度。那就是反对非正义战争，拥护正义战争。非正义战争，或者是为了镇压本国人民的反抗，维护没落的反动统治，或者是为了争夺霸权，掠夺和压迫别国人民，有碍于社会进步。正义战争，或者是为了被压迫人民的解放，或者是为了被压迫民族的独立，反抗专制横暴的压迫者和侵略者，它有助于社会的发展。马克思主义者并不反对一切战争，只是反对镇压人民、掠夺别国、阻碍社会进步的非正义战争，而对革命的、自卫的、有利社会发展的正义战争，不但不反对，而且要积极地拥护、支持和必要时直接参加。

（4）战争的最终目的和消灭战争的途径。毛泽东明确指出：“战争——这个人类互相残杀的怪物，人类社会的发展终究要把它消灭的。但是消灭它的方法只有一个，就是用战争反对战争，用革命战争反对反革命战争，用民族革命战争反对民族反革命战争，用阶级革命战争反对阶级反革命战争。”对于反革命战争，他又指出：“反对的方法，在战争未爆发前，极力阻止其爆发；既爆发后，只要有可能，就用战争反对战争，用正义战争反对非正义战争。”他说，“我们是战争消灭论者，我们是不要战争的；但是只能经过战争去消灭战争，不要枪杆子必须拿起枪杆子。”毛泽东在这里非常鲜明地提出了反对战争的唯一选择，就是用革命战争去消灭反革命战争，从而将无产阶级对战争的态度与战争的最终目的科学地统一起来，为无产阶级和革命人民，不仅指明了消灭战争的目标，而且指明了实现这个目标的根本途径和方法。要达成消灭战争的最终目的，必须消灭阶级、铲除产生和滋养阶级的私有制。战争是随着私有制、阶级的产生而发生，战争就必然随着私有制、阶级的根除而消亡。

**2. 毛泽东的战争方法论**

毛泽东的战争方法论是毛泽东对战争的科学认识论和方法论的结合。它包括以下四个方面的内容。

（1）必须认识和把握战争规律。所谓战争规律是战争在发生和发展过程中，战争双方在政治、经济、军事、自然、地理等因素的本质联系及其发展趋势。其是不以人们的主观意志为转移的客观实际，人们只能认识它，不能取消它；只能运用它，不能违背它。违背客观实际终将导致失败。毛泽东在总结土地革命战争的经验时指出：战争的规律——这是任何指导战争的人不能不研究和不能不解决的问题。不知道战争的规律，就不知道如何指导战争，就不能打胜仗。

战争规律分为战争的一般规律和战争的特殊规律。战争的一般规律与特殊规律之间是辩证统一的关系。在研究战争的一般规律时，要注意战争的特殊性，免犯教条主义的错误；在研究战争的特殊规律时，要注意不凭个人臆断任意普遍化，免犯经验主义的错误。

（2）主观指导必须符合客观实际。认识和研究战争规律的目的在于确立指导战争的方法。毛泽东把这种合乎战争客观规律的战争指导方法，比作“战争大海中的游泳术”,称为“战争指导规律”。

战争的客观规律是随着社会政治、经济、军事、自然、地理等条件,以及作战中的敌情、我情、民情和国际环境等情况的变化而变化的。毛泽东指出;“一切战争指导规律,依照历史的发展而发展,一成不变的东西是没有的。正确解决主观符合客观的问题,是战胜敌人的关键,是人的因素在战争指导者身上的主要体现,要解决指导上的主客观一致,需着重解决好三个问题:一是要熟识敌我双方的客观情况;二是要善于学习,勇于实践;三是要在客观物质的基础上,充分发挥主观能动性”。

(3) 着眼特点,着眼发展。毛泽东指出:“战争情况的不同,决定着不同的战争指导规律。我们研究在各个不同历史阶段、各个不同性质、不同地域和民族的战争的指导规律,应该着眼其特点和着眼其发展,反对战争问题上的机械论。由于各次战争的情况不同,有时间、地域、性质和对象的差别,因此,就各有其不同的特点和规律”。

(4) 关照全局,把握关节。全局是事物的整体和发展的全过程。局部是组成事物整体的各个部分和发展全过程的各个阶段。全局统帅局部,局部从属全局,构成全局与局部之间的正确关系。有时局部的失利,并不给全局以严重影响,而有的局部的失利,却对全局带来重大影响,甚至导致全局的失利。例如:下棋,有时下一着错棋,尚可挽回,但有时一着不慎,全盘皆输。这个对胜负起关键作用的,就是关节。因此,关节就是对全局有重大影响的关键性环节。

## 二、人民军队建设理论

毛泽东为强调没有一个人民的军队便没有人民的一切。在革命战争年代,主要的斗争形式是战争,而主要的组织形式是军队。为了把以农民为主要成份的军队建设成为一支无产阶级性质的新型人民军队,毛泽东在长期的战争实践中,总结和提出了一整套建军的理论和原则。

**1. 人民军队的性质**

毛泽东从“军队是国家政权的主要成份”“是阶级压迫的工具”的原理出发,提出了“枪杆子里面出政权”和“党指挥枪”的思想,指明我军是中国共产党领导下的执行无产阶级革命政治任务的武装集团。坚持中国共产党对军队的绝对领导,是确保人民军队的无产阶级性质的根本原则。

**2. 人民军队的宗旨**

人民军队是为无产阶级利益服务的工具。由此决定了这支军队的无产阶级性和人民性的统一。毛泽东指出:“紧紧地和中国人民站在一起,全心全意地为中国人民服务,就是这个军队的唯一宗旨。全心全意为人民服务的宗旨,是我军建军原则的核心,是我军区别于其他任何军队的本质特征”。

**3. 人民军队政治工作的三大原则**

我军的政治工作,随着革命战争的发展而逐步完善,形成了官兵一致、军民一致和瓦解敌军的三大原则。官兵一致的原则,体现了我军内部上下级之间政治上平等的关系,这是与旧式军队的根本区别之一;军民一致的原则,是人民军队本色的体现;瓦解敌军的原则,是促进敌人从内部瓦解的有效武器,是加速敌人崩溃的战略性原则。

**4. 民主制度和严格的纪律**

毛泽东对我军的民主制度和纪律问题提出了系统的理论。他指出人民军队的内部实行民主制度是破除封建雇佣军队习俗的一个重要武器,目的在于达到官兵一致。只要这一目的达到了,就能增强军队的战斗力,就不怕不能支持长期的革命战争。因此,必须通过集中领导下的民主运动,实行政治、经济、军事三大民主,在纪律问题上,他认为:"纪律是执行路线的保证",军队统一的纪律是革命战争胜利的保证。他亲自制定的"三大纪律八项注意",充分体现了我军自觉维护人民群众利益的本质,成为全军行动的基本准则。

**5. 人民军队的顽强作风和勇敢牺牲精神**

作风是思想、意志、士气等精神因素在行动上的集中反映。它体现持久性、一贯性,非长期磨炼不能形成。我军的"养成教育",就是引导官兵通过经常持久的磨炼,以塑造牢固的不易改变的良好的战斗风格。

毛泽东从创建红军起,就十分重视人民军队的作风建设。以清除自私自利、贪图享受思想,树立革命远大理想;清除怕苦怕累、贪生怕死思想,培养艰苦奋斗和勇敢牺牲精神。引导我军在长期复杂环境中经受考验,形成一种压倒一切困难、压倒一切敌人的良好作风。他说,"没有坚定正确的政治方向,就不能激发艰苦奋斗的工作作风;没有艰苦奋斗的工作作风,就不能执行坚定正确的政治方向。"为此要求人民军队"必须发扬勇敢战斗、不怕牺牲、不怕疲劳和连续作战(即短期内接连打几仗)的优良作风。"毛泽东要求人民军队必须"具有一往无前的精神,它要压倒一切敌人,而决不被敌人所屈服。不论在任何艰难困苦的场合,只要还有一个人,这个人就要继续战斗下去。"人民军队的顽强作风和勇敢牺牲精神,概括起来就是一不怕苦、二不怕死。

## 三、人民战争思想

人民战争是我党历来坚持的指导战争的根本路线,是我党唯一正确的战争指导思想,是毛泽东军事思想的核心内容。

**1. 人民战争思想的含义**

人民战争是指广大人民群众为反抗阶级压迫或抵御外敌入侵而组织和武装起来进行的战争。

人民战争具有两个基本特征:一是战争的正义性。在毛泽东看来,战争的性质既取决于它的政治目的,又取决于它的社会效果,就是能否促进历史的进步,而其根本标志在于是否符合广大人民群众的根本利益。战争的正义性是实行人民战争的首要条件和政治基础。二是战争的群众性。战争的群众性是指战争必须有广大人民群众支持和参加,这是人民战争的重要标志。历史上凡是具备这两个特征的战争都可称作人民战争。但是我党领导的人民战争，较之一般意义上的人民战争，群众性更广泛，革命性更彻底，组织性更严密。

**2. 人民战争思想的理论基础**

以毛泽东为代表的中国共产党人，阐明了人民战争的理论基础和政治基础，实行人民战争的指导原则，创立了具有中国特色的人民战争思想。

（1）人民群众是战争胜负的决定力量。战争是力量的抗争，人民战争的主体是人民群众，人民群众是社会发展变革的决定力量，也是战争胜负的决定力量，要准确地理解和把握人民战争思想，就必须首先认识人民群众在战争中的作用。毛泽东曾说，"人民，只有人民，才是创造世界历史的动力。"这就是毛泽东人民战争思想的根本出发点和理论基础。

早在土地革命战争时期，毛泽东就指出："革命战争是群众的战争，只有动员群众才能进行战争，只有依靠群众才能进行战争"。中国革命战争的历史和实践证明，人民群众是人民军队赖以生存和发展的条件，是战争中一切力量的源泉，是战争胜负的决定力量。

（2）战争的革命性、正义性是实行人民战争的前提。实行不实行人民战争，其前提不是装备的优劣，而是战争的革命性、正义性。这是从"革命战争是群众的战争"这一原理为出发点的。革命战争的目的与民众的根本利益一致能唤起民众，激发热情，调动民众自觉行动和勇敢奋斗的能动精神。这就是所谓"得道多助，失道寡助。"非正义战争违背民众的根本利益，尽管战争发起者采取蒙蔽欺骗手段，或者煽动民族仇恨，或者煽起宗教狂热，驱使人们去为他们卖命，但终有一天会被识破，造成众叛亲离，难逃失败的结局。所以，非正义战争是不可能实行人民战争的；只有建立在革命性、正义性这个政治基础之上的正义的革命战争，才能实行最广泛的人民战争。

（3）战争胜负的决定因素是人不是物。人和武器是构成战斗力的两个基本要素，正确处理人与武器的关系，是人民战争思想的一个重要理论问题。

毛泽东根据历史唯物主义的基本原理，批判了"唯武器论"的观点，科学地阐明了人在战争中的地位和作用。他指出："武器是战争的重要因素，但不是决定的因素，决定的因素是人不是物。决定战争胜负的是人民，而不是一两件新式武器。人是战争胜负的决定因素，在一定的物质基础上，谁充分发挥了人的能动作用，谁就能赢得战争的胜利"。

武器是战争胜败的重要因素。毛泽东在强调人是战争胜败决定因素的同时，决不否定武器的重要作用。

（4）马克思主义政党的正确领导是实行人民战争的必要条件。人民战争作为战争的指导思想，不是群众起来就可以自发形成的，它必须有战争的领导条件。人民战争领导者必须具备两个条件：一是真正代表人民群众利益，反映人民群众的根本愿望，全心全意为人民群众谋取利益；二是懂得和掌握群众路线的指导方法，善于制定有利于调动群众积极性的方针和政策。这两个条件，唯有马克思主义的政党才能具备。毛泽东的人民战争与一般意义上的人民战争有着本质的区别。中国共产党的正确领导是实行人民战争的必要条件。

**3. 毛泽东人民战争思想的主要内容**

毛泽东人民战争思想的内容极为丰富,概括起来主要内容如下:

(1)坚持中国共产党对革命战争的统一领导。中国共产党对革命战争的统一领导是进行人民战争的政治、思想、组织保障。统一领导包括政治领导、思想领导和组织领导。政治领导,就是用中国共产党的路线、方针、政策,统一全党、全军和全体人民的思想和行动,使之政治上与党中央保持一致。思想领导,就是用无产阶级革命的理论,教育人民,引导人民群众批判和克服各种错误思想;用人民战争的战略和策略武装人民的头脑,树立必胜的信念和艰苦奋斗、不怕牺牲的奋斗精神。组织领导,就是建立党对军队和地方组织的各级党的工作机构,这些机构实行党委集体领导的制度。坚持中国共产党对革命战争的统一领导,是有效贯彻人民战争指导思想的根本性措施和制度。

(2)组织最广泛的人民革命统一战线。统一战线是中国革命的"三大法宝"之一。它是个政治问题,也是个军事问题。因为要进行人民战争,必须首先解决依靠谁、团结谁、打击谁的问题。毛泽东说:"长期的战争必须有长期的统一战线才能支持,战争的长期性与统一战线的长期性,是不能分离的"。只有坚持统一战线,才能坚持人民战争,才能夺取最后胜利。因此,必须建立最广泛的革命统一战线,争取一切可以团结的人们来支持和支援革命战争。必须依据各个不同时期的革命的性质、任务、对象和目的,正确规定和划分人民的范围,实行正确的团结人民的方针和政策,最大限度地孤立和打击革命的敌人。

(3)实行以人民军队为骨干的三结合的武装力量体制。毛泽东在指导中国人民革命战争中,创造了"主力兵团与地方兵团相结合,正规军与游击队、民兵相结合,武装群众与非武装群众相结合"的以人民军队为骨干的三结合的体制。实行这种体制,主力兵团可随时执行超越地方的作战任务;地方兵团执行保卫地方和进攻当地敌人的任务;游击队和民兵则是正规军的助手和后备力量,主要执行在固定地区内直接配合正规军作战和保卫地方的任务。毛泽东认为,三种武装力量的正确划分和相互配合,可以形成强大的武装力量体系。敌人敢于进犯,我们有人处就有武装,从而置敌人到处挨打的困难境地。再凶恶的敌人进来,也必将陷入人民战争的汪洋大海之中,难逃灭顶之灾。

(4)以武装斗争为主与其它斗争形式密切配合。毛泽东认为,"兵民是胜利之本",他指出:"离开了武装斗争,就没有无产阶级的地位,就没有人民的地位,就没有共产党的地位,就没有革命的胜利"。同时,他又指出:"没有武装斗争以外的各种形式的斗争相配合,武装斗争就不能取得胜利。"明确地提出了以武装斗争为主,与其他斗争形式紧密配合的更为完善的组织形式和斗争形式。他要求必须深入动员,把一切革命人民不分性别、不分老幼,组织在各种职业的工作团体之中,热烈地从事援助军队的各项工作,并提出组织人民群众热烈地从事政治、经济、文化、卫生、科技等各项建设工作,以各种方式直接参加战争或间接地支援战争。

(5) 建立巩固的革命根据地。毛泽东根据中国革命战争的特点和条件,强调中国革命战争必须首先在那些反革命势力比较薄弱的地区,建立农村革命根据地。他说,"没有这种战略基地,一切战略任务的执行和战争目的实现就失掉了依托""必须人人下决心,从事最艰苦的工作,迅速发动群众,建立根据地"。革命根据地是进行革命战争的依托和战略基地,是实行人民战争的必要条件,它的作用,主要体现:政治上,是团结人民的中心,具有强劲的吸引力,吸引中国人民大众,尤其会吸引无数热血青年奔向革命;军事上,它是战争的依托,人民军队在根据地内如鱼得水,依靠良好的群众条件,有效地歼灭敌人,又是军队战斗后休整、补充和训练的基地,使军队能及时得到补充,安心休养生息,无干扰地组织练兵;经济上,它是提供战争所需财力物力和各种战争保障的后勤基地,保证军队的生存和发展。

(6) 创造一整套适应人民战争的战略战术。毛泽东指出:"军队的使用需要进步的灵活的战略战术,没有这一点,也是不能胜利的"。他在指导我军长期的革命战争实践中,创造了我们自己的一整套人民战争的战略战术。尽管敌人也熟知我们的这些作战方法,并专门研究企图寻找对付的办法,但仍不能挽救其失败。"这是因为我们的战略战术是建立在人民战争这个基础上的,任何反人民的军队都不能利用我们的战略战术。"灵活机动的战略战术,适应了人民战争的特点,只有人民战争才能运用它,也只有这种战略战术,才能充分发挥人民战争的强大威力,以我之长击敌之短。

## 四、人民战争的战略战术

人民战争的战略战术体现了毛泽东人民战争思想的战略指导原则和作战方法,是毛泽东高超的战争指导艺术的总结。它揭示了中国革命战争的指导规律,是毛泽东军事思想中十分精彩的部分。其内容十分丰富,主要内容如下:

### 1. 保存自己,消灭敌人

保存自己,消灭敌人,是战争的目的。这个目的不是指战争的政治目的,而是指两军相杀过程中体现军队存亡的目的。毛泽东指出:"保存自己消灭敌人这个战争的目的,就是战争的本质,就是一切战争行动的根据。进攻,是直接为了消灭敌人,同时也是为了保存自己。防御,是直接为了保存自己,同时也是辅助进攻或准备转入反攻的一种手段。保存自己,消灭敌人是兵家公认的原则,然而真正加以辩证地认识和运用,并不多见"。

### 2. 战略上藐视敌人,战术上重视敌人

毛泽东指出:"从战略上看,必须如实地把帝国主义和一切反动派,都看成纸老虎。从这点上,建立我们的战略思想。另一方面,它们又是活的铁的真的老虎,它们会吃人的。从这点上,建立我们的策略思想和战术思想。在战略上,敌人是纸老虎,我们要藐视它,树立敢打必胜的信心。在战术上,敌人又是真老虎,我们要重视它,讲究斗争策略和斗争艺术"。

**3. 实行积极防御，反对消极防御**

毛泽东在讲到攻防辩证统一这一积极防御战略思想的基本精神时说："积极防御，又叫攻势防御，又叫决战防御。消极防御，又叫专守防御，又叫单纯防御。消极防御实际上是假防御，只有积极防御才是真防御，才是为了反攻和进攻的防御"。这一论述深刻揭示了积极防御的实质和消极防御的要害，指明了积极防御的目的和必然进程。

积极防御的战略思想，是把积极防御的一般原理、原则，作为战略指导思想，用于指导战争全过程的一种战略理论。它要求在敌强我弱的被动情况下，首先经过战略防御，采取各种不同形式的作战，不断削弱和消耗敌人，逐步改变力量对比，摆脱战略上的被动局面，争取战争的主动权。然后适时地转入战略反攻或进攻，在有利情况下实施决战，稳步地实现整个战争的目标。

**4. 歼灭战是基本的作战方针**

歼灭战、消耗战与击溃战，是从消灭敌人的客观效果衡量的不同的概念。歼灭战是指消灭敌人全部或大部的作战，消耗战是逐渐消耗敌人力量的作战，击溃战是打跑敌人迫使敌溃退的作战。毛泽东指出："击溃战，对于雄厚之敌不是基本上决定胜负的东西。歼灭战，则对任何敌人都立即起了重大的影响"。他形象地比喻："对于人，伤其十指不如断其一指；对于敌，击溃其十个师不如歼灭其一个师"。在人民革命战争取得胜利后，若遇到敌人入侵时，战争指导的中心仍然是要有效地歼灭敌人的入侵部队，才能制止敌人的侵略行动。

实行歼灭战方针，并不排斥消耗战。消耗战有战略消耗和战役战斗消耗之分。从战略上讲，是逐渐改变敌我力量强弱对比，最后战胜敌人。从战役战斗上讲，局部的消耗是为着全局的歼灭。在整个战争中，歼灭战和消耗战是相辅相成的。将战略上的消耗战与战役上的歼灭战结合起来，将主要作战方向上的歼灭战与其他方向上的消耗战结合起来，是毛泽东高超的战争指导艺术的体现。

**5. 集中优势兵力，各个歼灭敌人**

集中优势兵力，各个歼灭敌人，是毛泽东的"十大军事原则"之一，是我军的基本作战方法。首先，由于只有集中优势兵力，才能使自己的军队在战争中处于主动地位。"主动地位不是空想的，而是具体的、物质的。这里最重要的，是保存并集结最大而有活力的军队。"其次，只有集中优势兵力，才能最有效地打击敌人，既能全歼，又能速决，既能使我迅速转移兵力各个歼敌，又能不致因敌援军云集而使自己陷于被动地位。各个歼灭敌人，就是在向敌发动进攻时，为形成和保持真正的优势，要拣弱的打，先弱后强，由小到大，逐个予以歼灭。

**6. 三种作战形式密切配合并适时转换**

作战形式主要有运动战、阵地战和游击战三种。前两种属于正规战，后一种属于非正规战。三种作战形式各有其不同的特点和作用，三者是相辅相成、互为作用的统一整体。毛泽东在指导中国革命战争中，根据敌我力量对比、我军作战能力和任务、战争的地理条件以及战争形势的发展等实际,灵活地采用各种作战形式,并根据不同的战略形势,审时度势地进行作战形式上的战略转变,这对于战争的坚持、发展和胜利具有重大意义。

**7. 不打无准备之仗,不打无把握之仗**

"不打无准备之仗,不打无把握之仗,每战都应力求有准备,力求在敌我条件对比下有胜利的把握"。这是毛泽东为我军确立的一条重要的作战指导原则。

"准备"与"把握"是紧密相联的,作战有胜利的把握是建立在事先有充分准备的基础之上的。"准备"的内容主要包括:战略上的科学预测、决策和筹划,战役战斗上的了解敌情、确定任务、部署兵力、休整部队、筹措给养等。准备的立足点,要从最困难最危险的情况出发,多手准备。战前的"把握"只是一种可能性。要变可能为现实,使"胜可知"达到"胜可为",还要靠战争实践中能动地实施"准备"的条件,并不断创造条件,方能真正获得。因此,既不要一味强调"准备"而错失战机,也不要过分强调"把握"而怯战不前。

**8. 慎重初战,实行有利的决战**

初战是指战争或战役的第一仗。首战获胜,对己会产生极大的鼓舞作用,对敌则是士气的沉重打击。毛泽东非常重视初战,他提出了初战三个原则:第一,必须打胜;第二,必须照顾全战役计划;第三,必须照顾下一战略阶段。决战是指战争双方使用主力进行最后决定胜负的作战。毛泽东指出:"我们主张一切有利条件下的决战。""一切无把握的战役和战斗应避免决战,赌国家命运的战略决定应根本避免。"这就是说,当我军在战略上还处于劣势和被动地位时,为保存自己的有生力量,就不应与敌人进行战略决战。但为了逐步转化敌我力量对比,改变敌我之间的战略态势,在战役战斗上,则应积极进行有利条件下的决战。当我军在战略上处于优势和主动地位时,应适时进行战略决战,歼灭敌人主力,夺取战争的最后胜利。

**9. 战争指导上的主动性、灵活性和计划性**

战争指导上主动性的根本目的,就是夺取战争中的主动权。战争主动权就是军队行动的自由权。毛泽指出:"行动自由是军队的命脉,失去了这种自由,军队就接近于被打败或被消灭。"战争双方的指导者,都力争战争的主动权。主动权既有客观物质条件的基础,又有主观指导的能力作为。

灵活性,就是灵活地使用兵力和战术,这是战争指导和战场指挥的中心任务,是实现主动权的保证。毛泽东认为,要从战争实际出发,紧紧抓住时机、地点、部队三个关节,必须灵活地使用兵力和变换战术。灵活性不是主观臆造的轻举妄动,而是在对客观变化了的实际,通过"审时度势"而采用"运用之妙"的处置方法的一种指导才能。

计划性,就是战前的预见计划与准备。依照情况制定作战计划,并随着情况的变化及时改变计划是战争指导的中心环节。毛泽东指出:"战争的情况和行动都有其'相对的固定性'和'相对的确实性'。"因此,在制定计划时,需要考虑多种情况的变化趋势,制定几套方案,在情况发生变化时,使自己立于主动地位,驾驭着战争的发展变化。

## 五、国防建设理论

中华人民共和国成立前，在毛泽东军事思想的形成过程中，就有关于国防建设的论述。中华人民共和国成立后，毛泽东从实际情况出发，适应新形势新任务的需要，总结国防建设和国防斗争的实践经验，创立了国防建设理论。

**1. 建设现代化、正规化的国防军，抵御外敌入侵**

毛泽东认为，人民军队必须随着战争形势和建军过程的发展，在军队建设上逐步实现现代化和正规化。否则，就不能战胜国内外强大的敌人。中华人民共和国成立后，毛泽东又多次强调，必须建立自己强大的国防军。他指出："我们将不但有一个强大的陆军，而且必须建立自己的强大的空军和海军"。1958 年他又明确指出，我军发展须经过三个阶段，即第一阶段是小米加步枪，第二阶段是步枪加飞机大炮，第三阶段是常规武器加特种武器。在正规化方面，毛泽东提出："与现代化装备相适应的，就是要求部队建设正规化，就是要求实行统一的指挥、统一的制度、统一的编制、统一的纪律、统一的训练，就是要求实现诸兵种密切的协同动作"，要加强"组织性、计划性、准确性、纪律性"。必须建立"健全的、具有头脑作用的、富于科学的组织和分工的司令机关"，必须"组织良好的后方勤务工作"。并强调要处理好现代化、正规化与革命化之间的关系。在他的亲自主持下，颁布了各种条令、条例，开办了各类正规的军事院校，加强了部队训练，颁布了中华人民共和国第一部《兵役法》，使我军实现了由步兵为主的单一陆军向诸军兵种合成军队的转变。

**2. 确立了向国防科技尖端发展的战略**

毛泽东 1956 年在《论十大关系》中提出："我们不但要有更多的飞机大炮，而且还要有原子弹。在今天这个世界上，我们要不受人家欺负，就不能没有这个东西。"1958 年在军委扩大会议上又提出要"搞一点原子弹、氢弹、洲际导弹。"1960 年又强调"要下决心，搞尖端技术"。实行了常规武器与尖端武器相结合的发展，并优先发展尖端战略武器的方针，研制、生产出了原子弹、氢弹、卫星和导弹等一系列的新式武器和装备，并成立了掌握战略核力量的第二炮兵，即今天的火箭军。这对提高我国在国际上的战略地位产生了重大影响。

**3. 积极防御战略思想有了新的发展**

中华人民共和国成立后，毛泽东根据国家安全利益的需要，从国际形势和我国的具体情况出发，确立了我国的国防战略、国防建设的目标和方针。1956 年，毛泽东批准了中央军委提出的阵地战结合运动战为未来反侵略战争的主要作战形式的积极防御的战略方针。20 世纪 50 年代以后，毛泽东又相继提出"大办民兵师""全民皆兵"和"深挖洞、广积粮、不称霸"的战略思想。

**4. 发展我国军事理论**

毛泽东认为发展我国的军事理论，是国防现代化建设的重要内容。20 世纪 50 年代中后期，他认为我们已进入了原子能的历史新时期，号召全党全军必须钻研现代化国防。他还批评了只重视武器装备的更新而忽视发展军事理论的倾向，并深刻地指出，要把以我国为主地发展军事理论与学习外国的先进经验结合起来。在国防现代化建设进程中，不仅不能简单地模仿和照搬外国的军事理论，也不能够把我军战争年代的经验简单地移植到和平时期的军队建设中来。在1958年军委扩大会议上，毛泽东明确地表示："马列主义不是停止的，是向前发展的，十大军事原则也要根据今后战争的实际情况加以补充，有的可能要修正的。"他还为学习和研究军事理论规定了两条基本原则：一是在学习前人或今人关于战争的经验时，必须批判地继承，联系自己的实际加以发展；二是必须重视在实践中学习，认为从战争中学习战争是我们的主要方法。

## 第三节 毛泽东军事思想的历史地位

毛泽东军事思想是马列主义军事思想宝库中一颗璀璨的明珠，在中国军事思想发展史上具有划时代的意义，在世界军事思想发展史上独树一帜，具有重要的历史地位。

### 一、毛泽东军事思想对马列主义军事理论作出了重大而独特的贡献

毛泽东创造性地运用和发展了马列主义军事理论，并将其发展到一个新的高度，极大地丰富了马列主义军事科学的理论宝库。毛泽东的主要贡献：开创了一条农村包围城市、武装夺取政权的革命道路；创建了一支新型的人民军队；丰富和发展了马列主义的人民战争思想；创造了适合中国特点的人民战争的战略战术；科学地阐明了关于研究和指导战争的战争观和方法论。

### 二、毛泽东军事思想在世界上具有广泛而深刻的影响

在中国革命战争取得胜利后，毛泽东军事思想受到世界各国的普遍重视，特别是20世纪50年代后期，在世界范围内逐渐形成了一个研究和学习毛泽东军事思想的热潮，许多国家还成立了毛泽东军事思想的研究会和学习会。

在美国、英国、法国、德国和日本，出版了不少毛泽东的军事著作。在越南、莫桑比克、津巴布韦、安哥拉等第三世界国家的民族解放斗争中，毛泽东军事思想发挥了巨大的作用，受到普遍欢迎。毛泽东军事思想的理论和实用价值得到举世公认，作为人类优秀文化的灿烂结晶，在世界军事理论殿堂中享有显赫的地位。

### 三、毛泽东军事思想是我军克敌制胜的法宝

毛泽东军事思想运用辩证唯物主义和历史唯物主义的原理，批判地吸取了古今中外优秀的军事思想遗产，是最科学、最先进、最完整的军事理论。毛泽东军事思想既揭示了中国革命战争的特殊规律，又反映了现代战争和国防建设的一般规律，是经过实践检验

过的科学真理。尽管现在国际国内形势都发生了巨大变化,科学技术发展日新月异,但它对我军打赢高技术条件下的局部战争,仍具有普遍的指导意义。无论过去、现在和将来,毛泽东军事思想都是我军克敌制胜的法宝。

## 思考题

1. 如何理解毛泽东军事思想的科学含义和历史地位?
2. 试析毛泽东建军原则。
3. 如何理解人民战争思想?
4. 毛泽东的用兵艺术对你有何启示?

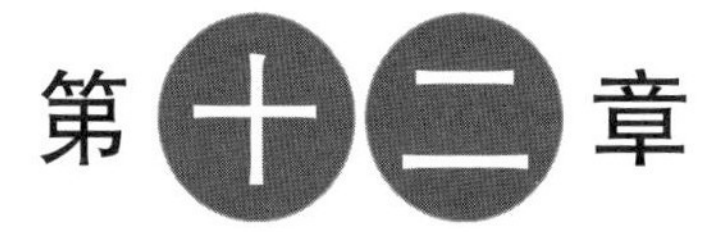

# 第十二章 邓小平新时期军队建设思想

邓小平新时期军队建设思想是邓小平在中国社会主义建设新时期，关于军队和国防建设的科学理论体系，是邓小平理论的重要组成部分。它是马列主义军事理论、毛泽东军事思想与新时期军队和国防建设实践相结合的产物，是以邓小平为杰出代表的全党全军集体智慧的结晶。它是在新的历史条件下对毛泽东军事思想的继承和发展，是新时期军事斗争、军队和国防建设的指导思想。

## 第一节　邓小平新时期军队建设思想的主要内容

邓小平新时期军队建设思想是一个完整的科学体系。它以唯物辩证法的“实事求事”思想认识路线为总的指导原则，以马克思主义的战争与和平的理论，社会主义初级阶段的理论，国防建设、军队建设与国家经济建设关系的理论为依据，明确提出了新时期军队建设的总任务、总方针，即建设有中国特色的强大的现代化、正规化的革命军队；阐明了新时期军队建设的一系列基本原则，即坚持党对军队绝对领导原则，坚持我军无产阶级性质和全心全意为人民服务的宗旨，坚持以现代化为中心的原则，坚持战斗力标准的原则，坚持独立自主、自力更生、艰苦奋斗、勤俭建军的原则，坚持从我国国情出发，立足现实，面向现代化、面向世界、面向未来的原则，坚持把教育训练提高到战略地位的原则等。这一系列的理论和原则是对新的历史条件下军队建设规律的正确认识。该理论体系，主要由以下四个方面内容组成。

### 一、当代战争与和平理论

战争与和平问题是军事领域的一个基本问题，是国际社会中影响全局的重大问题。邓小平科学地回答了时代提出的关于战争与和平、当代战争的根源、世界大战能否避免和“一国两制”“共同开发”等解决历史遗留问题和国际争端的方法等一系列重大理论和原则问题,揭示了现代军事运动的新的趋势和规律性,为进一步认识当代战争,提供了科学的依据。

**1. 和平与发展是当今世界的主题**

第二次世界大战后,尤其1980年以来,国际间的矛盾和冲突,有的还没有达到兵戎相见、爆发世界大战的地步,有的改变了斗争策略和方式(如"和平演变");帝国主义国家同殖民地半殖民地国家的矛盾已衍化为发展中国家同发达国家的矛盾,它们的经济发展与再发展,受到全球普遍的关注。

邓小平通过对国际形势发展的观察和分析,作出了和平与发展是当今世界两大主题的科学论断。他说,"现在世界上真正大的问题,带全球性的战略问题,一个是和平问题,一个是经济问题或者说发展问题"。邓小平纵观世界全局,紧紧抓住世界主要矛盾,把纷繁复杂的当代国际问题形象地归纳为"东西南北"四个字,就是争取和平问题与争取发展的问题,从而作出和平与发展是当代世界的两大战略问题的科学判断,揭示了当今世界的主要矛盾,对当代世界主题作了高度概括。

**2. 霸权主义是现代战争的根源**

邓小平指出:"当今世界不安宁来源于霸权主义的争夺。""霸权主义是战争的根源。"邓小平把这一论断又进一步完善为:无论是世界性霸权主义,还是地区性霸权主义,都是当代战争的根源。社会主义国家搞霸权主义,同样也会成为战争策源地;苏联解体后,美国暂时一霸独存,不仅证明了霸权主义的存在,而且由于产生霸权主义的温床没有铲除,仍然可以产生新的霸权主义国家或国家集团,突出表现为国际事务的"强权政治"。邓小平指出:"霸权主义过去讲美苏两家,现有西方七国首脑会议也是霸权主义、强权政治"。因此,无论大霸、小霸、老霸、新霸都是当代世界战争的主要根源。

**3. 如果工作做得好,世界大战可以避免**

20世纪80年代后,世界战略格局的多极化转变,出现了制约世界大战的多种因素:第三世界的崛起,中国国际地位的增强,成为制约世界大战的首要因素;欧州、日本等摆脱超级大国控制的独立发展的倾向,成为制约世界大战的第二种势力;美国与苏联两国相互遏制和这两国的经济能力无法承受大战的消耗,加上其国内广大人民不赞成战争,所以也不会发动世界大战。这些制约因素,决定了世界大战可以避免的结论的产生。1985年9月,邓小平指出:"当然战争的危险仍然存在,如果搞得好,战争是可以避免的"。1987年,他又指出:"如果世界和平的力量发展起来,第三世界国家发展起来,可以避免世界大战"。1988年4月,邓小平在接见日本自民党总务会长伊东时,更加明确地说:"现在我们确信战争是可以避免的"。

(1)大战可以避免不是无条件的。只有通过努力争取,促使和平力量不断发展,破坏霸权主义的全球战略部署,才可以避免大战爆发。

(2)大战可以避免,绝不是说小战不会发生。因此,不能笼统地说战争已转化为和平,从而放松对一切战争的警惕性。

(3) 大战可以避免,也不是说战争根源已不复存在。不要把战争根源与战争现实等同,也不要忽视“世界战争的危险是存在的”。

**4. 提出了用和平方式解决国际争端的新思路**

暴力革命是马克思主义的一个基本观点。在帝国主义战争的历史背景下,列宁曾经开创并实践了以革命制止战争的“以战止战”的道路和学说。毛泽东在领导国内革命战争中,也提出了“我们是战争消灭论者,我们是不要战争的,但是只能经过战争去消灭战争,不要枪杆子必须拿起枪杆子”的“以战灭战”的理论。

邓小平针对新的现实,为了维护世界和平,应当慎重考虑用暴力方式解决国家间的利益矛盾和冲突,最好以政治解决。因此,他创造性地提出了“一国两制”“共同开发”“经济合作”“和平对话”等新主张,并付之实践,从而为维护国家利益,维护世界和平做出了卓越的贡献。这种“以和抑战”的新思路,丰富和发展了马克思主义“以战止战”“以战灭战”的理论学说。

## 二、新时期国防建设理论

**1. 国防和军队建设的指导思想实行战略性转变**

我国古代战国时期,列国频繁征战,近200年不分胜负,最后秦始皇横扫6国,实现了六王毕,四海为一。秦始皇取胜的主要原因就是秦国自商鞅变法以来,励精图治、奖励耕战,逐步由一个经济贫弱的国度变成了经济强国,雄厚的经济基础,适时转化强大的军事力量,秦始皇正是借助这一成就完成了统一中国的霸业。

从国际上看,苏联在经济实力赶不上美国的情况下,把主要经济要素配置在军事领域与美国比高低,因此不惜人力、物力、财力,同美国进行了旷日持久的大规模军备竞赛,结果把自己搞垮了。邓小平同志谈苏联失败的教训时就谈道:“据说苏联是20%的国民生产总值用于国防,为什么不翻身,就是负担过重”。

邓小平告诫全党、全国抓住机遇,以经济建设为中心进行“四化”建设,果断地决定国防和军队建设指导思想实行战略性转变。其转变的实质:国防和军队建设从过去立足于早打、大打、打核战争的临战准备状态,转向和平时期加强军队质量建设的正确轨道上来,充分利用今后较长时间大仗打不起来的有利时机,在服从国家经济建设大局的前提下,抓紧时间,有计划、有步骤地加强以现代化为中心的“三化”根本建设,全面提高军政素质,减少数量、提高质量,增强军队在现代战争条件下的作战能力和自卫能力。

1985年5月,中央军委在北京召开了扩大会议,讨论贯彻我国政府关于军队减少员额100万的战略决策,并研究制定了落实这一决策的措施和步骤。会议确定搞好改革体制、精简整编,是军队今后两年的中心任务。中央军委主席邓小平在军委扩大会议上发表了重要讲话。他在讲话中阐明了我国对国际形势判断和对外政策的两个重要转变。

邓小平指出:“第一个转变,是对战争与和平问题的认识。世界战争的危险还是存在的,但是世界和平的力量的增长超过战争力量的增长。由此得出结论,在较长的时间内不发生大规模的世界战争是可能的,维护世界和平是有希望的。根据对世界大势的这些分析,以及对我们周围环境的分析,我们改变了原来认为战争的危险很迫切的看法”。

邓小平指出:“第二个转变,是我们的对外政策。我们改变了过去‘一条线’的战略,这是重大的转变。我们奉行独立自主的正确的外交路线和对外政策,高举反对霸权主义、维护世界和平的旗帜,坚定地站在和平力量一边,谁搞霸权主义就反对谁,谁搞战争就反对谁。所以,中国的发展是和平力量的发展,是制约战争力量的发展。只要坚持这样的判断和政策,我们就能放胆地一心一意地好好地搞我们的四个现代化建设。一切都要服从这个大局”。

**2. 正确处理国防和国家经济建设的关系**

邓小平说:“军队装备真正现代化,只有国民经济建立了比较好的基础才有可能。所以,我们要忍耐几年。先把经济搞上去,一切都好办。现在就是要硬着头皮把经济搞上去,就这么一个大局”。邓小平同志依据我国在新时期以经济建设为中心,全面增强国家力量的总的发展战略,国防建设和军队建设必须服从和服务于经济建设这个大局。邓小平强调:“要从大局出发,照顾大局,千方百计使我们国家经济发展起来。大局好起来了,国力大大增强了,再搞一点原子弹、导弹,更新一些装备,空中的也好,海上的也好,陆上的也好,到那个时候就容易了。强调国防和军队建设要服从国家经济建设这个大局,要与国家经济协调发展”。

首先,国防建设必须以综合国力为基础。国防力量的强弱,军队现代化水平的高低,从根本上讲,都是由国家综合国力的强弱决定的。其次,国防建设要服从国家经济建设的大局。国防建设的实质是国家安全问题,经济建设的实质是国家发展问题,它们既是互相依存的,又是有主有次的,既互相制约,又互相促进。邓小平强调“大家都要从大局出发,照顾大局,千方百计使我们国家经济发展起来,发展起来就好办了”。最后,国防建设要与国家经济建设协调发展。国防建设离不开经济建设,经济建设也离不开国防建设。国防建设对经济发展具有保证和促进作用,国家经济建设为国防建设提供保障。

**3. 建设有中国特色的现代化国防**

邓小平明确指出:“我们在国防建设上,坚持不称霸,不扩张,不结盟,不依附别国,也不欺侮别国,坚持和平共处,独立自主的防卫原则”。他明确提出:“要实行‘军民兼容,平战结合’的方针,使国防科技和工业平时实行军转民,以提高经济效益,战时便于民转军,以保证战争的需要;要建立精干的常备军与强大的后备力量相结合的武装力量体制,形成一支陆、海、空三军一体的强大力量和一支训练有素的强有力的后备力量;要以坚持独立自主、自力更生为立足点,并把坚持独立自主、自力更生与坚持对外开放有机结合起来,从而加速我军现代化建设;要加强国防教育,强化全民的国防观念,以促进国防现代化建设的发展”。

## 三、建立一支现代化、正规化的革命军队

**1. 确立以现代化为中心的建设方向**

现代化、正规化、革命化是我军建设的三项指标。革命化是我军建设的政治标准，反映我军的阶段属性和思想政治水平，鲜明地体现军队的本质和宗旨，是我军区别于一切剥削阶级军队的根本标志。现代化体现军队的武器装备、指挥、作战和协同等方面适应现代高技术战争的能力。以现代化为中心，必然带动其他“两化”相应地发展。现代化建设也需要革命化和正规化的保障，需要依靠广大指战员积极性创造性地发挥，而这种人的主观能动性精神需要革命化去激发，需要正规化加以融汇。军队现代化程度越高，越需要加强革命化和正规化建设。以现代化为中心，不仅必须解决新时期我军建设的主要矛盾，是我军向高级阶段发展的必由之路，还是实现我国“四个现代化”建设总任务的客观要求。

**2. 建立科学的编制体制**

科学合理的体制编制能保证军队各级各类组织有机地编成，人和武器装备有效地结合，最大限度地发挥人和武器的作用，提高诸军兵种的整体作战效能。建立科学的体制编制是推进军队现代化建设的重要途径。军队的战斗力是以武器装备和人的素质为基础的，但是在这两个因素不变的情况下，也可以通过军队结构的调整和改革，达到系统优化的目的。邓小平明确提出：“要把我军建设成一支机构精干、指挥灵便、装备精良、训练有素、反应快速、效率很高、战斗力很强的军队”为我军建立科学的体制编制指明了方向。同时，确定了我军建设走精兵之路的方针。

**3. 把教育训练提高到战略地位**

邓小平指出，和平时期部队战斗力的提高主要靠训练，部队要提倡勤学苦练。努力办好院校，培养适应现代战争需要的指挥、管理和技术军官以及各类专业人才。对教育训练要重视，抓住和平时期军队建设的关键，即在不能“从战争中学习战争”的和平时期里，就要依靠训练提高部队的战斗力。同时，邓小平同志还特别强调要通过教育训练培训军地两用人才，使部队真正成为一所大学校，不仅能够培养出保卫祖国的人才，还能培养出建设祖国的人才，使军队建设更好地与国家的经济建设相结合，开创了一条有中国特色的精兵之道。

**4. 重视军事科学理论研究**

科学的军事理论能揭示战争的基本规律与特点，对于指导军队的建设与发展起着至关重要的作用。要继承和发展毛泽东军事思想，研究现代战争条件下的人民战争的新特点，建立和完善我国的现代军事科学体系，实现我军军事理论的现代化，适应未来战争的要求。

## 四、坚持现代条件下的人民战争

人民战争思想是毛泽东军事思想的核心内容。在这种历史条件下，邓小平号召我军

要继承毛泽东军事思想，研究现代条件下的人民战争。

**1. 要研究现代战争特点给人民战争带来的影响**

由于战争样式和战争环境的变化，使现代战争呈现出许多新特点：①战争的立体性增强。因此决定现代人民战争必然是现代化的立体战争。②战争的消耗增大。军需给养、武器弹药、装备器材，现在都得靠强大的后方供应；战争物资的储备，也在不断变化。③战争更加复杂。现在条件下的人民战争将涉及国家的各个方面，对作战行动的时效性要求更高，这必然对战争能力提出更高的要求。

**2. 要创造现代条件下人民战争的新战法**

由于敌我武器装备之间差距的客观存在，决定要赢得未来反侵略战争的胜利，必须在作战谋略的运用上高敌人一筹，特别要研究以劣胜优的作战方法。要着重研究高技术条件下的作战特点，既研究外军在现代条件下的作战特点，更要研究我军在现代条件下的作战特点。力争在侦察与反侦察、空袭与反空袭、机动与反机动、封锁与反封锁，以及电子战、夜战、近战等方面有所突破。

**3. 认真做好人民战争的各项准备工作**

第一，必须努力增强全民国防观念，培养国防意识，为实行现代条件下的人民战争奠定坚实的思想基础和组织基础。第二，要加强武装力量建设。一方面要建立一支精干的常备军。邓小平正是从我军的编成单一、合成程度低，不能适应现代战争需要的实际出发，提出了精兵合成的思想。他要求军队要"认真学习现代战争知识，学习诸兵种联合作战""要编组合成军，就是要逐步地把部队合成起来，通过平时训练，使大家熟悉这方面的知识，学会这方面的本领。"另一方面要加强后备力量建设。一旦战争爆发，不仅可以满足常备军成倍扩编和补充的需要，还可以广泛动员人民群众参加和支援战争，达到平时少养兵，战时多出兵、出好兵的战略目的。第三，注意打牢人民战争的物质基础。在这方面，邓小平阐明了国防建设要同经济建设协调发展的思想，强调"国防现代化，只有建立在国家整个工业以及农业发展的基础上才有可能"，主张新时期的国防工业建设要走平战结合、军民兼容的发展道路，要搞好战争物资储备。

## 第二节　邓小平新时期军事战略方针

军事战略是指导战争全局的方针和指导武装力量建设的基本依据，其基本类型分为进攻战略和防御战略两种。关于我国的战略方针，邓小平同志强调："我们未来反侵略战争，究竟采取什么战略方针？我赞成"积极防御"四个字。"积极防御是我国军队与国防建设的根本性指导方针。

### 一、积极防御的战略方针

我国是中国共产党领导的社会主义国家，在国际关系问题上一贯坚持和平共处五项原则，坚决反对一切世界霸权和地区性霸权。其反映在军事上，即我国的军事力量是保卫和平的力量，而不是进行侵略扩张的力量，进攻战略是与我国的国家性质及基本路线、方针不吻合。同时，我国的社会主义建设需要一个稳定的环境，为了国家的主权与安全，为了社会主义建设的顺利进行，就必须有一支强大的军队，一个强大的国防做后盾。在这样的情况下，只有贯彻积极防御的战略方针，“人不犯我、我不犯人，人若犯我、我必犯人”才能够对企图侵略我国的势力给予强大的威慑，在未来的反侵略战争中有效地保卫我国的领土与主权。

## 二、积极防御的战略目标

根据邓小平同志对国际形势的基本分析，未来战争的主要形式是地区性的武装冲突与局部战争，中国台湾问题及与周边国家在领土、领海上的争端更对我国造成了发生局部战争的现实威胁；美国、俄罗斯等国也将军事战略的重点放在了加强解决局部战争的能力上。20 世纪 80 年代以来的多次局部战争充分表明，高技术在战争中的应用已极大地改变了战争的方式与方法，带来了军事思想与军队建设的深刻变革。因此，积极防御的指导方针必须定位于打赢现代条件特别是高技术条件下的局部战争，充分研究现代高技术战争的特点，相应加强我军的高技术作战能力和应对高技术武器的能力，使我军在未来的反侵略战争中立于不败之地。

**1. 贯彻积极防御的战略方针，维护国家主权和安全**

20 世纪 70 年代我国与意识形态不同的美国建立起外交关系，目的是为了我国的国家利益。20 世纪 60 年代苏联开始在整个中苏、中蒙边界部署重兵，总数达 100 万；指向中国的导弹，相当于苏联全部导弹的 1/3。90 年代以来，东欧巨变，苏联解体，两极格局瓦解。苏联解体以后，俄罗斯内外交困、元气大伤、处于下风，美国占了上风，进而将矛头转向了中国，并发出咄咄逼人的态势。为遏制美国的霸权战略，我国同俄罗斯又迅速地结成了战略伙伴关系。

**2. 坚持和打赢现代条件下的人民战争**

人民战争是我军过去在历次革命战争中战胜国内外强大敌人的法宝，也是我军与任何强敌相比的最大优势。邓小平在继承毛泽东人民战争思想的同时，又结合新的历史条件，强调要坚持“现代条件下的人民战争”丰富和发展了毛泽东人民战争的思想。

在未来战争中，我军与其他发达国家的军队相比，我军虽然在某些武器上处于劣势，但我军也不是在所有方面都绝对处于劣势。从全局上看我军有许多战胜敌人的有利条件。

(1) 我国综合国力居世界前列，有雄厚的战争潜力。中华人民共和国成立以来，特别改革开放以来，我国国民经济有了较大的发展，钢铁、煤炭、石油、电力和粮食、油料等指标，都已经越居世界的首位和前列，综合国力大幅提升。

(2) 有震慑敌人的“撒手锏”。中华人民共和国成立后，我国依靠自己的力量，已经建立起门类比较齐全,具有相当规模和水平的国防工业体系。我国掌握和运用一系列新的科学技术,具有自行设计制造飞机、军舰、核潜艇、导弹、卫星、坦克、火炮、电子战设备等能力,有效地提高了军队的战斗力,提高了我国的国际地位。今天,我国的国防实力已跃居世界第三位,已具备了一定的威慑能力,令世界上任何国家都不能小觑。

(3) 高技术武器有一定的局限性。任何武器装备都是有弱点的,高技术武器也不例外,只要找到他的弱点,采取适当的对策,充分发挥一般武器装备的优点,就可以找到对付的办法。例如:1991 年的海湾战争,在只有 42 天的战争中,多国部队对伊拉克发动了长达 38 天的空袭。但伊拉克军队依托其精心构筑的"地下迷宫",保存了大量的有生力量。伊拉克军队成功地运用了以假乱真的伪装防护手段,对战略目标、军事设施和部队行动进行了严密的伪装。1993 年 3 月的科索沃战争,南联盟军队采取"藏起来、小起来、动起来"的战术,使用并不先进的武器装备,击落了"北约"的 F-117A 隐身战斗机、F-16 战斗机和近 200 枚巡航导弹的事实。

(4) 有地利人和的优越条件。我国人口占世界总人口的五分之一;全国国土面积三分之二为山区,地形对防御作战十分有利。这些都是实行人民战争的有利条件。邓小平同志还指出:"只要我们坚持人民战争,敌人就是现在来,我们以现有武器也可以打,最后也可以打胜"。

(5) 有先进的军事理论作指导。马列主义军事理论、毛泽东军事思想和邓小平新时期军队建设思想,是我国克敌制胜的法宝。用这些理论武装起来的军队和人民,在兵法、谋略和战略战术方面可以保证胜敌一筹。

## 第三节　邓小平新时期军队建设思想的地位和作用

邓小平新时期军队建设思想是邓小平理论在军事领域中的展开和延伸,是邓小平理论所坚持的科学世界观和方法论在军事领域内的贯彻和运用,具有鲜明的时代性、深刻的实践性和科学的指导性,提供了正确认识和解决新时期国防和军队建设与军事斗争问题的立场、观点和方法。其深刻地揭示了新时期国防和军队建设的基本规律,把毛泽东军事思想推向了一个新的阶段,丰富发展了中国共产党的军事指导理论,是中国国防和军队现代化建设必须长期坚持的指导思想。

### 一、邓小平新时期军队建设思想是当代马克思主义军事理论

邓小平新时期军队建设思想作为邓小平理论的重要组成部分,产生和形成于我国社会主义改革开放和现代化建设的伟大实践之中。它的形成和发展既是邓小平对当今国际形势冷静观察和正确判断的结果,又是他对新时期我国国情、军情进行实事求是科学分析的产物,提出的一系列建军方针、政策、原则,形成了邓小平新时期军队建设思想。它具有鲜明的时代特征,着眼于马克思主义军事理论在新的历史条件下的运用,着眼于

对国际战略形势和我国国情的深刻分析,着眼于新时期我军建设的实际,是具有中国特色的当代马克思主义军事理论。

## 二、邓小平新时期军队建设思想是我军建设的科学指南

邓小平新时期军队建设思想,揭示了和平时期军队和国防建设的基本规律。它坚持把当今世界各国国防和军队建设的一般规律和原则,同我国我军实际情况有机结合,把我军传统的经验原则同新时期新情况有机结合,抓住我军建设的主要矛盾,创造性地回答和解决了新时期我军建设亟待解决的一系列重大理论和实际问题。邓小平新时期军队建设思想作为邓小平理论的重要组成部分,是一个完整的科学体系,是马列主义军事理论、毛泽东军事思想在新的历史条件下的创造性运用和发展,是新时期我军军事斗争和军队建设的科学指南。

## 三、邓小平新时期军队建设思想是我军克敌制胜的锐利思想武器

邓小平新时期军队建设思想,揭示了现代战争的特点和规律,为现代高技术条件下局部战争的作战指导提供了理论武器。邓小平提出的"和平与发展"的新理论,极大地丰富了马克思主义的战争观。他提出的在现代条件下的人民战争理论,强调把建设强大的常备军与建设强大的后备力量相结合。他为我军制定了新时期积极防御的战略方针,赋予了具有时代特点的新内涵。他为我军建设确定了总目标、总任务,强调以现代化建设为中心,按照现代战争的客观要求,全面加强军队质量建设,作好战争准备。因此,认真贯彻邓小平新时期军队建设思想是我军赢得高技术条件下局部战争胜利的锐利思想武器。

### 思考题

1. 试析邓小平新时期军事战略方针的依据。
2. 如何理解邓小平新时期军队建设思想?
3. 邓小平新时期军队建设思想的核心内容是什么?

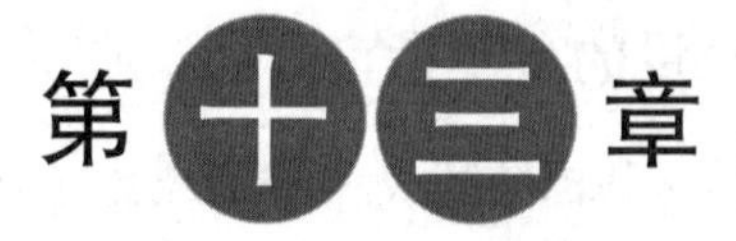

# 第十三章

# 江泽民国防和军队建设思想

江泽民高举邓小平理论伟大旗帜，全面推进国防和军队现代化建设，始终坚持按“三个代表”重要思想所体现的时代性和先进性的要求，回答和解决新的历史条件下建设什么样军队、怎样建设军队，未来打什么样的仗、怎样打仗的问题，围绕解决打得赢、不变质两个历史性课题，创新和发展党的军事指导理论。

## 第一节 国防战略

### 一、实行积极防御的军事战略方针

**1. 积极防御是我国一贯的战略方针**

新中国成立以来，我国的军事战略方针一直是积极防御。江泽民同志主持军委工作以来，坚持和发展积极防御的战略方针，坚持把高技术作为增强综合国力和国防实力的关键措施，以应对现代战争的突然性、立体性、机动性、快速性和纵深打击的特点，掌握战略主动。

**2. 战略指导上实行重大调整**

1993 年初，中央军委制定了新时期积极防御的军事战略方针，在把军事斗争准备的基点由应付一般条件下的局部战争转到打赢现代技术特别是高技术条件下的局部战争上来。这就明确了新形势下我军军事斗争准备的目标和任务。

**3. 做好打赢高技术条件下的局部战争的准备**

根据国际形势的发展变化，要重点准备应付现代技术特别是高技术条件下的局部战争，这是我军战略指导思想的进一步发展和完善。21 世纪初，中央军委根据高技术战争在本质上就是高技术战争的科学判断，充实了新时期军事战略方针的内涵，把军事斗争准备的基点调整为打赢高技术条件下的局部战争。

**4. 打赢高技术条件下的战争人民战争**

我国的武器装备虽然与最发达的国家有差距，但是我国良好的地理条件、深厚的战争潜力、相当规模的常备军、有限的核反击力量、丰富的人民战争经验，都是我们遏制战争、战胜敌人的基础。如果一旦发生冲突或战争，面对信息化伪装起来的武器装备，我们必须做好装备，打赢现代条件下的人民战争。

**5. 落实新时期军事战略方针**

当前一个十分重要而又紧迫的任务，就是要努力学习，加强研究。解决好“两个不够”的问题，即各级干部指挥现代化战争的能力不够，部队打现代化战争的能力不够。同时强调，要着眼于现代技术特别是高技术条件下的局部战争的特点，深人研究和积极探索现代条件下人民战争的指导规律，努力探寻现代条件下以劣势装备战胜优势装备之敌的战法，丰富和发展有中国特色的军事理论。

## 二、坚持中国共产党对军队的绝对领导

**1. 保证中国共产党对军队的绝对领导，始终是关系国家前途命运的重大问题**

中国共产党领导人民打下的红色江山能否永不变色，我国的社会主义事业能否兴旺发达，同中国共产党能否真正牢固地掌握军队紧密相关。中国共产党真正掌握住了军队，国家就出不了什么大的乱子，对不管是来自国内还是国外的什么风浪，都可以对付。军队的领导干部必须坚定不移地、不折不扣地坚持和维护中国共产党的领导，自觉地把自己置于党的领导之下。

**2. 坚持中国共产党对军队的绝对领导，是我军建军的根本原则**

早在“三湾改编”时，毛泽东同志就提出“支部建在连上”，以后又明确提出了“党指挥枪”的原则。只有坚持中国共产党的领导，才能使我军始终保持无产阶级性质，坚持为人民服务的宗旨，在错综复杂的斗争中保持正确的政治方向。在新的历史时期，必须更好地发扬人民军队忠于党的优良传统，使我军永远置于中国共产党的绝对领导之下。

**3. 坚持中国共产党对军队的绝对领导，是保持人民军队性质、宗旨的根本问题**

在当前和今后一个时期内，“西强我弱”的局面不会有大的变化，国际敌对势力对我“西化”“分化”的政治图谋也不会改变，各种腐朽思想、错误观点的侵蚀渗透也将长期存在。面对这种复杂的客观形势，我军必须始终不懈地加强思想政治建设，一刻也不能放松。保证枪杆子永远听中国共产党指挥，这是确保人民军队性质不变，确保中国共产党执政地位的巩固，确保国家长治久安的根本政治问题。

## 三、明确国防和军队建设的根本指导思想

**1. 坚持邓小平新时期军队建设思想**

江泽民同志主持中央军委工作后，首先面临的一个问题就是举什么旗帜的问题。举

什么旗，决定着走什么路，关系中华民族的兴旺发达，也关系中国人民解放军的前途和命运。在庆祝中国人民解放军建军70周年大会的讲话中，江泽民明确指出：“邓小平新时期军队建设思想，是毛泽东军事思想的继承和发展，是建设有中国特色社会主义理论的重要组成部分，是我军现代化建设长期的指导方针”。

**2. 坚持国防和军队建设的总依据**

国家发展与安全的大局，是中国共产党谋划军队建设和指导军事斗争的总依据。江泽民提出了谋求国家综合安全的战略思想，把军事安全与政治安全和经济安全有机地结合起来，放到国家总体发展战略之中，科学确定了国防现代化在国家现代化中的地位和作用，从战略高度解决了国防建设和经济建设的关系。

**3. 确保人民军队跨世纪发展的政治方向**

保持人民军队的性质不变，是增强我军战斗力的需要，是保证国家长治久安的需要。而做到这一点，最重要的就是坚持中国共产党对军队的绝对领导。为此，就必须把思想政治建设摆在首位，落实“五句话”总要求，在思想上牢牢掌握军队。

**4. 提出了统揽国防和军队建设跨世纪发展的总方针**

军事战略归根到底是治国之道。江泽民敏锐把握世界军事发展的基本趋势，及时确立了新时期军事战略方针，强调要以打赢现代技术特别是高技术条件下的局部战争为基点，并由新时期军事战略方针统揽国防和军队建设的各个方面，勾画出国防和军队现代化建设的宏伟蓝图。

**5. 积极推进中国特色的军事变革**

改革创新是军队进步的灵魂，江泽民明确指出：“深化改革势在必行。尤其是面对世界军事发展的严峻挑战，面对党的“十五大”以后国家经济体制改革步伐的新形势，军队的改革显得更为紧迫。”推进中国特色的军事变革，就是从我国的国情和军情出发，走以信息化带动机械化、以机械化促进信息化的跨跃式发展道路，实现军队的整体转型，建设一支能够打赢未来高技术战争的强大的人民军队。

## 四、创新军事理论

在党的十六大报告中，江泽民提出创新和发展军事理论。他多次勉励科研人员：紧密结合世界军事发展和我军建设实践，解放思想，大胆探索，勇于创新，把我们的军事理论研究提高到一个新水平。他反复叮嘱军事科学院的领导，要热情鼓励学术争鸣。学术争鸣要与人为善，以理服人；要以科学的态度和创新的精神，不断地研究新情况，认识新事物，揭示新规律。江泽民指出：“军事领域是对抗和竞争最为激烈，因而也必然是创造多于模仿、创新最为迅速的领域；创新也是军队进步的灵魂，一支没有创新能力的军队，难以立于不败之地”。因此，要紧紧围绕打得赢、不变质两个历史性课题，潜心攻关，有力地推动我军军事理论创新。

# 第二节 质量建军

## 一、正确处理军队数量与质量的关系

（1）在军队建设中，军队数量与质量是一个非常重要的问题。毛泽东曾经指出，战争的伟力存在于民众之中。我们有精干的常备军，有强大的后备力量，必将使进犯之敌淹没在人民战争的汪洋大海之中。随着科学技术的迅猛发展，高技术兵器在军事领域的广泛应用，争夺军队质量优势，已成为当今世界各国军队建设的一个重要发展趋势。我们不仅要发扬我军以劣势装备战胜优势装备之敌的优良传统，还是要牢固地树立敢打必胜的勇气和信心。

（2）加强军队质量建设，走有中国特色的精兵之路，是实现我军现代化的正确选择。随着高新技术广泛运用于军事领域，争取军队质量优势已成为世界上许多国家军队建设的一个共同趋势。减少军队数量、提高军队质量，是我军现代化建设的一条基本方针。

（3）走有中国特色的精兵之路，核心是一个“精”字，精既是对“量”的要求，更是对“质”的要求。减少军队数量，并不等于军队质量会自然而然地提高。要真正达到精兵的要求，实现我军由数量规模型向质量效能型、由人力密集型向科技密集型转变，还有大量的工作要做。在军费尚不充足的条件下，要走出一条投人较少、效益较高的现代化建设路子，必须下决心收缩摊子，切实解决好结构调整的问题。

## 二、推进军队质量建设

（1）推进军队质量建设必须依靠科技进步。贯彻科技强军战略，不但要大力发展先进武器装备、利用高技术改进现有武器装备，而且还要在教育训练、作战指挥和后勤保障等方面，努力利用科技进步的最新成果，增大高科技含量。高技术战争中的决定性因素仍然是人。因此，要进一步抓好军队院校建设，发挥院校人才培养的“基地”作用。全军各级领导干部都要把现代科技特别是高科技知识的学习教育，作为科学文化教育的重点突出出来，纳入教育训练轨道，纳入干部在职培训计划，纳入院校教学体系。这项工作要做到经常化、制度化、规范化，务求取得扎实的成效。

（2）坚定地贯彻科技强军战略，尽快缩短同世界主要军事强国的差距。当前，我军建设所面临的主要矛盾，是现代化水平与现代技术的要求不相适应。打赢未来可能发生的高技术局部战争，既要依靠现代化的武器装备，更要依靠具有现代科学文化知识和现代军事技能、思想上政治上过得硬的高素质的军事人才。因此，必须加速军事人才的培养，提高人才的综合素质。

## 三、培养和造就大批高素质人才

(1) 把培养和造就大批高素质人才作为军队现代化建设的根本大计来抓。马克思主义认为,决定战争胜负的是人而不是武器,无论武器装备发展到什么程度,人在战争中的作用始终是第一位的,任何时候都不能见物不见人。如果我们有了高素质的人才,又有了先进的武器装备,就将如虎添翼。在未来的信息化战场上,知识必将成为战斗力的主导因素,敌我双方的较量将更突出地表现为高素质人才的较量。

(2) 迎接世界军事变革的挑战,关键是要培养和造就一大批高素质的新型军事人才。必须把人才培养作为军队现代化建设的根本大计,尽快抓出成效。这既是当务之急,也是长治之策,必须抓得紧而又紧、实而又实。要采取超常措施. 大力选拔培养优秀年轻干部,努力造就一大批高素质的复合型指挥人才、智囊型参谋人才和专家型科技人才,为军队现代化建设和军事斗争提供可靠的人才保证。

## 四、全面加强军队建设

(1) 建设有中国特色社会主义的人民军队。必须把人民解放军建设成为强大的现代化、正规化的革命军队。今后,军队要努力适应现代战争的需要,注重质量建设,全面增强战斗力,更好地担负起保卫国家领土、领空、领海主权和海洋权益,维护祖国统一和安全的神圣使命;同时,要自觉服从国家经济建设的大局。军队要努力搞好各项建设和改革,切实把教育训练摆到战略地位上,全面提高官兵素质,使全军做到政治合格、军事过硬、作风优良、纪律严明、保障有力。

(2) 加强革命化、现代化和正规化建设。一是要大力加强思想政治建设,始终坚持党对军队的绝对领导的根本原则,始终保持人民军队的性质、宗旨和本色。二是进一步提高我军的战斗力,主要任务是加强现代化建设,必须坚持以现代化为中心,军队的全部工作都要围绕现代化来展开。三是没有军队的正规化就没有军队的现代化,就是把革命化和现代化建设的基本成果和经验,用法规和条例的形式确定下来,使军队各项建设都有明确的规范,做到依法从严治军。

(3) 加快我军武器装备建设步伐。科学制定我军武器装备发展战略和规划,坚持走重点发展、跨越式发展、系统配套发展的路子。只有突出重点,把有限的经费用在刀刃上,才能尽快实现关键技术的突破。要坚持跨越式发展的思想。系统配套是武器装备发展的内在要求,这一条做不好,再先进的武器也发挥不出应有的效能。武器装备的先进性和可靠性都要过得硬。要像当年搞"两弹一星"那样,继续发扬自力更生、艰苦奋斗的精神,集中力量,大力协同。

# 第三节　建设现代化国防

## 一、现代国防建设的战略任务

把经济建设搞上去和建立强大的国防是我国现代化建设的两大战略任务。从根本上说,这两大战略任务是统一的,但需要结合我国社会主义初级阶段的国情正确地把握和处理。

(1) 必须坚持以经济建设为中心,国防建设必须服从服务于国家经济建设的大局。保持经济的持续发展,大大增强国家的经济实力,是解决包括国防现代化在内的所有问题的基础,也是提高国际竞争力,顶住霸权主义和强权政治的压力,维护国家独立和主权的关键所在。国防建设要紧密配合这个大局,而不能妨碍和影响这个大局。

(2) 必须在集中力量进行经济建没的同时,不断加强国防建设。国防现代化是我国社会主义现代化事业的重要组成部分,国防的巩固是经济发展和国家安全的基本保障。如果不随着经济的发展而相应的加强国防建设、提高军队武器装备的现代化水平,一旦发生战争就可能陷于被动,难以有效地维护国家安全。国防建设和军事斗争装备,必须能够确保国家的利益和安全。

(3) 必须形成国防建设和经济建设相互促进、协调发展的机制。国防建设不仅要服从并服务于经济建设,军队要为国家的经侪建设积极贡献力量,通用性较强的军事设施要实行军民合用,国防科技工业要能军能民。对国家经济建设,特别是基础设施建设,要充分考虑到国防和军队的需求,做到既促进经济发展,又增强国防能力。

## 二、提高部队装备现代化水平

(1) 要大力加强国防科研,进一步提高部队装备现代化水平。按照发展社会主义市场经济的要求,要坚持平战结合、军民结合,建立和完善国防工业运行机制,提高军民兼容程度,增强平战转换能力,走出一条符合我国国情并反映时代特征的国防现代化建设道路。

(2) 坚持寓军于民,形成充满活力的国防科技建设体制。必须坚持以经济建设为中心,国防建设服从国家经济建设的大局。同时必须不断增强国防力量,使国防建设在国家财力增加的基础上不断有所发展。寓军于民是把这两项战略性任务有机统一起来的重要举措。要坚持按照经济规律和科学规律办事,发挥市场配置资源的基础性作用,建立和完善适应新形势的新体制,把各方面的积极性、主动性、创造性充分发挥出来,为建设强大的现代国防而努力。

## 思考题

1. 如何理解新时期的国防战略？
2. 如何加强质量建军？
3. 何谓符合国情的现代化国防？

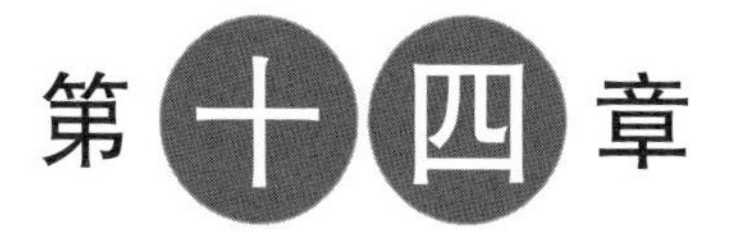

# 第十四章

# 胡锦涛国防和军队建设思想

胡锦涛同志站在时代发展要求的高度，根据国家安全形势的发展变化和国防与军队建设的特点规律，就我军建设提出了一系列新思想、新观点、新主张。

## 第一节　国防和军队建设的战略思想

要坚持把科学发展观作为国防和军队建设的重要指导方针。只有按照科学发展观的要求，抓住发展机遇，转变发展观念，丰富发展内涵，拓展发展思路，创新发展模式，提高发展质量，才能使国防和军队建设顺应时代趋势，遵循客观规律，在新的起点上又快又好地发展。

### 一、国防和军队建设的指导思想

科学发展观是对毛泽东、邓小平、江泽民关于发展思想的继承、丰富和发展，是与时俱进的马克思主义发展观。科学发展观是推动经济社会发展必须长期坚持的重要指导思想，也是新世纪、新阶段加强国防和军队建设的重要指导方针。

**1. 适应国家安全形势发展变化**

我国既面临军事安全的威胁，又面临政治安全、信息安全、能源安全、海上战略通道安全等方面的威胁；周边安全不稳定不确定因素增多，国内安全与国际安全的互动性增强。我国安全形势的此种态势，要求人民军队建设必须以科学发展观为指导，以增强打赢信息化条件下局部战争的能力为核心，不断提高应对多种安全威胁能力。

**2. 科学发展是国防和人民军队建设发展的内在要求**

我军建设存在“两个不相适应”的突出矛盾，即现代化水平与打赢信息化条件下局部战争的要求还不相适应，军事能力与履行新世纪新阶段我军历史使命的要求还不相适应。解决这个矛盾，就要求坚持以科学发展观为指导，用科学的发展思路、科学的发展模式和科学的发展方法来解决。

**3. 保证实现国防和军队建设的战略目标,必须坚持科学发展观的指导地位**

中央军委根据国家经济社会发展的战略目标,确定了国防和军队建设"三步走"的发展战略,制定了相应规划。坚持以科学发展观为指导,才能解决好前进中遇到的问题,促进国防和军队建设与国家经济社会建设协调发展。必须通过深化改革进行合理调整,建立健全相互配套的制度。

## 二、新世纪新阶段人民军队的建设思想

科学发展观回答了新形势下建设什么样的军事力量和如何运用军事力量的问题。以科学发展观指导军队建设,目的是保证我军有效履行历史使命;军队履行历史使命是为了保证国家经济社会全面、协调、可持续发展,也是为了促进军队科学发展。

**1. 认清大形势大背景**

新世纪新阶段我军历史使命是对国内外形势发展变化态势的深刻把握。21 世纪前 20 年,对我国来说,是一个必须紧紧抓住并且可以大有作为的重要战略机遇期。胡锦涛提出军队要为维护国家发展的战略机遇期提供坚强的安全保障,指明了人民军队建设的重要任务。

**2. 汲取历史经验教训**

中国共产党的执政地位是历史上形成的,是历史的选择,人民的选择。在新的历史条件下,中国共产党面临着西方敌对势力"分化""西化"的严重挑战。胡锦涛在总结世界上一些无产阶级执政党垮台的惨痛教训和中国共产党治党、治国、治军的成功经验的基础上,把我军新的历史使命与巩固党的执政地位紧密联系在一起,为人民军队建设指明了方向。

**3. 坚持"打得赢"与"不变质"的有机统一**

贯彻落实科学发展观是解决好这两大历史性课题的法宝,为新的历史使命更加明确了军队的发展方向和建设目标。要持久地开展以坚定理想信念和树立正确的世界观、人生观、价值观为核心的思想政治教育,使广大官兵始终保持政治上的坚定和思想道德上的纯洁,始终保持坚强的革命意志和旺盛的战斗精神。

**4. 全面提高我军的威慑和实战能力**

当前面临复杂的国际环境,政治、军事方面的传统安全威胁与非传统安全威胁相互交织。为此,必须注重谋大局、抓统筹、求实效,确保我军建设全面、协调、可持续发展。要努力建设一支同我国地位相称、同我国安全和发展利益相适应的军事力量。

# 第二节　推进军事变革

中国特色军事变革要解决中国国防和军队建设发展的基本方向、目标、模式、途径、

步骤、动力等一系列重大问题。为推进国防和军队现代化建设的强大动力，对中国军事领域具有根本性、全局性、全面性和长远性的深刻影响，已经和必将继续引起中国军事领域的一系列深刻变化。

## 一、创新军事思维

在军事变革的实践中创新军事思维，用创新的军事思维成果加速推进中国特色军事变革，努力实行“五个转变”。一是实行由机械化军事思维向信息化军事思维的转变；二是实行由要素型军事思维向体系化军事思维的转变；三是实行由单向型军事思维向多向型军事思维的转变；四是实行由封闭型军事思维向开放型军事思维的转变；五是实行由保守型军事思维向创新型军事思维的转变。

**1. 实行由机械化军事思维向信息化军事思维的转变**

要做到一个破除，就是要破除根植于工业时代的机械化思维方式。三个认清：一是要认清信息和信息力是构成战斗力的最重要因素；二是要认清信息优势是最大的军事优势和作战优势；三是要认清军事信息技术是最关键的军事技术，是研制信息化武器装备和对机械化装备进行信息化改造的技术基础。

**2. 实行由要素型军事思维向体系化军事思维的转变**

要素型军事思维是农业时代和工业时代的产物，随着军事实践的发展和战争形态的演变，信息化战争的非线性特征日趋明显，军事思维方式就必须随之改变。应当看到，体系化军事思维是信息时代的产物，其实质是用“大系统”的观点来处理军事问题，科学地组织军队建设和军事活动。

**3. 实行由单向型军事思维向多项型军事思维的转变**

多项型军事思维方式的主要表现：在国际关系方面，倡导“合作共赢”战略，反对零和竞争战略；在军队建设方面，注重加强“软研”，既提高军人的军事素质和部队凝聚力，又大力发展以软件为核心的军事信息系统；在非战方面，强调实现包括心理战、网络战、电子战在内的信息战，主要打击敌军的信息系统，而不是有生力量；对一切战争的分析，可能不得出正义非正义战争的结论，也可能不做出非敌即友的判断。

**4. 实行由封闭性型军事思维向开放型军事思维的转变**

开放型型军事思维的核心是世界军事观。世界军事观包括世界战略观、世界战争观、世界国防与军队发展观。世界战略观是指要站在信息化时代国际战略发展的高度，根据世界战略格局走向与我国战略利益的互动关系，来谋划和实施国际战略和军事战略。世界战争观要求从世界战争形态演进的历史长河中，观察、明确与预测我国我军今天明天可能面临的战争形态，今天准备打高技术战争，明天准备打信息化战争。世界国防与军队发展观的实质是纵观世界军事发展的风云变幻，顺应世界军事发展的大方向，以赶超世界上最强大国家的军队为目标制定制定与实施我国的国防与军队长远发展规划。

**5. 实行由保守性型军事思维向创新型军事思维的转变**

实行由保守性型军事思维向创新型军事思维的转变:一是要勇于标新立异;二是要勇于冒点风险;三是要处理好传统与创新的关系。

## 二、创新军事技术

军事变革,技术是基础。胡锦涛提出的军事技术创新思想突出自主创新,以信息技术为核心完善技术创新机制,这是指导我军军事技术创新的基本思路。在推进新军事变革的进程中,虽然各国的情况不大一样,但是依靠技术创新推进新军事变革却是共同的做法。概括起来是"三个注重",即注重抢先发展、注重信息主导、注重民技军用。

**1. 集中力量自主创新关键技术**

我国20世纪60年代"两弹一星"研制成功,80年代一批"杀手锏"武器装备的研制成功,但我国军事技术与发达国家相比还有较大差距。为此,必须在自主创新的基础上实行重点突破,力求关键技术有所创新发展。

**2. 要有选择有重点地引进国外先进技术**

对于引进国外先进技术这个问题,一定要保持清醒的头脑。实践证明,国防靠买不行,只买别人的东西也不行的,完全依赖别人的东西是靠不住的。要加快推进消化吸收和再创新,在高起点上研制自己的管用的军事技术和武器装备。

**3. 在科技强军战略指导下完成技术改造**

军队要实行科技强军战略,努力把科学技术融入军队的方方面面,使之成为增强军队战斗力和提高建设效益的推动力,成为渗透于决策、指挥、训练、管理、保障等各系统的主导因素。

## 三、创新体制机制

在军事变革中,制度是保证。体制不合理,机制不顺畅,法制不健全,变革就无法进行。"改革创新体制机制,对实现科学发展具有根本性、长远性意义"。

**1. 体制创新**

从体制创新来看,世界多数国家的军队的主要做法是压缩军队规模,优化军队结构,调整领导指挥体制和部队编制,努力使军队各组成部分实现一体化。例如:美军依据"转型性变革"的计划,将打破传统陆海空天等军种体制,按照系统集成的方法,建立"超联合"的一体化作战部队。

**2. 机制创新**

一是军队序列中的专职机构,如国防部办公厅基本评估办公室、联合部队司令部等。二是领率机关中的临时性机构,如国防部直属的军事转型办公室和各军种部的部队转型机构。三是高级领率机关中的临时研究机构或课题组。

**3. 法制创新**

美国政府将军事转型纳入《国家安全战略报告》和《政府工作与成效法》的总体规划，使转型工作有法可依。国会通过《21 世纪防务转型法》，以立法的形式支持美军人事和武器装备采办制度变革。

**4. 推进中国特色军事变革，同样需要依靠制度创新**

胡锦涛指出，在推进中国特色军事变革的进程中，要高度重视制度建设，努力用制度创新推进军事变革发展。从我军的实际情况来看，军事变革进入关键时期。要在军事变革的实践中创新军事制度，用创新的军事制度成果加速推进中国特色军事变革。

## 四、创新军事管理

胡锦涛指出："世界新军事变革不仅是一场军事技术和军队组织体制的革命，也是一场军事管理的革命。科学高效的管理，对于降低军队建设成本、提高军事系统运行效率、增强部队战斗力，具有非常重要的作用"。

**1. 军事变革，管理是关键**

20 世纪 80 年代，美军悄然进行了一场"军事管理革命"。一是实行战略管理，强调要从最高层次抓好决策和规划。二是实行系统管理，强调把管理的重点放在谋求作战力量整体发展和作战体系的系统集成上来。三是实行集中管理，强调对人、财、物、时间和信息实行集中统管。四是实行矩阵管理，加强横向一体化的协调。五是实行精确管理，强调发挥信息技术优势使管理精确化。

**2. 推进中国特色军事变革，同样需要依靠管理创新**

推进中国特色军事变革既面临发展高新技术武器装备、调整体制编制、培养高素质新型军事人才、创新军事理论等重要任务，也面临军事管理创新的重要任务。要在军事变革的实践中创新军事管理，用创新的军事管理成果加速推进中国特色军事变革。

## 五、创新军事理论

要推动军事理论创新，首先在内容上，要注重研究新世纪新阶段建军治军的特点与规律、军事斗争准备的特点与规律和国防建设的特点与规律；其次在途径上，要注重在军事实践中创新军事理论和检验军事理论；最后在方式上，要善于运用现代科技手段与科学方法，特别是运用现代模拟技术、网络技术等高新技术，实现军事理论创新的科学化。

**1. 军事变革，理论是先导**

美军的军事理论创新，在实践中逐步形成了五步递进的"理论先导"模式：第一步，提出军队建设和作战指导的理论构想；第二步，由各作战实验室进行实验评估；第三步，拿到各训练基地进行训练检验；第四步，拉到战场进行实战检验；第五步，由各条令司令部加以条理化、法规化。美军通过"五步"的做法，力求达到创新发展军事理论的目的，从而更好地为推进新军事变革服务。

**2. 推进中国特色军事变革,同样需要依靠理论创新**

胡锦涛在接见军事科学院第六次党代会代表时指出,要密切关注世界安全形势和世界军事发展趋势,立足我国的国情和军情,着眼推进中国特色军事变革,拓宽战略视野,更新发展观念,深化科研改革,努力构建具有我军特色、体现时代特征、充满发展活力的军事科学体系,充分发挥军事理论指导军事实践、引领军事变革的重要作用。

## 第三节 做好军事斗争准备

胡锦涛在一次军委扩大会议上严肃指出:“当前,全军部队最重要、最现实、最紧迫的战略任务,就是做好军事斗争准备。”随着国际战略格局和我国国家安全形势的发展变化,“台独”分裂势力及其活动已经成为国家安全面临的最大威胁。

### 一、维护国家安全统一

当前,我国的“军事斗争任务,为我军现代化建设提供了紧急的作战需求,提供了明确具体的要求,形成了巨大的牵引力量。”胡锦涛始终把军事斗争准备作为军队现代化建设的龙头紧抓不放、扎实推进,对控制台海局势、国家安全统一和地区和平稳定发挥了重大作用。科学合理地确定军队现代化建设资源的投向和投量,抓住发展重点,统筹发展全局,通过局部跃升促进了全军建设的整体提高,使人民军队建设不仅适应了国家安全形势的需要,也适应了我军现代化建设的需要。

加强人民军队建设的一个重要内容是要抓好信息化条件下的军事训练。胡锦涛指出:“军事训练作为和平时期生成和发展部队战斗力的基本途径,对于确保我军打赢信息化条件下局部战争,增强应对多种安全威胁、完成多样化军事任务的能力,具有至关重要的作用。”当前,我国国家利益逐渐超出了传统的领土、领海、领空范围,不断向新空间新领域扩展和延伸。海洋安全利益、太空安全利益、电磁空间安全利益已经成为我国国家安全利益的重要组成部分。胡锦涛从民族复兴和国家发展的高度,提出军队要为维护国家利益提供有力的战略支撑,揭示了必须建设一支与我国大国地位相称、同我国安全和发展利益相适应的军事力量的军队建设规律。

### 二、准确把握国际形势

当历史的脚步迈入新的历史时期,传统与非传统安全威胁因素相互交织,经济全球化进程加速发展,我国改革发展进入关键时期,我国南海问题复杂多变,“台独”分裂势力严重影响祖国和平统一大业……因此,迫切要求我军提高应对危机、维护和平,遏制战争、打赢战争的能力,迫切要求人民军队更好地肩负起维护国家主权、统一和稳定的神圣职责。

正是深刻把握了这一时代发展变化和我国经济社会发展对军队建设的新要求,胡锦涛从国家总体战略需要出发，站在党、国家和军队建设的战略高度，提出了我军在新世纪新阶段的历史使命：军队要为党巩固执政地位提供重要的力量保证，为维护国家发展的重要战略机遇期提供坚强的安全保障，为维护国家利益提供有力的战略支撑，为维护世界和平与促进共同发展发挥重要作用。

## 三、推进世界的和平与发展

新世纪、新阶段我军历史使命是对我军维护世界和平与促进共同发展的历史定位。进入新世纪、新阶段，和平、发展和合作日趋成为世界的主流，但世界并不太平。中国坚定不移地走和平发展的道路，但和平仍然建立在拥有打赢实力的基础之上。胡锦涛提出我军要为维护世界和平与促进共同发展发挥重要作用，这是对我军肩负的国际责任的历史定位。因此，要在国家经济不断发展的基础上，努力提高军队应对危机、维护和平、遏制战争、打赢战争的能力，在维护国家利益的同时，积极发挥维护世界和平的作用。

## 思考题

1. 胡锦涛关于加强军队和国防建设的战略思想是什么？
2. 为何要推进军事变革？如何推进军事变革？
3. 试述做好军事斗争准备的方法和途径。

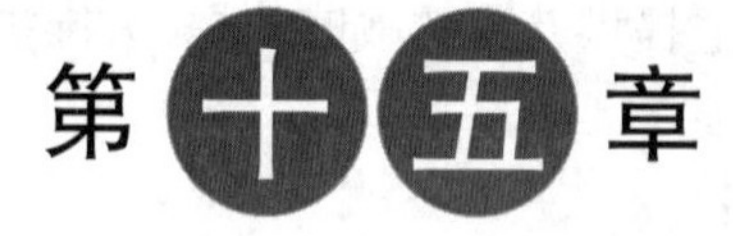

# 习近平强军思想

习近平强军思想是习近平新时代中国特色社会主义思想的重要组成部分，是马克思主义军事理论中国化时代化的新飞跃，是党的军事指导理论最新成果，是坚持走中国特色强军之路、全面推进国防和军队现代化的科学指南和行动纲领。

## 第一节　习近平强军思想的主要内容

习近平强军思想是以习近平同志为核心的党中央，在指导建设强军事业伟大实践中孕育的科学思想体系，揭示了强军制胜的根本规律，闪耀着马克思主义思想方法的光辉。其核心内容和要义可以概括为以下十个方面。

### 一、强军使命

强国必须强军，巩固国防和强大人民军队是新时代坚持和发展中国特色社会主义、实现中华民族伟大复兴的战略支撑。安不可以忘危，治不可以忘乱。新时代我国安全的内涵外延、时空领域、内外因素都在发生深刻变化。由大向强、将强未强之际往往是国家安全的高风险期，我国越是发展壮大，面临的压力和阻力就越大。这是我国由大向强发展进程中无法回避的挑战，是实现中华民族伟大复兴绕不过的门槛。习近平主席深刻指出："强国必须强军，军强才能国安。"国防和军队建设是国家安全的坚强后盾，军事手段是实现伟大梦想的保底手段，军事斗争是进行伟大斗争的重要方面，打赢能力是维护国家安全的战略能力。国防和军队现代化进程必须同国家现代化进程相适应，军事能力必须同实现中华民族伟大复兴的战略需求相适应。我军必须服从并服务于党的历史使命，把握新时代国家安全战略需求，为实现中华民族伟大复兴提供战略支撑。

### 二、强军目标

党在新时代的强军目标是建设一支听党指挥、能打胜仗、作风优良的人民军队，必须同国家现代化进程相一致，力争到2035年基本实现国防和军队现代化，到本世纪中叶把人民军队全面建成世界一流军队。建设强大的人民军队是中国共产党的不懈追求。在各个历史时期，中国共产党都根据形势任务的变化，及时提出明确的目标要求，引领我军建设不断向前发展。习近平主席提出中国梦不久就提出强军梦，作出全面建成社会主义现代化强国战略部署的同时，提出实现党在新时代的强军目标，把人民军队全面建成世界一流军队。这是准确把握国家安全环境的深刻变化、强国强军的时代要求，对我军建设目标作出的新概括新定位，内在要求建设强大的现代化陆军、海军、空军、火箭军、战略支援部队、联勤保障部队和武装警察部队，建设绝对忠诚、善谋打仗、指挥高效、敢打必胜的联合作战指挥机构，不断提高我军现代化水平和实战能力。

## 三、强军之魂

中国共产党对军队绝对领导是人民军队建军之本、强军之魂，必须全面贯彻中国共产党领导军队的一系列根本原则和制度，确保部队绝对忠诚、绝对纯洁、绝对可靠。坚持中国共产党对人民军队的绝对领导是新时代中国特色社会主义基本方略的重要内容，是中国共产党和国家的重要政治优势。习近平主席反复强调："抓军队建设首先要从政治上看，对党绝对忠诚要害在'绝对'二字。"必须按照新时代党的建设总要求加强我军党的建设，强化"四个意识"，严肃政治纪律和政治规矩，深入抓好军魂教育，坚决维护权威、维护核心、维护和贯彻军委主席负责制，坚决抵制"军队非党化、非政治化"和"军队国家化"等错误政治观点的影响，确保全军在任何时候任何情况下坚决听从党中央和中央军委指挥。军队高级干部必须对党忠诚、听党指挥，做对党最赤胆忠心、最听党的话、最富有献身精神的革命战士。

## 四、强军之要

军队是要准备打仗的，必须聚焦能打仗、打胜仗，创新发展军事战略指导，构建中国特色现代作战体系，全面提高新时代备战打仗能力，有效塑造态势、管控危机、遏制战争、打赢战争。习近平主席强调："人民军队永远是战斗队，人民军队的生命力在于战斗力。"必须贯彻新形势下军事战略方针，把备战与止战、威慑与实战、战争行动与和平时期军事力量运用作为一个整体加以运筹，牢固树立战斗力这个唯一的根本的标准，提高军事训练实战化水平，扎实做好各方向各领域军事斗争准备，聚力打造精锐作战力量，着力建设一切为了打仗的支援保障力量，加快构建适应信息化战争和履行使命要求的武器装备体系，加快建设以联合作战指挥人才为重点的高素质新型军事人才队伍，发扬"一不怕苦、二不怕死"的战斗精神，锻造召之即来、来之能战、战之必胜的精兵劲旅。

## 五、强军之基

"作风优良才能塑造英雄部队，作风松散可以搞垮常胜之师"。作风优良是我军鲜明特色和政治优势，必须加强作风建设、纪律建设，坚定不移正风肃纪、反腐惩恶，大力弘扬我党我军光荣传统和优良作风,永葆人民军队性质、宗旨、本色。人民军队要恪守全心全意为人民服务的宗旨,牢记为人民扛枪、为人民打仗的神圣职责,始终做人民信赖、人民拥护、人民热爱的子弟兵,不断发展坚如磐石的军政军民关系。把理想信念的火种、红色传统的基因一茬茬、一代代传下去,加强党史军史和光荣传统教育,永葆老红军的政治本色。军中绝不能有腐败分子藏身之地,要锲而不舍、驰而不息地把作风建设和反腐败斗争引向深入,努力铲除腐败现象滋生蔓延的土壤,积极培育风清气正的政治生态。严肃各项纪律,坚持严字当头、一严到底,下大气力治松、治散、治虚、治软,用铁的纪律凝聚铁的意志、锤炼铁的作风、锻造铁的队伍。

## 六、强军布局

推进强军事业必须坚持政治建军、改革强军、科技兴军、依法治军,更加注重聚焦实战、更加注重创新驱动、更加注重体系建设、更加注重集约高效、更加注重军民融合,全面提高革命化现代化正规化水平。政治建军是我军的立军之本,任何时候任何情况下都不能有丝毫松懈;改革是决定军队未来的关键一招,必须大刀阔斧实施改革强军战略;科学技术是核心战斗力,必须下更大气力推进科技兴军、赢得军事竞争主动;军队越是现代化越要法治化,必须厉行法治、从严治军。贯彻“五个更加注重”战略指导,必须强化作战需求牵引,提高军队建设实战水平;下大气力抓理论创新、抓科技创新、抓科学管理、抓人才集聚、抓实践创新,靠改革创新实现新跨越;坚持成体系筹划和推进军事力量建设,全面提高我军体系作战能力;坚持以效能为核心、以精确为导向,提高国防和军队发展精准度;深入实施军民融合发展战略,加快把国防和军队建设融入经济社会发展体系,实现国防和军队建设更高质量、更高效益、更可持续发展。

## 七、强军关键

改革是强军的必由之路,必须推进军队组织形态现代化,构建中国特色现代军事力量体系,完善和发展中国特色社会主义军事制度。习近平主席指出:“深化国防和军队改革,是为了设计和塑造军队未来”。领导管理和作战指挥体制改革,以重塑军委机关和战区为重点,强化中央军委集中统一领导和战略指挥、战略管理功能,形成决策权、执行权、监督权既相互制约又相互协调的运行体系,构建平战一体、常态运行、专司主营、精干高效的战略战役指挥体系。规模结构和作战力量体系改革,按照调整优化结构、发展新型力量、理顺重大比例关系、压减数量规模的要求,推动我军由数量规模型向质量效能型、由人力密集型向科技密集型转变,部队编成向充实、合成、多能、灵活方向发展。军队政策制度调整改革,立起打仗的鲜明导向,营造公平公正的制度环境,使军事人力资源配置达到最佳状态,让军人成为全社会尊崇的职业,把军队战斗力和活力充分激发出来。

## 八、强军动力

创新是引领发展的第一动力,必须坚持向科技创新要战斗力,统筹推进军事理论、技术、组织、管理、文化等方面创新,建设创新型人民军队。习近平主席指出:“创新能力是一支军队的核心竞争力,也是生成和提高战斗力的加速器。”我们这支军队,靠改革创新走到现在,也要靠改革创新赢得未来。必须把创新驱动发展的引擎全速发动起来,善于运用新理念、新思路、新方法推进我军各项建设。要加快形成具有时代性、引领性、独特性的军事理论体系,依靠科技进步和创新把我军建设模式和战斗力生成模式转到创新驱动发展的轨道上来,下大气力推进军事管理革命,努力培养造就宏大的高素质创新型军事人才队伍,大力弘扬创新文化,激励官兵争当创新的推动者和实践者,使谋划创新、推动创新、落实创新成为全军的自觉行动。

### 九、强军保障

现代化军队必须构建中国特色军事法治体系,推动治军方式根本性转变,提高国防和军队建设法治化水平。习近平主席指出:“一支现代化军队必然是法治军队。”强化法治信仰和法治思维,坚持依法治官、依法治权,领导干部带头尊法学法守法用法,引导官兵把法治内化为政治信念和道德修养,外化为行为准则和自觉行动。构建系统完备、严密高效的军事法规制度体系、军事法治实施体系、军事法治监督体系、军事法治保障体系,坚决维护法规制度权威性,强化法规制度执行力。推动实现从单纯依靠行政命令的做法向依法行政的根本性转变,从单纯靠习惯和经验开展工作的方式向依靠法规和制度开展工作的根本性转变,从突击式、运动式抓工作的方式向按条令条例办事的根本性转变,形成党委依法决策、机关依法指导、部队依法行动、官兵依法履职的良好局面。

### 十、强军路径

军民融合发展是兴国之举、强军之策,必须坚持发展和安全兼顾、富国和强军统一,形成全要素、多领域、高效益军民融合深度发展格局,构建一体化的国家战略体系和能力。把军民融合发展上升为国家战略,是中国共产党长期探索经济建设和国防建设协调发展规律的重大成果,是从国家安全和发展全局出发作出的重大决策,是应对复杂安全威胁、赢得国家战略优势的重大举措。着眼经济实力和国防实力同步增长,强化统一领导、顶层设计、改革创新和重大项目落实,同步推进体制和机制改革、体系和要素融合、制度和标准建设,完善军民融合组织管理体系、工作运行体系、政策制度体系,努力开创经济建设和国防建设协调发展、平衡发展、兼容发展新局面。

## 第二节 习近平强军思想在实践中取得的历史性变革

习近平强军思想统筹发展和安全两件大事:统筹经济建设和国防建设两大领域,统筹国际和国内两个大局,统筹军队和地方两大部门,在建军治军和改革强军等方面,打通建设、指挥、管理、监督等链路,形成了科学合理完整的组织制度体系。

## 一、重振政治纲纪，坚定不移推进政治整训，有效解决了弱化党对军队绝对领导的突出问题

针对我军政治生态一度恶化的问题，习近平主席指出："这种状态任其发展下去，就会面临我军变质、江山变色的严重危险"，强调"解决部队中存在的严重问题，必须从坚持党对军队的绝对领导抓起"。在古田召开全军政治工作会议，对新时代政治建军作出部署，引领全军重整行装再出发。健全党领导军队的制度体系，全面深入贯彻军委主席负责制，严明政治纪律和政治规矩。深化党的科学理论武装，强化官兵"四个意识"，培养"四有"革命军人，锻造"四铁"过硬部队。贯彻军队好干部标准，匡正选人用人风气，坚定不移纯洁干部队伍特别是高级干部队伍。贯彻全面从严治党要求，严肃党内政治生活，加强领导干部教育管理监督，推动管党治党从"宽松软"走向"严紧硬"。通过整顿思想、整顿用人、整顿组织、整顿纪律，我军政治生态焕然一新。

## 二、重塑组织形态，大刀阔斧全面深化改革，有效解决了制约我军建设的体制结构的突出问题

面对制约国防和军队建设的体制性障碍、结构性矛盾、政策性问题，习近平主席强调："不改革，不全面改革，不彻底改革，我军是打不了仗、打不了胜仗的。"坚持把改革摆在战略全局的突出位置，创新改革组织模式，加强体系设计和长远谋划，以敢于啃硬骨头、敢于涉险滩的担当和勇气，向积存多年的顽瘴痼疾开刀，坚决破除各方面体制机制弊端。这些年来，我军改革大开大合、大破大立、蹄疾步稳，领导指挥体制改革率先展开，规模结构和力量编成改革压茬推进，政策制度改革成熟一项推进一项，打破了长期实行的总部体制、大军区体制、大陆军体制，形成了军委管总、战区主战、军种主建的新格局，改变了长期以来陆战型、国土防御型的力量结构和兵力布势，实现了我军组织架构和力量体系的整体性、革命性重塑。

## 三、重整斗争格局，坚定捍卫国家核心利益，有效解决了军事力量运用方面的突出问题

近年来，国际局势发生新的复杂深刻变化，我国安全和发展需求不断拓展。习近平主席领导制定新形势下军事战略方针，在拓展积极防御战略纵深、加快军事力量走出去、经略新型安全领域等方面积极作为。将军事斗争准备基点放在打赢信息化局部战争上，突出海上军事斗争和军事斗争准备，组织一系列重大军事行动，特别是南海岛礁建设取得重大进展，驻吉布提保障基地投入使用，有效维护了国家主权、安全、发展利益。我军有效应对各战略方向突发情况，既意志品质坚定，又加强战略策略运用，保持了战略全局稳定。

### 四、重构建设布局，创新发展理念和方式，有效解决了我军建设聚焦实战不够、质量效益不高的突出问题

习近平主席反复强调："军队是要准备打仗的，一切工作都必须坚持战斗力标准，向能打仗、打胜仗聚焦。"全军旗帜鲜明坚持备战打仗导向，战斗队意识明显增强，能打仗、打胜仗能力有效提升。确立"五个更加注重"战略指导，制定实施军队建设发展"十三五"规划，狠抓实战化军事训练，加快发展新型作战力量，建设一切为了打仗的后勤，发展高新技术武器装备，构建新型军事人才培养体系和新型军事科研体系，加强国防动员、边海空防、军队外事等工作，推动军民融合发展步入快车道，我军建设质量效益明显提高。

### 五、重树作风形象，强力推进正风肃纪反腐，有效解决了不正之风和腐败现象滋生蔓延的突出问题

习近平主席坚持把改进作风作为推进各项工作的突破口，从军委自身抓起，从高级干部严起，踏石留印、抓铁有痕，下大气力整治"四风"、整肃纲纪。坚持有腐必反、有贪必肃，坚持无禁区、全覆盖、零容忍，拿出刮骨疗毒、壮士断腕的决心勇气，坚定不移推进反腐败斗争，一大批腐败分子被绳之以法。积极构建权力运行制约和监督体系，强化纪检、巡视、审计监督，全面停止军队有偿服务，铲除腐败滋生土壤。几年如一日抓下来，我军好传统好作风逐步回归，党心民心极大振奋，军心士气极大提振，集聚起强军兴军的强大正能量。

## 第三节 习近平强军思想的地位和重要意义

习近平强军思想，是习近平新时代中国特色社会主义思想的"军事篇"。确立习近平强军思想在国防和军队建设中的指导地位，对于实现党在新时代的强军目标、建成世界一流军队，乃至对于全面建成社会主义现代化强国、实现中华民族伟大复兴，都具有重大而深远的意义。

### 一、为推进强军事业确立了新的客观基点

习近平主席强调，中国特色社会主义进入了新时代。关于新时代国防和军队建设的历史方位和阶段性特点，从世界情况看，当今世界正面临百年未有之大变局，经济全球化进程出现波折，国际战略格局深度调整，全球治理体系变革加速推进，发展道路和发展模式竞争更加激烈。从国情看，我国正处于由大向强发展的关键阶段，是一个越进越难、越进越险而又不进则退、非进不可的时候，未来必定会面临这样那样的风险挑战，甚至会遇到难以想象的惊涛骇浪。我国越发展壮大，遇到的阻力和压力就会越大，面临的外部风

险就会越多,同各种敌对势力的斗争就越激烈。从军情看,国际军事竞争格局正在发生历史性变化,世界新军事革命正在加速推进,我军正经历着一场革命性变革,已经成为诸军兵种联合的强大军队,成为基本实现机械化、加快迈向信息化的强大军队。同时,我军现代化水平与国家安全需求和世界先进军事水平相比差距还很大,我军打信息化战争能力不够、各级指挥信息化战争能力不够的问题比较突出。

关于新时代国防和军队建设历史方位和阶段性特点的重大判断,为创造性地提出推进新时代强军事业的新思想新观点新论断提供了基本依据,确立了新的客观基点。立足这一基点,党中央、中央军委和习近平主席坚持把马克思主义军事理论与世情国情军情实际和时代特征紧密结合,大力推进马克思主义军事理论创新,使习近平强军思想始终深深扎根于新时代中国的土壤,成为具有时代性、引领性、独特性的军事理论体系。

## 二、为推进强军事业明确了新的行动纲领

习近平强军思想,紧紧围绕新时代建设一支什么样的强大人民军队、怎样建设强大人民军队来展开,作出一系列新的重大理论概括。例如:在强军目标上,提出建设一支听党指挥、能打胜仗、作风优良的人民军队,把人民军队建设成为世界一流军队。听党指挥是灵魂,决定军队建设的政治方向;能打胜仗是核心,反映军队的根本职能和军队建设的根本指向;作风优良是保证,关系军队的性质、宗旨、本色。在战略指导上,有效塑造态势、管控危机、遏制战争、打赢战争。把新时代军事战略思想立起来,把新时代军事战略方针立起来,把备战打仗指挥棒立起来,把抓备战打仗的责任担当立起来。在强军事业上,提出必须坚持政治建军、改革强军、科技兴军、依法治军,更加注重聚焦实战、更加注重创新驱动、更加注重体系建设、更加注重集约高效、更加注重军民融合,全面提高革命化现代化正规化水平。政治建军是我军的立军之本,任何时候任何情况下都不能有丝毫松懈;改革是决定军队未来的关键一招,必须大刀阔斧实施改革强军战略;科学技术是核心战斗力,必须下更大气力推进科技兴军、赢得军事竞争主动;军队越是现代化越要法治化,必须厉行法治、从严治军。在发展路径上,提出军民融合发展是兴国之举、强军之策,是实现发展和安全兼顾、富国和强军统一的必由之路,要形成全要素、多领域、高效益的军民融合深度发展格局,促进经济建设和国防建设协调发展、平衡发展、兼容发展。在强军打赢的科学方法论上,提出能战方能止战,准备打才可能不必打,越不能打越可能挨打,这就是战争与和平的辩证法;处理好战争和政治的辩证关系,把战争问题放在实现中华民族伟大复兴这个大目标下来认识和筹划;人的因素、武器因素结合得越来越紧密,人是决定因素,武器因素的重要性在上升;知行合一,"知"是基础、是前提,"行"是重点、是关键,必须以"知"促"行",又以"行"促"知",既解决认识提高问题,又解决行动自觉问题。

习近平强军思想阐明新时代军队使命任务和强军的奋斗目标、建设布局、战略指导、必由之路、强大动力、治军方式、发展路径等重大问题,把中国共产党对国防和军队建设

规律、军事斗争准备规律、战争指导规律的认识提升到新高度。

## 三、为推进强军事业明确了新的目标路径

中华人民共和国成立以来,中国共产党始终坚持把国防和军队现代化作为国家现代化的战略目标一体推进。1964 年 12 月明确了实现四个现代化目标的“两步走”设想,改革开放以来聚焦建设社会主义现代化强国这一目标,在推进国防和军队现代化建设上形成并不断丰富发展“三步走”战略构想。这些战略安排,为党的军事指导理论作出原创性贡献发挥了极为重要的作用。

我军到 2020 年已基本实现机械化,信息化建设取得重大进展,战略能力有大的提升,力争到 2035 年基本实现国防和军队现代化,到本世纪中叶把人民军队全面建成世界一流军队。这一新的战略部署,清晰描绘了全面推进国防和军队现代化的宏伟蓝图,在实践上必将引领我军在全面建成世界一流军队新征程上进一步迈出新步伐;在理论上必将牵引推动一系列重大理论突破,为推进马克思主义军事理论中国化、时代化作出新的原创性贡献。

习近平强军思想关于全面推进国防和军队现代化的战略安排,进一步完善了中国共产党在新时代的强军目标,进一步拓展了中国特色强军之路。立足新的历史起点,推进新时代强军事业,明晰前方的目标,把每一个时间节点及其相应的使命任务与当下的实际结合起来,就能不断推陈出新,推动国防和军队建设取得新的历史性成就,发生新的历史性变革,使习近平强军思想的原创性贡献更充分地彰显出来。

## 思考题

1. 习近平关于国防军队和建设的战略目标是什么,为什么?
2. 习近平为何要强化军队党的建设、加强法制建设?
3. 为什么要加强军民融合?

# 第四篇 信息化装备

信息化装备概述

信息化作战平台

综合电子信息系统

信息化杀伤武器

信息化装备是信息化战争的物质基础，是赢得信息化战争的重要因素。伴随着信息化装备的发展，出现了信息优势战略、信息威慑战略、非线式作战、网络中心战、超视距作战、一体化联合作战等新军事理论。世界各主要军事大国陆续组建了数字化部队、电子战部队、网络战部队、联合作战部队等新型部队。信息化装备和新的作战理论，导致新军事革命，推动着战争形态由机械化战争向信息化战争演变。

信息化装备是在机械化装备的基础上发展起来的，一方面用信息技术对机械化装备进行信息化改造，另一方面发展开放性的（可随时增添新型电子信息系统）新型信息化装备。

19 世纪，人类实现了信息的远距离快速传递，扩展了指挥作战的规模。20 世纪 30 年代，雷达应用于侦察、警戒、跟踪和导航，极大地提高了军队的作战效能。20 世纪 50 年代，卫星广泛执行侦察、通信、导航、定位、预警、监视、测绘和气象预报等军事任务。从 20 世纪 60 年代开始，采用多种侦察平台以及电子、光学等传感器，构成多层次立体侦察系统。20 世纪 80 年代以后，信息技术飞速发展给武器装备带来革命性变化。特别是进入 20 世纪 90 年代，形成了信息共享的有机整体，使战场指挥控制能力得到突破性提高。

信息化装备发展趋势：通过增强火力投入效率和加速作战进程，提高武器装备的整体作战效能。信息化作战平台向高机动、隐身化、多功能方向发展，信息化弹药向低成本、智能化、高精度和多功能方向发展。

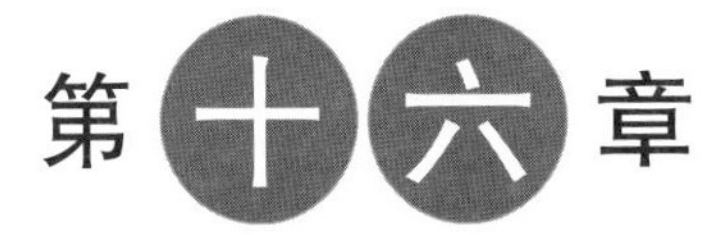

# 信息化装备概述

信息化装备是信息化战争的物质基础，是赢得信息化战争的重要因素。伴随着信息化装备的发展，出现了信息优势战略、信息威慑战略、非线式作战、网络中心战、超视距作战、一体化联合作战等新军事理论。

## 第一节　信息化装备内涵

信息化装备是指利用信息技术和计算机技术，使武器装备在预警探测、情报侦察、精确制导、火力打击、指挥控制、通信联络、战场管理等方面实现信息采集、融合、处理、传输、显示的网络化、自动化和实时化。

### 一、“信息”和“信息化”

“信”字出现在两千多年前的我国西汉时期。南唐李中《暮春怀故人》诗：“梦断美人沉信息，目穿长路倚楼台。”最初“信息”是指“音讯、消息”的意思。随着人类社会发展和演变，不断通过获取、识别自然界和社会的不同信息来区别不同事物，得以认识和改造世界，1948 年美国著名数学家、控制论创始人诺伯特·维纳在《控制论》中指出：“信息就是信息，既非物质，也非能量”。

“信息”在信息论中是一个术语，通常把消息中有意义的内容称为信息。1948 年美国数学家、信息论的创始人仙农在《贝尔系统技术杂志》发表题为“通信的数学理论”的论文中指出：“信息是用来消除随机不定性的东西”。

现代科学所说的“信息”是指事物发出的消息、指令、数据、符号等所包含的内容，是客观事物状态和运动特征的一种普遍形式。信息主要由信源（信息的主体）、语言（自然与人工语言）、载体（储存、加工、传递和反馈所依附的物质）、信道、信宿（信息接收者）、媒介（传递的形式包括语言、载体、信道）构成。信息具有可识别性、可存储性、可扩充性、可压缩性、可传递性、可转换性、特定范围有效性等特征。

“信息化”是人类社会由工业化向信息化发展演变过程中出现的新词语，并广泛出现在日常生活、工作、军事领域。目前对“信息化”概念的界定尚存在争议：一方面认为信息化是一个体系；另一方面认为信息化是一个状态；多数人认为信息化是一个过程，即信息技术向社会各领域渗透、融合，使事物走向全新状态的过程。

## 二、信息化装备

19 世纪人类相继发明有线电报、电话和无线电报，实现信息远距离快速传递，彻底改变军队指挥方式，战争规模由局部战争发展到世界大战。

20 世纪 30 年代，英国发明雷达并应用于侦察、警戒、跟踪和导航，极大地提高了军队的作战效能，为赢得大不列颠空战奠定基础。20 世纪 50 年代，苏联发射世界上第一颗人造地球卫星（斯普特尼克 1 号）后，军用通信卫星、气象卫星、侦察卫星、预警卫星、测地卫星相继问世，广泛执行侦察、通信、导航、定位、预警、监视、测绘和气象预报等军事任务。从 20 世纪 60 年代开始，一些发达国家利用先进科技成果，先后建立多层次指挥所，采用卫星、侦察飞机、侦察舰船、侦察车等侦察平台以及电子、光学等传感器，构成多层次立体侦察系统。电子信息系统的发展为武器装备信息化奠定基础。

20 世纪 80 年代以后，信息技术飞速发展并广泛应用于武器装备，给武器装备带来革命性变化。特别是进入 90 年代，先进的信息技术应用于侦察探测系统，使得对目标监视探测和定位识别的距离、范围、精度、分辨率等提高了几个数量级；先进的信息技术应用于信息传输系统，使得传输速度、综合传输业务能力、抗毁伤能力、抗干扰能力以及一体化水平空前提高；先进信息技术应用于指挥控制系统，形成指挥、控制、计算机、通信、情报、监视、侦察综合一体化信息系统，将整个作战范围内的诸军种、兵种、各种作战平台、通信系统、情报监视与侦察系统、保障系统等集成为一个信息共享的有机整体，使战场指挥控制能力得到突破性提高。武器系统和作战平台广泛利用侦察探测系统、信息系统、指挥控制系统，提高了夺取信息优势的能力，进而提高了武器系统打击精度和毁伤能力，使武器装备体系整体作战效能显著提高。

信息化装备是采用现代技术，具有单一或多种信息功能的装备。它是以信息技术为基本手段，以实现武器装备互联、互通、互操作为基本途径，以提高装备之间的信息融合能力为基本目标，追求武器装备的信息力，提高火力、机动力和防护能力。其主要包括军队的 $C^4$ISR 系统、信息化作战平台、智能化弹药、智能机器人、数字化单兵系统等。

# 第二节　信息化装备分类

信息化装备是信息时代装备现代化的显著标志，是信息化战争的物质基础，是赢得信息化战争的重要因素。其是在机械化装备的基础上发展起来的，一方面用信息技术对现有机械化装备进行信息化改造，使其提高作战效能，满足现代战争作战任务；另一方面应对信息化战争的发展趋势，研发新型信息化装备，应对未来战争样式的发展与变革。例如：$C^4$ISR 系统、计算机网络病毒、军事智能机器人等。

信息化装备伴随着信息化装备的发展，出现了信息优势战略、信息威慑战略、非线式作战、网络中心战、超视距作战、一体化联合作战等新军事理论。世界各主要军事大国陆续组建了数字化部队、电子战部队、网络战部队、联合作战部队等新型部队。信息化装备和新的作战理论，导致新军事革命，推动着战争形态由机械化战争向信息化战争演变。

## 一、按功能分类

**1. 信息化作战平台**

装有多种侦察和信息传感设备，与综合电子信息系统联网，及时且有效地获得敌方目标信息，控制各种武器系统实施快速、精确火力打击，如装有先进电子信息系统和数据链的飞机、舰艇等。

**2. 信息化弹药**

能够获取和利用所提供的目标位置信息，修正自己的弹道，准确命中目标，如制导炸弹、制导炮弹、巡航导弹等。

**3. 单兵数字化装备**

士兵在信息化战场上使用的个人装备，主要由一体化头盔分系统、单兵通信分系统、士兵定位系统、武器接口分系统、防护分系统和敌友识别系统等部分组成。

## 二、按照杀伤作用分类

信息化装备按照杀伤作用可分为杀伤性信息化兵器和非杀伤性信息化兵器两大类。在杀伤性信息化兵器中，通常又可分为硬杀伤性信息化兵器、软杀伤性信息化兵器，以及兼具软硬杀伤效能、研制中的新概念武器。

随着信息战理论研究的不断深入和战争实践的检验，人们对信息化兵器的认识逐步深化。有些对敌方信息系统和设施能起到直接杀伤、破坏、摧毁或干扰、弱化和压制作用的，属于信息化兵器的范畴，还有些系统和设施虽然不具备上述功能，但对争夺信息的获取权、控制权和使用权有直接作用，所以同样应划归信息化兵器之列。

## 三、按照信息化装备的性质分类

信息化装备按性质可分为进攻类信息化武器装备、防御类信息化武器装备、支援类信息化武器装备。进攻类信息化武器装备，如信息化（智能化）弹药、信息化作战平台、智能机器人等；防御类信息化武器装备，如部署在陆、海、空、天的各类电子信息战系统；支援类信息化武器装备，如 $C^4$ISR 系统、数字化单兵作战系统等。

# 第三节　信息化装备对作战影响

当前,世界主要军事大国陆续组建了数字化部队、电子战部队、网络战部队、太空战部队、联合作战部队等新型部队。信息化装备和新的作战理论,导致新军事革命,推动着战争形态由机械化战争向信息化战争演变。

## 一、对军队的编制体制影响

**1. 军队总体规模趋于缩小**

军队的战斗力不取决于军队的数量,而是取决于军队的质量。高技术武器装备使军队的作战能力大幅提升,势必影响军队的规模。另外,在冷战的结束和军费的压缩、经济全球化发展、国际社会矛盾趋于缓和的影响下,21 世纪初世界各国都在压缩军队规模。例如:美国军队由 200 万减至 150 万,俄罗斯军队由 280 万减至 130 万,英国军队由 30 万减至 22 万,德国军队由 60 万减至 30 万,我国的军队规模由 300 万减至 200 万。

**2. 军队结构将趋于技术密集化**

在优化军队内部结构时,各国普遍重视提高军队的高技术含量,增加技术密集型军兵种的比例。21 世纪是海洋权益斗争的世纪,根据军事斗争的需要,海军、空军将成为斗争的主力军。其武器装备的发展,在技术综合要求、武器装备更新周期、军种内部结构优化调整等方面存在困难,在军费困难、军队总体规模缩减而军事斗争尖锐的情况下,将资源和发展重点转向海军、空军是各国的选择。我国军队现代化建设也由人力密集型向技术密集型发展。

**3. 军队编制趋于一体化、多样化、小型化**

为提高军队在战斗力、军兵种协同作战能力等方面应对战争威胁的能力,外军编制由传统的合成化向一体化、多样化、小型化转变。

军队编制的一体化是指建立高度合成化的部队,即强化了军种合成,军种内部的合成向基层发展,军种合成的方式灵活,可随着任务的不同随时混编、改变,甚至在遭受损失后完成“重组”。因此,与传统合成化军队相比,具有内部结构更紧密、整体作战效能更强、便于实施统一指挥的优点。

军队编制的多样化是军事行动日趋复杂、作战样式多样化对军队组织结构的客观要求。由于威胁的多元化必然要求军队采取多样化的编组形式,提高军队遂行多种军事行动的能力,因此其主要模式有作战部队分类多样化(如美军按任务和装备编为装甲师、机械化步兵师、步兵师、轻骑兵师、空降师、空中突击师 6 种类型)、作战部队编成多样化。

军队编制的小型化是适应局部战争、武装冲突、突发事件等中、小型军事行动的要求,是军队效能增强的必然结果。随着武器效能和指挥联络方式的改进,小型化部队已能执行多种作战任务,具备反应快速、指挥灵活、作战效率高的特点。通常在不降低作战效能的前提下,军队采用全面"裁编减员"、精简编制定额、简化编制层次等方法。

**4. 指挥体制趋向扁平"网"状,指挥机构趋于精干**

随着人类社会信息化程度的提高,工业时代形成的纵长横窄、呈"树"状结构的军队指挥体制逐步暴露出信息流程长、中转环节多、不利于战场信息高速流动、抗毁力差、不适应指挥稳定性的要求等弊端。因此,发达国家将指挥体制向扁平型"网"状结构转变。

## 二、对现代战争的影响

**1. 战场空间广阔**

现代战争实践表明,敌已双方直接交战的空间逐步缩小,战争的相关空间不断扩大,因此随着高技术和信息化武器装备大量服役并应用于战场,武器装备的命中精度和杀伤力的大幅提高。

随着精确制导武器的射程和突防能力的增强,现代战争的战场呈现区域战场向全球战场延伸的"大纵深"趋势,战场不再有前后方之分。例如:第一次世界大战期间大规模战役战场范围只有数千平方千米,第二次世界大战期间战场范围达到数十万平方千米,而1991年海湾战争战场范围达1400万平方千米,战场涉及伊拉克、科威特、红海、波斯湾、地中海、土耳其,美国甚至从本土起飞B-52轰炸机,经6次空中加油,往返22000千米,飞行35个小时长途奔袭伊拉克境内军事目标。

随着侦察监视技术的发展,高空侦察机(无人)、侦察卫星普遍应用于战场。由于侦察卫星不受气候、地形、领空、国界的制约,可全空域、全时域地侦察监视战场,因此外层空间已成为现代战争争夺的"制高点",空间技术已经成为现代战争中不可缺少的支援保障体系,使空中战场由天空向太空延伸,呈现出"高立体"的趋势。"太空将成为未来重要作战空间,空间作战将对战争进程和结局产生决定性影响,世界主要国家围绕太空展开的军事竞争有可能改变世界军事战略格局"。

随着电子对抗在现代战争中地位和作用的增加,围绕电磁频谱控制和使用的争夺日趋激烈。战场对抗由有形转向无形方向发展,未来高技术战争将在陆、海、空、天、电的五维战场空间里进行。例如:在"沙漠风暴"空袭行动开始前5个小时,多国部队对伊拉克军队的雷达、侦察、通信系统开始代号"白雪"的"电子轰炸"。在地面使用电子干扰车和一次性干扰器材,在空中出动预警机和EA-6E、C-130等电子战飞机,对伊拉克军队防空雷达、通信系统进行压制性干扰,使伊拉克军队处于雷达迷盲、通信中断、制导失灵、无法指挥的混乱之中。伊拉克军队开战7天时间里雷达开机量下降90%,防空系统基本处于瘫痪状态。伊拉克军队丧失制电磁权后,指挥自动化系统瘫痪,防空系统失灵。虽然伊拉克军队拥有作战飞机680架,但未能击落一架多国部队作战飞机;拥有1700枚防空导弹,但只打下1架多国部队飞机。然而,多国部队出动11万余架次飞机实施轰炸,战损率仅为0.06%。

随着信息技术及信息化装备在战场的普遍应用,遍及陆、海、空、天、电磁网络空间,现代军事行动可能在任意一个或几个空间展开对抗,涉及的作战单元或区域遍及全球,遭到的军事打击来自不同方向、不同武器装备系统,对相关作战人员应变能力和系统整体信息化综合作战能力提出更高要求。

**2. 系统对抗突出**

军事对抗从来就是一种系统对抗。随着军事高技术的发展,武器系统"一矛一盾"相互制约模式已被"多矛多盾"相互制约系统对抗所代替。武器战斗效能的发挥,不仅取决于其自身战斗部的杀伤威力,还取决于构成战斗体系的情报探测系统、指挥控制系统、通信系统、信息处理系统、机动系统、防护系统等各个子系统的共同作用。整个作战体系的作战效能不再是各个作战系统效能的简单相加,而是整体大于部分之和的倍增关系,特别表现为几个关键性系统的效能之乘积。

现代战争不再是单个或数个作战力量单元之间的对抗,而是整个作战体系的较量。美军认为,现代信息化随着战争战略企图的变化,作战中依靠单一军兵种或作战手段难以取得预期的战略目的,战争行动的成败最终取决于作战系统的整体作战效能的发挥。在这种背景下,美国提出战争是"系统整合对抗"的理念。

**3. 作战样式多元化**

战争史的经验总结:技术决定战术。高技术战争中,由于高技术武器装备的广泛应用,作战样式不断推陈出新。在原有传统的作战(机动战、空袭战)样式基础上,又出现导弹袭击式的"精确战"、电子战、陆、海、空、天、电一体的"全维战"、指挥控制式的"信息战"、破坏结构式的"瘫痪战"、外科手术式的"点穴战"、气象战、太空战、心理战。此外,还有全新的作战样式非致命式的"软杀战"(计算机病毒战、黑客攻击)。

作战方式多样化,增强了作战选择的灵活性。例如:1986 年 3 月 24—25 日,美国以代号"自由通航演习"在苏尔特湾部署 3 个航母战斗群(美国号、萨拉托加号、珊瑚海号)进行挑衅性军事演习(代号"草原烈火"),利用电子战、导弹战,在无任何损失情况下重创利比亚在锡尔特市的"萨姆"-5 导弹阵地及雷达站。1986 年 4 月 15 日,美国以反恐为由从英国基地起飞 F-Ⅲ中型轰炸机,飞行 10380 千米,经 4 次夜间空中加油,奔袭利比亚境内军事目标(代号:"黄金峡谷"),投弹 100 吨,仅用了 12 分钟摧毁设定目标,损失 1 架飞机和 2 名飞行员。美国两次空袭的成功是其"低强度战争理论"的实践,也体现出现代战争作战方式的多样化和"高技术、低强度、高烈度"的特点。

**4. 信息化装备造价昂贵,战争消耗巨大**

随着信息化战争的普及,各国对武器装备的要求也越来越高,同时武器装备的造价也是越来越昂贵,在海湾战争中美国近一个月的时间就耗费了 7630 亿美元。信息化战争呈现"消耗巨大"的特点,主要有以下原因。

一是信息化武器研发成本不断攀升。信息化武器装备作战效能要求越来越高,研制技术难度大、周期长、风险高,必然导致研制、采购、维修费用昂贵。美国国防部曾对 20 世纪 70 年代初新旧两代战斗机的 13 项主要技术性能进行比较,其结果表明:飞机主要性能每提高1~2倍,研究费用增加4.4倍,生产成本增加3.2倍。

第二次世界大战结束时,坦克造价5万美元,战斗机造价10万美元,航母造价只有700万美元。日本90式坦克造价850万美元(10式坦克造价1205万美元)、F22造价约1.2亿美元、布什号航母造价62亿美元、美国2015年准备服役的"福特"(CVN-78)号航母,搭载F-35C型舰载机和X-47B无人驾驶舰载机,航母造价130亿美元。美国学者詹姆士·尼根指出:"如果武器装备的价格以过去70年的速度增长,大约再过70年,美国现在的国防预算将只能够生产一架作战飞机"。

二是战场物资消耗巨增。单兵每天平均物资消耗:第二次世界大战时20千克,越南战争时90千克,海湾战争时200千克。美军军费消耗:第二次世界大战时日消耗1.94亿美元,越南战争时2.3亿美元,海湾战争时14亿美元。美国在历时7年多的伊拉克战争中,总计耗资7423亿美元,每天平均2.75亿美元,阵亡4415人。

三是装备的维持费用惊人。美军一个架次的轰炸任务每小时开支1~1.5万美元,一个装甲师每天需要燃料50~75万加仑,部署一个航母战斗群一天需要300万美元,海湾战争期间美军一天饭费就需600万美元。美国从国内运往中东的各种物资总量达到1.86亿吨,等于把亚特兰大搬运到了海湾。由于耗资巨大,因此美国不得不从日本、韩国等盟国处募集540亿美元经济援助,占美国战争总耗费的88%。

四是为了发挥信息化武器装备性能,对作战人员的培训费用也大幅提高。在20世纪80年代,我国培养一名歼-8飞行员大约需要287万元,而培养一名合格的轰-6飞行员则需要465万元。我国量产的歼-20飞行员头盔造价255万人民币(40万美元)。歼-20飞行员就要从歼-10、歼-11战斗机中选拔精英飞行员,飞行时间大约要1000小时,大约1小时飞行需要费用30万人民币,再加上其他训练与模拟费用,培养一个合格的五代机飞行员,成本高得惊人。

因此,实践证明:没有强大的综合国力作为战争后盾,就无法支撑高技术与信息化战争。

## 第四节 信息化装备发展趋势

随着信息技术的深入发展,促使信息化装备向信息化、智能化、网络化、精确化、一体化方向发展。

### 一、信息化

信息技术对武器装备发展起推动和导向作用。利用信息技术研制新型武器系统和改进现有武器系统,是未来武器发展的主流,也是战争形态由机械化向信息化过渡的必由之路。武器系统的硬件,除武器系统的战斗部和动力装置目前无法完全电子化外,其他控制设备和系统则全部由电子装置系统构成;武器系统的软件方面,在$C^4ISR$-EW系统信息技术的广泛应用环境下，单个武器系统被整合为系统整体，在信息战争中发挥重要作用。高技术武器装备由于作用的突显，世界各国在研发费用方面投资比例年年攀升：20 世纪 70 年代投资占研发武器总投资的 18%，90 年代为 33%，21 世纪初达到 50% 以上。

## 二、智能化

智能化，是指信息化武器采用计算机、大规模集成电路及相应软件，使武器部分具有人的大脑的思维功能，能利用自身的信号探测和处理装置，自主地分析、识别和攻击目标。现代化的导弹，与传统武器的一个根本区别，就是部分地具有了人的思维功能。

导弹敏感部件测定自身运动参数和外部信息，经计算机分析处理，即可判断分形状态和位置偏差，进行修正后控制导弹飞向目标。以往武器打击力、机动力的提高，都不过是对人的体力的延伸，只有信息化武器才开始对人的脑力加以延伸。

## 三、网络化

网络化，是利用信息网络将单件武器装备连接成为一个具有互联互通操作能力的大系统。随着信息技术的发展，由电缆、光纤和无线电台、卫星等各种电子设备构成的有形的和无形的“信息公路”，密布于地上和地下、海上和海下、天空和太空等各种空间，这些“信息公路”链接在一起，就构成了一个无缝链接、无所不在的信息网络。信息网络把分散在世界各地、部署于陆、海、空、天、电的所有武器系统和指挥体系连接在一起，将各种武器系统综合集成为作战大系统。无论坦克、飞机、舰艇和卫星怎样分散部署，还是这些武器身在何处，只要想用它来打仗，随时调用都能做到“指哪打哪”，实施精确打击。

## 四、精确化

武器装备的精确化主要体现：一是对目标确定的精确化。在侦察监视设备全方位、全天候、全时域的探测下，战场的透明度大幅增加，突袭和隐蔽变得愈加困难。二是对目标打击的精确化。在侦察监视技术的支持下，在精确制导技术的引导下，目标在战场的生存受到挑战，“发现意味命中，命中意味摧毁”称为现代战场的军事格言。三是对决策、指挥、评估的精确化。随着指挥自动化系统的构建，作战决策、指挥、战场评估趋势精确化、实时化，作战效果成倍增加。

## 五、一体化

一体化包括两个方面的内容：一是功能上的一体化，即过去由几件装备遂行的作战职能，现在由一个武器系统来完成。二是结构上的一体化，即通过综合电子信息系统，把战场上各军兵种的武器装备联为一体，使各种作战力量紧密配合、协调行动，提高整体作战。例如：$C^4ISR$ 系统就是一个典型的集指挥、控制、通信、计算机、情报、监视、侦察之大成的一体化综合电子信息系统。

## 思考题

1. 什么是信息化装备？信息化装备如何分类？
2. 信息化装备对战争的影响有哪些？
3. 信息化装备发展趋势有哪些？

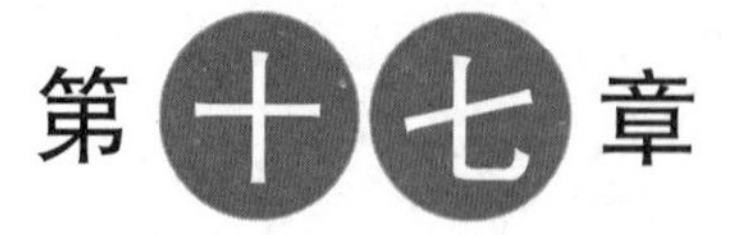

# 第十七章 信息化作战平台

信息化作战平台分为陆战、海战、空战、太空作战平台，其功能是侦察、监视、定位和快速打击。信息化作战平台是运用大量电子信息设备，以信息和信息技术为核心的信息化平台，以信息化武器为依托，如信息化的坦克、火炮、飞机、舰艇等。相对于传统作战平台，信息化作战平台具有科技含量高、具备超强机动性和隐身性，由平台为中心转变为以网络为中心，可实现战场信息共享，提高整体作战效能。

## 第一节　陆战平台

陆上信息化作战平台主要是指大量采用信息技术的陆上作战平台，如步兵战车、主战坦克、自行火炮、军用卡车、火车等载具，以及箭塔、炮台、导弹发射井、陆航装备等。其是在原有机械化作战平台基础上，通过加装指挥控制、通信、侦察监视、敌我识别、定位导航、电子对抗等信息系统，提高整体作战效能，满足现代战争需要。

### 一、陆战平台的发展概况

随着军事高技术和信息化技术的飞速发展，传统的陆上作战平台，在系统化、网络化作战系统的信息支持下，平台搭载的武器在打击精度、反应能力、机动能力、防护能力等方面都发生了革命性变化。地面作战部队在摩托化基础上向机械化、装甲化、自行化、空中机动化方向发展。因人工智能技术的发展与广泛应用，陆战平台的智能化、无人化装备大量涌现，作战样式和效能都发生了质变。

### 二、陆战主要信息化作战平台

陆上信息化作战平台主要有坦克、自行火炮、步战车、陆航等。

**1. 坦克**

坦克,又称为战车,是具有强大直射火力、高度越野机动性和强大装甲防护力的履带式装甲战斗车辆。其是陆战主要技术兵器,也是地面作战的主要突击兵器和装甲兵的基本装备,主要用于与敌方坦克和其他装甲车辆作战,也可以压制、消灭反坦克武器,摧毁野战工事,歼灭有生力量。

坦克按战斗全重和火炮口径的大小可分为轻型、中型、重型3种。轻型坦克:10~20吨,火炮口径不超过100mm。中型坦克:20~40吨,火炮口径最大为105mm。重型坦克:40~80吨,火炮口径最大为130mm。坦克由武器系统、防护系统、信息系统、越野机动平台等组成。坦克的信息系统主要包括数字式火控系统、定位导航系统、综合电子战系统,指挥控制系统、通信系统、威胁预警系统、对抗系统。

1)美国M1A2SEP坦克

美国M1A2主战坦克(M1A2 abrams main battle tank),是美国陆军装备的主要的主战坦克。其配备了先进的车际信息系统和战场管理系统,装有全新的防护装甲和电子设备。

M1A2的改进计划在1999年开始,加装大量计算机设备,数字化战场系统达到FBCB2系统的等级。其后续的SEP V2版系统加装了CROWS Ⅱ无人机枪塔的操控能力,车体外挂装甲的品质也有所提升。加装二代热成像系统、车长独立热成像仪、真彩平面显示仪、数字化地形图、热控制系统和最新的数字化指挥、控制、通信装备,是美军21世纪军力计划陆军数位战场的核心,是美军现役最先进数字化坦克。

美国M1A2坦克(图17-1)重65吨,使用120mm 44倍径M256滑膛炮,速度可以达到42.25英里/小时(68千米/时)。采用贫铀装甲,大大增强了对所有类型弹药的防御性。面对动能弹和化学能穿甲弹时,防御能力约为600~900mm。

图17-1 美国M1A2坦克

2)中国99A式坦克

中国99A式坦克是我军最先进的主战坦克(图17-2),是中国在99式主战坦克基础上,研制一种火力、防护、机动、信息化程度更高的新型坦克,是中国首款“信息化坦克”,配备125mm 主炮。作为我国自主研发的新一代主战坦克,99A 坦克是地面重型突击体系的骨干装备,具备火力猛、机动力好、防护性强、信息化程度高等鲜明特点。

图17-2 中国99A 主战坦克

通过装备信息采集、传输、处理、显示与综合系统,实现战场态势共享、协同攻防、状态监测、系统重构等功能。例如:其具有最新一代的瞄准具,新型弹道计算机和 DVE-BS 侧风传感器的1A45T 火控系统。此外,其敌我识别系统有效范围为3600 米,还可以配备 GPS 接收器进行导航和定位。所以,该坦克实现火力、机动力、防护力和信息力的有效融合,体现了陆战装备的新水平。

**2. 火炮**

按运动方式,可分为自行火炮、车载炮、自运炮、牵引火炮、骡马挽曳火炮、骡马驮载火炮、便携式火炮和固定炮。其中,自行火炮是由车辆(坦克)底盘与火炮构成一体,能自行运动的作战平台。

自行火炮按类型可分为自行加农炮、自行榴弹炮、自行高射炮、自行反坦克炮、自行无坐力炮、自行迫击炮等;按重量可分为重、中、轻3 型;按行动装置的结构形式分为履带式、轮胎式和半履带式;按装甲防护分为全装甲式(封闭式)、半装甲式(半封闭式)和敞开式。全装甲式车体通常是密闭的,具有对核武器、化学武器和生物武器的防护能力。下面介绍几种自行火炮。

1)中国 PLZ45 式自行榴弹炮(图17-3)

中国 PLZ45 式自行榴弹炮采用155mm/45 倍口径,射程30 千米(增程弹达50 千米),半自动装填(射速4~5 发/分)最大速度56 千米/时,行程450 千米。1997 年科威特在比对单价、可靠性、射程、性能基础上放弃美国的 M109A6“帕拉丁”自行火炮后,采购中国 PLZ45 外贸型及相关辅助车辆,组建3 个炮兵营。

中国 PLZ45 式自行榴弹炮拥有协同作战和自主作战能力,具备数字化控制指挥能力,如数字化火控系统,火炮和弹药车安装定位、定向导航、弹道计算机、自动瞄准系统,以及炮口测速雷达、药温测量和炮管温度报警装置,其中数字指挥系统,由营/连指挥车、气象雷达组成。采用 GPS 定位系统、通用化指挥软件、数传和话传电台、指挥信息处理系统、数字化侦察和校射系统，控制营级炮火作战（每营 3 个连，每连 8 门炮）。与国外先进自行火炮作战水平相比，PLZ45 自行榴弹炮在自动化、系统化、数字化方面存在短板。

图 17－3　中国 PLZ45 自行榴弹炮

2005 年国产第二代自行火炮正式定型为 PLZ05 式 155mm 自行加榴炮。是达到世界先进水平的现代化火炮系统，具有高度的火力反应速度和先进的火控指挥及操瞄自动化水平。

2）美国 M270 型自行火箭炮（图 17－4）

美国 M270 型自行火箭炮是美国研制的一种多管火箭炮。该型火箭炮由履带发射车、发射箱和火控系统三大部分组成。发射车由 M2 步兵战车改装而成，防护能力和机动性较好。

图 17－4　美国 M270 型自行火箭炮

美国 M270 型自行火箭炮的一个特点是没有发射轨道。该炮采用标准的 227mm 高爆破片火箭，弹长 3.96 米，重 307 千克。这两种集群 M270 发射火箭，配备反坦克子母弹和 AT－2 反坦克地雷，弹头可以互换。新型火炮可发射新开发的制导弹药，射程在 60～100 千米。

美军军一级编有一个 M270 型自行火箭炮营,装备该炮 27 门;装甲师和机械化师编 1～2个连,装备 9 门。其主要用于杀伤敌有生力量、反炮兵作战、反装甲作战等。1991 年海湾战争中 M270 型自行火箭炮首次投入实战,美军曾大量使用该炮,主要用于攻击伊拉克的炮兵阵地、坦克集群和各种防御工事,共发射 9600 余发双用途子母弹。M270 型自行火箭炮在实战中给伊拉克军队造成了重大损失和巨大心理压力。海湾战争战后,美军对其评价较高,并准备加大师一级的列装数量。

必须指出,随着信息化战争发展趋于成熟,炮兵信息化、自动化离不开全球定位系统。为了避免依靠美国 GPS 系统,摆脱卡脖子的窘境,我国不仅发射并成功组网“北斗导航”系统,还建立了自主知识产权的太空站,面向未来信息化战争意义深远。

**3. 步兵战车**

步兵战车是供步兵机动作战用的装甲战斗车辆,在火力、防护力和机动性等方面都优于装甲人员输送车,并且车上设有射击孔,步兵能乘车射击。

步兵战车主要用于协同坦克作战,其任务是快速机动步兵分队,消灭敌方轻型装甲车辆、步兵反坦克火力点、有生力量和低空飞行目标。步兵战车按结构分类,有履带式和轮式两种,除底盘不同外,总体布置和其他结构基本相同。步兵战车的乘员一般为车长、驾驶员和炮手等 3 人,载员为 1 个班,共 6～8 人,战斗全重,轻型的为 13～15 吨,重型的为 22～30 吨。

车载武器由火炮、反坦克导弹等组成,和步兵携带的各种轻便武器一起,构成一个既能对付地面目标,又能对付低空目标,既能对付软目标,又能对付硬目标的远、中、近程相结合的火力配系。

1)中国 ZBL－09 式步兵战车(图 17－5)

中国 ZBL－09 式步兵战车(ZBL,指装甲—步兵战车—轮式)又称为 ZBL－09 8×8 轮式步兵战车、09 式步兵战车或 09 式轮式步兵战车。2009 年 10 月 1 日中华人民共和国成立 60 周年国庆阅兵上首次公开亮相。

图 17－5　中国 ZBL－09 式步兵战车

中国 ZBL－08 式步兵战车全重 16 吨，乘员为车组 3 人加载员 7 人，采用国际轮式战车标准的布置形式，动力舱位于车首右部，驾驶员、车长位于动力舱左侧，战斗室居中，后部为载员舱。布置有 3 名乘员和 7 名载员。车内各舱室之间设有隔声、降噪、隔热的隔板。载员舱设有射击孔，增强了搭载步兵乘车作战的能力和下车作战时的火力支援能力。

中国 ZBL－08 式步兵战车主要武器是希普诺夫 2A7230mm 机关炮，次要武器是改进型"红箭"－73C 反坦克导弹，打击距离可达到 4000 米。战斗全重约 21 吨，最大速度 100 千米/时，最大行程 800～1000 千米。

中国 ZBL－08 式步兵战车指控通信由通信和 GPS 卫星定位装置组成，通过电台实现车际间语音通信和数字传输。导航系统采用 GPS 定位导航仪（集成显示屏），实现对战车行驶过程中的定位和地图导航功能，并能实时显示目标当前位置在 WGS－84 坐标系下的坐标资料、经度、纬度、方向角、行驶速度、时间、行驶方向等信息，同时将战车的当前位置准确显示在电子地图上。

2）美国 M2 型步兵战车（图 17－6）

美国 M2 型步兵战车 1980 年定型并投产，1983 年装备美国陆军。M2 型步兵战车炮塔正面安装有一门 M242 型 25mm 机关炮（待弹 300 发，备弹 600 发），火炮右侧安装一挺 M2407.62mm 并列机枪（待弹 800 发，备弹 1540 发）。炮塔左侧装有一具可升降的 M27 双管"陶"式反坦克导弹发射架（待弹 2 发，备弹 5 发），行军时撤收在炮塔侧部。在炮塔正面左右两侧各装有一组 4 具电击发烟幕弹发射器，备用烟幕弹储存在烟幕弹发射器上方装甲盒子里。美国 M2 型战车可分别搭载 6 名车载步兵和 2 名侦察兵。

图 17－6 美国 M2 型步兵战车

美国 M2 型步兵战车装备了火控系统。炮手使用瞄准镜在夜间和不良气候下采用红外热成像夜视仪观察和瞄准。车长有光纤中继显示系统，可以看到与炮手瞄准镜里相同的图像，并可超越炮手控制火炮跟踪、瞄准和射击。美国 M2 型步兵战车最大公路速度 66 千米/时，水上 7.2 千米/时，最大行程 483 千米。

# 第二节 海战平台

海洋信息化作战平台是指大量采用信息化技术,具有海上运载功能并可作为武器装备依托的作战平台。海上信息化作战平台包括在海上活动的海军作战舰艇(航母、驱护舰、潜艇、快艇、登陆舰、水下无人航行器及其他类型舰只)所组成的航母打击群和海军作战飞机、直升机、两栖装甲车辆等。

## 一、航空母舰

航空母舰,简称:航母,是一种以舰载机为主要作战武器的大型水面舰艇,可以提供舰载机的起飞和降落。航空母舰舰体通常拥有巨大的甲板和舰岛。

航空母舰大致可分为攻击型航空母舰和多用途航空母舰。第二次世界大战结束后,随着科技的进步和作战思想的发展,美国把航母的作战类型全部综合到一艘航母上,即多用途航空母舰;按排水量大小分类,可分为大型航母(排水量 6 万吨以上,英国伊丽莎白级航母),中型航母(排水量 3 ~6 万吨、法国戴高乐号核动力航母)和小型航母(排水量 3 万吨以下,英国无敌级航母);按动力装置分类,可分为核动力航空母舰(美国尼米兹级、福特级航母)和常规动力航空母舰(中国的辽宁号、山东号航母、俄罗斯库兹涅佐夫号航母)。

**1. 中国的辽宁号航母和山东号航母**

中国的辽宁号航母是一艘可以搭载固定翼飞机的常规动力航空母舰(001 型),也是中国第一艘服役的航空母舰。其前身是苏联海军的库兹涅佐夫元帅级航空母舰次舰瓦良格号。

2005 年 4 月 26 日中国开始建造改进。2012 年 9 月 25 日正式服役,弦号 16,标准排水量 5. 7 万吨。最高航速 32 节。采用常规动力(8 台蒸汽轮机,14. 9 万千瓦),可携带 8000 吨重油,续航力 45 天,以低速(18 节)可供从母港直航夏威夷(8600 海里),如高速(32 节)可日本本岛绕航(3850 海里)。“辽宁号航母”能够搭载的飞行器数量已经达到 36 架,其中包括 4 架直 -18J 预警直升机、6 架直 -18F 反潜直升机、2 架直 -9C 搜救直升机和 24 架歼 -15 歼击机,舰载机采用滑跃式起飞。该航母主要用于科研、试验及训练用途,主要装备 346 型相控阵雷达、对空对海搜索雷达。

山东号航母是我国首艘自主建造的航母(001A 型),2013 年由大连造船厂开工建造。2019 年 12 月 17 日在海南三亚军港正式服役,弦号 17,满载 6. 5 万吨。能够搭载的飞行器数量比辽宁号航母增加约 10% ,达到 40 架,其中 28 架歼 -15 战斗机,12 架舰载直升机(包括 4 架直 -18J 预警直升机、6 架直 -18F 反潜直升机、2 架直 -9C 搜救直升机)。山东号航母是中国海军第一艘具备协同交战能力的航母,舰岛桅杆上面配备高速宽带数据链,取代辽宁号航母 346 型雷达换装新型雷达,以便在航母战斗群军事行动中利用预警机、预警直升机与航母以及航母驱护舰能够形成协同交战系统,可以更好提高航母防御能力。

**2. 美国的福特号航母(图 17 -7)**

美国福特号航空母舰是美国福特级航空母舰的首舰,是美国海军在役的第 11 艘航母。2017 年 7 月 22 日正式进入美国海军服役,造价约 130 亿美元,是美国海军有史以来造价最高的一艘舰船。

图 17 -7 美国福特号航母

美国福特号航母满载排水量 112000 吨,通常搭载 8 架 S -3A/B 反潜机,5 架 E -2C/D 空中预警机,6 架 SH -3G/H 或 SH -60F 直升机,主力舰载机 75 架 F -35C 战机。该航母上还装备大量无人作战飞机,既可执行精确打击、海上监视、空中早期预警、战场评估,也可担负支援反潜和抢险救援等任务。美国海军评估,一艘搭载 75 架舰载机的尼米兹级航母,在 3 天作战时间内,每天打击 248 个目标,而搭载同等数量舰载机的福特号航母,其打击的目标数将达 2000 个以上。福特号航母上的新概念武器包括电磁轨道炮、高能激光、高能射线等,福特号舰上极高的"电力化"程度也为这类高能武器的发展提供良好的先决条件。

福特号航母使用了大量新技术新设计,包括重新设计了舰体岛式上层建筑和飞行甲板布局,强调隐身性,动力装置更加高效,具有更强的发电能力,整体电力系统采用新型电力分配结构,采用电磁弹射,新的大功率一体化核反应堆;带状电力分配系统(全电力化推进的军舰),有源相控阵雷达,F -35 舰载机等关键性的舰用高科技,增加船体冗余设计用于未来升级改造,航母整体作战能力得到大幅提升。

福特号航空母舰虽然已交付服役,但其采用的几个主要关键系统的可靠性远未达到预期要求,也会影响初始作战能力的形成时间,因此在形成初始作战能力之前仍需不断提高。

## 二、驱逐舰

驱逐舰是一种多用途的军舰,是海军重要的舰种之一,排水量在 2000 ~12000 吨。现代驱逐舰装备有防空、反潜、对海等多种武器,既能在海军舰艇编队担任进攻性的突击任务，又能承担作战编队的防空、反潜护卫任务，还可在登陆、抗登陆作战中担任支援兵力，担任巡逻、警戒、侦察、海上封锁和海上救援任务以及提供无人舰载机的起飞和降落。它是海军舰队中突击力较强的中型军舰之一，主要职责以护航为核心，同时拥有侦察巡逻警戒，布雷，袭击岸上目标等。广泛的作战职能使得驱逐舰成为现代海军舰艇中用途最广的舰艇。

**1. 美国“朱姆沃尔特”级驱逐舰(图 17－8)**

朱姆沃尔特级驱逐舰是美国海军新一代多用途对地打击宙斯盾舰，被称为美国海军史上“最昂贵、最先进、隐身能力最强、自动化水平最高”的驱逐舰。军舰从舰体设计、电机动力、指管通情、网络通信、侦测导航、武器系统等，无一不是超越当代、全新研发的尖端科技结晶，展现了美国海军的科技实力、财力的雄厚以及设计思想上的前瞻，是美国海军的新世代主力水面舰艇。2016 年 10 月 15 日首舰 DDG1000 朱姆沃尔特号驱逐舰正式服役，主要部署在亚太地区。DDG1001 迈克尔·蒙苏尔号驱逐舰，是美国海军的第二艘“朱姆沃尔特”级驱逐舰，2019 年 1 月服役。第三艘“朱姆沃尔特”驱逐舰命名为 DDG1002 约翰逊号，预计 2022 年后服役。

图 17－8　美国“朱姆沃尔特”级驱逐舰

**2. 中国 055 型驱逐舰(图 17－9)**

中国 055 型万吨级驱逐舰是中国研制的第四代新型舰队防空驱逐舰，是一款“全能”战舰。其满载排水量 1.25 万吨。

中国 055 型驱逐舰具有防空、反舰、反潜、反鱼雷和近程反导、对陆攻击等作战能力，112 个垂直导弹发射单元可以携带不同类型的导弹，具有非常强大立体作战水平，可为中国海军航母战斗群和水面舰艇战斗群撑起更加可靠的“空中保护伞”。舰桥上新型 S 波段有源相控阵雷达，使雷达拥有更加远的探测距离。其作战系统配置先进电子武器装备，技战术特征和性能参数与阿利·伯克级导弹驱逐舰最接近。

图 17－9　中国 055 型驱逐舰

为达到隐身性，055 型驱逐舰采用顶层设计层层分解的方式，优化架构的合理性和集成度，指挥与控制一体化，实现标准信息、通用基准完全共享，设备小型化、通用化、集成化、标准化。在雷达、电子对抗及通信天线的高度集成化的条件下，其舱面电子设备布局将会非常简练，而开放式通用接口显控机柜给后续升级工作带来便捷。

055 型驱逐舰具有着较高的信息化水平以及隐身性能，可以组织远、中、近 3 层先期预警防御网，并且具有较强的防空、反导、反潜、攻陆和电子战能力。其在作战流程上，简化指挥层级，减少战位，减轻操作人员的工作强度。

## 三、船坞登陆舰（图 17－10）

船坞登陆舰，是可承载两栖登陆船、两栖坦克和气垫船的战舰。除以坞舱装载登陆艇外，还可载运两栖坦克、装甲车等，用于由舰到岸的两栖作战。船坞登陆舰排水量通常为数千吨～万吨，最大航速为 20～25 节，续航力为 5000～15000 海里。

图 17－10　中国 071 型船坞登陆舰

美国“惠德贝岛”级船坞登陆舰，排水量 15726 吨；法国“闪电”级船坞登陆舰，排水量 12400 吨；

中国 071 型船坞登陆舰是大型多功能两栖船坞登陆舰，满载 25000 吨。

## 四、潜艇（图 17－11）

潜艇是能够在水下运行的舰艇。潜艇的种类繁多，形制各异。按体积分类，其可分为大型、中型或小型和水下自动机械装置等；潜艇按作战使命分类，其可分为攻击潜艇、战略导弹潜艇和特种潜艇；按武器装备分类，其可分为导弹潜艇和鱼雷潜艇；按动力分类，其分为常规动力潜艇（柴－电动力潜艇）与核潜艇（核动力潜艇）；按排水量分类，其常规动力潜艇有大型潜艇（2000 吨以上）、中型潜艇（600～2000 吨）、小型潜艇（100～600 吨）和袖珍潜艇（100 吨以下），核动力潜艇一般在 3000 吨以上；按艇体结构分类，其可分为双壳潜艇、一壳半潜艇和单壳潜艇。

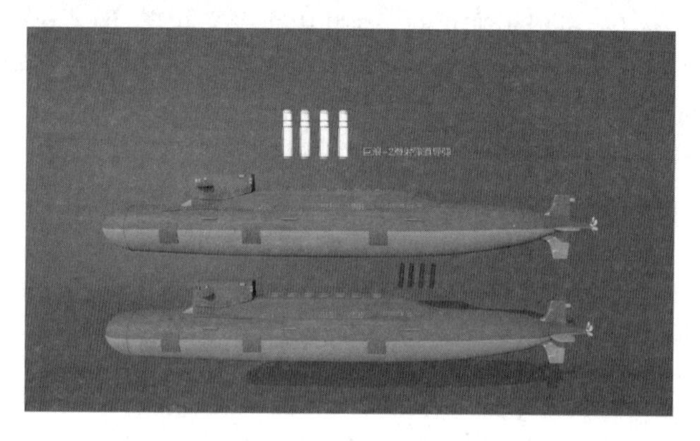

图 17－11　中国 094A 型战略核潜艇

弗吉尼亚级核动力攻击潜艇（Virginia－class submarine）是美国海军第一艘同时针对大洋和濒海两种功能设计的第七代核潜艇。

中国 094 弹道导弹核潜艇是在 093 型的基础上放大改进型，水面排水量 9000 吨。其艇首自卫用武器是两种鱼雷发射管，指挥台围壳后的武器是“巨浪”－2 型战略弹道导弹。这是中国二次核反击力量的中坚，共 16 枚射程 8000 千米战略弹道导弹，每枚可以载分导式核弹头 3～6 枚。

俄罗斯最新核潜艇是经过现代化升级后的 955A 型“北风之神”－A 级战略核潜艇，2021 年首艇“弗拉基米尔大公”号已经入列俄罗斯海军。

# 第三节　空战平台

空中信息化作战平台是指大量采用信息技术的各类空中作战平台，包括作战飞机

(战斗机、轰炸机、运输机、预警机、电子战飞机、武装直升机、无人机)、飞艇、气球等在大气层中飞行的航天器。其通常搭载综合显示控制、目标探测、通信导航、精确制导武器控制、电子战等组成的电子信息系统。

## 一、空战平台发展概况

### 1. 战斗机

战斗机,主要指歼击机、强击机、歼轰机等,能全天候对陆、海、空攻击。按用途分类,其可分为制空战斗机和多用途战斗机两大类;按重量分类,其可分为重型和轻型两种。

1) 美国 F-22 战斗机(图 17-12)

美国的 F-22(F-22 Fighter,绰号:“猛禽”)是世界上公认的第五代隐身战机。其最大马赫数为 2.25,作战半径 1500 千米。相对于其他战机,其具有超隐身性(RCS 仅 0.01 平方米)。

图 17-12 美国 F-22 战斗机

装备的航空电子系统称为“多功能综合射频系统”。搭载的综合无线电电子设备包括中央数据综合处理系统、综合通信与导航和识别系统(包括无线电电子对抗系统的全套电子战设备 INEWS);具高分辨力的雷达 AN/APG-77 和光电传感器系统 EOSS。F-22战斗机搭载的雷达为带电子扫描的主动相位阵列雷达,包含了近 2000 块模组,其中使用了超高频率范围的单一积分系统技术。为提高隐蔽性,雷达站设计有被动工作状态,可以不启动主动雷达达到在 400 千米外预警敌机的效果,雷达的低截获率能力使F/A-22在瞄准装备有雷达警报接收机和电子干扰设备的敌机时,而敌机还不知道其已被瞄准。

2) 中国歼-20 战斗机(图 17-13)

中国的歼-20(代号:“威龙”)是中航工业成都飞机设计研究所研制的一款具备高隐身性、高态势感知、高机动性等能力的隐形第五代制空单座、双发隐身重型战斗机。2019 年 10 月列装中国空军。

图 17－13 中国歼－20 战斗机

因中国歼－20 战斗机作战任务为远距离作战，安装有机载航炮。其主武器舱内携带 4 枚导弹，每个侧弹舱可以挂 1 枚，外部挂架可以挂 4 枚。其最大马赫数为 2.5，作战半径 2000 千米。其机载系统将雷达信息与红外成像相结合，配合头盔瞄准具系统，通过全息平视显示器和液晶触摸屏，为飞行员提供作战空间的综合视图。歼－20 战斗机在机头下方安装一个红外/电光搜索和跟踪传感器，以及一个被动光电探测系统，系统的先进程度足以与美国的 F－35 相媲美，飞行员可以感知 360°范围内发生的信息。歼－20 战斗机在态势感知、信息对抗、协同作战等多方面取得突破。

**2. 轰炸机**

轰炸机是用来从空中对地面或水上、水下目标进行轰炸的飞机。轰炸机具有突击力强、航程远、载弹量大等特点，是航空兵实施空中突击的主要机种。其武器系统包括机载武器，如各种炸弹、航弹、空地导弹、巡航导弹、鱼雷、航空机关炮等。

战略轰炸机是一个国家“三位一体”核打击力量的主要组成部分，目前世界上仅有 3 个国家拥有战略航空兵：美国、俄罗斯和中国。美国战略轰炸机部队由 B－1、B－2 和 B－52组成，俄罗斯战略轰炸机部队由图－95、图－22M 和图－160 轰炸机组成，中国战略轰炸机部队由轰－6 系列轰炸机组成。

1）美国 B2 隐身轰炸机（图 17－14）

美国 B－2 轰炸机是当今世界上唯一的隐身战略轰炸机。B－2 轰炸机的两个旋转弹架能携带 16 枚 AGM－129 型巡航导弹，也可携带 80 枚 MK82 型或 16 枚 MK84 型普通炸弹或 36 枚 CBU－87 型集束炸弹，使用新型的 TSSM 远程攻击弹药时携弹量为 16 枚。当其使用核武器时可携带 16 枚 B63 型核炸弹。其是用于执行战略核（常）规打击任务的战略轰炸机。B－2 轰炸机第一次投入实战是科索沃战争。当地时间 1999 年 5 月 7 日夜间，北京时间 1999 年 5 月 8 日，首次投入实战的 B－2 轰炸机蓄意使用 3 枚精确制导 JDAM 炸弹直接击中了中华人民共和国驻贝尔格莱德大使馆，造成我国驻南联盟使馆建筑损毁，3 名中国记者身亡、数十人受伤。

图 17－14　美国 B2 隐身轰炸机

2）中国轰－6 轰炸机（图 17－15）

中国轰－6 系列轰炸机主要担任战术轰炸、侦察、反舰、巡逻监视等多种任务。该机是中国空军轰炸力量的核心，并不断对动力、航电及机载武器进行改进和发展多种特种平台。轰－6 已有十余种改型，其中最新改型轰－6K/G 可以发射远程空地巡航导弹，大大提高中国空军的战略打击能力，还有轰油 6（HU－6/H－6DU）、轰电 6 等轰炸机。

图 17－15　中国轰－6 轰炸机

轰－6K 最大航程 9000 千米，搭载空射“长剑”－10 巡航导弹（每架战机可挂载 6 枚）。一个轰－6K 轰炸机团全部出动时，可以一次向 4500 千米外的战区发射上百枚巡航导弹。

轰－6KH 的主要改进是加装 YJ－12 超声速远程反舰导弹及与之配套的火控系统。因此，强化了轰－6KH 机载火控雷达的对海攻击模式，并对火控软件进行了升级，安装了新的数据链。轰－6KH 最多可以携挂 6 枚 YJ－12 反舰弹，可对敌舰发动饱和攻击，为此在后机身腹部加挂一个类似 KD－63 空地弹的数据链吊舱。同时，轰－6KH 也保留了携挂较老式的 YJ－83K 反舰弹的能力，从而更好地与海军现役装备所衔接。在外侧机翼增加一对挂架，用于携挂 KG600/800 大型电子战吊舱。这样，进一步增强了轰－6KH 的电子战能力，使其能够对敌远程空中警戒系统（如 E－2C 预警机）进行有效压制，从而提高了战场生存能力。

**3. 武装直升机**

武装直升机是一种超低空火力平台，可携带反坦克导弹、航炮、机枪、空空导弹、火箭弹以及炸弹、地雷、鱼雷、水雷等武器。其强大火力与特殊机动能力的有机结合，最适应现代战争“主动、纵深、灵敏、协调”的作战原则，可有效地对各种地面目标和超低空目标实施精确打击，使之成为继火炮、坦克、飞机和导弹之后又一种重要的常规武器，在现代战争中具有不可取代的地位与作用。

1）AH－64 武装直升机（阿帕奇武装直升机）

AH－64A 武装直升机的机体能承受 12.7mm 弹药以及少量 23mm 弹药的攻击，主旋翼杆也能承受 12.7mm 穿甲弹以及少量 23mm 高爆弹的直接命中，而其发动机的减速齿轮箱在遭到击穿、润滑油完全流失的情况下，可以继续运作 30 分钟，让飞行员有时间驾机脱离战场或迫降。AH－64A 武装直升机的每个短翼各有两个挂载点，每个挂载点能挂载一具 M－261 型 19 联装（70mm）“海蛇怪”－70 火箭发射器、一组挂载 AGM－114“地狱火”（hellfire）反坦克导弹的四联装 M－299 型导弹发射架。该机首下方装有一门 M－230E－1 30mm 单管链炮。机内载弹量高达 1100～1200 发。最大飞行时速 365 千米，最大升限 6400 米，作战半径 480 千米。AH－64 武装直升机首次实战是在 1989 年 12 月美国入侵巴拿马的“正义事业行动”，当时美军 82 师的 11 架 AH－64A 参与了行动。AH－64A 武装直升机总共执行 200 小时飞行任务，期间发射 7 枚“地狱火”导弹全数命中。

2）武直－10（图 17－16）

武直－10 是中国人民解放军第一种自研专业武装直升机。2012 年 11 月 18 日，武直－10 正式加入现役，开始列装中国人民解放军陆军航空兵部队。2016 年 8 月 6 日，完成中国人民解放军陆军航空兵全部列装，结束了中国人民解放军陆军航空兵长期依赖法国“海豚”直升机的改型兼当武装直升机的历史，大大提高了中国人民解放军陆军航空兵的航空突击与反装甲能力。

武直－10 两侧武器短翼可挂载反坦克导弹以及空空导弹，并配备一座位于光电旋转塔后方单管构型旋转机炮塔，机炮口径为 23mm，采用外来链带驱动，射速快、精度高，维护简便，同时可以肩负对地、对空作战任务。武直－10 为争取低空制空权，搭载“天燕”－90（TY－90）直升机专用短程空空导弹。“天燕”－90 空空导弹采用冷锑化铟红外线寻标器并内建数字信号处理器，具有全向攻击、分辨红外线诱饵以及离轴发射能力。“天燕”－90 通过飞行员的头盔瞄准器锁定目标，能瞄准敌方直升机发动机、旋翼和座舱等特定的脆弱部位。

图 17－16 武直－10

**4. 预警机**

预警机是指拥有整套远程警戒雷达系统，用于搜索、监视空中或海上目标，指挥并可引导我方飞机执行作战任务的飞机。由于地面雷达受到地球曲度限制，所以对低高度目标搜索距离有限，同时受地形干扰会导致搜索效果受限。预警机将整套雷达系统放置在飞机上，借由飞行高度，自空中搜索各类空中、海上或者是陆上目标，提供较佳的预警与搜索效果，延长容许反应的时间与弹性。空中预警机比较常见的是以客机或者是运输机改装而来，因为这类飞机的内部可使用空间大，能够安装大量电子与维持运作的电力与冷却设备，同时也有空间容纳数位雷达操作人员。

1）中国空警－2000（图 17－17）

中国空警－2000 预警机是中国自行研制并形成战斗力的大型预警机。2009 年 10 月 1 日中华人民共和国成立 60 周年大阅兵首次公开露面。该机以伊尔－76 为载机，乘员 10～15 人。最大航程 5500 千米、续航时间 12 小时、同时跟踪 60～100 个目标、探测距离 470 千米、高空探测距离 1200 千米、速度 850 千米/时。

图 17－17 中国空警－2000

中国空警－2000安装新型相控阵雷达，碟形天线，超级计算机、控制台及软件。其固定三片式雷达，呈三角姿态安装，从而达到360°全方位覆盖，特别擅于探测速度较高的空中或海上目标，扩充侦察能力，加强对电子情报、电磁情报、无线电情报收集，可以提高作战效能60%以上。空警－2000装备部队，填补中国空军没有大型预警机的空白。

2）美国E－8预警机

美国E－8预警机升限12600米，其马赫数为0.84，空中巡航时间11小时。美国E－8预警机能够进行实时的广阔区域监视和远程目标攻击指挥能力，以便提供战况进展和目标变化的迹象和警报。机身下装有一个12米长的雷达舱，即前机身下白色长形物体。利用舱内强劲的AN/APY－3多模式侧视相控阵I波段电子扫描合成孔径雷达，可以发现机身任意一侧50000平方千米地面上各种目标，从而引导和指挥作战飞机和地面部队发起攻击。该试验机也参加了海湾战争，多次指挥美军摧毁伊拉克地面部队，发挥了巨大的作用。1995年后E－8预警机参与了欧洲南部的多次作战和维和行动。目前E－8预警机已经由试验性的A型发展到了C型。

## 第四节　太空战平台

太空信息化作战平台能对敌方卫星及其他航天作战平台实施军事打击，是太空、空中、海洋、陆地目标实施军事打击的一体化太空作战平台，包括人造地球卫星、飞船、航天飞机等外层空间飞行的航天器。

### 一、军用卫星

军用卫星是指用于各种军事目的的人造地球卫星。军用卫星按用途分类，一般可分为侦察卫星、军用气象卫星、军用导航卫星、军用测地卫星、军用通信卫星和拦击卫星。战时，一些民用卫星也可用于军事用途，如低轨道的多接口通信卫星，KH－11“大鸟”侦察卫星、SPOT遥感卫星、Leasat同步轨道卫星、高轨道的GPS卫星网等。

### 二、载人飞船

我国1999年至2002年先后发射“神舟”一号～“神舟”四号飞船。

2003年10月15日，航天员杨利伟乘坐神舟五号载人飞船，历时21小时，实现中国首次航天飞行。

2005年10月12日9时，“神舟”六号飞船搭载聂海胜和费俊龙成功升空，历时119小时。

“神舟”七号飞船于2008年9月25日21点10分发射，搭载翟志刚、刘伯明、景海鹏（翟志刚成功实现舱外行走）。

2011年11月1日“神舟”八号飞船与“天宫”一号的对接。2012年6月16日航天员首次由“神舟”九号飞船进入“天宫”一号。

2013 年 6 月 11 日“神舟”十号载聂海胜，张晓光，王亚平（女）再次进入“天宫”一号。2016 年 10 月 17 日“神舟”十一号飞船与“天宫”二号实现自动交会对接，形成组合体，两位航天员在“天宫”二号生活工作近一个月。

2021 年 6 月 17 日，“神舟”十二号飞船将聂海胜、刘伯明、汤洪波送入中国首建的空间站，在轨驻留了三个月安全返回。

2021 年 10 月 17 日，航天员翟志刚、王亚平、叶光富再次入住空间站，首次在轨驻留六个月，开启了中国空间站有人长期驻留的时代。

## 三、航天飞机、空天飞机

航天飞机的主要任务：可部署、维修、回收卫星；可实施空间机动，执行反卫星作战任务；可实施空间侦察；作为军事交通工具，为军事目的向空间站提供服务。

美国先后生产了 6 架航天飞机，这些航天飞机系统复杂、技术难度大、建造成本和维护、运行费用高昂。由于“挑战者”号和“哥伦比亚”号航天飞机失事，暴露出航天飞机存在设计中安全隐患，因此虽然航天飞机设计寿命最多为 20 年，每架航天飞机应飞行 100 次，但 2004 年时任美国总统布什发表演讲，正式宣布航天飞机将在 2010 年退役。所以，2011 年 7 月 8 日美国“亚特兰蒂斯”号航天飞机进行了最后一次飞行之后，美国的“航天飞机时代”宣告正式结束。

苏联曾经试飞的“暴风雪”号航天飞机连同“能源”号火箭一道，2002 年因拜科努尔的厂房坍塌而被摧毁，至此“暴风雪”计划彻底终结。

空天飞机是未来发展的方向，是既能航空又能航天的新型飞行器。可像普通飞机一样起飞，以高超声速在大气层内飞行，加速进入地球轨道后，成为航天飞行器，在 30 ~ 100 千米高度飞行时马赫数为 12 ~ 25。返回大气层后，像飞机一样在机场着陆。

美国 X－33 空天飞机是洛克希德·马丁公司 1996 年开始研制，计划取代航天飞机，采用垂直起飞方式，亚轨道飞行，能在飞行跑道上着陆，目前美国已宣布终止该计划。X－37B太空战机 2010 年 4 月 22 日首航，在太空巡航，也可进入大气层执行任务。其马赫数为 25。

我国在 2020 年 9 月利用“长征”2F 运载火箭发射了一种可重复使用航天器（“神龙”空间飞行器，太空飞行两天之后成功返回地面。

## 四、空间站

空间站是环绕地球轨道运行的大型载人航天器，可在低轨道长期运行。

空间站与载人飞船相比，空间站具有容积大、运行寿命长、可综合利用的特点。因空间站搭载大量精密仪器设备，所以可利用太空特殊的环境完成复杂、非重复性的科研工作。在军事价值方面，以空间站为基地，可使航天飞机和空天飞机对付任何卫星式作战平台，跨地域威胁全球任何目标；也可试验、部署和使用空间武器，使其成为空间预警、指挥、控制、通信和情报中心。

苏联1986年发射"和平"号空间站，2001年3月23日俄罗斯航天局人为操作其坠毁。

1973年5月14日美国用"土星"5号火箭将"天空实验室"送入太空，1979年7月12日其在南印度洋上空坠入大气层烧毁。目前使用的国际空间站(ISS)是1993年完成设计，由6个国际太空机构(美国国家航空航天局(NASA)、俄罗斯联邦航天局、日本宇宙航空开发机构、加拿大航天局、巴西航天局、欧洲航天局)、16个国家参与研制。其使用寿命15~20年，可供6~7人工作，总质量约423吨。该国际空间站2006年投入使用，2022年2月美国国家航空航天局宣布，计划在2031年将其摧毁。

我国的"天宫"一号首个空间实验室，先后与"神舟"八号~"神舟"十号飞船对接。我国"天宫"二号2016年9月15日发射，与"神舟"十一号飞船完成自动对接。2022年我国的空间站将全面建成。

## 五、天基武器系统

天基武器系统是指部署在太空，用于攻击和摧毁太空飞行目标(卫星、空间站)，以及从太空打击陆地、海洋、空中的目标(飞机、洲际导弹、地面指挥与通信设施、导弹基地与航天器发射设施等)，包括反卫星武器系统、反导武器系统。

**1. 反卫星系统**

反卫星系统是对敌方有威胁的卫星实施摧毁、破坏或使其失效的人造卫星系统。按照设置的位置不同可分为地基(陆基、舰载、机载)和天基；按照杀伤手段可分为核能、动能、定向能(激光、微波、粒子束)。

目前反卫星系统采取攻击的方法有3种：一是利用地基激光武器或动能武器系统等来摧毁敌方卫星。二是以卫星拦截卫星，包括自毁型和平台型。自毁型卫星接收指令后，通过机动变轨接近目标，以自爆产生射线或撞击的方式来摧毁敌方卫星；平台型是利用星载激光器、粒子束武器摧毁敌方目标。三是利用航天站或航天飞机来俘获敌方卫星。

**2. 反导系统**

反导系统又称为弹道导弹防御系统，即拦截敌方弹道导弹和巡航导弹进攻，使导弹突防失效的系统。其包括弹道导弹预警系统、目标识别系统、反弹道导弹导弹、引导系统和指挥控制通信系统。

反导方式包括：一是用导弹截击导弹(俄罗斯的C-300导弹、"箭"-2型反导导弹)；二是用激光一类的新概念武器摧毁导弹，但是目前在激光拦截方面还存在输出功率低、跟踪精度差的技术难题。

美国反导系统包括：一是国家导弹防御系统(national missile defence system)，主要由五部分组成:①预警卫星。采用红外传感器的卫星,其中2颗部署在大椭圆轨道、4颗部署在地球静止轨道的高轨道,24颗采用红外和可见光传感器的卫星部署在低轨道,为地基拦截弹提供超视距制导,增加拦截弹的防御区域。②改进的预警雷达。探测、跟踪和统计弹道导弹在初始弹道的单个目标物体,使其尽早发射和在更大的空域作战。③X波段地基雷达。部署在拦截弹的基地内,执行目标监视、捕获、跟踪、识别、导弹引导和杀伤评估功能。④作战管理与指挥、控制系统,包括大约14个飞行中拦截弹通信系统:传递信息、传递和处理、探测数据融合、生成作战计划并执行、转发武器发射命令等。⑤地基拦截弹。用于在大气层外(100千米以上)拦截处于弹道中段飞行的高速弹道导弹弹头,利用动能直接碰撞摧毁弹头。二是战区导弹防御系统(theater missile defense)。

## 思考题

1. 何谓信息化作战平台?
2. 陆地信息化作战平台作用和意义是什么?
3. 海洋信息化作战平台作用和意义是什么?
4. 空中信息化作战平台作用和意义是什么?
5. 未来太空信息化作战平台的发展趋势如何?

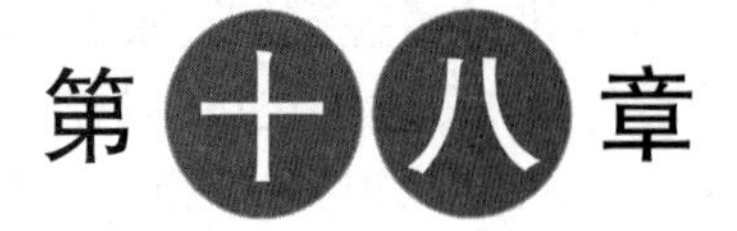

# 综合电子信息系统

随着军事技术的迅猛发展,信息武器装备大量应用于军事行动,不仅使武器装备(系统)的作战效能发生质变,也促使战争样式发生深刻变化。若要适应在复杂的战场情况下达成迅速判断、果断处置、不间断指挥,则综合电子系统是中枢和大脑,主要包括指挥控制系统、预警系统、导航系统等。

## 第一节 指挥控制系统

军队指挥控制系统是实现军队自动化指挥的物质基础和技术手段,也是一个国家军队现代化的重要标志之一。

### 一、军队指挥控制系统的涵义

军队指挥自动化系统是一个人-机指挥、控制系统,是指综合运用现代电子与信息科技,融指挥、控制、情报、预警探测、通信和电子对抗为一体,实现信息收集、传递、处理自动化和决策方法科学化,辅助指挥员和指挥机关实现科学、高效指挥、控制、管理,最大限度发挥军队的整体作战效能。军队指挥自动化系统至今无公认的定义,除观察角度和认知程度差异外,系统自身还正处于迅速发展、完善的过程中。

关于指挥"自动化"的界定,《中国人民解放军军语》:"利用现代科学技术,对指挥所需信息的搜集、储存、传递和处理实现自动化。"《中国军事百科全书》:军队指挥自动化系统是在军队指挥系统中,综合运用以电子计算机为核心的各种技术装备,实现军事信息收集、传递、处理自动化,保障对军队和武器实施指挥与控制的人-机系统。

美国参谋长联席会议出版的《惯用法军事技术词典》中对指挥自动化系统的定义:军事指挥、控制、通信与情报系统,就是指挥员对其所属部队行使权力进行管理、发号施令时所用到的设备、器材、程序软件及其各种工作人员的总称。

综上所述,军队指挥控制系统是现代军事指挥方式革命性的变化,是实现指挥自动化的环境和技术平台,是军队指挥自动化赖以生存的物质基础,其技术水平、集成程度反映指挥自动化发展状况和水平,也是国防现代化的标志之一。军队指挥实现自动化,必须综合运用信息科技,包括微电子、计算机、通信和传感技术等,尤其是以计算机为核心的自动化设备和软件系统。

## 二、军队指挥控制系统产生的背景

第二次世界大战后,随着军事科技的飞速发展,大量高新技术武器装备投入军事行动,使战场环境复杂性和对抗的强度、对抗涉及的技术领域发生深刻变化,迫切要求从战略全局层面上提高指挥效能,但落后的指挥手段制约了整合后的战斗力的提高,作战指挥系统实现自动化成为应对现代高技术和信息化战争发展的必由之路。

(1)现代战争具有爆发突然、节奏快、进程短促的特点,要求指挥员或指挥部门不仅具有预判能力,面对突发事件也应具有迅速反应、果断判断的能力。

(2)现代战争不仅战场空间空前扩大,对抗领域也向“无形”的电子战技术领域拓展,战场需要处理的信息量骤然增加,依靠传统的人工的方式处理战场信息已无法适应现代战争。

(3)现代武器系统日趋繁多,在战场上如何合理搭配使用,武器系统软硬杀伤效能能否正常发挥,时机把握的准确性和决策的科学性作用显著,对于指挥者而言变得更为棘手。

(4)战场情况日趋复杂,指挥手段必须保证指挥员有充分的反应时间和足够的应变余地,指挥自动化系统可预先提供科学方案进行选择和评估。

## 三、军队指挥控制系统发展演变过程

**1. 初创阶段(20世纪40年代初到60年代末)**

随着技术的发展,传统的战场指挥方法无法满足需要,电子信息技术大量应用于战场,指挥开始由人工化向电子化、信息化方向发展。

20世纪50年代美国首先提出指挥与控制系统,即$C^2$系统的概念。1953年美国率先研制出世界上第一个半自动化指挥控制系统——“赛其”防空指挥控制系统。同时期苏联也研发出类似的本土防空半自动化指挥系统,标志着人类的战场指挥发生质的飞跃。

此后,各国相继投入资金和技术研发更新的自动化指挥系统,涌现出美国的“全球军事指挥控制系统”“战略空军指挥控制系统”“弹道导弹预警系统”“海军战术数据系统”,苏联的“VP-1半自动截击机引导系统”,北约的“奈其”防空地面设施系统等自动化指挥系统。

**2. 全面发展阶段(20世纪60年代初到80年代中期)**

20世纪60年代随着通信设备(系统)的大量应用,“通信”被纳入指挥体系,$C^2$系统

发展为 $C^3$ 系统。

20 世纪 70 年代美国逐渐完善准备打“两个半战争”(全球核战争、大规模常规战争和局部地区冲突)的灵活反应战略。1977 年美国建成国家级指挥自动化系统(美国全球军事指挥控制系统),并首次把 $C^3$ 系统同“情报”结合起来,称为 $C^3I$ 系统。

由于电子对抗在现代战争中的地位和作用显著增加,因此出现了 $C^3IEW$ 及互通性概念。

20 世纪 80 年代初随着计算机软件的大量开发和应用、计算机微型化发展,计算机在指挥自动化系统中的地位和作用愈发显著,$C^3I$ 系统发展成为 $C^4I$ 系统。

**3. 成熟阶段(20 世纪 80 年代末至今)**

美国 20 世纪 80 年初首先提出战略力量现代化的发展规划和“2000 年空地一体战”理论。现代战争战场环境下,为加强监视、预警侦察的作用,以满足未来信息战的要求,1997 年美军正式提出开发“国防信息基础设施”,即一体化的 $C^4ISR$ 系统。

## 四、军队指挥控制系统的分类

军队指挥控制系统从作战指挥层次上可分为战略指挥控制系统(包括高级领率机关指挥部、国防通信网、战略情报系统)、战役自动化指挥系统、战术自动化指挥系统、作战平台指挥自动化系统。

军队指挥控制系统从军种方面可分为陆军指挥控制系统、海军指挥控制系统、空军指挥控制系统、火箭军指挥控制系统(包括兵种指挥控制系统、作战基地指挥控制系统、作战部队指挥控制系统)。

军队指挥控制系统从用途方面可分为作战指挥控制系统、武器装备指挥控制系统、防空指挥控制系统、后勤指挥控制系统。

## 五、军队指挥控制系统的组成

军队指挥控制系统从整体上是指挥机构与成套自动化设备、通信设备的有机结合(计算机、通信网络、信息终端等),如图 18 - 1 所示。其中计算机是核心,负责指挥、管理、协调整个系统的正常工作。

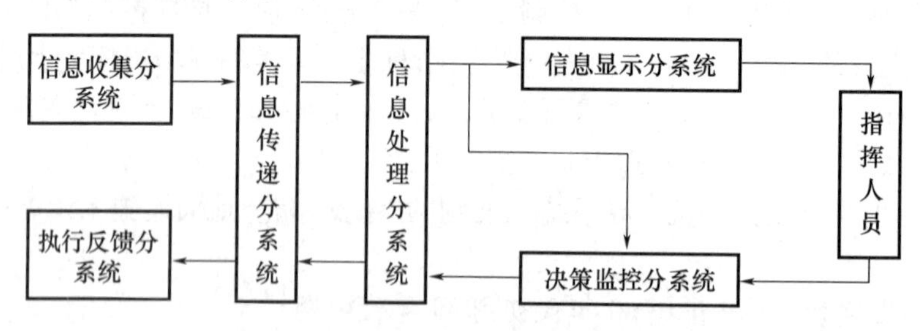


图 18 - 1　军队指挥控制系统的组成

从军队指挥控制系统的技术设备角度,军队指挥控制系统的组成包括传感器分系统、通信分系统、数据处理分系统、显示控制分系统、技术保障分系统等5个分系统。

从军队指挥控制系统构成的基本要素角度,军队指挥控制系统的组成包括人、机、网。

从军队指挥控制系统基本功能的角度,军队指挥控制系统的组成包括指挥控制分系统、情报分系统、通信分系统、电子对抗分系统、综合保障分系统。实际上各分系统的功能相互渗透、相互交叉,构成了军队指挥自动化系统的整体性。

从军队指挥控制系统的信息流程角度,军队指挥控制系统的组成包括信息收集分系统、信息传递分系统、信息处理分系统、信息显示分系统、决策监控分系统、执行反馈分系统。

**1. 信息收集分系统**

信息收集分系统又称为情报获取系统,是指挥自动化系统的“感知器官”,为系统提供准确、完整的战场各类情报,是决策的信息来源。信息的获取是由配置在陆、海、空、天等范围内的侦察设备,如侦察卫星、侦察飞机、雷达、声纳、光学摄像机、遥感器等众多的侦察、探测设备组成。其包括特种情报系统、航天探测系统、航空侦察系统、地面和海面侦测系统、水下探测系统等。信息获取的技术手段有雷达侦察、红外探测、成像侦察、传感器侦察、电子侦察、航天侦察等。

信息收集分系统的功能主要为收集敌己双方各类信息,如战略、战术情报,气象与地理环境数据;对收集的信息进行预先处理,如编码、分类、关联、存储、加解密、分配,以便信息的传递。

**2. 信息传递分系统**

信息传递分系统又称为通信分系统,是指挥控制系统的“神经器官”,贯穿整个系统,将各作战平台、武器系统、作战部队、后勤系统有机联系。其主要用于准确、迅速、保密、不间断地传输信息、指令,能自动进行信息的交换、加密、解密、路由选择,是军队实施指挥和武器控制实现的基础。信息传递分系统由传输信息的各种信道(有线载波、微波中继、对流层散射、卫星通信及光通信等)、交换设备(程控电话自动交换机,电报、数据自动交换机)、通信终端设备(电传机、传真机、电话机、汉字终端、图形显示器等)组成。投资约占指挥自动化系统总投资的50%~60%。

信息传递分系统的技术手段包括调频通信、扩频通信、猝发通信等,为保密采用加密技术传输情报。此外,利用通信交换中心的计算机对通信线路实施监控,提高了通信质量和数量,如美国国防部的自动化数字通信系统,采用大量计算机,每天情报发送量可达20亿字符,而其错误率仅为千万分之一。

传统的通信网络采用逐级连接形成辐射状通信网络,存在无法迂回转接、线路利用率低、生存能力差的缺点,一旦遭到破坏,必然引起线路中断,通信受阻。现代的通信网络采取格子状通信网络,这种网络交换节点和通信路由多,可实现迂回转接,线路利用率高,进而生存能力大幅提高,也便于发挥指挥设备潜力,促成资源共享。其缺点是结构复杂，技术保障难度大，资金投入较大。

**3. 信息处理分系统**

信息处理分系统是指挥员大脑的延伸，是该系统的“电子大脑”，主要由硬件系统、软件系统组成。硬件系统是构成计算机系统的各种机械的、磁性的、电子的设备的总称，主要包括中央处理器、存储系统和输入输出设备。软件系统主要包括计算机系统软件（如计算机操作系统）、多种高级语言处理程序、应用软件、网络软件、数据库管理系统、文字编辑和图形处理软件等。一般指挥自动化系统中软件费用占总费用的70%，硬件占总费用的22%，主机占总费用的8%。

战争中大量信息的获取与传递，造成信息泛滥。在信息的浩瀚海洋里，如何整理归类、分析筛选、去伪存真、综合推断、决策处理，就需要借助计算机的计算、记忆、检索、推理和部分思维功能。目前，计算机的运行速度可完成一个人需要花几天、几个月或更长时间才能完成的运算。计算机技术正在向智能化、网络化发展，并在战争中发挥越来越大的作用。海湾战争期间，多国部队共出动飞机11万多架次，从不同机场、不同方向、不同高度、不同时间，进入同一个伊拉克、科威特战场空域作战，而且还要克服多国部队间的语言障碍，基本上做到了协同的秩序井然，其中计算机技术就是一个重要的原因。这也反映了计算机在处理信息和利用信息的能力及优势。计算机技术通过虚拟现实、对抗模拟，可以提出若干方案进行选择比较，为指挥战争（作战）提供参考。

信息融合（数据融合）技术是随着雷达信息处理和指挥自动化系统的发展而形成的。它是关于如何协同利用多源信息，以获得对同一目标更精确的综合信息处理技术。指挥自动化系统中的信息融合是指对来自多个传感器的数据与相关信息进行多层次、多方面检验、关联、估值、综合等处理，以达到精准的评估。信息处理系统主要是采用信息融合技术对输入的各种格式化信息自动综合、分类、存储、更新、检索、复制、计算，协助指挥员拟制作战方案，并对各种方案模拟、比较、优选。常用的军事信息处理有文电处理、数据处理、情报检索、图形处理、图像处理等。

**4. 信息显示分系统**

信息显示分系统是用来向指挥者直接显示信息的各种设备，如大屏幕显示器、管面显示器、信号显示板、光学投影仪、记录仪、电子综合显示仪等。其作用是把信息处理分系统输出的各种信息（包括军事情报、敌我态势、武器装备状况、作战方案、命令及其执行情况等）用文字、符号、图表等形式，形象、直观、清晰地显示在各个屏幕上，供指挥员和参谋人员研究使用。

数据与图像显示是人－机联系的重要手段，利用计算机系统以自动显示的形式代替人工用笔在纸上的书写和标图，与人工板书或绘图相比，利用计算机系统进行显示具有高效、准确、形象、立体等优点。

**5. 决策监控分系统**

决策监控分系统是指挥自动化系统的心脏和核心，包括辅助设备和监控设备。其功能是在作战指挥系统中,根据情报和战略目的,在人的直接掌控下进行精确计算,辅助指挥人员正确决策,下达命令、实施指挥控制,也可用于改变指挥自动化系统的工作状态及监视系统运行情况。从表面上看,计算机系统在指挥自动化系统中起"核心"作用:一方面指挥自动化系统中的任何设备(系统)都处于计算机的控制和支配下有序工作,另一方面计算机遍及各系统或单元。但从根本上看,计算机无法处理未设定信息或变量,必须由人通过对变量具体设定,计算机系统才能完成判断和计算,因此决策和监控分系统,对于整个自动化系统的正常运转起到决定性作用,体现人在指挥自动化系统中的决定作用。

决策监控分系统主要由各种向系统输入控制信息的设备组成,如监视器键盘、打印机、多功能电话机、记录装置等。通常以工作台的形式组装在一起,以便实现人－机对话。计算机辅助决策通常采用预案检索、专家系统、作战模拟3种形式实现。

预案检索是从系统数据库中调用预先输入的作战方案,结合实际情况经过简单修改后即可使用。它可充分利用系统的超大存储性、快速检索性,与系统中动态信息流结合,为指挥员快速提供接近作战指挥需要的方案。

专家系统是利用人工智能技术,通过收集专家的专业知识、处理问题的方法、思考和决策过程,用计算机程序的方法模仿逻辑思考过程,用于解决复杂的问题。利用专家系统可提高一般专业人员的决策水平和决策的科学性。

作战模拟是利用计算机程序描绘对抗过程的全部信息,通过数据模拟处理得到作战一般性结果。其基本方法有解析模型(参数以公式、方程式、不等式表示)、仿真模型(利用逻辑关系组合)、作战对抗演习模型(人的思维能力与战斗行动模型化结合)。作战模拟可对作战方案进行多方位论证,保证决策的科学性。

**6. 执行反馈分系统**

执行反馈分系统是功效实现环节,命令具体执行机构,没有规范的定式,可以是下属部队的指挥自动化系统,也可是自动执行命令的装置,如导弹的制导装置、火炮的火控系统等。执行反馈分系统的功能是完成作战指令的实施、监督部队的执行,并反馈命令的执行情况,报告作战效果和重大事件。执行反馈分系统与情报收集分系统之间具有反馈关系,从而保障作战指令的正确性和实施的有效性。

指挥自动化系统除以上物理实体及软件系统外,还应包括以下3类人员,这是系统中起主导作用的活的要素。

(1) 服务人员:由系统分析、程序编制和设备维护人员组成。其任务是保证系统能正常而有效地运转。他们不参与信息的流通过程,只与系统的运转、效率和适用范围有关。

(2) 操作人员:由操作员和信息分析人员组成。他们直接参与信息的流通环节。

(3) 指挥人员:由各级指挥员和参谋人员组成。他们体现指挥自动化系统中的指挥,是计算机无法替代的,是创造性的劳动者,通过把信息流经人脑加工判断,转化为指挥情报流。

## 六、军队指挥控制系统的应用

军队指挥控制系统是一个庞大复杂的系统工程，被广泛应用于作战指挥、武器控制、作战保障、作战模拟、后勤保障等方面。

**1. 作战指挥**

在作战指挥方面，主要以缩短反应时间、提高指挥质量为目标。从收集情报、传递情报、处理情报、显示情报，到制定方案、实施有效指挥等环节都必须充分发挥军队指挥自动化系统的功能，实现作战指挥的最优化和高效化。

1）收集情报

及时准确的情报是指挥员下定决心的依据，通过指挥自动化系统与配置在陆、海、空、天范围内的侦察、探测设备连接，信息流可通过传输设备实现共享，就可最大限度利用各种渠道收集的情报，为决策的科学性奠定基础。

2）传递情报

迅速、准确、保密和不间断地传递情报，是适时、连续和隐蔽指挥的前提。其中，快速是指传输信息的时间尽可能短(一般利用无线电波和激光通信)。从 20 世纪 80 年代几场局部战争看，通信技术突飞猛进，通信卫星、光导纤维、数据、图像、传真通信以及正在发展的智能化通信，构成高速度的信息传递体系。海湾战争前后 90 天的通信量超过了全欧洲 40 年的通信总量，高峰期间一天的电话呼叫达 70 多万次。准确是指接收的信息与发送的信息完全一致(具有抗干扰能力)。安全是指信息在传输的过程中，不被截获、增删或改动。通信系统的安全对作战影响极大。第二次世界大战期间美军截获并破译日本的密码通信，在中途岛海战中成功击沉日军 4 艘重型航空母舰，从而成功扭转了太平洋战争不利的局势。

3）处理情报

处理情报是指对原始情报通过分析进行处理，包括辨别真伪、分类、综合等。为全面及时掌握战场情况，指挥部门总希望有更多的信息，但当获得大量信息后不及时处理，不仅无法发挥信息的作用，还可能干扰对战况的判断，导致无法正确判断战局而贻误战机。利用计算机在软件的辅助下，将大量孤立分散、真伪混杂、彼此矛盾的“一次”信息，协助人处理成具有预测性和结论性的“二次”信息。计算机处理格式化信息的能力相对于人而言，不仅快捷而且效率远超过人工。例如：对于雷达、声纳、传感器等设备收集的数字信息，无需交换可直接输入计算机，即可处理大量模式化数据并存储。对于格式化或容易格式化的情报(电报、图表、报告)，可预先规范化并予以编码，变成数字信号后进行计算机处理。

4）显示情报

军队指挥自动化系统中的显示分系统可采用多种形式，把经过处理的信息在大屏幕或显示器，以文字、图形、图像形式直接显示，或利用快速打印设备输出文字、图表、标号。

除显示情报功能外，还可通过键盘输入指令，完成从数据库内检索新资料，供给指挥员判断情报所需信息。

5）定下决心

通过上面各个环节，指挥员获得了大量的情报，为及时定下决心创造了有利的条件。在定下决心时，仍然要靠指挥员科学运筹、施谋定计，这些指挥自动化系统并不能代替。但是，指挥自动化系统可以帮助指挥员选择方案、通过计算机可对各个方案进行逼真的推演，进行优化对比，从而权衡各个方案的利弊，从中选出最佳方案。

6）实施指挥

实施指挥是指挥员的决心付诸实践的过程，是指挥周期的最后一个环节。以往的战争中，指挥员的谋略可能因指挥渠道不畅，其战略意图无法在战场贯彻实施。而通过指挥自动化系统可以实施指挥命令及时准确的下达，并且十分保密。这对部属及时理解首长意图，更好地遂行作战任务，具有非常重要的意义。同时，指挥自动化系统及时监督决心的执行情况，并准确、及时地反馈给指挥员，确保指挥员决心落实，实施不间断的指挥。

**2. 武器控制**

指挥自动化系统已大量应用于武器控制。例如：对付高速飞行器的防空系统就是典型实例，这种系统完全是按照预定程序工作。而战略核武器控制系统，其决策权由国家最高指挥者掌握，机器只起辅助决策作用。

常规武器装备了指挥自动化系统，其效率成百倍的增加。例如：炮兵射击指挥自动化系统的使用，可使 10 门火炮计划射击 35 个目标的时间由 2 小时压缩为 1 分 26 秒，单门炮射击准备时间由 1 分钟减少到 6 秒钟。

现代武器的特点是速度快、威力大、杀伤力强、精度高，战争中常要求在几秒钟内确定或改变射击诸元和指挥方案。因此，在提高指挥效率的质量的同时，必须采用包括武器自动控制系统在内的指挥自动化系统，可以使从观察目标到摧毁目标都实现自动化。

**3. 作战保障**

作战保障自动化系统包括侦察自动化系统、收集与处理情报系统、通信系统、气象与天气预报自动化系统和电子对抗自动化系统等。作战保障的效率与质量直接影响整个战场指挥控制效率与质量。

**4. 作战模拟**

在一定的条件下，用数学方法和计算机可以预测战斗乃至战争的发展趋势，这种用数学方法与计算机相结合预测战斗趋势的过程就是作战模拟。世界各国对作战模拟极为重视，如美国军方设有专门机构，研制了大量的数学模型用于作战模拟，这些模型可用于作战决策，也可用来评估军队的战斗能力，还可以用于制定多种军事计划等。

**5. 人员训练**

军队自动化训练系统，主要用于军事院校和训练基地。军事人员不仅可通过计算机系统进行对抗演习,可直接进行人机对抗,计算机能给出对抗结果并评定分数,也可使用各种终端设备查阅文献和参考资料。

**6. 后勤保障**

后勤是军队不可缺少的重要组成部分,现代战争也是后勤战。现代战争中对后勤保障的要求不断提高,而后勤保障却面临严峻的困难。一是物资器材的消耗越来越大,特别是油料和弹药消耗巨增,成为后勤保障沉重的负担;二是战场武器装备战损率增加,维修和保养工作量增加;三是随着武器毁伤概率的提高、杀伤型战斗部的多元化,战场医疗保障更为复杂和重要。但战场用于后勤保障的准备、执行时间却越来越少。

军队自动化系统应用于后勤保障不仅规模大,而且效率高、效果显著。20 世纪 70 年代初期,美军有 26.7% 的计算机应用于后勤工作,主要承担登记和清理陆军仓库中的炮兵的技术器材,能处理 20 万种物资的资料,效率是传统方法的 30 倍,文件往来减少 85%,降低了成本,提高了准确率。美军在使用自动化指挥系统保障战场后勤后,总支出减少 41%。军队指挥自动化系统还可以应用在军用数据库检索、军事文献机器翻译、平时和战时军事管理等方面。

## 七、军队指挥控制系统发展概况

军队指挥控制是自动化科技运用于军事领域的产物。随着控制理论、系统工程、计算机技术、通信技术的发展,军队指挥自动化系统不断发展、升级。美国、苏联等从 20 世纪 50 年代就开始建立自动化指挥系统。

**1. 美国**

美军认为,“没有先进的自动化指挥手段,威慑力量就是一句空话”。美国的指挥自动化系统建设分 3 个阶段。第一阶段:1953—1975 年,从实现一个指挥系统的个别过程自动化,到各军种建立指挥自动化系统。其主要通过给司令部、指挥部门安装计算机以及建立独立的情报处理中心方法实现。第二阶段:1967—1985 年,实现沟通第一阶段建立起的指挥自动化系统之间的信息。其主要通过改善司令部体制、编制,简化和统一自动化系统中的文电格式、信息编码、数据交换方法,统一通信系统中的技术器材、信息传递方法,统一自动化系统内部的解题方式、方法、软件等。第三阶段:1985—1999 年,将已建立的指挥自动化系统整合。其主要通过计算机标准化、程序设计自动化、自动化设备智能化,建立可靠、高效、灵活、合理的指挥自动化系统,大大提高了反应速度和指挥效率。

**2. 苏联**

苏联把实现指挥自动化看作是“继核武器、洲际导弹后的军事革命的第三阶段”。1956—1990 年,其指挥自动化系统建设过程分“单机自动化”“局部自动化”“全盘自动化”3 个阶段,投入大量人力物力,取得显著成绩。由于其在控制理论、系统工程、数据通信技术领域、卫星性能等技术指标,特别是计算机领域技术落后于美国,因此其自动化系统建设和研发进展比美国慢,但在抗毁及抗干扰性能方面优于美国。苏联从东欧到太平洋沿岸,从陆地、海洋到太空,都部署数以千计的台站和通信枢纽,特别是 1986 年开始,对使用指挥自动化系统的部队进行综合训练,1990 年底用全数字系统代替模拟系统。苏联的指挥自动化系统趋于完善,形成完整可用于实战的指挥自动化系统。苏联解体前的战略火箭军和国土防空军已实现指挥自动化,正向“全面自动化”方面发展。

**3. 中国**

“军队指挥控制系统”是我国沿用苏联的名称,西方国家一般称为 $C^3I$ 系统。我国指挥控制系统建设可追溯到 1959 年,周恩来总理批示要建设自己的防空作战指挥系统。我国在十一届三中全会后,开始有计划地研发指挥自动化系统。1978 年成立全军战略指挥网建设领导小组,负责统一管理和全面实施全军指挥自动化系统建设。经过多年的共同努力初见规模,该系统在处理突发事件、军事演习、日常管理中发挥了重要作用。

以往中国军事战略以本土防御为重心,以内线作战为基础,准备打大规模的人民战争,打世界范围的核子战争,因此对指挥自动化系统要求相对简单。但是随着中国军事战略重点由内陆向海洋,由“准备打大仗,打核战争”向高科技局部战争的转移。边境地区和东南沿海的大范围外线作战,对中国军队的作战能力和 $C^3I$ 系统都提出了新的挑战。

1991 年海湾战争中,以美国为首的多国部队采用信息化战争理念,取得战争的完胜,引起我国领导人的高度关注。1995 年 11 月 7 日解放军报发表一条简短消息:中国将在 1996 到 2000 年“九五”计划期间投资 3600 亿人民币建立一条战备通信网路。其将以太空卫星为主体、以地面活动卫星接收站、数位化微波系统和计算机程式控制系统等为辅构建通信网络。

军队指挥控制系统是一项复杂而庞大的系统工程,我军指挥控制系统的发展目前面临严峻的形势。一方面我军指挥控制系统与一些发达西方军事大国尚有差距,同时面临他们的技术封锁;另一方面高技术战争,特别是信息化战争对指挥自动化的要求很高,面对 21 世纪的信息化战争,国防现代化和军队现代化建设仍将面临艰巨的任务。

**4. 日本**

日本从 1967 年开始研发“巴其”防空警戒系统,20 世纪 80 年兴建新“巴其”系统(全面警戒系统),1988 年开始投入使用。其发展计划包括提高指挥通信能力、加强日本海周围的海、空域监视系统,主要用于监视中国、俄罗斯远东地区 3220 千米纵深内的军事情况。

**5. 印度**

印度把指挥自动化系统建设列为国防建设重点项目,并发展战术指挥自动化系统。1987 年 3 月举行的代号“铜钉”的军事演习中使用计算机化的指挥自动化系统,但至今印度的指挥自动化系统尚未普及到全军。

## 第二节 侦察监视系统

现代科学技术的发展促使军事侦察与监视的技术水平和能力有了突破性的提高,利用性能强大的侦察探测系统可实现全时域、全空域的侦察与监视,甚至可完成覆盖全球的侦察监视任务,从而在平时和战时连续、迅速、准确、全面地掌控敌情,为实时应对提供依据。世界各国都非常重视现代侦察监视技术的发展,现代侦察监视技术已成为军事高技术的一个重要领域。

### 一、侦察监视技术概述

**1. 侦察监视技术的涵义**

侦察监视是军队为获取军事斗争,特别是战争所需敌方或有关战区的情况(人员、装备、地形地物、气候、作战效果等)而采取的行动,是实施正确指挥、取得作战胜利的重要保障。其目的是及时获取指挥员下决心和指挥作战所需的准确情报。

侦察监视技术是指在侦察监视行动中为达到侦察监视行动目的而运用的各种技术手段的总称。从理论上讲,自然界中任何实物目标及其所产生的现象总会有一定的特征,并与其所处的背景有差异。目标与背景之间的任何差异,如外貌形状,或在声、光、电、磁、热、力学等物理特性方面的差异,都可直接由人的感官或借助一些技术手段加以区别,这就是目标可以被探测到的基本依据。

从技术的角度,监视侦察目的可分为发现目标、识别目标、监视目标、跟踪目标、定位目标。

发现,即通过把目标与其背景作比较,或依据周围背景的某些不连续性特征,将潜在的目标从背景中提取出来,目的是确定在哪个地方存在目标。

识别,即确定目标的真假和区分真目标的类型。所发现的目标可能是真目标,也可能是假目标。真目标中还有敌友以及种类之分,如是敌方目标还是友军目标,是坦克还是装甲运输车或汽车等,所以必须通过侦察对目标的外形和运动特征加以区分。

监视,即严密注视目标的动静。其通常使用技术器材或由人员隐蔽地实现。

跟踪,即对目标进行连续不断地监视。对于已发现并已识别的特定目标,特别是运动目标应进行连续不断地监视。

定位,即按照一定的精度确定出目标的位置,包括目标的方位、距离和高度。对于需要予以摧毁的目标,需要精确跟踪和定位。

现代军事侦察尤其是战场侦察,一般都要求解决上面几个问题。通常说的"发现"目标除了确定目标有无之外,通常还要提供其他方面的信息。

现代监视侦察技术有多种分类方法,根据军事目的的不同,其可分为战略侦察监视、战术侦察监视;根据侦察监视设备的运载工具及使用的空间范围不同,其可分为地面、水下、空中、空间侦察监视;根据侦察监视技术利用的信息载体不同,其可分为可见光、多光谱、红外、微波、声学侦察监视等。

**2. 侦察监视系统的组成**

侦察监视系统的模型由三部分组成:目标自身存在的特征信息、信息载体、侦察监视设备。侦察监视是指采用一定的技术手段,区分目标与背景之间在光、声、电等物理特性的差别,实现从特定背景中发现、识别目标的目的。

侦察监视系统的设备主要由信息探测器、显示记录器和判读设备组成。信息探测器是指用来探测目标发出的特征信息的各种传感设备。对于目标发出信息不同,探测器所应用的技术和材料也不同。如果目标发出的是红外线,那么信息探测器就是对红外线敏感的器件。显示记录器是指用来记录探测器所探测到信息的各种光电记录设备和胶片、磁带、磁盘等记录载体。判读设备是指用来对记录器上记录的信息进行分析以识别目标的各种专门判读分析仪器。

实施侦察监视的工作过程:首先探测器接收目标在发射或反射的特征信息(声、光、电、磁、热等),然后对信号进行加工处理并进行图像显示或记录,最后发现、识别、监视、跟踪和定位目标。

**3. 侦察监视系统的基础知识**

目标的特征信息是指在自然界中,任何实体目标及其所产生的现象与其所处的背景有差异性的特征,如外观上、结构上、声、光、电、磁、热、力学等物理特性。特征信息的载体是指能携带目标的特征信息并在空间传播的各种形式的能力。例如:光线可携带物体的颜色、外形等特征信息被人眼接受形成具体物体的视觉;无线电波携带广播节目信号,被收音机接收形成广播的声音以产生听觉。侦察监视技术所利用的信息载体有电磁波和声波两大类。

1)电磁波

变化的电场能在周围的空间激起变化的磁场,变化的磁场也能在周围的空间激起变化的电场,交变的电磁场在空间能以约每秒30万千米的速度传播,即电磁波。电磁波是目标特征信息的主要载体。

根据波长和频率的不同,电磁波分为无线电波、红外线、可见光、紫外线、X射线、γ射线等。

可见光是指波长在0.38~0.76微米的电磁波,作用于人视网膜上的感光细胞时,能引起视觉,根据波长不同,可见光可分为红色光、橙色光、黄色光、绿色光、青色光、蓝色光、紫色光。当人眼同时受到各种颜色光的作用时产生白光(复合光)的感觉。

在侦察领域,根据各种电磁波的特征,已经研制成功了多种先进的侦察器材,可以通过接收和转换各种波长的电磁波来探测各种军事目标。光学侦察监视器材是利用可见光波段原理进行工作的。

在可见光的红光外端,波长为0.76~1000微米的电磁波称为红外线。其中:0.76~3

微米称为近红外,3 ~6 微米为中红外、6 ~20 微米为中远红外、20 ~1000 微米为远红外。各种主动式或被动式红外侦察监视器材主要在近、中、中远红外波段工作。

在可见光的紫光外端,波长范围在 0. 01 ~0. 38 微米的电磁波称为紫外线。来自太阳辐射波长小于 0. 3 微米紫外线均被地球大气层中的臭氧吸收,0. 3 ~0. 38 微米的近紫外线能穿透大气层到达地面。在侦察监视时可利用紫外线对目标进行照相。

红外线外端的电磁波是微波,其波长范围为 1 毫米 ~1 米,是无线电波的一部分。按照波长不同可分为毫米波、厘米波、分米波。微波可用电磁振荡的方法产生,能穿透云雾甚至冰层、浅土层,在空中传播几乎不受天气影响和昼夜时节的限制。多数雷达利用微波工作。

2）物体发射和反射电磁波的特性

任何物体都有发射和反射电磁波的能力,但同一物体对不同波长的电磁波的发射或反射能力是不同的,这种发射与反射能力随波长变化关系称为物体的波谱性。波谱性是侦察监视器材探测和区分目标的主要依据。

3）发射特性

任何物体只要它的温度高于绝对零度( －273. 15℃)时,组成物体的分子和原子都会不停地做无规则的运动,温度越高原子和分子运动越剧烈,这种运动称为热运动。分子与原子在做热运动时,其内部的带电粒子是不稳定的,通常要从高能级向低能级跃迁,自发辐射过程中产生的能量,主要以电磁波的形式释放。因为辐射与温度有关,所以称为热辐射。不同物体热辐射的强度和波谱不同,这就是侦察设备探测与识别不同目标的重要依据。

4）反射特性

同一物体对不同波长的电磁波反射能力(光谱反射能力)并不相同,不同物体对同一波长的电磁波反射能力也不同。物体对可见光的不同反射特性,决定自身颜色。例如:红花之所以红,是因为它在受到白光的照射时主要反射其中的红色光波,而吸收除红光波段以外的其余电磁波;绿叶之所以绿,也是因为它主要反射绿色光波。

**4. 电磁波的传播**

电磁波在不同介质中传播效率不同,其在真空、空气等介质中效率高、衰减很少,在水中、土层岩石等介质中传播效率低、衰减很大。不同波长的电磁波在同一介质中传播效率也不同,如波长较长的无线电波比波长短的无线电波在海水中的传播效率高。因此,侦察监视器材在实际使用时必须根据环境选择最佳工作波长,如在大气环境下应选择传播效率高的波段。

侦察设备通常远离目标,所以目标发射和反射的电磁波需通过大气传输到侦察设备。电磁波的波长不同,在大气中的传输能力也不同。由于大气中的水汽、二氧化碳等气体分子对不同波段的电磁波有不同程度的吸收作用(称为选择性吸收),因此有些波段的电磁波被削弱,有些波段甚至完全消失。被大气层吸收较少的波段(大气透过率较高的波段)，通常形象地称为“大气窗口”。

大气窗口有5个，具体如下：

(1) 0.3~1.3微米，包括全部可见光、部分紫外光和部分近红外波段，属于目标的反射光谱。照相及扫描方式的侦察器材多使用此“窗口”。该窗口在目前侦察领域应用最为广泛。

(2) 1.4~2.5微米，属于近红外波段，也是目标的反射光谱，但不能被胶卷感光。在侦察中，该窗口很少使用。

(3) 3~5微米，属于中红外波段，既可以是目标反射光谱，也可以是目标发射光谱。

(4) 8~14微米，属于远红外波段，是目标本身的热辐射波段，目前利用广泛。

(5) 大于1.5厘米，属于微波波段，是微波雷达应用最为广泛的窗口。

电磁波波谱虽然宽，但并非所有波段均能利用。侦察器材只能选用大气窗口的电磁波段进行工作。在水中、土层中、云层中、雾雨雪中也存在类似的“大气窗口”现象。

**5. 声波**

频率从20赫~2万赫的声波人可听到，人无法听到超声波(高于20万赫的声波称为超声波)和次声波(低于20赫的声波为次声波)。声波是一种弹性波，在不同介质中传播速度不同，如空气中为340米/秒(常温条件下)，水中为1450米/秒，钢铁中为5000米/秒。声波在传播过程中如遇目标则可形成反射。侦察监视系统可通过接收目标发出或反射的声波达到对目标侦察监视的目的，如音响传感器、震动传感器、声纳等都是利用声波进行工作的侦察监视设备。

## 二、现代战争中的侦察监视技术

**1. 光学侦察监视技术**

光学侦察监视是指使用光学技术器材进行的侦察监视，包括照相侦察监视、红外线侦察监视、微光侦察监视、激光侦察监视、电视侦察监视。

1) 照相侦察监视技术

照相侦察监视是指使用照相器材摄取目标影像的侦察监视。照相侦察监视技术是指依靠照相机摄取目标图像，获取情报资料的一种系统技术。该系统包括照相机、胶卷(磁盘)、洗印放大设备、判读设备。根据利用的光波谱段的不同，其分为可见光照相侦察监视、红外照相侦察监视、紫外照相侦察监视、多光谱照相侦察监视、激光照相侦察监视。

(1) 可见光照相侦察监视。可见光照相侦察监视是利用感光胶片或可见光CCD(电荷耦合器件)作为感光元件，在可见光条件进行的照相侦察监视。由于可见光的波长短，因此可见光照相侦察监视的分辨率高，相片易判读和理解。可见光照相侦察监视是军事侦察监视中的重要手段，但可见光照相侦察监视的弱点是需要较强的可见光光源。卫星上的可见光照相机对地面目标的侦察监视，必须在晴朗无云的白天进行。

照相侦察监视系统的主要性能参数有照片分辨率和地面分辨率。照片是由很多称为感光粒子的小色块拼凑而成。光感粒子越大,对目标景象光线的感光度越差,照片的质量越粗糙;光感粒子越小,照片越细腻,能记录下目标细微的特征。衡量照片品质高低用性能参数照片分辨率($R$)表示,度量单位是线对/毫米(照片上一毫米宽度内能区分的线对数)。例如:美国的“大鸟”照相侦察卫星,照片的分辨率达到180线对/毫米。地面分辨率是指在极限情况下照片上每一条线(对)的宽度所对应的地面尺寸,主要衡量照相侦察系统分辨物体的能力,单位为米。地面分辨率是照相系统能显示地面最小目标的大小,地面分辨率值越小,系统分辨目标的能力越强。

(2)红外照相侦察监视。红外照相侦察监视是利用红外照相机获取目标红外反射照片的照相侦察活动。红外照相机采用只能透过红外线的锗制镜头和对红外线敏感的专用胶卷。红外照相侦察监视能识别伪装,在夜间、浓雾等不良条件下可以拍摄远距离景象,发现可见光照相侦察监视无法发现的目标。其缺点是仅对近红外区敏感,只能感受0.3~1.36微米的红外光。其最佳敏感波段为0.76~0.85微米的近红外线。由于常温物体近红外辐射很弱,因此夜间红外照相侦察监视须用强光照射目标。

(3)紫外照相侦察监视。紫外照相侦察监视是利用照相机镜头上装备的紫外滤光镜,采用对紫外线敏感的专门胶卷,获取目标紫外线反射图片的照相侦察。其一般用于揭露雪地上涂白色颜料或白色覆盖物的伪装目标。

(4)多光谱照相侦察监视。多光谱照相侦察监视是用多光谱照相机利用不同的光波谱段(从紫外到红外划分4~9个窄的谱段)同时对目标拍照,同时获得目标几个谱段的照片的照相侦察。将照片经过适当处理和比较,可对目标区的物体进行分类和区别,从而辨别伪装目标寻找真目标。

(5)激光照相侦察监视。激光照相侦察监视有激光扫描照相侦察监视和激光全息照相侦察监视两类,目前激光扫描照相侦察监视应用最多。它是一种可昼夜使用的实时侦察监视设备,是用高亮度激光束扫描、照射地面目标场景,接收反射的激光后在显示设备上将信号还原成肉眼可见的图像。激光全息照相由于技术要求高,因此实现规模运用比较困难。

2)微光侦察监视技术

微光侦察监视是指使用微光夜视器材进行的侦察监视。“微光”或者说“夜天光”是指夜间存在的微弱的、人眼无法感觉到光线,包括月光、星光、大气辉光等。通常人阅读需要的照度为50勒克司。1955年因发现多碱金属材料锑钾钠铯,对0.36~0.9微米波长的光线最敏感,研制出可对微弱夜天光产生光电效应的光电阴极,由此发明了微光夜视仪。微光器材主要有微光夜视仪、微光电视、微光照相机。

微光夜视仪是在夜间利用自然界中的月光、星光等微光对物体的照亮,通过技术处理,将微弱的光线增益到人眼可观察的亮度,实现观察的器材。其一般由电源、光学系统、像增强器(核心部件)三部分组成。

第一代微光夜视仪的像增强器是3个单级串联,可将微弱的夜天光增强5万倍,但体积大、易受外界强光干扰,最终被淘汰。第二代微光夜视仪采用新型、高度增益的微通道板像增强器,不仅体积小、重量轻,还可通过电子倍增饱和状态的控制达到防强光的目的。由于夜天光的波长范围很广,除了可见光外,还存在红外线、紫外线,而第一代、第二代微光夜视仪仅能对0.9微米以下夜天光有感应,因此第三代微光夜视仪应用砷化镓为光电阴极,感受夜天光的波谱宽,还对近红外很敏感。所以,可以发挥上面夜视仪的作用,通过微光或红外线观察,提高观察效果和抗干扰能力。第四代微光夜视仪采用电荷耦合器件,是一种超大规模集成电路功能器件,能把光信号转变为电信号。其利用光敏单元,受光照产生电荷,通过对点阵排列或面阵排列的扫描,用脉冲电压使电荷沿着光敏单元移动,通过二极管输出电信号。

微光夜视仪可连续以被动方式工作,安全可靠、不易暴露,但作用距离和观察效果受环境照明条件和天气影响大,雨雾天无法正常工作,全黑天则完全失效。一般星月条件下(0.001勒克司),微光夜视仪可发现800米处人员、1500米处车辆,识别1000米以内目标。

3)红外侦察监视技术

红外线侦察监视是指使用红外线器材进行的侦察监视,分主动式红外线侦察监视(主动红外夜视仪)和被动红外线侦察监视(热像仪)。该器材主要有红外线观察仪、红外线照相机、热像仪、热定向仪、红外线雷达、红外线电视、红外线扫描仪。

主动红外夜视仪由红外探照灯(0.76~1.15微米波长红外线)、光学系统、红外变像管、电源组成。其中:红外变像管是核心部件,利用银氧铯制作光电阴极,功能是通过光-电-光的转变将红外图像转变成可见光图像。主动红外夜视仪可通过发射红外线,清楚分辨目标和目标细节,得到比其他夜视器材更清晰的目标图像,如30瓦功率红外探照灯作用距离为200~300米,500瓦红外探照灯作用距离达1000米。

主动红外夜视仪也可分辨在可见光条件下因覆盖伪装而难以辨别的目标,但其存在容易暴露的缺点,随着科技的发展,其战场生存能力大幅降低。例如:1973年第四次中东战争期间,埃及、以色列双方主战坦克都配备主动红外夜视仪,其中战损的坦克有相当多的坦克是因为不恰当使用红外探照灯而被对方摧毁。

被动红外侦察监视典型的器材是热像仪。它是利用收集目标自身因温度辐射的红外线(3~14微米波长)进行工作的仪器,显示的图像是目标各个部分发射红外线强弱(温差图像)。其主要由光学系统、红外探测器、电子线路、显示器组成。制作红外探测器的半导体材料有锑化铟(波段3~5微米)、碲镉汞(波段8~14微米)。由于需在极低温度下工作才能具备较高的灵敏度,因此热像仪需配备专门的制冷设备。热像仪虽然具有全天候工作、隐蔽性好、不易被发现和干扰、识别伪装和假目标能力强、作用距离远等优点,但也存在设备结构复杂、技术难度大、生产成本高、目标温差小时图像模糊、分辨能力下降的缺点。

**2. 雷达侦察监视技术**

雷达侦察监视就是使用雷达侦察监视设备进行的侦察监视。其具有探测距离远、探测速度快(时性强)、不受天时限制、精度高、能自动搜索跟踪目标、与附属设备配合使用可识别敌我等优点。

雷达识别敌己是通过询问机向目标发出一串编码脉冲,如目标上安装应答机,则自动回传一串编码信号,从而确定目标的敌我属性。

雷达测距是通过测定雷达波从雷达传播到目标,再返回雷达接收机所需的时间,利用公式:$S=$时间$/2\times$光速,即可得到目标与雷达之间的距离。

雷达测速是根据多普勒效应实现。当目标以某一径向速度相对雷达运动,雷达的回波频率相对于发射波的频率会发生变化,如目标相对朝向雷达方向运动,则回波频率变高,相对背向目标方向运动则回波频率变低。回波频率与发射波频率之差值为多普勒频移。目标运动的相对速度越快,多普勒频移越高。雷达可根据多普勒频移的高低求算出目标的运动速度。

新体制雷达主要有相控阵雷达、合成孔径雷达、三坐标雷达、超视距雷达。

相控阵雷达是控制阵列天线各辐射单元的馈电相位,使天线波束在空间快速扫描的雷达。相控阵雷达是一种电扫描雷达。雷达波束扫描是利用雷达天线的转动实现,称为机械扫描。利用机械扫描方式工作的雷达,由于天线的惯性,波束扫描的角速度不能太大,因此很难跟踪快速移动目标。电扫描雷达是利用电的方式控制雷达波束的指向变动,在天线不转动的条件下,对120度扇面内的目标进行探测,3个天线阵可实现360度无间断的目标探测和跟踪。大型相控阵雷达可探测3000~5000千米远的轰炸机、弹道导弹等目标,对隐身飞机也有较强的探测能力。例如:美国的"铺路爪"相控阵雷达是一种大型的战略预警雷达,美国的AN/TPQ-37炮兵侦察雷达是相控阵炮位雷达,主要用于对敌火炮位置的测定,并为己方炮兵射击提供校正参数,作用距离在20~50千米。

合成孔径雷达(synthetic aperture radar,SAR)也称为侧视雷达,是利用雷达载体与目标相对运动的效果,通过计算机处理信号的方法,将真实的几米小孔径天线合成为较大的等效孔径天线的成像雷达。

合成孔径雷达主要用于侦察监视、测绘、图像匹配制导等。一般该雷达分辨率要求越高,需要发射波束越窄,但只有大天线才能产生窄波束,所以若想达到可见光照相分辨率相近,则雷达天线长度要1000米以上。因此,合成孔径雷达具有分辨率高、数据量大、能全天候工作、识别伪装、穿透掩盖物能力强、可实现目标成像等特点,但其技术复杂、成本较高,目前无法广泛使用,只能装载在飞机或航天器上。观察者运动,被观察者相对静止,"观察者"称为"合成孔径雷达"。我国研发的是观察者相对静止(合成孔径雷达安置在地面),被观察者运动的称为"逆合成孔径雷达"。

**3. 传感侦察监视技术**

当前战场上传感技术十分发达,主要有各种侦察卫星、雷达、侦察机、无人侦察器、窃听器、地面传感器、海上侦察船、声纳、夜视器材等。传感技术构成外层空间、空中、地面、海上、水下立体的全方位的信息遥感控制系统，尤其是各种侦察卫星，使战场空前透明。例如：在海湾战争中，美军使用了电子侦察卫星、照相侦察卫星、大地测量卫星、气象卫星、预警卫星等，获得的信息量约占全部情报的90%。

传感侦察监视包括战场传感器侦察监视和水下传感器（声纳）侦察监视。

战场传感器是一种能对战场目标所引起的战场环境物理量变化进行探测的小型侦察监视设备。其主要由探测器、信号处理电路、发射机、电源组成，能适应各种环境，全天候、全时段被动侦察监视敌战场目标活动，或在己方要地担任警戒任务。其具有结构简单、便携、易伪装和布置等特点。

战场传感器分震动传感器（利用目标震动带动电磁线圈在磁场中切割产生电流形成信号）、声响传感器（声电转换器）、磁性传感器（目标运动产生磁场变化引发磁场强度计指针偏转产生电信号）、红外传感器（利用钽酸银材料制成的热释电探测器感受目标红外能量产生电信号）、应变电缆传感器（又称为压力传感器，利用感受外来压力下电流变化探测目标）。

水下传感器侦察监视主要器材是声纳。声纳原意是声音导航和测距，由法国物理学家郎之万于1918年发明。声纳是利用超声波在水中的传播和反射进行测距和定位。其主要由发射机、换能器、接收机、显示器、定时器、控制器等部分组成，发射机发射信号，经换能器将信号变成超声波信号向水中发射，声波信号遇到目标后反射产生回波信号，被换能器转化为电信号，经接收机放大处理后在显示器的屏幕上显示。

声纳种类繁多，根据使用的对象不同，可分为水面舰艇声纳、潜艇声纳、航空声纳、海岸声纳等。为消除本舰声纳的盲区，采用可调节深度的拖曳式声纳。声纳的探测深度可达几百米，探测范围分别为近程声纳可达5海里，中程声纳为10海里，远程声纳为15海里，超远程声纳为15海里以上。

声纳按照工作方式有主动式声纳（回声声纳）和被动式声纳（噪声声纳）两种。主动式声纳工作方式是指声纳主动发射声波信号，根据接收目标反射信号测定目标方位和距离。其能探测静止无声目标，但侦察距离较近，易被敌方侦听暴露自己，战场安全性差。被动式声纳工作时，该声纳通过接收目标发射的噪声信号判断位置和方向，工作隐蔽、安全、保密性好，可侦测较远距离目标，但无法侦察静止无声目标。

由于声纳是接收声波信号，因此容易受到噪声干扰，除受海洋中自然噪声（行船、海水涨落、波浪翻滚、海洋动物的噪声）、本舰噪声、海洋交混回声的噪声干扰外，人为有方向性的干扰信号和干扰噪声也会影响声纳的正常工作。现在的潜艇都装备干扰器和模拟器等水声对抗器材。干扰器是一种一次性消耗性器材，有效工作时间约为10分钟，由潜艇释放后可产生较宽频率范围内的强烈噪声信号，造成主动和被动式声纳的显示器上出现一片光迹，从而无法显示目标；扬声器和耳机中出现“沙沙”声，无法侦听和记录目标信息，导致声纳暂时失效。模拟器是一种可伪装成假目标的运动装置，可发出类似潜艇的特征信号(噪声、回声),并模拟潜艇运动,使敌方声纳产生错觉,跟踪假目标,使真的目标可安全脱离。目前,世界各国在研制新一代声纳,主要采用降低声纳工作频率、增加发射功率、使用新型探测信号等技术以进一步增强声纳的探测性能。

## 三、侦察监视技术对战争的影响

现代侦察监视技术的发展及其在战场上的应用,使现代战场侦察与监视手段有了显著的改善。侦察手段多样化,各种手段综合运用,大大提高了大面积监视能力、精确侦察能力(包括夜间或及复杂天气条件下的全天候侦察能力、实时或近实时侦察能力和识别伪装的能力),对作战产生了深刻的影响。

**1. 作战空间扩大**

现代侦察技术装备可以覆盖整个战场并在全球范围内进行全纵深、大面积的侦察和监视。例如:陆战场监视系统侦察纵深可达 150 千米;中低空侦察机可覆盖其航迹侧面 100 千米;高空侦察机飞行距离 4800 千米,值勤时间 12 小时,每小时监视能力达 38.9 万平方千米;卫星侦察与监视可覆盖数百万平方千米。作战侦察距离的增大,扩大了信息获取量,为实施远距离作战提供了条件。

**2. 改善信息获取手段**

侦察技术的发展,使现代战争的情报侦察方式发生了变革,传统战场侦察主要是依靠侦察兵或特工人员使用目视观察器材进行侦察,而现代战争的情报侦察则不同。

**3. 增强作战指挥的时效性,提高指挥质量**

现代侦察监视技术特别是卫星、遥感技术应用于军事领域后,不仅使军队获取信息的范围显著增大,而且其速度和准确率也大大提高。目前,在地球上空的各类探测和通信卫星多达千余颗。这些卫星上均装有使用最新成果的高技术仪器,大大缩短了各种指令的传递时间。

现代侦察监视系统不仅能为指挥员提供直读、直观、直听的不同距离的、全方位的、有声有色的情报,还可用计算机的逻辑功能帮助计算、分析和判断,并可对指挥员作出的计划方案进行“对抗模拟”,比较方案的可行性,以便于选择最佳方案。同时,避免了手工作业带来的差错,增强了保密性,提高了指挥质量。

**4. 促进了反侦察技术的发展**

侦察技术在军事领域的广泛运用,使战场“透明度”越来越高,部队隐蔽行动更加困难,因此部队必须不断探索新的伪装方法和行动方法,这就促进了反侦察技术的发展。

## 四、侦察监视技术发展趋势

由于各种高技术手段的广泛应用,现代侦察监视技术正在进入一个崭新的发展阶段。无论是侦察方式、侦察手段、器材设备本身,还是其战术技术应用,都提高到一个新的高度。现代侦察监视技术的发展与应用对战争结局产生深远影响。

**1. 空间上的立体化**

由于现代武器的射程急剧增加,部队的机动能力迅速提高,信息化装备大量应用现代战争已演变成大纵深、高立体的信息化战争。为了适应这种战场特点,侦察与监视体制必须形成太空、空中、地(水)面、水下组成的“四合一”系统,即由太空中的侦察卫星、天空中的侦察机、陆地上的雷达、地面的传感器、无线电设备、水下的声纳等侦察监视设备组成一个涵盖陆、海、空、天、电领域的综合侦察监视网络。这些系统在侦察监视的地域、时间、周期、情报的处理和利用等方面相互取长补短,以便发挥系统各自的优点和特长。

**2. 速度上的实时化**

现代战争快速多变、部队机动能力强、作战节奏快,仅靠人自身的感觉器官和经验远不能满足“适时侦察”的需要。在要求侦察与监视的时效性高,提供信息所用的时间尽量最短情况下,信息的处理能力增强和传输能力提高是关键,利用大容量和运算速度快的计算机对遥感图像进行自动分类和识别,可以将侦察监视获取的信息实时传输给指挥员。

**3. 手段上的综合化**

随着侦察技术的不断改进,各种反侦察技术和伪装干扰技术也得到了发展。为了有效地发现、区分、识别、定位、监视和跟踪目标,提高侦察效果,一方面要加强地面目标特征研究,另一方面要加速研制新型的遥感器,通过使用多种遥感器,同时观测目标区,达到获取大量信息进行相互印证和对照,提高信息可信度的目的。

**4. 侦察、监视与攻击系统一体化**

由于现代战争的快速性,必须将部队的侦察监视系统与武器装备,特别是精确制导武器有机地结合起来,才能发挥侦察监视的效果。侦察监视系统不仅能自身携带武器攻击,也能引导其他武器平台实施攻击。遥控飞行器可携带有侦察、跟踪、瞄准装置和弹药,侦察发现目标后,能很快将目标摧毁。例如:美国的“捕食者”无人侦察/攻击机可携带 4 枚“地狱火”导弹或 2 枚 GBU - 12 激光制导炸弹,在侦察监视的同时可实施攻击任务,在阿富汗战争中曾多次实施对地攻击任务;预警卫星将所得到的敌目标信息适时传输给攻击系统,实现边发现边摧毁;海洋监视卫星一旦发现敌舰,立即给我方舰艇、导弹指示攻击目标等。

**5. 侦察监视系统的安全化**

各种反侦察武器特别是精确制导武器的出现,对侦察监视系统构成了严重的威胁,提高整个侦察监视系统自身的生存能力,成为迫切需要解决的新课题。空中侦察监视系统主要是向高空、高速或超低空发展,其采用远距离斜视遥感设备,并充分发挥无人驾驶侦察机的优势,同时发展隐身侦察机。由于反卫星武器的出现,航天侦察监视系统也不再是“高枕无忧”,因此必须在躲避攻击、抗电子干扰、耐核辐射等方面进一步采取措施。在地(水)面和水下实施侦察监视,要随时做好反侦察与监视的准备。

# 第三节　预警导航系统

1957 年 10 月 4 日，苏联成功发射了世界上第一颗人造地球卫星，标志着人类跨入了航天时代。由此兴起的航天技术在以后的近半个世纪里获得了迅速发展。航天技术的发展使人类挣脱地球引力的羁绊进入广袤无垠的外层空间成为现实，同时也为军事活动提供了新的场所。因此，外层空间已成为一个新战场。

信息化战争中军事航天装备对抗特征日趋显著，装备体系趋于天地一体、软硬结合、攻防兼备。其不仅在侦察、监视、通信、导航、预警等方面能独立遂行作战任务，而且利用外层空间部署的高性能、高精度作战装备与平台，对地面信息化战争可实施有效支援。

## 一、航天技术概述

**1. 航天技术的涵义**

航天技术也称为空间技术，是探索、开发和利用太空以及地球以外天体为目的的综合性工程技术。其主要包括航天器、航天运输系统的研制、试验、发射、运行、返回、控制、生命保障及应用技术等。

太空是人类继陆地、海洋、大气层空间之后的“第四活动领域”，是指地球大气层外的空间区域。通常将距地表 100 千米以上的宇宙区域称为“空间”或“太空”。

距地心 93 万千米半径内区域处于地球重力场称为“地球空间”。按照国际规定：距离地球距离大于地球至月球平均距离的空间称为“深空”，地球静止轨道高度以下的区域称为近地空间。空间的资源包括环境资源、能源资源、矿藏资源、轨道资源。

**2. 航天技术的发展历程**

1957 年 10 月 4 日，苏联发射世界上第一颗人造地球卫星“斯普特尼克 1 号”，开创了人类航天技术的新纪元。

美国于 1958 年 2 月 1 日发射人造地球卫星“探险者” –1 号，法国于 1965 年 11 月 26 日发射试验卫星 A –1，日本于 1970 年 2 月 11 日发射“大隅号”人造地球卫星，中国于 1970 年 4 月 24 日发射“东方红” –1 号人造地球卫星，英国于 1971 年 10 月 28 日发射“幸运号”人造地球卫星，印度于 1980 年 7 月 18 日发射“光明号”人造地球卫星。到 1982 年 11 月为止，全球共发射各类人造地球卫星约 13657 颗，其中 75% 以上直接用于军事领域。

1957 年 11 月 3 日苏联在发射的第二颗人造卫星上搭乘小狗“莱卡”，成为飞上太空的第一个地球生物。1961 年 4 月 12 日，苏联航天员加加林驾驶“东方”号飞船，环绕地球一周后安全返回地面，开创成功载人航天飞行的先河。

1961 年 5 月，美国总统肯尼迪宣布实施“阿波罗”登月计划，计划 10 年内将美国宇航员送上月球，拉开了空间军备竞赛的帷幕。1961 年 5 月 5 日美国宇航员艾伦·谢泼德进行亚轨道飞行后安全返回。1962 年 2 月 20 日宇航员约翰·格伦乘“水星” –6 号飞船绕地球 3 圈,成为进入太空的第一名美国人。

1965 年 3 月 18 日苏联的宇航员列昂诺夫乘“上升” -2 号飞船,在飞行第二圈时实现人类第一次太空行走。美国的怀特、塞尔南、戈登于 1965 年 6 月、1966 年 9 月乘“双子星座”4 号、9 号、11 号也实现太空行走。

1966 年 3 月 16 日美国“阿吉纳”2 号飞船与“双子星”8 号飞船实现人类历史上首次太空对接。1969 年 1 月 15 日苏联载人飞船“联盟”4 号和“联盟”5 号也实现太空对接。

1969 年 7 月 16 日美国发射“阿波罗” -11 号飞船成功将宇航员阿姆斯特朗和奥尔德林送上月球。此后,美国相继成功登月 5 艘阿波罗飞船,取得技术领先地位。

20 世纪 70 年代后,美国放弃飞船研究,转而发展技术难度更大的航天飞机。1981 年 4 月 12 日美国从佛罗里达州的肯尼迪宇航中心成功发射“哥伦比亚”号航天飞机,绕地球 36 圈后在加利福尼亚的爱德华空军基地着陆,揭开了航天技术新的一页。

2007 年 10 月 24 日我国成功发射“嫦娥”一号月球探测器,实现环月球轨道的探测,飞行 497 天后于 2009 年 3 月 1 成功撞月。2010 年 10 月 1 日我国发射“嫦娥”二号探索月球虹湾着陆区。2013 年 12 月 2 日我国发射“嫦娥”三号,进行月球探测器软着陆,为进一步探月奠定基础。2019 年 1 月 3 日我国“嫦娥”四号探测器成功着陆在月球背面预选着陆区。

2020 年 11 月 24 日 4:30 文昌航天发射场,“长征”五号运载火箭搭载着重 8.2 吨的“嫦娥”五号发射升空,成功实现月球采样返回。

**3. 航天技术的构成**

航天技术主要由运载器技术、航天器技术、地(海)面测控技术构成。

1) 运载器技术

运载器技术是研究在地球引力和大气作用下如何给航天器提供能量,达到进入太空或轨道高度的技术,是航天技术的基础。其通常包括运载火箭和空间运输系统。

运载火箭是为航天器提供摆脱地球引力能量的工具。空间运输系统也称为空间运输器,既是运载器也是航天器,包括航天飞机和天地往返系统。天地往返系统是指可由地面起飞直接进入轨道,并能从轨道返回在地面着陆,可重复使用的航天运输系统。

2) 航天器技术

航天器技术是指航天器在太空环境下完成运行和特定任务的设计与制造技术。航天器是指在太空沿一定轨道运行并执行探索、开发、利用太空等任务的飞行器,也称为空间飞行器。其包括结构系统、温度控制系统、姿态与轨道控制系统、测控与通信及数据系统、能源系统、回收系统。航天器可分无人航天器和载人航天器,其中无人航天器运行轨道可分为人造地球卫星和空间探测器(月球探测器、行星探测器、星际探测器),载人航天器分载人飞船(卫星式、登月式、星际式)、空间站(单一式、组合式)、航天飞机。

“猎户座”载人飞船,又名:“奥赖恩”,美国原“星座计划”(新重返月球计划)中下一代载人航天系统,目标是使人类往返地球和月球之间,并为国际空间站提供补给。2010

年初,美国政府宣布终结“星座计划”,“奥赖恩”飞船也随之取消。2013 年 1 月美国国家航空航天局与欧洲航天局合作研制新型载人飞船“奥赖恩”航天器,欧洲负责提供推进和动力装置。美国国家航空航天局宣布于 2014 年年初对“奥赖恩”飞船进行无人飞行测试,直到 2020 年美国国家航空航天对“奥赖恩”航天器的研发计划仍在进行之中。美国国家航空航天计划在月球上建立基地后,还计划运载航天员登陆火星。

3）地(海)面测控技术

测控技术是对飞行中的运载火箭和航天器进行跟踪、测量、监视、控制的技术,目的是保证航天器在轨道上正确运行和工作。为保障飞行器在轨道上正常工作,除飞行器自身装载测控设备外,还必须在地(海)面建立测控系统。测控网是对航天器飞行状态进行跟踪测量,控制其运动和工作状态的系统,通常由航天控制中心、测控站组成(包括测量船、测量飞机)。其用以测定和控制航天器的运动,检测和控制航天器上各装置和系统的工作,接收来自航天器的专用信息,与载人航天器的乘员进行通信联络等。

## 二、航天器基础知识

### (一) 航天器的发射

**1. 航天器的发射速度**

航天器如要飞离地球、太阳系进入宇宙,则必须具有一定的速度。20 世纪初,俄国齐奥尔科夫根据万有引力定律提出 3 个宇宙速度的概念(图 18 - 2)。

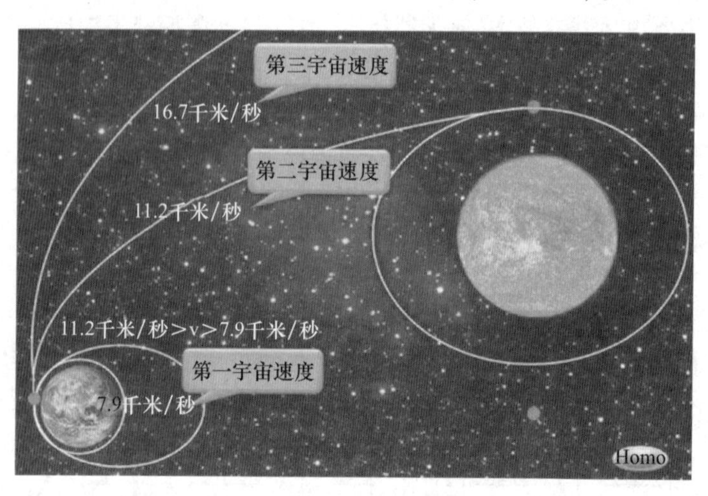


图 18 - 2 宇宙速度

第一宇宙速度是指物体依靠惯性在一定高度轨道上环绕地球做圆周运动的速度。在忽略大气作用和地球自转影响下,设定卫星做贴地飞行状态,数值为 7.9 千米/秒。

第二宇宙速度是指航天器速度增加到完全挣脱地球引力的束缚进入太阳系,成为环绕太阳运行的人造行星。其数值为 11.2 千米/秒。

第三宇宙速度是指航天器脱离太阳引力进入太阳系以外的宇宙空间。其数值为 16.7 千米/秒。

卫星在地球引力场内绕地球运行，完全处于无动力飞行状态，其运行规律按照开普勒定律运行，即卫星运行轨道是以地球为焦点的椭圆；运行轨道上卫星与地心连线在单位时间内扫过的面积相等；卫星运行周期的平方与椭圆轨道半长轴的立方成正比。卫星运行轨道根据速度不同可能为圆形（速度等于 7.81 千米/秒）、椭圆（速度大于 7.81 千米/秒小于 11.18 千米/秒）、抛物线（大于 11.18 千米/秒）、双曲线（大于 16.63 千米/秒）。

**2. 航天器的入轨方式**

航天器运行时质心运动轨迹称为航天器轨道，一般分为发射轨道、运行轨道、返回轨道。

1）直接入轨

运载火箭从地面起飞后，各级火箭发动机按预定程序逐级连续工作，为提高下一级发动机的使用效率，在燃料耗尽后上级发动机组逐个抛弃，发动机工作结束时，航天器达到入轨需要的高度和速度，由入轨点进入预定轨道。一般适合低轨道航天器的发射国际上界定：从临界高度（平均值为 150 千米）到 2000 千米以下近似圆的轨道称为低轨道；2000～20000 千米高度轨道称为中地球轨道；20000 千米以上高度的轨道称为高地球轨道。

2）滑行入轨

火箭从地面起飞第一个主动段已获得飞行所需大部分能量，然后关闭发动机，利用自身动能在地球引力下自由飞行，到达与轨道相切的位置时再次点火，加速到入轨要求的速度后进入环形轨道。滑行入轨一般适合发射轨道高度在 2000 千米以下的航天器。

3）过渡入轨

过渡入轨时，运载火箭弹道分加速段、停泊段、再加速段、过渡段及加速入轨段。航天器在发射过程中，利用过渡轨道在火箭多次工作状态下最终获得速度进入预定轨道。过渡入轨一般适合发射任何轨道高度的航天器。

### （二）军用卫星

军用卫星是专门用于军事目的的人造地球卫星的统称。按照用途分类，其可分为军事侦察卫星、军事通信卫星、导航卫星、军事测地卫星、军事气象卫星等。

军用侦察卫星是指安装光电遥感器、雷达、无线电接收机等侦察设备，用以获取军事信息的人造地球卫星。

**1. 卫星侦察的特点**

（1）侦察范围广。侦察机最高可在 30 千米高度实施侦察，航空照片范围约数十平方千米。500 千米轨道高度的电子侦察卫星，一次侦察可覆盖 2000 多平方千米的区域。

（2）速度快。低轨道卫星，周期约为90分钟，一昼夜可绕地飞行15~16圈，18天侦察范围可覆盖地球一遍。根据指令可随时变轨飞抵目标区上空实施战场侦察。

（3）侦察限制少。侦察卫星飞行在宇宙空间，不受国界限制，无侵犯领空之争；不受地面防空火力威胁，无安全之忧；不受地理和气象条件限制，可昼夜连续工作。

（4）侦察时间长。随着技术的发展，侦察卫星的寿命不断延长，功能多元化。在空间可进行长期侦察，记录平时和战时军事目标和军事行动的动态变化，如组成星网，可进行连续全方位侦察。

（5）局限性。卫星始终按照预定轨迹飞行，难以对运动中的目标实施跟踪；近地轨道运行速度快，难以对地面同一区域目标实施连续侦察；对生化武器的远程侦察缺乏有效手段；不能完全准确识别伪装和假目标。

**2. 侦察卫星的分类**

侦察卫星主要包括成像侦察卫星、电子侦察卫星、海洋监视卫星、导弹预警卫星、核爆炸探测卫星等。其主要承担侦察敌方战略目标、领土测绘、战场情况侦察等任务。

1）成像侦察卫星

成像侦察卫星又称为照相侦察卫星，是利用电光遥感器摄取地面目标图像的侦察卫星。其主要设备有可见光与红外照相机、扫描仪、电视摄像机、多光谱照相机、合成孔径雷达等。

美国1959年2月28日发射第一颗照相侦察卫星“发现者”1号，至今已发展到第六代。前三代侦察卫星寿命短、分辨率低。第四代“大鸟”照相侦察卫星（KH－9），可定期回收胶卷舱，寿命275天，地面分辨率0.3米。第五代“锁眼”照相侦察卫星（KH－11），利用中继卫星发送信息，寿命3年，分辨率1.5~3米。第六代KH－12（超级KH－11）侦察卫星采取光电遥感技术（自动化光学成像），提高夜间侦察能力和准确性，分辨率0.1~0.3米，寿命达5年。目前“锁眼”－12号侦察卫星已经入轨4颗，首颗“锁眼”－12侦察卫星在800千米的近地轨道之上，其他的3颗都隐秘在270~1000千米的近地轨道上。美国侦察卫星主要用于解决全天候侦察、高分辨率、实时传输信息问题。

1962年4月苏联发射第一颗照相侦察卫星是“宇宙”4号。现在俄罗斯的照相侦察卫星也发展到第六代，主要有“宇宙”－1552和“宇宙”－2031。

2）电子侦察卫星

电子侦察卫星是指利用侦收敌方电子设备的电磁辐射信号获取情报的侦察卫星。当卫星飞经目标上空时，利用磁带记录地面无线电信号，待飞经地面站上空时将信息传回。一般电子侦察卫星轨道高度为300~1000千米，周期90~105分钟，工作寿命6个月以上。为防止侦察的“空白区”，采用卫星网连续侦察。

美国、苏联发射电子侦察卫星最多，其中第五代电子侦察卫星称为“宇宙”－1961号，是苏联第一颗能大面积覆盖的连续普查型电子侦察卫星，从1988年8月开始发射。

近年来，中国大幅加强了对地观测卫星的研发规划，并在2010年建立了“高分”专项,包括研发7种高分辨率侦察卫星。“高分”专项覆盖了太阳同步轨道和地球同步轨道,在侦察方式上从可见光发展到了到微波,在侦察范围上从广域侦察发展到特定目标详查,大幅提升了中国军民用侦察卫星的技术水平。2018年7月31日11时成功发射高分十一号卫星,2020年9月7日成功将高分十一号02星送入预定轨道。“高分”专项的实施,使得中国侦察卫星的空间分辨率由实施前的最高2.1米提高到0.8米(亚米级),地球同步遥感卫星的分辨率由千米级提高到50米,且低轨侦察卫星的设计寿命由3年大幅提高到8年。

3)海洋监视卫星

海洋监视卫星是指用于探测、监视海面状况和舰艇、潜艇活动,侦收舰载雷达信号、窃听舰船无线电通信的侦察卫星。其包括电子侦察型和雷达型。

苏联是最早发展海洋监视卫星的国家,1979年发射的电子型监视卫星,其既可单独工作,也可与雷达型配合使用,覆盖范围更大,识别目标能力更强,但定位精度不如雷达型监视卫星。1990年3月苏联发射一颗“宇宙”-2026电子型海洋监视卫星。

美国“白云”电子型卫星,1976年4月30日首次发射,由4组共16颗星组成。每组有1颗主星,3颗子星,可监视7000千米范围内目标,利用三角测量技术对海上舰只定位,精度2千米。

4)核爆炸探测卫星

核爆炸探测卫星是指监视和探测大气层和外层空间核爆炸的侦察卫星,平时主要以监视核试验,战时用以搜集核爆参数,以便评估核袭击的破坏效果。目前世界上专用的核爆探测卫星都停止工作,监视工作由安装专用探测器的导弹预警卫星担负。

### (三)通信技术

军事通信卫星是指用作军事无线电通信中继站的人造地球卫星。其可分为战略和战术通信卫星,主要部署在地球静止轨道上,任务是接收地面无线电信号后放大再转发向地面。

**1. 卫星通信特点**

1)覆盖范围大,通信距离远

一颗36000千米高度的同步通信卫星,可覆盖42%地表,实现地面相距17000千米的两地直接通信;地球静止轨道上部署3颗通信卫星,可实现除两极外全球通信。

2)通信容量大

卫星通信的工作波段是微波(波长在1毫米~1米,频率300兆赫~300千兆赫),可传输高分辨率照片、上万路双向电话、彩色电视信号。

3)通信质量稳定可靠

由于微波可直接穿透大气层,卫星通信不受气候、昼夜、季节、地形等自然因素影响,也不受自然界或人为干扰及通信距离变化的影响,通信稳定可靠。

4）机动能力好

卫星通信既可提供大型地面站点之间的远距离通信，也可为机载、舰载以及地面部队的小型机动终端站提供通信。这样，可随时随地建立通信终端，为战时紧急情况下迅速建立通信线路提供了条件。这种应急通信能力在军事上是极为重要的。

5）生存能力强

地球同步卫星不易受核爆炸破坏和其他手段的攻击，不易受地理障碍和地面异常灾害的影响。

**2. 通讯卫星代表型号**

美国于1958年12月发射“斯科尔”有源试验通信卫星（轨道中继装置信号通信卫星）。美国于1960年发射“回声”无源通信试验卫星，1962年6月发射“国防一代”中高轨道小型通信卫星，1963年2月相继发射地球同步轨道的“国防二代”和“国防三代”卫星。

苏联1965年4月发射第一颗实用型通信卫星。其是大椭圆轨道的“闪电”通信卫星。

我国的第一颗试验通信卫星是1984年4月8日发射的“东方红”二号，重461千克；第一颗实用型通信卫星是1986年2月1日发射，定位于东经103度赤道上空；2016年8月16日发射的“墨子”号量子试验卫星实现保密通信。

### （四）导航技术

导航卫星是指从太空发射无线电导航信号，为地面、海洋、空中和太空平台导航定位的人造地球卫星。导航卫星是军用导航卫星在克服传统的天文依赖气象条件，无线电导航在中远距离误差大的基础上发展而来。其具有高精度、全天候、覆盖全球、使用设备简便的优点。

**1. 军用导航卫星主要种类**

1）美国

美国GPS卫星导航系统是利用在空间飞行的卫星不断向地面广播发送某种频率并加载了某些特殊定位信息的无线电信号来实现定位测量的定位系统。该系统由空间运行的卫星星座、地面控制部分、用户部分三部分组成。

GPS地面控制系统由监测站、主控制站、地面天线所组成，主控制站位于美国科罗拉多州春田市。其地面控制站负责收集由卫星传回的讯息，并计算卫星星历、相对距离、大气校正等数据。

用户设备部分，即GPS信号接收机。其主要功能是能够捕获到按一定卫星截止角所选择的待测卫星，并跟踪这些卫星的运行。当接收机捕获到跟踪的卫星信号后，就可测量出接收天线至卫星的伪距离和距离的变化率，解调出卫星轨道参数等数据。根据这些数据，接收机中的微处理计算机就可按定位解算方法进行定位计算，计算出用户所在地理位置的经纬度、高度、速度、时间等信息。接收机硬件和机内软件以及GPS数据的后处理软件包构成完整的GPS用户设备。GPS接收机的结构分为天线单元和接收单元两部分。其接收机一般采用机内和机外两种直流电源,设置机内电源的目的在于更换外电源时不中断连续观测,在用机外电源时机内电池自动充电。关机后,机内电池为RAM存储器供电,以防止数据丢失。各种类型的接受机体积越来越小,重量越来越轻,便于野外观测使用。使用者的接收器,有单频与双频两种接收器,但由于价格等因素,一般使用者所购买的多为单频接收器。

美国第一代导航卫星称为"子午仪",于1960年发射,1967年部分解密允许商用。"导航星全球定位系统"是美国国防部为陆海空三军研制的第二代测时、测距、测速全球定位系统,能快速、准确、连续提供全球三维位置、三维速度、精确时间信息。其于1970年研制,1994年建成,其全球覆盖率就已经高达98%。该系统包括24颗星(3颗备用),分布在2.2万千米高的6个圆形轨道上,倾角55度,周期12小时,寿命7.5年。

凭借24颗GPS卫星导航系统的布设,美国拥有了在全球导航系统的绝对话语权,并基于此发展出了相关芯片及应用,帮助美国在全球范围内获得了政治、军事、科技等垄断性优势。直至今天,美国的GPS仍然是最为先进的导航系统之一。

2)苏联

苏联的全球导航系统称为"格洛纳斯导航卫星系统(Global Naoigation Satellite System,GLONASS)"于1976年开始研制,1995年由俄罗斯建成,共耗资30多亿美元。

GLONASS初期有24颗卫星分布在3个轨道平面上(轨道平面两两相隔120°,同平面内的卫星之间相隔45°)。每颗卫星都在19100千米高、64.8°倾角的轨道上运行,轨道周期为11小时15分钟。地面控制部分全部都在俄罗斯领土境内。多功能的GLONASS系统定位精度可达1米,速度误差仅为15厘米/秒,该系统还可用来为精确打击武器制导。GLONASS于2007年开始运营,当时只开放俄罗斯境内卫星定位及导航服务。到2009年,其服务范围已经拓展到全球。其主要服务内容包括确定陆地、海上及空中目标的坐标及运动速度信息等。GLONASS目前在轨运行的卫星已达30颗,2019年5月27日俄罗斯空天部队用"联盟"-2.1B火箭成功发射一颗"格洛纳斯"-M导航卫星。

3)欧洲

欧盟于1999年首次公布"伽利略"卫星导航系统计划,其目的是摆脱欧洲对美国全球定位系统的依赖,打破其垄断。该项目总共将发射32颗卫星,总投入达34亿欧元。因各成员国存在分歧,该计划几经推迟。

欧洲"伽利略"导航系统由两个地面控制中心和30颗星组成(27颗工作星、3颗备用星),3个倾角为56°的轨道平面内,轨道高度为23616千米,导航精度10~15米,2020年完成发射(70亿欧元)。2003年中国曾投资2.3亿欧元用于技术合作,但2005年遭到欧盟和美国的排挤(有偿购买使用权),目前有偿使用中国"北斗"的频段。欧洲的"伽利略"虽然早于"北斗"进入研发,但是整体发展非常缓慢。虽然其完成全球组网,但远未到可以稳定推广应用的地步，更谈不上发展相关产业，已被我国“北斗”卫星导航系统全面超越。

4）中国

中国“北斗”卫星导航系统是自行研制的全球卫星导航系统，也是继 GPS、GLONASS 之后的第三个成熟的卫星导航系统。“北斗”卫星导航系统由空间段、地面段和用户段三部分组成，可在全球范围内全天候、全天时为各类用户提供高精度、高可靠定位、导航、授时服务，并且具备短报文通信能力，已经初步具备区域导航、定位和授时能力，定位精度为分米、厘米级别，测速精度为 0.2 米/秒，授时精度为 10 纳秒。2020 年 7 月 31 日上午“北斗”三号全球卫星导航系统正式开通。全球范围内已经有 137 个国家与“北斗”卫星导航系统签下了合作协议。

“北斗”卫星导航系统的特点：一是“北斗”系统空间段采用 3 种轨道卫星组成的混合星座，与其他卫星导航系统相比高轨卫星更多，抗遮挡能力强，尤其低纬度地区性能特点更为明显。二是“北斗”系统提供多个频点的导航信号，能够通过多频信号组合使用等方式提高服务精度。三是“北斗”系统创新融合了导航与通信能力，具有实时导航、快速定位、精确授时、位置报告和短报文通信服务五大功能。

中国研发“北斗”卫星导航系统的意义：一方面避免在未来战争中受制于人，同时拥有反制手段。另一方面可以省去引进国外系统的巨额资金，以低价服务国内用户，从而创造更多的社会效益和经济效益。此外，还能投放到国际市场，参与国际竞争，赚取外汇。

### （五）预警技术

导弹预警卫星又称为国防支援计划卫星。导弹预警卫星是指以监视、发现、跟踪敌方弹道导弹的发射及其主动段的飞行，提供早期预警信息的侦察卫星。其通常发射到地球静止卫星轨道上（也有在 12 小时周期的椭圆轨道上运行），由几颗卫星组成预警网。该卫星上装有高敏感的红外探测器，可以探测导弹在飞出大气层后发动机尾焰的红外辐射，并配合使用电视摄像机跟踪导弹，及时准确判明导弹并发出警报。

导弹预警卫星一般在高轨道上运行，它主要利用红外探测器和电视摄像机来探测来袭导弹助推段（导弹从发射架上发射后到燃料燃尽的阶段）发动机尾焰的红外辐射，从而确定发射时间、地点及其航向，为拦截武器提供预警信息。首先确定导弹的发射时间、地点和飞行方向等，然后将有关信息迅速传递给地面中心，从而使地面防御系统组织有效的反击或采取相应的应对措施。

导弹预警卫星的特点：反应灵敏、预警范围广，具有一定的抗毁伤能力，工作寿命长。

**1. 发展历程**

1）美国

1971 年 5 月，美国发射了第一颗导弹预警卫星。该卫星重 943 千克，其头部的红外望远镜可在导弹起飞后90秒内探测到火箭喷焰，并在2~3分钟内将警报发回美国。这种第一代导弹预警卫星现在已全部淘汰。

美国和苏联都各自在20世纪70年代发展了导弹预警体系，由大型地面雷达站和导弹预警卫星星座组成。1971年美国发展代号“647计划”的第二代导弹预警系统，发射8颗预警卫星，每颗重1.68吨。其组成的预警网可覆盖俄罗斯和我国的所有发射场，也可覆盖现有潜射导弹射程内的全部海域，并对陆基导弹可获得25分钟预警时间。

天基红外系统卫星（space - based infrared system，SBIRS）是由美国空军研制的下一代天基红外监视系统，也是美国导弹防御系统的一个组成部分。它可用于全球和战区导弹预警、国家和战区导弹的防御、技术情报的提供和战场态势的分析等。

SBIRS包括天基红外系统高轨道计划和天基红外系统低轨道计划两部分，即低轨道卫星将与高轨道卫星共同提供全球覆盖能力。高轨道系统由4颗地球同步轨道卫星和2颗大椭圆轨道卫星组成，主要用于为美国最高指挥当局和作战部门提供全球和战区的有关战略、战术导弹或其他红外事件的发射、助推飞行段和落点区域的红外数据。低轨道系统将由约24颗部署在1600千米左右高度的小型、低轨道、大倾角卫星组成，飞行在多个轨道面上。

SBIRS的两颗验证卫星的主要任务是提供弹道中段的精确跟踪和识别，跟踪世界范围内从发射到再入的弹道导弹，并引导数据提供给拦截导弹，区分大气层再入飞行器与诱饵，为地基和天基防御及对抗系统提供线索。该卫星内部之间的通信链路选用60吉赫，卫星与地面之间为44/20吉赫，卫星与卫星控制网络之间为S波段。SBIRS系统的地面设施包括：美国本土的任务控制站、一个备份任务控制站和一个抗毁任务控制站；海外的中继地面站和一个抗毁中继地面站，多任务移动处理系统和相关的通信链路。

SBIRS的每颗卫星都带有两种红外探测器。高轨卫星上有扫描型红外探测器和凝视型红外探测器。扫描型探测器对导弹在发射时所喷出的尾焰进行初始探测，然后将探测信息提供给凝视型探测器。低轨卫星的两种红外探测器称为捕获探测器和跟踪探测器。一旦低轨卫星的捕获探测器锁定了一个目标，信息将传送给跟踪探测器，后面的卫星能锁定一个目标并对整个弹道中段和再入阶段的目标进行跟踪。这些探测器将按从地平线以下到地平线以上的顺序工作，捕获和跟踪目标导弹的尾焰及其发热弹体、助推级之后的尾焰和弹体以及最后的冷再入弹头。此时，卫星上的处理系统将预测出最终的导弹弹道以及弹头的落点。低轨卫星星座能够几颗卫星合作实现对导弹发射的立体观测，而且卫星之间可相互通信。一旦导弹飞出一颗卫星的视线，该卫星能通过卫星之间的通信链路将收集的导弹信息传给其他卫星。

2）苏联/俄罗斯

1965年苏联防空军司令部提出：必须研制一种能检测美国洲际导弹的早期预警卫星。苏联国防部授命第一设计局又称为第41特种设计局，拟定一份导弹预警卫星研制可能性方案。国防部对导弹预警卫星提出的要求是：具有连续监测、探测洲际弹道导弹发射的能力,希望既能监测到单枚导弹发射,也能探测到多枚导弹同时发射,而且使用寿命长、情报可靠性高、数据翔实准确,特别是导弹的发射时间、坐标、弹道轨迹、发射数量等参数。

冷战期间,为了与美国进行核军备竞赛,苏联组建了自己的导弹预警卫星系统,该系统的代号为“眼睛”。

“眼睛”导弹预警卫星有两颗卫星飞行在两种运行轨道上:大椭圆轨道预警卫星和地球静止轨道预警卫星。大椭圆轨道预警卫星沿南北极方向运行;地球静止轨道预警卫星围绕地球赤道运行。它们共同组成星座和系统,以交叉轨道实现覆盖全球。

“眼睛”导弹预警卫星有3个主要的系统:测量系统、光学望远镜系统和动力系统。测量系统的红外敏感器,可感觉到导弹发出的微弱光线和温度。1972年苏联在普列谢茨克航天发射场成功发射了一颗试验卫星,1978年“眼睛”导弹预警卫星系统正式列装部队,从而苏联导弹预警卫星达到了全盛时期,能对北半球的9个主要导弹基地进行不间断的监视,一旦监测到导弹发射活动,“眼睛”导弹预警卫星系统就能向地面发送导弹的发射时间、坐标、弹道轨迹、发射数量等关键参数。除了导弹预警卫星,苏联还建立了规模庞大的“第聂伯”导弹预警雷达站,在鼎盛时期,苏联一共建造了8个“第聂伯”导弹预警雷达站,这些雷达站分布在苏联各地,能有效探测来袭的战略导弹。导弹预警卫星系统与导弹预警雷达站共同组成了苏联的导弹预警系统是苏联拦截敌方战略导弹,实施核反击的关键所在。“眼睛”大椭圆轨道预警卫星系列1979年试运行,共发射了86颗,3颗失败。“眼睛”静止轨道预警卫星长2米,直径1.7米;头圆桶形、身体锥方形,有8个太阳能帆板,总重2.4吨,其中卫星平台重1240千克。

在苏联解体之后的一段时间内,俄罗斯丧失了大部分导弹预警能力。由于苏联解体后的经济动荡,财政收入匮乏的俄罗斯无力发射新的卫星替换濒临退役的导弹预警卫星,俄罗斯已经无法对北半球大多数地区的导弹发射活动进行实时监测。与此同时,由于苏联时期建设的8个“第聂伯”导弹预警雷达站中的4个不在俄罗斯境内,这4个雷达站的使用受到了很大的影响,因此俄罗斯已经失去完整的导弹预警体系。

3）中国

“尖兵”系列侦察卫星于1975—1987年大量发射,在进入轨道3～5天后拍摄特定区域的照片,之后照片的胶片随返回舱返回地面。由于当时财政原因,中国无法在太空中持续维持一批这类卫星,因此采取了每年发射数次卫星,以定期对潜在目标进行侦察。

目前,中国已经使用了更加新锐的“尖兵”系列侦察卫星,配合监控海洋的“海洋”系列侦察卫星能够探测西太平洋的相当区域。

4）法国

2009年2月12日,法国宇航局从法属圭亚那发射场发射了两颗“螺旋”导弹预警卫星。它们各重120千克,设计寿命1.5年,运行在近地点600千米、远地点36000千米的椭圆轨道上。“螺旋”导弹预警卫星是欧洲梦寐以求的天基预警系统,是欧洲建造自己的天基预警系统的第一步,为欧洲国防预警系统奠基了基础。“螺旋”导弹预警卫星虽然只是一个演示系统,但能精确收集地面上的红外成像,分辨真假目标。“螺旋”导弹预警卫星可以从36000千米的高度监视地球,也可飞临低轨道详查可疑目标。

**2. 导弹预警卫星实战运用**

1991年海湾战争期间,伊拉克向美军多个目标发射“飞毛腿”导弹,但大多数的“飞毛腿”导弹被美军“爱国者”导弹所拦截摧毁。

“爱国者”导弹拦截“飞毛腿”导弹,全过程大致分3个阶段,即侦察预警、雷达跟踪、导弹拦截。伊拉克发射的“飞毛腿”导弹从发射到命中目标大概需7分钟。由于“爱国者”系统不能24小时全天开机,只有发现目标来袭后才能开机,因此需要为它提供足够的预警时间。从导弹发射到判明弹着区需要120秒,将些情报传送到海湾部队还需要180秒,可给“爱国者”导弹提供90~120秒的预警时间。

美国在太平洋、大西洋和印度洋上空部署了4颗导弹预警卫星,原先用来监视苏联和中国的弹道导弹发射。海湾危机爆发后,美国把其中的两颗导弹预警卫星移到海湾地区上空,专门监视伊拉克的弹道导弹。这种导弹预警卫星由两颗预警卫星组成一个扫描系统,可从地球静止轨道上向地球进行大范围扫描并且每隔12秒扫描一次,从而对伊拉克进行监视。当预警卫星的红外望远镜确认伊拉克发射“飞毛腿”导弹时,导弹喷射的红外线图像立即从该卫星传输给美国空军空间指挥导弹预警中心,迅速由计算机算出目标的弹道轨迹;利用预警卫星所获得的立体图像计算出导弹的命中地点。接到预警后的美国“爱国者”系统,将雷达波束调整到可能的落点空域进行快速扫描,待发现目标后进行截获、跟踪,并发射导弹实施拦截。1990年11月,针对海湾战争增射一颗可探测战术导弹的预警卫星,主要任务是监视“飞毛腿”导弹的发射。尽管事后有分析指出,“爱国者”的拦截成功率不到8%,但如果没有预警卫星的参与,那么拦截成功率就是零。

## 第四节 电子对抗系统

现代战争中,战场主动权的争夺已由有形战场向无形战场延展,出现新的斗争形式——电子对抗。“制电磁权”的争夺已成为影响战争胜负的重要因素之一,随着电子设备(系统)大量应用于指挥通信系统、情报侦察系统及武器控制系统,电子对抗由保障手段逐步演变成一种直接用于攻防的作战手段,并与精确制导武器、$C^4$ISR系统共同构成高技术战争的三大支柱。

### 一、电子对抗概述

随着电子设备(器材)的广泛使用,现代战争中电子战普遍存在,已经成为战场中一种特殊的斗争形式,它的特殊性在于战场是电磁频谱及其无形的空间。

### （一）电子对抗的涵义

电子对抗是敌对双方为争夺战场电磁频谱的使用权和控制权，利用电磁能和定向能破坏敌方对电磁频谱或电磁信号的利用，达到削弱、破坏敌方电子设备（系统）的使用效能，保护己方电子设备（系统）效能正常发挥的措施和行动的统称。外军将电子对抗称为“电子战”。

美国给“电子战”下的定义：利用电磁能和定向能，以控制电磁频谱或电磁频谱攻击敌方的任何军事行动，包括电子进攻、电子防御、电子支援。电子进攻是利用电磁能或定向能攻击敌方电子设备或系统，以降低、削弱敌方战斗力。电子防御是指保护己方设备或系统免受己方或敌方电子战的影响而采取的行动。电子支援是指对电磁辐射进行搜索、截获、识别、定位，以达到识别、消除威胁而采取的行动，主要进行测向和威胁告警。

“电子对抗”在《中国人民解放军军语》的定义：运用电子对抗手段进行的作战。基本内容包括电子侦察、电子进攻、电子防御。按对抗对象不同分为通信战、雷达战、导航战、制导战、敌我识别战、光电战、计算机战等。

### （二）电子对抗的产生与发展

电子对抗在战争中出现并广泛应用是因为电子技术的发展和战场电子设备的大量使用而产生对抗的必然结果。

**1. 技术角度**

1906 年美国的李·德·福雷斯特研制成功世界上第一个可对无线电信号放大的真空三极管，为电子战奠定物质基础。1947 年美国贝尔试验室的物理学家肖克利、伯莱顿、巴丁研制出第一个“点触型锗晶体”三极管，为电子设备向功耗低、体积小、重量轻的方向发展提供物质条件，也为其最终走向战场被广泛使用奠定基础。

**2. 实践角度**

最早的电子战发生在 1905 年 5 月对马海战中，日本舰队利用无线电干扰技术，对俄国第二太平洋舰队实施干扰，最终以 3 艘鱼雷艇的代价，击沉俄国参战舰队 2/3 的舰只。第一次世界大战中的电子对抗主要是以截获和破译为特征的无线电通信对抗。例如：1914 年英国“格罗斯塔”号巡洋舰在地中海发现并跟踪德国巡洋舰“格艾班”号和“布瑞斯劳”号，由于德舰干扰英舰与伦敦海军部的通信联络，使其无法调遣地中海舰队进行拦截，结果德舰从容地逃往土耳其达达尼尔水域，开创电子对抗序幕。

第二次世界大战中由于雷达广泛使用，敌对双方把制止对方雷达有效使用作为夺取战场优势的关键，雷达对抗成为电子对抗的重要内容。例如：英国为阻止德国轰炸，在本土设置一些截收、转发德军无线电导航信号的大功率转发器，致使德军轰炸机因接收假信号，错定方位而未能飞抵预定目标区完成轰炸任务。盟军在 1944 年 6 月诺曼底登陆战役前，首先利用航空兵摧毁德军架设在法国沿海 80% 的雷达站和干扰站，以保障盟军雷达和无线电通信设备的正常工作。在战役发起前夜,盟军利用安装角反射器的小船拖着涂有铝的气球,在多佛尔海峡航行,模拟大型舰艇编队,小船上空利用飞机投掷大量铝箔条,使德军监视雷达屏幕上看起来有大批护航机群,错误判断盟军企图,有力支持了盟军在诺曼底的成功登陆。

第二次世界大战后,随着导弹和火控雷达广泛使用,围绕雷达制导和光电制导对抗展开一场更加激烈的斗争,电子战由单纯的干扰发展为与反辐射、摧毁相结合。例如:第三次中东战争期间,埃及发射苏制"冥河"式反舰导弹,击沉以军"艾拉特"号军舰。第四次中东战争中,以色列对埃及雷达系统采取有效电子对抗,埃及发射 50 枚导弹无一命中。在苏联与阿富汗战争、美国空袭利比亚期间都成功运用电子对抗技术保障军事行动的顺利实施,取得良好的作战效果。

### (三) 电子对抗的分类

电子对抗按频谱范围、电子设备类型、对抗形式、配置位置等分类。

(1) 电子对抗按频谱分为声频、射频、光频电子对抗。

声频电子对抗:工作频率一般小于 20000 赫兹,主要利用声学设备进行探测和反探测。声频电子对抗是海军重要的电子对抗手段。

射频电子对抗:工作频率为 300 千赫 ~ 300 吉赫,是导航、通信、雷达、制导等设备的主要频率,是电子对抗重要领域。

光频电子对抗:工作频率范围从远红外起延伸到 X 射线、γ 射线,频率大于 300 吉赫,包括红外对抗、激光对抗、可见光对抗,是近年发展最快的对抗领域。

(2) 按电子设备的类型分类,其分为声纳对抗、通信对抗、雷达对抗、制导对抗、导航对抗、红外对抗、可见光对抗、激光对抗、夜视对抗、敌我识别系统对抗、计算机对抗和 $C^4$ ISR 系统对抗。

(3) 按对抗形式分类,其分为电子侦察与反侦察、电子干扰与反干扰、电子摧毁与反摧毁。

(4) 按对抗配置位置分类,其分为外层空间对抗、空中对抗、地面(包括海面)对抗和水下对抗。机载电子对抗系统是现代电子对抗的主要手段。

### (四) 电子对抗的特点

**1. 电子对抗全面渗透,贯穿战争全局**

现代战争战场涵盖陆、海、空、天、电磁五维,电磁覆盖前四维战场,突破通信、雷达对抗的局限,扩展了常规战场的范围和性质。电子对抗将对抗范围拓展到几乎所有的军事领域和各个武器系统中,特别是随军用卫星、洲际导弹、指挥自动化系统的应用,使电子对抗的范围还扩展到大气层以外,战争对抗状态由有形向无形方向发展,又称为"第五维战争"。

战争实践表明:电子对抗是增强部队作战能力,争取和保持战场主动权的重要方式。

搜集战场信息,掌控战场主动权,就必须争取制电磁权。无论战争规模大小还是作战时间长短,电子对抗遍及整个战场空间,贯穿全局,甚至在战争开始之前就已打响。这是电子对抗不同于其他传统作战方式的显著特点之一。

**2. 电子对抗为硬杀伤提供条件**

电子对抗早已突破传统软杀伤的观念。

“软杀伤”是使敌方电子设备(系统)在电子对抗措施的破坏和削弱下暂时失去作战效能或效能降低,一旦对抗措施停止或失效则恢复功能,软杀伤不具备永久性杀伤效能。

“硬杀伤”是指对敌方电子设备(系统)实施摧毁性攻击并使其永久瘫痪的杀伤。硬杀伤是在电子侦察基础上,通过反辐射导弹、反辐射无人机实现摧毁,或以定向能和电磁能直接使电子设备受损毁伤。

**3. 电子对抗是攻守兼备的作战手段**

制电磁权是指在一定的时空范围内对电磁频谱的控制权。电子战依托的电磁空间是信息存在和依附的最重要、最核心的载体,是现代战争中信息获取、传递和利用的最主要媒介,是战争双方控制与反控制的焦点。夺取“制电磁权”就为最终夺取“制信息权”创造了有利条件,因此把夺取战场“制电磁权”作为战役战术的首要任务。

在进攻时,为摧毁敌整体作战能力,实施有效纵深打击,破坏和干扰敌防空系统和指挥自动化系统是电子对抗的主要目标。美军“空地一体战”的构想中,要求作战部队充分利用各种电子战设备,对敌 $C^4$ISR 系统实施软硬杀伤破坏,重点是对指挥控制系统、通信枢纽、探测侦察器材进行破坏。在防御时,有效的电子对抗能使敌方侦察效能大大降低,精确制导武器失灵,火控系统失效,降低命中精度和攻击的准确性。实战表明,利用电子对抗手段能使 80% 精确制导武器偏离预定目标。电子对抗还可保护己方 $C^4$ISR 系统维持正常工作,并且把电磁斗争贯穿到作战始终。

**4. 电子对抗组织实施复杂**

电子对抗在军事领域的广泛应用,使战场空间的电磁环境变得十分复杂,电磁信号更是瞬息万变。因此,没有快速搜索、跟踪、自动释放干扰的综合电子对抗系统就很难达到作战目的。

随着现代战争的发展,战场已由区域性向全球化发展,呈现出大纵深、高立体的特点,敌我双方在大纵深内展开诸兵种协同作战,在陆、海、空、天、电磁等各个战场同时交战。各种电子对抗装备将通过卫星、飞机、舰船、战车等作战平台及作战人员携带、地面设置、空中悬浮等方式组成整体,支持整个战场主动权的争夺。

## 二、电子对抗在现代战争中的地位和作用

### (一) 电子对抗在现代战争中的地位

电子战已经不是传统军事能力的补充,而是整个战争能力有机组成部分。美国前参

谋长联席会议主席琼斯早在1979年就指出:“电子战必须从自卫和监视转向作为一种武器系统与杀伤武器系统相结合。”电子战已成为与陆、海、空、天战相并列的第五维战场。

电子对抗已成为各军兵种最重要的一项保障措施。俄罗斯近年强调“由于军队大量装备和广泛使用无线电电子器材,无线电电子斗争对战斗、战役乃至整个战争的胜负必将产生重大影响。”“夺取电子优势已成为夺取地面、海上,特别是空中战斗胜利的重要因素”。

1982年英国与阿根廷在马岛战争中,阿根廷空军使用法制“飞鱼”导弹击沉英国驱逐舰谢菲尔德号,开创用导弹击沉大型军舰的先河。西方军事家在评述英阿马岛战争时认为,双方军事力量的对比不再取决于数量的多少,舰船的吨位和火炮口径的大小,而是电子技术的先进程度,对付精确制导武器的最有效方法就是实施电子干扰。

随着电子技术在军事领域的广泛运用,电子对抗的范围不断扩展,突显其在现代战争中的重要地位,因此引起世界各国的普遍重视,冷战时期苏联、美国都拥有庞大的科研机构和人员,两国投入大量人力、物力,从事电子对抗的研究和应用。在组织机构和军队发展方面,苏军在其总参谋部和各军种、军区均设有电子对抗机构,师以上指挥部都设有电子对抗管理机构,方面军有无线电技术侦察团和电子对抗分队,集团军有无线电干扰营。美军国防部和陆、海、空军也设有相应的电子对抗机构。苏联与美国的作战飞机、舰船都安装电子对抗设备。

总之,电子对抗已扩展到一切军事领域,出现电子对抗专业兵种,不仅是战争的重要保障措施,而且发展为现代战争中不可或缺的作战手段之一。

### (二) 电子对抗在现代战争中的作用

**1. 获取敌方军事情报**

在现代战争中通过电子侦察手段,利用敌方指挥系统和武器系统发射的电磁波,截获敌方各种无线电信号,并加以技术分析,从而查明敌方雷达、无线电通信等电子设备的工作性能、技术参数以及兵器属性、类别、数量、部署等情报。这样不仅可以实施有效的电子干扰,也可根据截获的情报判断敌方作战意图,制定作战计划,达到“知彼知己,百战不殆”的目的,为夺取战争胜利奠定基础。

1991年海湾战争中,多国部队为实施对伊拉克及科威特战区的空袭和获取伊拉克军队的雷达及防空系统情报,投入53颗卫星,300余架预警机及地面电子侦听站,全天候监视伊军动向。战争爆发前美军利用沙特战机,数次故意闯入伊拉克领空,顺利测定雷达的位置、性能参数,为空袭时实施干扰和压制奠定基础。

**2. 破坏敌方作战指挥**

在现代战争中作战地域广阔,军队高速机动,多军种联合作战,无线电通信是主要手段。因此,选择适当时机,有效实施干扰可使敌方无线电通信中断,致使指挥瘫痪,严重削弱其战斗力,为战役胜利创造条件。例如:1944年苏军在加里宁格勒地域包围德军一个重兵集团，被围德军试图利用无线电与大本营联络，苏军派出无线电干扰分队压制德军的无线电通信，导致德军250次联络未能成功，最终被全歼。海湾战争期间，美军有效干扰伊军的通信系统，致使伊拉克军队前后方之间通信瘫痪，无法传递战场情报，无法形成有效的抵抗和反击。

实践证明：扰乱、迷惑和破坏敌方通信联络及作战指挥系统，是造成敌方看不见、打不着、指挥瘫痪，导致战争失败的重要条件之一。

**3. 掩护突防和攻击**

雷达是防御系统中的“千里眼”，是对空、对海警戒，对舰船、飞机导航和引导，对火炮控制、导弹制导的重要手段。可监视千里之外的洲际弹道导弹的来袭和敌机活动，为防空作战提供预警，也可为导弹反击、起飞拦截、防空火炮瞄准射击提供必要的数据。因此，对敌方雷达实施有效的电子干扰、欺骗或摧毁，使其迷茫或破坏，变成“瞎子”，无法引导飞机截击、地面防空高炮和导弹拦截，使己方突防兵器可顺利实施攻击，从而达到掩护进攻和突防的战役目的。1991年海湾战争中多国部队出动4000余架次的电子战飞机，压制伊拉克军队地面防空雷达，为空袭梯队提供电子支援，致使伊拉克军队防空导弹部队和作战飞机无法有效防御。

**4. 保卫重要目标**

在现代防空体系中，地对空雷达干扰是一支重要的作战力量。在机场、城市、港口、指挥所、交通枢纽等重要目标附近部署对空雷达干扰设备或采用欺骗手段，对来袭敌机的轰炸引导雷达或导弹的制导系统实施干扰，使其无法瞄准，导致轰炸精度降低，导弹失控，减少被击中的概率，从而达到掩护重要目标安全的目的。例如：1991年海湾战争期间，伊拉克“飞毛腿”导弹对多国部队安全构成威胁，成为重点打击的目标，伊军为保存实力，用铝板和塑料制成许多假导弹发射架，其在雷达屏幕上显示的回波信号与真发射架相似，引诱多国部队空军轰炸，既保存实力又消耗多国部队弹药，迫使多国部队延长空袭时间。

**5. 保障电子设备充分发挥效能**

战时，当己方电子设备遭到敌方电子干扰时，适时使用电子侦察迅速测出敌方电子干扰频谱及干扰源的准确位置，采取有效的反干扰措施，直至摧毁敌方干扰源，从而保障己方无线电通信迅速、准确、保密、畅通，使雷达探测及时准确，制导兵器控制自如，以保障作战任务的顺利完成。

## 三、电子对抗的形式和内容

随着电子技术在军事上应用的进一步发展，在现代战争中，电子对抗的范围已由早期的无线电通信对抗、雷达对抗发展到红外对抗、激光对抗、水声对抗以及遥控遥测对抗等。

### （一）电子对抗的形式

电子对抗宏观上包括电子对抗和电子反对抗。从具体的电子对抗形式分，有电子侦察与反侦察、电子干扰与反干扰、电子摧毁与反摧毁。

**1. 电子侦察与反侦察**

电子侦察是一种利用电子器材搜索、截获敌方电子设备电磁辐射信号,从中获取战术、技术特征参数的侦察活动。其获取的情报主要是敌方电子设备的技术参数和信号内容。通过技术分析,可确定电子设备的用途、类型、位置。还可获得敌军编成、部署、武器系统配置及行动企图等情报。

电子反侦察是指为防止己方电磁信号和电子设备的技术参数、类别、数量、功能、部署及变化等情报被敌方侦察而采取的战术技术措施。其方法主要有:平时采用常用频率工作,设置隐蔽频率供战时使用;减少发射次数和发射时间;采用定向天线,充分利用地形屏蔽作用;将发射的功率降低到完成任务的最低极限,以免被敌方截获;不断转移发射阵地,使敌人不能掌握发射规律;减少发射活动,尽量保持静默。

**2. 电子干扰与反干扰**

电子干扰称为电子战软杀伤手段。它是依据电子侦察所获取的情报,采取一定的信号形式和技术,对敌方电子设备或系统实施的电波扰乱措施,一般利用辐射、反射、散射、折射或吸收电磁能量来阻碍或干扰敌方有效使用电子设备。其目的是削弱或破坏敌方使用各种电子设备和系统遂行战场侦察、作战指挥、通信联络和兵器控制与制导的能力,以增大其接收有用信号的不确定性,从而削弱或降低其正常工作效能的发挥,为隐蔽己方企图和提高己方飞机、舰艇、坦克等兵器及其他战场目标的生存能力创造有利条件。因此,电子干扰与反干扰是电子对抗的核心,也是电子对抗的主战场。

电子干扰分为有源干扰、无源干扰和复合干扰 3 类。有源干扰也称为“积极干扰”,是有意发射或转发某种类型的电磁波,对敌方电子设备进行压制或欺骗。无源干扰也称为“消极干扰”,是利用特制器材反射(散射)或吸收电磁波,以扰乱电磁波的传播,改变目标的散射特性或形成假目标、干扰屏幕,以掩护真实目标的一种干扰。复合干扰是干扰源能量照射无源干扰器材形成散射体,用散射能量干扰敌方探测系统,它是有源干扰与无源干扰并用的一种干扰方式。

按干扰的作用性质分类,电子干扰可分为压制性干扰和欺骗性干扰。压制性干扰是通过发射噪声干扰或大量投放无源干扰器材所形成的干扰。其使敌方电子设备接收端信噪比严重降低,信息遭到破坏,或有用信号完全淹没在干扰信号之中。欺骗性干扰是人为发射、转发、反射电磁波信号,以扰乱或欺骗敌方电子设备,使敌方得到错误信息的一种干扰。

按干扰的作用对象分类,电子干扰可分为通信干扰、无线电导航干扰、雷达干扰、无线电遥测干扰、红外干扰、激光干扰、水声干扰等。综合运用两种以上的干扰手段,称为综合干扰。

反干扰的技术措施主要有:利用有用信号与干扰信号在频率、方向、时间、波形、极化、多普勒效应等方面的差别,从干扰信号中检测出有用信号,改变信号极化,使之与干扰信号的极化方式不同;采用复杂的信号形式和最佳接收技术;在电子设备上加装各种反干扰电路以及采用新的技术体制等。使用定向天线增大电子设备的辐射功率,提高天线增益,以提高有用信号与干扰信号强度的比值。采用自适应抗干扰技术,使电子设备能随干扰环境的变化自动选择最佳抗干扰措施,以减轻干扰的危害。

反干扰的战术措施主要有:将不同频率、各种体制的雷达配套成网,以发挥网的整体抗干扰能力;多种通信手段综合运用;设置隐蔽雷达、隐蔽通信站(网)和设备并适时启用;对干扰辐射源进行定位,使用反辐射导弹或其他火力将其摧毁;灵活实施作战指挥,合理使用电子设备和兵力、兵器,充分发挥战区雷达网、通信网的整体保障能力。

**3. 电子摧毁与反摧毁**

电子摧毁是对敌方的电子设备实体实施的摧毁。其主要方式是反辐射摧毁(运用反辐射武器摧毁敌方电磁辐射源的作战行动)。对敌方的电磁辐射源实施火力摧毁是最彻底的电子进攻手段,称为电子战硬杀伤。摧毁的目标主要包括敌方的雷达、无线电发信台、光电辐射源、有源干扰平台等。

反辐射武器是利用敌方电磁辐射信号作为制导信息,跟踪和摧毁辐射源的一种武器,是侦察定向系统和火力打击武器相结合的新型攻击型兵器。其功能是直接压制敌方辐射源,包括摧毁武器平台和杀伤操作人员。其在战场上的作用主要是打击预先选定的雷达站,为己方飞机的突防和空战提供支援。反辐射武器主要有反辐射导弹、反辐射无人机。多数反辐射武器为被动式雷达寻的。反辐射武器首先利用机载电子设备对雷达站进行侦察、定位以及测量其他参数,发射后导引头接收辐射源辐射的电磁能量,自动引导反辐射武器跟踪辐射源,直至摧毁。

反辐射摧毁有两种方式:一种是接收到目标雷达信号后发射。由于导弹具有“记忆”装置,发射后被攻击的雷达关机,导弹也可“记住”其位置,不偏离航线击中目标(如美国“哈姆”反辐射导弹)。另一种是“先升空后锁定”方式。先盲目发射,让其无定向在空中飞行、盘旋,一旦接收到雷达信号,即锁定目标,将目标摧毁。

新型反辐射武器的主要特点:一是安装有记忆装置,即使雷达关机,导弹仍能按存储的数据飞向雷达;二是除被动雷达引导外,还采用红外、电视等方式进行复合制导,使雷达防不胜防;三是飞行速度快,不给雷达以反应时间;四是覆盖频率宽、制导精度高、抗干扰能力强,对各类雷达构成越来越大的威胁。

电子反摧毁的主要技术措施有:发现和告警技术,对导引头的诱骗、拦截技术,降低截获概率技术以及采用先进的雷达体制等。其主要的战术措施有:正确选择电子设备的配置地点,进行伪装,构筑工事,适时机动转移;远置发射天线,控制辐射,多站交替工作;采用关机、断续工作等操作手段。

### (二)电子对抗的主要内容

电子对抗主要内容有无线电通信对抗、雷达对抗、水声对抗、光电对抗。

**1. 无线电通信对抗**

1）电磁波的基本知识

电磁波简称为电波。1888 年由海因里希·鲁道夫·赫兹发现，实现了从“有线电通信”向“无线电通信”的转折，开辟了电子技术的新纪元。电波的传播特性主要有：在均匀媒质中以不变的速度直线传播，但进入另一种媒质时，传播速度及方向都会改变；电波可定向发射和定向接收，在传播过程中遇到障碍物会发生反射和绕射，遇到不均匀媒质时要发生散射；在传播过程中若遇到导体，则要消耗一部分能量。无线电波可分为超长波、长波、中波、短波、超短波、微波。

2）电波传播的方式

根据无线电波波长和频率的不同，传播方式主要有地波、天波、直射波。

沿地球表面空间向外传播的无线电波称为地波（表面波）。由于地表有障碍物，电波的波长若小于障碍物的尺寸，则波动无法绕过障碍物而传播，因此地波多为长波和中波。

地波在传播过程中，因地面的吸收作用，波动能量会受到衰减和损失。在海洋、湖泊、沼泽地、水稻田等潮湿地区，地面导电性好，吸收电磁波能量较小、能耗小、通信距离远；在戈壁、沙漠、山地等干燥地区，地面导电性差、吸收电磁波能量大、通信距离近。电波频率越高被地面吸收能量越多，因此地波适合长波低频信号传播。地波具有信号比较稳定、能耗大、传播距离有限的特点。

经电离层反射而传播到接收机的无线电波称为天波，天波由发射台向天空发射。无线电波进入电离层后，由于一般大气层和电离层是两种不同的传播媒质以及电离层电子密度的变化，使电磁波在速度改变的同时传播方向发生偏转（折射现象），即电磁波以一定仰角射入电子密度不同的电离层后，经过折射最终以一定角度向地面返回。经过多次反射后，可实现远距离通信。因此，与地波传播相比，天波具有传播距离远的特点，但存在“静区”。

电离层除对电波具有反射作用外，还会吸收电波。电离层电子密度越大，电波频率越低，吸收能量越多。因此，天波适合高频短波的信号通信。其主要特点是跨越地域较大，传播距离远，但受电离层变化的影响，信号不够稳定，同时存在静区。

直射波是指波长小于 10 米的无线电波，无法用地波和天波传播，只能采用发射台直接发射到接收台的传播方式。电视广播和无线电接力通信采用直射波，但其信号只能直线传播，无法绕开障碍物。受地球表面曲率的影响，即使在平原地带，架设 40 米高的天线，通信距离也不超过 50 千米。直射波具有传播距离近、能耗小、信号稳定的特点。

3）无线电通信对抗

无线电通信对抗是指对敌方无线电通信进行侦察、干扰和己方无线电通信设备反侦察、反干扰的电磁斗争。其目的是使敌方通信设备效能降低或完全失效，从而使指挥或武器系统瘫痪，达到降低敌方战斗力，同时保障己方无线电通信畅通。

无线电通信侦察是无线电对抗的进攻手段之一，是对敌方无线电信号进行截收、识别和对敌发射台侧向定位。按侦察的内容分类,其分为通信情报侦察和通信技术侦察。通信情报侦察是查明敌方无线电通信设备的类别、数量、配置地点和变化情况;获取通信网络中的指挥关系、联络信号,并对通信密语、暗语及信息记录、分析、破译,以获得敌方兵力部署、武器配置、行动企图等军事情报。例如:1967 年第三次中东战争中以色列利用破译的埃及无线电密码诱骗运输车队进入伏击圈,使其遭到重大损失。通信技术侦察是查明敌方无线电设备的技术性能,为实施干扰提供依据。无线电通信反侦察是指为防止敌方无线电通信侦察而采取的措施。无线电通信反侦察在技术上采取战时启用新的通信频率;使用不易被侦收的通信体制;缩短信号在空中暴露时间;使用有保密装置的通信设备和经过加密的信号;选用定向天线和降低发射功率,使发射方向远离敌方可能的侦收方向,增加敌方侦收的难度。

压制式干扰通常用专门的干扰发射机发射功率强大的干扰信号,使敌方通话时语音不清,发报时信号模糊,差错率达 50% 以上,导致通信联络中断,指挥瘫痪。但在实施干扰过程中容易暴露、隐蔽性差、战场生存困难。压制式干扰的主要形式有瞄准式、半瞄准式、阻塞式干扰。瞄准式干扰是指干扰频谱与敌信号频谱重合。多用于对功率大且天线方向性不强的短波通信干扰。其特点是干扰功率集中、效果好,但干扰频谱窄。半瞄准式干扰是在明确敌接收机调谐频率的标称值及大约的通带宽度情况下实施的干扰。其效果比瞄准式干扰差。阻塞式干扰是一种宽频带干扰,能同时干扰一个频段内不同工作频率的多部电台。其通常用于功率较小、通信距离较近的超短波通信干扰,特点是不需要频率重合装置,同时干扰的电台数量多,但干扰功率分散,对某一频率上工作的电台干扰效果差。

欺骗式干扰是发出和敌方通信信号十分相似的干扰信号,使敌人真假难辨。其主要手段是冒充敌台发出假信号,扰乱指挥,制造混乱。1967 年中东战争中,以色列军队炸毁埃及在西奈半岛的前线通信枢纽后,冒充埃及统帅部发出假指令,将阿拉伯支援战机引入被占领机场、油料车队引入雷区,将埃及第四坦克师调离苏伊士战区,致使埃及进攻行动遭到失败。

无线电通信反干扰的主要技术措施有:采用抗干扰能力强的通信方式;增大发射功率,利用中继站缩短通信距离,提高收信的信号强度;采用多种通信信号,避免信号单一标准化,增加干扰机的工作难度。其主要组织措施有:采取经常变换电台工作频率、呼号、暗语;建立隐蔽的无线电网;有计划地制造假象,经常变更通信形式,迷惑敌方;必要时可采取火力摧毁敌方干扰源。

**2. 雷达和雷达对抗**

1) 雷达

雷达(radar)是“无线电探测和测距”的英文缩写,即利用无线电发现并测定目标的空间位置,也称为“无线电定位”。无线电的定向辐射和接收、遇障碍物反射,电波以恒定高速度在空间传播的规律是雷达测定目标的基本原理。

雷达技术出现于20世纪30年代中期,在第二次世界大战时广泛应用。其按工作方式分为连续波雷达和脉冲雷达。军用雷达分为地面防空雷达、机载雷达、舰载雷达、炮兵雷达等。

2）雷达对抗

雷达对抗是指对敌方雷达进行电子侦察、干扰、摧毁和己方雷达反侦察、

反干扰、反摧毁的战斗行动。雷达对抗侦察是为获取敌方雷达战术技术参数而实施的电子侦察,基本任务是发现敌方雷达,测定其性质、参数,引导干扰机和干扰杀伤武器摧毁目标。反雷达对抗侦察是己方雷达为防止敌方雷达电子侦察而采取的措施。一般采取缩短雷达工作时间、改变雷达工作规律、控制雷达工作频率、启用隐蔽雷达、转移雷达阵地、设置假雷达站、发射假雷达信号等方法。

3）雷达干扰

雷达对抗途径:一是实施干扰,二是火力摧毁。这二者相比,虽然火力摧毁最有效、最彻底,但需要雷达侦察来保障实施,不能经常实现,尤其对敌纵深隐蔽的雷达,很难发现并摧毁。雷达干扰是指扰乱或欺骗敌方雷达系统,使其效能降低或失效的电子干扰。其主要分有源干扰和无源干扰两大类。

有源干扰是利用干扰发射机作为干扰源,发射或转发工作频率与雷达相同,且功率较大的无线电干扰信号进入雷达接收机,对雷达造成干扰。根据性质分类,其可分为压制性干扰和欺骗性干扰两种。

压制性干扰(杂波干扰)是利用干扰机发射强大干扰信号,压制敌方雷达目标回波,使回波信号淹没在干扰信号中,无法分离和识别,导致雷达失去警报作用。

压制性干扰的形式有3种:一是瞄准式干扰。干扰信号频率与敌方雷达频率完全相同,一次只能有针对性的干扰一部雷达。二是阻塞式干扰。在一个频段范围内释放干扰,能同时干扰多部雷达,但干扰功率分散、效果差。三是扫频式干扰。干扰频率由低到高或由高到低改变,能周期性的往复扫频干扰这一频段内工作的不同频率的多部雷达,造成受干扰的雷达荧光屏画面闪动,无法观察和跟踪目标。

欺骗性干扰是利用发射机模仿敌方雷达信号造成干扰,使敌方上当受骗。例如:使敌方雷达在测定目标距离、方位、速度时产生错误,使其跟踪或制导的武器命中精度下降。其通常的方法为使用回答式干扰机进行的距离欺骗、角度欺骗、速度欺骗。

距离欺骗:当收到敌方雷达信号后,对其放大并延迟(或提前)一定时间后再发射回去,被雷达接收后,在显示器上出现一个或多个与真实目标相似,但距离上延长(或缩短)的假目标回波信号,造成真假难辨。角度欺骗:当收到敌方雷达信号后,立即发出与目标回波信号角度不一致的干扰信号,使雷达显示器上出现除真实目标以外的一个或多个假目标。速度欺骗:当收到敌方雷达信号后,立即发出干扰信号,造成雷达测定目标的速度信息产生误差。

无源干扰是利用干扰器材反射、衰减、吸收电磁波对敌雷达造成干扰。其分为反射

性干扰和衰减性干扰两类。反射性干扰主要利用干扰箔条、角反射器、电离气悬体、龙伯透镜、偶极子反射体等雷达波强反射体反射敌方的雷达信号。

干扰箔条是锡箔、铝箔、金属片、干扰丝的统称。可利用飞机、炮弹、火箭弹或布撒器在数十千米的空域大面积投放，形成空中走廊，使雷达荧光屏上形成雪花，掩护走廊上方突击集群行动；被雷达发现跟踪时投放，形成干扰云团，掩护目标摆脱雷达的跟踪。为达到干扰的效果，其干扰丝长度为干扰雷达波长的一半，为干扰不同波长雷达，采用不同长度干扰丝按比例混装投放的方法。

电离气悬体是在空中喷洒易燃烧电离的金属粉末，使空气电离形成离子云，长时间悬浮空中，可对地面雷达形成压制性干扰。一般利用飞机、火箭发动机、导弹的喷气发动机喷洒。

角反射器一般用铝管或木杆制骨架，用金属网、镀金属尼龙丝织物做反射面，由3个相互垂直的金属平板组成，形状有三角形、圆形和弧形、菱形、矩形等。可把雷达信号按原方位反射回去，既可模仿真实目标反射特性造成错觉，也可合理布设，在屏幕形成大片亮区，掩护目标，欺骗敌方雷达。此外，偶极子反射体、龙伯透镜都可起到与角反射器相同的作用。

衰减性干扰主要使用涂料、伪装网或就便器材，通过衰减雷达波的反射能力，达到对雷达造成干扰的目的。涂料覆盖衰减是用能大量吸收雷达波的涂料敷设在目标表面，使雷达的回波大大被衰减，降低雷达的有效探测距离。例如：美国 U2、SR71、B2、F117A 等飞机表面都涂有大量吸波材料。伪装网衰减是在常规伪装网材料中加入能衰减雷达波的材料，制成综合伪装网，既能防光学侦察，也能防止雷达侦察。就便器材衰减干扰是利用树枝、稻草、高粱杆等材料覆盖目标，也可起到衰减电波的效果。

**3. 光电对抗**

光电对抗是作战双方以红外线、可见光、紫外线等光波波段电子设备进行的电磁对抗。

1）光电对抗的作用

光电对抗是随科技的发展，在大量使用激光和红外设备后形成的对抗手段和措施。战争实践表明：合理运用光电对抗可造成敌方侦察器材迷盲、制导武器失控。例如：1972年越战期间，美军在无光电对抗的情况下，3 个月被苏制萨姆 -7 红外制导导弹击落 24架飞机，在采取发射红外诱饵弹后，战损率才得以降低。1972 年，美军利用 20 枚激光制导炸弹 2 小时内摧毁越南 17 座桥梁，但在轰炸河内安富发电厂时，由于越南采取释放烟雾和喷水等干扰措施，使美军投放的几十枚激光制导炸弹，无一命中，仅有一枚炸弹落在电厂围墙附近。

2）光电对抗的手段

光电对抗的手段主要有光电侦察、光电干扰、反光电侦察干扰。

光电侦察是利用光电技术装备查明对方光电武器装备的方向、配置、性能、数量，并以声、光或显示等形式报警。由于红外技术和激光技术的发展,光电侦察按方式可分主动侦察和被动侦察两大类。其中:主动侦察的设备包括滤光探照灯、激光雷达,被动侦察的设备包括红外报警器、激光报警器、综合报警器。

光电干扰是利用各种手段破坏或干扰敌方光电设备。红外干扰有红外干扰机、烟幕器材、红外诱饵弹(可发射干扰光束,改变红外辐射波长)等。激光干扰技术有致盲式干扰、采用假目标和回答式欺骗干扰、利用大气散射激光干扰、采用反激光辐射导弹摧毁干扰,也可采用水幕、烟幕、化学雾剂等伪装、涂料、设置遮蔽和金属丝(条)干扰等。

反光电侦察干扰一般采用多光谱技术、背景与目标辐射监视技术、抗干扰电路技术、复式制导、热抑制技术及防护镜和伪装器材。

**4. 水声对抗**

在现代战争的战场中,海洋军事对抗,水下军事对抗也成为双方争夺的重要内容。水声对抗是削弱或妨碍敌方水声设备的有效使用和保障己方水声设备的有效使用的斗争。其主要应用于各类舰艇在水中的探测和反探测。声纳利用声音在不同的媒介中传播速度不同而研制的测量、侦察工具,可用于侦察潜艇、水面舰艇、水雷及其他海上目标的方向、距离、位置,也可用于测量深海和发现鱼群等目标。声纳在第一次世界大战期间出现,第二次世界大战期间为防止德国潜艇的袭击,同盟国开始广泛使用并发挥重要作用。

## 四、电子对抗的发展趋势

随着现代科技的飞速发展,电子对抗将面临宽频带、高精度、低截获概率、多模式复合、多信号格式、多技术体制的电子威胁,并要面对全高度、全纵深、全方位的作战空域,必须具有快速应变的作战能力。其发展趋势主要表现如下:

### (一)利用电磁频谱从射频向全频段发展、功率不断提高

现代各种新型军用电子设备的频段不断扩展,从长波、短波、微波发展到毫米波频段。美国早期生产的干扰机只能工作在S频段上,20世纪80年代干扰的工作频率已达0.5~18GHz,现代干扰机的工作频率可达40GHz。为了干扰压制敌方军用电子装备,提高干扰机的功率以及采用功率管理技术是干扰技术发展的重要途径。美国20世纪50年代研制生产的干扰机脉冲功率只有上百瓦,60年代干扰机的脉冲功率达上千瓦,70年代干扰机的脉冲功率达几千瓦,80年代干扰机的脉冲功率已达到兆瓦级,目前可达到几兆瓦级。

面对战场复杂的电子战环境,电子对抗设备(系统)将更广泛采用小型高速计算机,发展信号处理能力强、反应速度快,适应高密度、复杂电磁环境的智能化电子对抗设备。目前,世界各国都在积极开展多功能、自适应性强、自动化程度高的控制投放设备的研制工作。随着射频、红外和光电威胁的日趋严重,使得任何单一的电子对抗设备都无法赢得电子战的胜利。因此,研制综合一体化电子战系统及多频谱诱饵,已成为电子对抗的发展方向。

### （二）电子对抗手段将从传统的单一手段向综合一体化方向发展

现代战争是以信息化武器系统的综合应用为特征，促使军事对抗和电子对抗在内容、模式、概念等方面发生深刻的变化。信息化战争中因陆、海、空、天、电一体的多维立体战促使多功能电子战系统发展。例如：法国研制的 $EWC^3I$ 雷达对抗与通信对抗综合电子战系统；英国研制的多平台由软件驱动的 EWCS 综合电子战系统，电子战指挥控制系统在战场与 $C^4ISR$ 发生交联，并由单平台的综合管理向多平台的综合管理发展。

### （三）电子对抗的重点将向 $C^4ISR$ 一体化系统和反精确制导武器方向发展

电子对抗的对象是国家和军队的神经中枢——$C^4ISR$ 系统，针对的主要目标是指挥、控制、通信、情报、防空雷达、武器制导系统。一旦该系统被破坏后果将是灾难性的。例如：1988 年 11 月 2 日美国康奈尔大学计算机专业研究生莫里斯在破译 DES 密码后植入病毒程序，使美国国防部、航空航天局及高校科研机构数千台电脑瘫痪，造成 1 亿美元的损失。1991 年海湾战争爆发前夕，伊拉克政府为防空系统的电脑配置打印机，从法国购买，准备经安曼运到巴格达，但美军情报部门获悉后，将事先固化好病毒程序的芯片偷换在打印机内，在空袭前用无线电遥控技术激活“病毒”，造成伊拉克防空系统瘫痪，保障了空袭行动的顺利进行。

各类精确制导武器效能的发挥取决于制导系统能否正常工作，只要采取有效的干扰措施、干扰制导系统，就可以制约战场精确制导武器作战效能的发挥，最好的方法就是实施电子对抗。随着精确制导武器的广泛应用，围绕制导与反制导斗争的电子对抗将成为电子对抗技术发展的重要内容。

### （四）电子对抗的领域将不断拓展，新样式不断出现

在高新技术的推动下，电子对抗装备不断更新，其领域将不断拓展。随着战争对抗性的日趋激烈，为取得技术优势从而获得战场主动权，将发展新对抗新体制的通信（激光、微波）、雷达电子对抗设备。由于战争对抗的全高度，因此将在现有作战平台基础上发展星载和弹载电子对抗设备及定向能、电磁脉冲武器系统。针对精确制导武器，将发展对光电、毫米波制导的精确制导武器的对抗设备。重视电子对抗技术与武器装备的结合，大力发展反辐射武器、隐身飞行器和毁伤电子设备的射频、电磁脉冲的武器。随计算机及软件大量使用，还将发展病毒战、网络战。

## 思考题

1. 什么是军队指挥自动化系统？有哪些特点？
2. 军队指挥自动化系统由哪几部分构成？各部分的作用是什么？

3. 作战指挥自动化系统的工作过程是什么?
4. 如何认识 $C^3I$ 与人的作用的辩证关系?
5. 什么是侦察监视技术?现代侦察监视技术主要有哪几种?
6. 声纳的原理是什么?
7. 军用卫星有哪几种?作用是什么?
8. 侦察卫星有哪几种?特点有哪些?
9. 什么是电子对抗?
10. 试述有源干扰和无源干扰内涵与种类。
11. 试述通信干扰和雷达干扰的原理与方式。

# 第十九章

# 信息化杀伤武器

信息化杀伤武器主要包括精确制导武器、核生化武器及新概念武器等，其特点是使武器装备在预警探测、情报侦察、精确制导等方面实现信息采集、融合、处理、传输、显示的网络化、自动化和实时化。信息化杀伤武器装备体系对抗是未来信息化战争的重要特征。信息化杀伤武器的特点是充分利用信息技术和计算机技术。

## 第一节 精确制导武器

精确制导武器的出现是人类武器发展史上的一次革命。随着科技的进步，精确制导系列化武器发展，大量装备和广泛应用，成为现代战争三大支柱系统之一，战场不可缺少的重要武器，对现代作战和军队编制体制产生了深刻影响。精确制导武器的发展水平是衡量国家军事实力的重要标志之一。

### 一、精确制导技术的涵义

精确制导技术是以高性能光电探测器为基础，采用目标识别、成像跟踪等方法，控制、引导武器准确命中目标的技术，是对空、对海、对地制导武器的共同技术。其包括红外制导、激光制导、电视制导、微波制导、光纤制导、毫米波制导、全球定位系统、复合制导等技术。目前精确制导技术重点发展的是毫米波、长波红外成像。

### 二、精确制导武器的涵义

1972 年，美国在越南战场投入大量激光制导炸弹、电视制导炸弹，取得了惊人的作战效果。1973 年 10 月 6 日埃及与叙利亚分别在西线的苏伊士运河和北线的戈兰高地同时对以色列发动进攻，在 18 天的战争中以色列损失 114 架飞机，其中以色列 70 架飞机被导弹击落（占 62%）；埃及、叙利亚损失 335 架，被导弹击落 275 架（占 82%）。双方共损失坦克2550余辆,70%是被反坦克导弹摧毁。特别是10月8日上午埃及军队使用苏制AT-3有线制导的反坦克导弹,3分钟内全歼以色列军队精锐的第190装甲旅,双方损失的50艘军舰全部是被导弹击沉。1974年后西方军界将制导炸弹和导弹统称为“精确制导武器”或“精确制导弹药”。

精确制导武器是采用精确制导技术,直接命中概率在50%以上的武器。

精确制导武器分为导弹和精确制导弹药两大类,其中精确制导弹药又分为末制导弹药和末敏弹药。末制导弹药安装有寻的器和控制系统,在其飞行末端能自行修正弹道,直至命中目标,如制导炸弹、制导炮弹、制导雷。

制导炸弹又称为制导航空炸弹、灵巧炸弹,是美国20世纪60年代首先研制,由普通航空炸弹改装,安装制导装置和气动操纵面(弹翼、尾翼)的滑翔炸弹。其包括激光制导、电视制导、红外制导、无线电制导。第三代激光制导炸弹的命中精度可达1米。例如:美国的AGM-123A激光制导炸弹、GBU-15电视制导滑翔炸弹、中国的LS-6(“雷石”6)制导滑翔炸弹及FT系列制导炸弹(“飞腾”系列)、法国的“马特拉”系列激光制导炸弹、俄罗斯的KAB-500L/1500L激光制导炸弹等。

制导炮弹是用地面火炮发射,弹丸带有制导装置的炮弹的总称,在弹道末端可实施导引、控制,是打击坦克、装甲车辆、舰艇等运动和硬质固定点目标的最佳武器。例如:美国155mm“铜斑蛇”激光制导炮弹,最大射程17千米,直接命中概率大于80%;美国毫米波203mm制导炮弹、俄罗斯“红土地”激光制导炮弹。

制导雷是传统地雷、水雷上加装制导系统的制导武器,是一种把自毁破片技术、遥感技术、微处理机结合起来的新型雷。其具有自动识别目标,能主动攻击一定探测范围内的活动目标甚至空中目标,使地(水)雷由传统的完全被动式的防御性武器变成能主动攻击目标的新型火力。其主要分3类:一是专门反坦克、反装甲车辆和直升机的制导地雷;二是执行反潜、反舰任务的制导水雷;三是执行反卫星任务的太空雷。

末敏弹药主要是子弹药,不能自动跟踪目标,也不能改变飞行弹道,只能在被布撒范围内利用自身的寻的器探测对目标区扫描,确定目标后沿探测器瞄准的方向发射弹丸攻击目标,其探测范围一般为末制导弹药的10%。例如:美国1986年配用155mm榴弹炮和203mm火箭炮的“萨达姆”型末敏弹药。其3个子弹头在目标区的上空布撒后,在离地面150米高度,子弹头内毫米波探测器开始工作,利用弹头部的涡旋形降落伞下降,产生自动旋转扫描搜索目标,达到有效杀伤距离后,将弹头对准目标中央,自动引爆子弹头内的自断碎片弹头,并以马赫数为10的速度击穿坦克的顶部装甲。

## 三、导弹

导弹武器自第二次世界大战末问世以来(德国的V-1型、V-2型导弹,见图19-1),随科技飞速发展,出现的新材料、新电子技术、新元件、新工艺往往首先用于导弹的发展,因此导弹已经成为一种技术密集型武器,并成为现代战争中不可缺少的重要武器。国家导弹装备的现代化、系列化程度及机动化能力是一个国家国防现代化程度的标志之一。

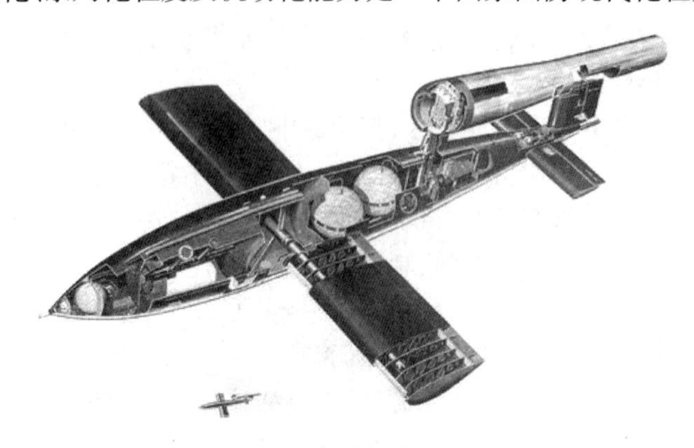

图 19－1　第二次世界大战时期德国 V－1 型导弹

## (一) 导弹武器的产生与发展

现代的导弹武器起源于中国古代火箭,随科技发展战场相继出现火炮、飞机、航空炸弹,为达到远程攻击而避免己方伤亡的目的,在科技发展和战争需要的双重推动下导弹武器诞生。

公元 13 世纪中国的黑火药从丝绸之路经阿拉伯国家传入欧洲。19 世纪欧洲出现膛线炮和以硝化纤维为主要成分的新型火药,使火炮的射程和命中精度大幅提高。但面对进一步提高火炮的射程、威力、命中精度的要求,技术上无法解决同时提高射程和增加威力,火炮的发展受到限制。20 世纪初飞机的发明并被应用于战争,解决了打击范围和提高破坏精度的问题,但早期的飞机因飞行速度和高度的局限,易被对方防空火力杀伤,生存能力低。

为解决火炮和飞机存在的问题,在液体、固体火箭推进剂、高温材料、控制技术取得进展的推动下,火箭武器进入应用阶段。第二次世界大战末期德国在沃纳·冯·布劳恩的主持下首先研制 V－1 和 V－2 导弹并应用于战争。V－1 导弹为飞航式导弹,可携带 1000 千克炸药,射程 250 千米。V－2 为弹道式导弹,燃料为液氧和酒精,射程 300 千米,弹道高 100 千米,战斗部重 750 千克,采用惯性制导,圆概率误差 8 千米。第二次世界大战后美国、苏联分别俘虏了部分德国科研人员,缴获德国剩余的导弹实物,在此基础上为冷战时期的军备竞赛开始研究现代导弹、运载火箭。

## (二) 导弹概述

### 1. 导弹的涵义

导弹是“导向性飞弹”的简称,即依靠自身动力,按反作用原理推进,能自动引导战斗部打击目标的武器。

**2. 导弹的分类**

导弹的种类繁多，通常按作战使命、飞行弹道、发射点与目标的相对位置关系等分类。

1）导弹按作战使命分类

导弹按照作战使命分为战略导弹和战术导弹。

战略导弹是指具有1000千米以上射程，担负战略作战使命的导弹，即打击敌方纵深的政治中心、经济中心、港口、交通枢纽、核武器仓库、导弹基地、指挥中心等战略目标，反击来袭的敌方战略导弹。例如：苏联的SS－25洲际导弹、中国的"东风"－5（"东风"－31A）战略导弹。

战术导弹是指射程在1000千米以下，担负战术作战使命，即用于直接支援部队战斗行动，或打击敌方技术兵器（坦克、飞机、军舰）等目标的导弹。例如：苏联的萨姆系列防空导弹、（中国的"东风"－15地地导弹。"东风"－15近程地地战术导弹是中国研制的近程地地战术导弹，其出口型为M－9）。战术导弹由战役、战术指挥员掌控。

2）导弹按照飞行弹道分类

导弹按照飞行弹道可分为巡航导弹和弹道导弹。

巡航导弹又称为有翼导弹或飞航式导弹，是一种依靠动力装置（喷气或火箭发动机）和翼面产生的升力在稠密大气层中飞行，利用翼面伺服机构调整弹体飞行姿态，在制导系统控制下飞向目标。导弹在飞行时处于重力与升力、推力与阻力平衡的巡航状态。例如：苏联的SS－X－4、AS－X－15、SS－NX－21远程巡航导弹，印度与俄罗斯联合研制的"布拉莫斯"超声速巡航导弹，美国海军研制的BGM－109"战斧"多用途巡航导弹。弹道导弹和炮弹出膛后的弹道类似，弹道导弹由此得名。弹道导弹是指火箭发动机将导弹推送到一定高度和一定速度后停止工作，弹头依靠惯性沿预定的抛物线弹道飞向目标。弹道导弹没有弹翼，除初始阶段有动力飞行外（主动段），其余均依靠惯性在高空处于无动力飞行状态（被动段）。弹道导弹根据作战任务可分为战略弹道导弹和战术弹道导弹。例如：苏联的SS－25洲际导弹、美国的"民兵"－Ⅲ分导式战略弹道导弹。

3）导弹按照发射点与目标的相对位置关系分类

导弹按照发射点与目标的相对位置关系可分为空中发射导弹、地面发射导弹、水面发射导弹、地下（水下）发射导弹。国外将地面、水面、水下3种发射点位置统称为"面"，空中发射点统称为"空"，由此形成面对面（SS）、面对空（SA）、空对面（AS）、空对空（AA）系列导弹。此外，字母I表示截击（intercept）、G表示地面（ground）、U表示水下（under－water）、N表示海军（navy）、M表示导弹（missile）。例如："东风"21－D反航母导弹（DF－21D）是中国自主研发的一种新型中程弹道导弹，是世界第一种反舰弹道导弹，主要用于对航母等舰只进行致命的战略战术打击，可以直接远距离击沉移动中的航母，攻击误差仅有十几米，通过发射多枚该类型导弹（以防止"爱国者"导弹的拦截），可以使航母或护航舰只失去战斗力。

4）导弹按照射程分类

导弹按照射程可分为近程导弹(射程小于1000千米)、中程导弹(射程在1000~3000千米)、远程导弹(射程在3000~8000千米)、洲际导弹(射程在8000千米以上)。例如:我国列装的“东风”-26中程导弹,是我国新一代中远程固体燃料弹道导弹,是一种反舰核常兼备弹道导弹,是继“东风”-21D后,第二种能够反航母的弹道导弹,且射程更远。该导弹长约14米、直径1.4米、发射重量20吨、采用两级固体燃料火箭发动机;可携带重量为1.2~1.8吨的核弹头或常规弹头,并具备投送3个分导式多弹头能力;在射程方面,由于使用了高能推进剂,最大射程应该在5000千米以上,是衔接“东风”-21与东风-31的主力中远程弹道导弹。

5）导弹按照攻击目标分类

导弹按照攻击目标不同可分为防空(地空)导弹、反坦克导弹、反舰导弹、反潜导弹、反辐射导弹、反卫星导弹、反导导弹。

### （三）导弹的组成

导弹主要由战斗部(弹头)、动力装置推进系统、制导系统、弹体结构系统组成。

**1. 战斗部**

战斗部也称为弹头,是由导弹携带用于摧毁目标的有效载荷,是导弹的重要组成部分,由弹头壳体、战斗装药、引爆系统(引信、保险装置)组成。引爆系统用于适时引爆战斗部,同时还保证弹头在运输、储存、发射和飞行时的安全。

战斗部根据装药不同可分为常规装药战斗部(爆破型、破甲型、杀伤型)、核战斗部(原子弹、氢弹、中子弹、核电磁脉冲弹)、特种战斗部(生物和化学弹头)。

爆破型战斗部是利用炸药产生的高温、高压气体急剧膨胀形成的冲击波,以及目标周围介质形成的冲击波,对目标起杀伤破坏作用。其分内爆型(命中并穿入目标内爆炸)、外爆型(靠近目标爆炸)。爆破型战斗部是导弹目前采用的最多的战斗部,为提高破坏效果,除采用新型高能炸药外,多选用薄壁外壳以便增加装药量。破甲型战斗部主要用于击穿具有装甲或混凝土结构掩护的地面防御工事、坦克、装甲车辆、水面舰艇等目标。破甲功能是依靠战斗部内的锥形装药爆炸时产生的高速、高温、高压、高密度气流完成。杀伤型战斗部主要用于摧毁技术兵器和有生力量,利用爆炸后形成的大量散飞型碎片损伤或破坏目标。例如:苏联的萨姆-2防空导弹,在近炸引信控制下爆炸,可形成3600块碎片,80%碎片能击穿60米半径内10毫米厚钢板。

每枚导弹所携带的弹头可以是单弹头或多弹头,多弹头又可分为集束式、分导式和机动式。战略导弹多采用多弹头,以提高导弹的突防能力和攻击多目标的能力。

**2. 动力装置**

产生推力并推送导弹前进的装置称为动力装置,或称为发动机装置。其由发动机和推进剂供应系统两部分组成,核心是发动机。发动机按氧化剂的来源不同分为空气吸气喷气发动机和火箭喷气发动机两类。空气吸气喷气发动机自身只携带燃料,燃烧用的氧化剂来自外界空气。装备这种发动机的导弹只能在大气层中飞行,通常有涡轮喷气发动机、涡轮风扇发动机、冲压式喷气发动机。

涡轮喷气发动机在工作时,空气经压缩器压缩后,进入燃烧室与燃料混合并燃烧,形成燃气流入涡轮,高温和高压推动涡轮旋转,带动压缩机工作,燃气最后在喷管中膨胀加速,以高速向外喷射产生推力,如美国的"捕鲸叉"反舰导弹、苏联的 AS-3 空地导弹等。涡轮风扇发动机又称为双路式涡轮喷气发动机,其内路与涡轮喷气发动机完全相同,外路中有一个风扇,由涡轮带动旋转,使空气经外路压缩后加速喷出,产生部分推力,如喷入燃料燃烧可产生更大推力。在接近声速飞行时涡轮风扇发动机比涡轮喷气发动机节省燃料,如美国的"战斧"巡航导弹。冲压式喷气发动机利用飞行时,迎面气流在发动机前和进气道内速度下降,增大压力后在燃烧室内与燃料混合燃烧,产生高温、高压燃气在喷管内膨胀加速后向外喷射产生推力。其飞行速度越快,冲压作用越明显、推力越大,低速时燃料消耗严重,如苏联的萨姆-6 防空导弹、英国的"海标枪"舰空导弹等。

火箭喷气发动机自身携带燃料和氧化剂,发动机工作时不依靠外界空气,能在外层空间正常工作。发动机按照使用的燃料不同,可分为固体燃料和液体燃料发动机。固体燃料发动机具有结构简单、准备时间短的优点,但工作时间短,一旦固体推进剂燃烧就无法终止,如美国的"民兵"导弹的火箭发动机工作时间 200 秒。液体燃料发动机工作时间长、推力大,可实现多次启动,但结构复杂、准备时间长、推进剂毒性大,工作人员需穿防护服。目前,导弹的动力装置多用火箭喷气发动机。苏联多使用液体燃料火箭,美国多使用固体燃料。

**3. 制导系统**

制导系统是控制导弹重心运动,测定导弹在空间与目标的相对位置和实际飞行弹道,经过计算向姿态控制系统发出沿程序弹道飞行的修正偏差指令,以保证导弹准确命中目标的各种装置的统称。制导系统包括导引系统和控制系统两个子系统。

导引系统(引导头)主要由探测设备和计算变换设备组成,功能是测量导弹与目标的相对位置和速度,确定导弹在飞行中的位置,弹载计算机处理信息后,将导弹实际飞行弹道与理论弹道之间的偏差转换成修正信号输送至控制系统。控制系统(自动驾驶仪)接受来自引导系统的制导指令,通过舵面伺服机构控制导弹的飞行姿态,使其调整飞行轨迹,稳定地飞向目标。控制系统主要由敏感设备、综合设备、放大变换装置、执行结构组成。在导弹的制导系统中,控制系统的原理基本相同,但导引系统的原理相差较大。随着光电器件、微波半导体器件、集成电路和信息处理等技术的迅速发展,制导系统逐步向小型化、高精度、低成本方向发展。

**4. 弹体结构系统**

弹体结构系统用于构成导弹外形、连接和安装弹上各分系统,能承受各种载荷的整体结构。其主要由弹身、气动面、弹上机构及一些零部件组件连接组合而成,用以安装和承载导弹的战斗部、制导系统、动力装置、推进剂及弹上电源等。当采用对接战斗部、固体火箭发动机、液体推进剂受力式储箱时,其壳体、箱壁就是弹体外壳的一部分。弹身由各舱(战斗部装药舱、仪器舱、发动机舱)、段(过渡段、储箱段)、整流罩等组成。弹身一般分为头部、中段和尾部,气动面有弹翼、尾翼和舵面,弹上机构是指操纵机构、分离机构及折叠机构等。对于不同类型的导弹弹体组成,可根据需要确定。例如:弹道导弹,由于采用燃气舵或推力矢量控制方法,因此弹体不安装弹翼。

导弹外形是影响导弹性能的主要因素之一,首先应具有良好的气动外形。考虑到导弹在运输、发射和飞行过程中的不同工作环境,因此弹体必须满足强度、刚度、结构重量等设计要求。对于巡航导弹以及在大气层内飞行速度快、机动能力强的战术导弹,要求更为突出。例如:为提高导弹的运载能力,弹体结构质量应尽量减轻,一般采用轻合金和高强度复合材料及先进的结构形式。

此外,导弹为维持弹载设备的正常工作必须携带电源,一般为电池,也有部分导弹安装小型发电机。作为导弹武器系统,除弹(本体)外还应有弹外设备,如地面、机载、舰载、车载等发射配套设备。

### (四)导弹的特点

**1. 射程远,可实施远距离突防**

制导武器的射程与普通武器相比远得多。例如:洲际导弹射程可达8000千米以上,苏联的"SS-18"洲际导弹射程可达12000千米,能攻击地球上任何区域的目标,而普通火炮最大射程只有40千米;反坦克导弹射程最远达10000米,反坦克火炮直射距离约2千米;防空导弹射程可达3000~80000米,如美国"爱国者"PAC-3导弹防御系统拦截高度达100~150千米,拦截距离150~200千米,而高射炮射高6~13千米。

**2. 精度高**

导弹由于采用先进的精确制导技术,命中点状目标的精确度大幅提高。激光制导的炮弹和炸弹CEP值仅为1~2米。远程导弹CEP值可达几十米。例如:美国的"民兵"Ⅲ地对地洲际导弹射程13000千米,CEP值为200米;"潘兴"Ⅱ第三代地对地战术导弹,最大射程1800千米,采用惯性/雷达区域相关制导,CEP设计为37米,实际可达25米;美国"先进巡航导弹"(AGM-129 ACM),采用地形匹配辅助惯性制导,或红外制导,或卫星全球定位系统导航,射程2750~4200千米,CEP小于16米;美国的"战斧"巡航导弹,射程1300千米,采用GPS制导后,CEP由9米提高到3米,完全可以有效突击点目标。1991年海湾战争期间发射288枚"战斧"巡航导弹,命中率高达90%。1991年海湾战争中,美国空军使用A-6E重型攻击机,在90千米外向伊拉克的一个水电站发射了两枚"斯拉姆"导弹(AGM-84 SLAM防区外对地攻击导弹),结果是两枚导弹先后从同一个洞穿入发电厂,彻底摧毁发电厂设施。

**3. 威力大**

一枚携带1吨重战斗部的常规导弹,相当于18门火炮齐射10发的威力;一个千吨级的小型核弹相当于10个炮兵团540门火炮1次齐射10发威力。法国和德国联合研制的反坦克导弹“霍特”改进型,在增加战斗部直径和采用串联战斗部后,破甲厚度提高到1300毫米。为提高破坏力,部分战术导弹和全部战略导弹配有核弹头,采用多弹头分导技术,可同时摧毁多个目标,威力从1万吨至几千万吨TNT当量。例如:苏联SS-18洲际导弹的威力为2000万吨TNT当量,相当于广岛和长崎投下原子弹总当量的500倍。

对于暴露的软目标,如城市、工业基地、交通枢纽、机场、港口等面状目标的摧毁效果,一般要考虑弹头当量和命中精度,足够当量的弹头可弥补命中精度差的影响。对于具有较强的抗压力,不易摧毁的硬目标,如导弹发射井、地下指挥所等点状目标的摧毁效果,由于其抗压能力强,主要靠高命中精度实施摧毁。

**4. 速度快**

战略导弹最大飞行速度可达7千米/秒以上,相当于20倍声速,袭击远距离目标所需飞行时间短。例如:苏联SS-14中程导弹袭击1400千米以上的目标,只需14分钟;中国的“东风”17最大速度为马赫数为10,射程2000千米,采用滑翔弹道射击。

**5. 机动性能好**

战术导弹可单兵发射,也可以车载、机载和在舰艇上发射。战略导弹可以是弹道式导弹,也可以是巡航导弹,可在基地发射,也可机动发射。

**6. 可控性强**

导弹采用引导、控制系统或装置,调整受控对象(导弹、炮弹、炸弹)弹体的运动轨迹,使其按照预定弹道飞行,以一定精度命中并摧毁目标。

**7. 总体效能高**

导弹的总体效能高主要体现在作战效能高、作战效费比高、作战交换比高。

(1)作战效能高。用达成特定作战目标需要的兵力、时间、武器弹药消耗和损失来衡量作战效能。1965—1968年美国实施“滚雷”轰炸期间,先后出动F-105战斗机、F-4战斗机、F-8战斗机、A-4攻击机共计11560架次,狂轰河内附近的清化大桥,被击落104架、击伤114架,未能彻底摧毁大桥。1969年3月,4架F-105战斗机在6架F-4战斗机的掩护下,投放4枚“宝石路”GBU-12激光制导炸弹,其中两枚直接命中桥墩,将大桥炸为两截,飞机安全返航。

(2)作战效费比高。作战效费比是指使用不同的武器弹药,达成同样的作战目的时消耗的比值。第二次世界大战期间由于投弹精度只有1000米,为摧毁1个钢筋混凝土工事,需出动4500架次轰炸机,平均投弹9000枚;据统计美国在越南战争中共投下制导炸弹约25000颗,摧毁坚固目标1800个;海湾战争期间,美国出动F-117A战斗机仅需要1~2枚精确制导炸弹就可摧毁坚固目标;多国部队共投下制导炸弹10300枚,命中概率高达90%;使用普通155毫米口径火炮摧毁1辆坦克,平均消耗炮弹250发,而使用“铜斑蛇”激光制导炮弹时只需1~2发,效费比提高14~28倍。

(3)作战交换比高。作战交换比是指摧毁目标消耗武器弹药价值与目标本身固有价值的比值。例如:1枚“陶”2反坦克导弹单价约1万美元,1辆M1A1主战坦克约244万美元,费用交换比为1:244。1982年英阿马岛战争期间,英国从“征服者”号核潜艇上发射1枚“虎鱼”式有线制导直航鱼雷(单价90万美元)击沉阿根廷唯一的一艘巡洋舰贝尔格拉诺将军号(8500万美元),造成321名舰员阵亡,价格交换比为1:95。阿根廷为实施报复出动了法制“超军旗”式战斗机,使用了“飞鱼”反舰导弹(单价20万美元)击沉英国42型驱逐舰谢菲尔德号(2亿美元),费效比1:1000。海湾战争中,多国部队飞机发射71枚“麻雀”空空导弹击落伊拉克固定翼飞机24架,价格交换比为1:29;用22枚“响尾蛇”空空导弹击落伊拉克9架固定翼飞机,价格交换比为1:94。

## 四、导弹制导方式及工作原理

制导是指控制和引导火箭、导弹按预定的弹道或根据目标与导弹等运动信息确定的飞行路线准确达到目标的过程。导弹按照制导方式可分为自主制导、遥控制导、寻的制导、复合制导。

### (一)自主制导

自主制导是以弹体内或弹外某些固定的参考基准点为依据,导弹自行完成弹道测量、飞行姿态调整,轨迹修正,由弹载计算机控制,按照预定程序方案完成飞向目标的制导方式。导弹在执行任务过程中控制完全自主,在飞行中不依赖于目标和制导站,由导弹的制导装置按预定过程控制其飞行轨迹,保证导弹命中目标。属于自主式制导的包括惯性制导、程序制导、地形匹配制导、景象相关匹配制导、GPS制导、方案制导和星光制导等。

惯性制导是利用惯性测量装置(陀螺仪和加速度计)测量导弹运动的加速度,通过解算装置,计算出导弹的运动加速度及运动速度,经过与原设定的参数进行比较,形成制导指令,由执行机构控制导弹飞向目标。惯性制导精度随飞行时间(或距离)的增加而降低。

地形匹配(地图匹配)制导是利用装载弹上的图形识别装置和遥感技术获得引导信息,将导弹自动引向目标的自主制导方式。地形匹配制导在海面、平原精度较低,系统因测量、分析、数据存储的需要,设备复杂造价高。

GPS制导是利用弹体上GPS接收机,接收GPS导航卫星播发的信号确定精确制导武器的运动参数,从而使武器飞行目标的自主制导方式。GPS制导不受射程远近影响,抗干扰能力强、精度高。但在技术上,美国可通过GPS密码进入系统,随意控制系统的工作状态和精确度。

自主制导由于把飞行程序储存于弹上,飞行过程中不与目标和制导站发生信息联系。因此其抗干扰能力强、隐蔽性好,制导距离远。但自主制导导弹发射后无法改变弹道,只能攻击固定目标或已知轨迹的低速运动目标。所以,其主要用于地对地弹道导弹和巡航导弹,或导弹飞行的初始阶段。

### (二) 遥控制导

遥控制导是以设在地面、水面或飞机上的指令站,来测定目标和导弹的相对位置,并向导弹发出制导指令,由弹上执行装置操纵导弹飞向目标的制导。导弹受控于指令站,因此弹道可以随着目标的运动而改变,适合攻击运动目标。但是这种制导方式比较容易受干扰,且有线制导受导线长度和强度的限制,所以作用距离近。其多用于地空、空空、空地导弹和反坦克导弹等。遥控制导包括指令制导(有线指令、无线指令、电视指令)、波束制导(雷达波束、激光波束)。

**1. 指令制导**

指令制导是由装在地面、舰船、飞行器上的制导装置,在测量导弹与目标运动参数,通过有线或无线方式将制导指令发出,导弹接收装置接收后,由控制系统执行,操纵导弹飞向目标。指令传输方式分有线指令制导(导线、光纤)、无线指令制导、电视指令制导。

有线指令制导(有线电指令制导)是利用弹外控制装置,通过导线(金属线、光纤)传送控制指令进行的制导。其主要用于反坦克导弹("红箭"-8、美国"陶"式)和线导鱼雷。有线指令制导抗干扰能力强,但飞行速度和射程受导线限制较大。

无线指令制导是利用无线(微波、激光)方式将制导指令传输给弹上接收装置的指令制导方式。其可用于防空导弹和反坦克导弹("红箭"-9),在射程较远的导弹飞行中段制导应用较多,具有作战距离远、成本低,但易受环境和人为干扰。例如:激光传输会受烟尘、雨雪云雾的影响,微波易受电磁干扰,制导距离越远,精度越低。电视指令制导(电视寻的制导)是利用电视技术提供目标信息,形成制导指令,并利用无线(微波)方式将制导指令传输给弹上接收装置的指令制导方式。其主要用于空地导弹(美国的"小牛"空地导弹)和制导炸弹,可根据电视信号选择攻击目标,但目标观察受能见度影响大,信号传输易受电磁信号干扰。

**2. 波束制导**

波束制导又称为驾束制导,是利用光波及其他电磁波波束进行的制导。波束制导按波束的波长分为雷达波束制导、激光驾束制导。波束制导系统由制导站和导弹上的控制装置组成。制导站发现目标后,对目标进行自动跟踪并用雷达或激光波束照射目标,当导弹进入波束区后,控制装置自动测出导弹偏离波束轴线的角度和方向,并形成控制信号控制导弹沿波束轴线飞行,直至命中目标。其多用于地空导弹(我国的"红旗"-2B)。波束制导可同时控制多枚导弹攻击同一目标,以便增加命中概率,但抗干扰能力差,精度随射程增加而降低。

## (三) 寻的制导

寻的制导(自寻的制导)是依靠弹上引导设备,接收目标辐射或反射的能量(红外辐射、光辐射、无线电波、声波等),确定目标位置和运动特性,形成引导信号而自动控制导弹飞向目标的制导。寻的制导方式精度高,但制导距离较近(一般小于20千米),多用于地空、舰空、空空、空地、空舰等导弹和精确制导弹药,也用于导弹的末制导。

寻的制导按照导引头接收目标能量(波长)不同分为(微波)雷达寻的制导、毫米波寻的制导、红外寻的制导、激光寻的制导、声波寻的制导等;按照有无照射目标的能源分为主动寻的制导、半主动寻的制导、被动寻的制导3种。

主动寻的制导是指导弹安装能源照射装置(照射源)和接收机装置,利用发射装置不断对目标发射能量,接收装置根据回波信号,完成对目标的捕捉、跟踪和攻击,如我国的C-802反舰导弹、美国的“鱼叉”反舰导弹、美国的AIM-120中距空空导弹等。主动寻的制导导弹具有发射后不管、可全向攻击目标、距离目标越近精度越高的优点,但存在易暴露、易受干扰、设备复杂、成本高、弹重、受导弹体积限制发射机功率小距离近等缺点。

半主动寻的制导导弹,能量照射来自指令站,导弹接收回波信号,自动跟踪并攻击目标。目前技术较成熟的半主动寻的制导导弹有雷达半主动寻的制导(美国的AIM-7“麻雀”空空导弹、我国的PL-11空空导弹、美国的“霍克”地空导弹),激光半主动寻的制导(“海尔法”反坦克导弹)。半主动寻的制导具有作用距离远、发射装置可重复使用、弹体成本低等优点,但其导弹制导严重依赖制导站的信息提供和引导,目标被摧毁前,制导站必须保证能量不间断照射,所以其战场生存能力降低,攻击行动也易被目标发现和干扰。

被动寻的制导是导弹不使用能量发射装置,弹上只安装接收装置,通过接收目标自身辐射的能量(热辐射、微波、声),自动跟踪并攻击目标,如美国的AIM-9L“超级响尾蛇”空空近距格斗导弹、我国的PL-8空空导弹、俄罗斯的R-73空空导弹、美国的“哈姆”反辐射导弹、我国的FT-2000地空反辐射导弹等。被动寻的制导的导弹不易被目标发现,可实施隐蔽攻击,但易受干扰和欺骗,敌我识别能力差。

## (四) 复合制导

在导弹飞行的初始段、中间段和末段,同时或先后采用两种以上制导方式的制导称为复合制导。这种制导可以增大制导距离,提高制导精度。例如:美国“斯拉姆”远程空地导弹采用惯性制导+红外成像自动寻的末制导,法国“飞鱼”反舰导弹采用惯性制导+主动雷达寻的末制导,俄罗斯的SA-12(斗士)地空导弹采用无线电指令遥控制导+主动雷达寻的末制导,美国的“先进巡航导弹”采用惯性导航+地形匹配+主动寻的末制导。

复合制导可以综合利用几种制导方式的优点,弥补弱点,提高命中精度,但是其缺点是系统复杂,体积大,设备比较昂贵。

## 五、精确制导武器发展趋势

随科技发展,敌己双方的侦察、监视、电子对抗、攻击、防护能力都将得到改善,为适应未来战争的需要,达成远距离突防、精确打击的任务,所以精确制导武器向小型化、机动化、标准化、模式化方向发展。在军事高技术的推动下,精确制导武器抗干扰性、隐身性、精确性、全天候作战能力等方面进一步提高。

### (一) 向"远程化"发展,进一步增大精确制导武器射程

随着高技术的广泛应用,现代战争的战场呈现大纵深、高立体、非线性接触的发展趋势,作为打击敌方目标的利器,精确制导武器必须具有全方位、远距离攻击的能力。虽然精确制导武器的射程与普通常规武器相比有优势,但精确制导武器也存在明显的缺陷。例如:精确制导武器随射程增加命中精度下降,如空袭防御严密的点目标,抵近攻击则会造成作战平台及作战人员面临生存威胁。为保证发射平台生存概率,需要研发具有远距离攻击能力的精确制导武器。

美国的 B-52 型战略轰炸机服役 50 余年,其体积大、速度慢,在 1 万米高度以上飞行,虽然可躲避常规防空武器的打击,但在现代防空火力系统的打击下无战场生存能力。改进的 B-52H 型轰炸机,利用其载弹量大、航程远的特点,可以从印度洋的迪戈加西亚基地飞至美国本土往返 22000 千米,如其在红海、地中海空域发射射程超过 2500 千米的 AGM-86 远程巡航导弹袭击伊拉克境内军事目标,不仅取得较好的作战效果,也获得飞机的生存保障。目前各国都重视研发敌方防空火力网外的"防区外发射"精确制导武器。精确制导武器射程远不仅是作战的安全需要,也是战术实现的保障。

### (二) 向"智能化"发展,进一步提高精确制导武器命中精度

先敌发现、先敌实施有效摧毁是未来战场胜利的关键。精确制导武器由于安装引导和控制系统,因此可根据作战任务,自动搜索、发现、识别、定位、跟踪、攻击目标。其具有高精度、可对多目标进攻的能力,但目前精确制导武器在敌我识别、命中精度方面需进一步提高。

战场敌我识别的问题是必须面对的严峻问题。战争中不仅普通作战人员因判断错误,使用常规武器会出现误伤、误炸友军,使用信息化武器也会频繁出现误伤事件。例如:阿富汗战争中美军阿帕奇直升机误炸地面巡逻的友军,伊拉克战争期间美军"爱国者"防空导弹击落英国战斗机等。由于热辐射寻的制导的"响尾蛇"空空导弹,敌我识别能力差,在复杂的空战中也存在安全威胁,因此红外探测方式从点源探测向成像探测方向发展,可以进一步提高目标探测的精度。精确制导武器不仅要区分坦克、车辆、火炮、飞机等攻击目标,而且要识别敌我,以免误伤。这样要求探测元件从单元向多元方向发展,信号处理电路由模拟式向数字化处理方向发展。目前"图像理解"的人工智能技术,

利用弹上的计算机将探测器获得的图像与存储数据对比,可区分目标类型、分清敌我,实施有选择的攻击,但在逻辑功能的微处理器方面存在技术难题。

命中精度的提高取决于制导系统的目标探测器对目标的分辨率。其分辨率与探测器的工作波长、天线或光学透镜的孔径有关,波长越短、天线或透镜孔径越大、分辨率越高。但弹体的弹径有限,不能依靠增大天线或孔径来提高分辨率,只能将工作波长由微波转移到毫米波、红外、可见光波段。工作在可见光波段的电视制导、光学瞄准的有线制导精度最高,成像能力最佳,红外制导、激光制导及毫米波制导都具有比微波制导高的制导精度。目前研制的合成孔径雷达可有效提高微波雷达寻的精度,可实现远距离、全天候、高分辨率甚至实现目标成像搜索。但其技术复杂,用在一次性精确制导武器上成本太高。

### (三)向"隐身化"发展,提高突防能力和抗干扰能力

精确制导武器在突防中,常受到敌方的拦截和电磁干扰,因此要求精确制导武器具有隐形性、抗干扰性、高速突防能力。

精确制导武器采用的隐身技术:一是从弹体外形和材料设计上,采用流线型、复合材料,以降低雷达反射截面,减小敌方雷达探测距离;二是采用新型高效低噪声发动机,减少红外辐射、噪声等特征信号,减少被发现的概率;三是采用被动式制导方式(电视、红外、微波等),提高武器的隐蔽性,增加攻击的突然性;四是提高飞行速度,采用机动变轨等措施,减少被拦截的概率,增加突防能力。

微波波段是电子对抗最复杂和激烈的频段。其干扰手段多,抗干扰多采用复合性抗干扰措施,因此成本高,限制应用和发展。目前,比较先进的抗干扰措施有扩展频谱、频率捷变、单脉冲等技术。主动式寻的制导武器因工作时必须向目标辐射电磁波,易被目标侦察和干扰,因此抗干扰能力提高更重要。毫米波雷达制导系统虽然成本高,发展不成熟,但具有频带宽、天线口径小、增益高、波束窄、分辨率高等特点。由于在毫米波段目前难以产生大功率、宽频带干扰信号,对毫米波制导的精确制导武器不能进行远距离干扰,因此毫米波段的主动寻的制导是目前各国发展的重点技术。

### (四)向"小型化、系列化"发展,提高武器的全天候作战能力

精确制导武器的小型化是在采用新材料、新工艺、微型化、固体化、多功能化部件基础上实现的。新型复合材料可使武器自重减轻,微型化和多功能化部件可使武器体积减少,总体上降低弹体搭载的负荷,增加作战效能,武器的费用也大幅下降。例如:美国研制的113.4千克微型灵巧弹药,可由隐身飞机携带,毁伤效果与907.18千克炸弹相当,飞机的载荷下降70%~80%。精确制导武器的小型化,不仅可降低成本,也可便于携带,为全天候作战使用提供便利。

战役、战斗中作战双方都会面临夜暗、雨雪雾等不良天候,为达到攻击的突然性和隐蔽性,也可能利用不良天候。精确制导武器能否具备全天候作战能力,对打击行动的顺利

实施具有关键影响。为争夺战场主动权，各国都研发具有全天候作战能力的精确制导武器。

目前，提高全天候作战能力的方法有：一是武器系列化，如美国的“小牛”（幼畜）空地导弹，为适应在昼夜和不良气象条件下作战，研发电视、红外成像、激光3类制导装置，不同天候条件选择相应制导装置，提高全天候作战能力；二是完善受天候影响小的制导技术，如微波波段的制导，具有很强的穿透云雾的能力，并可用于全天候遥感。除微波雷达制导外，合成孔径雷达制导、GPS制导都在进行研究。毫米波的制导系统受云、雾、烟尘影响小，只是在大雨时衰减大，属于“有限全天候能力”制导。

### （五）向“模块化”发展，提高精确制导武器通用性能

为提高精确制导武器的整体效能，该系统不仅复杂而且成本昂贵，作为一次性武器不利于大量装备。为降低精确制导武器成本必须采用通用化和模式化。

模式化是指将精确制导武器分成若干组件，各组件都采用模块设计（标准件），根据作战任务不同，组合成具有性能的精确制导武器。例如：美国的“爱国者”地空导弹系统采用24种标准数字模件，占所需模件的90%；GBU－15制导炸弹系列，其制导模件有红外、激光、电视、测距、信标5种，战斗部模件有3种，气动力控制模件有2种，根据作战任务不同可组合，具备在全天候条件下对多种类型目标实施高、地空攻击能力，降低保障难度。

通用化，即一弹多用，不仅降低研发费用，也可缩短研制周期。例如：美国仅用2年花费5000万美元将“响尾蛇”空空导弹装备到地面装甲车上，若改成“小槲树”近程防空导弹，则将重新研制至少需要5年时间和上亿美元。据统计，将雷达制导的导弹完成一弹两用，可节省研制费45%，红外制导节省研制费达80%。

从精确制导武器的发展趋势看，红外成像、毫米波、合成孔径雷达制导的综合性能比较好，是今后精确制导武器主要发展方向。但目前新技术存在难度大、风险大、价格高等缺陷，所以精确制导武器不能完全取代现有制导手段。此外，从电子对抗角度看，制导手段的多样性可迫使敌方在防御时面临困难，增加电子对抗的复杂化程度。

## 第二节　核生化武器

核生化技术是核武器、化学武器、生物武器研制、生产、使用技术的总称，属于核物理、生物学、化学在武器装备制造中的应用技术。因核生化武器相对其他传统武器装备在破坏力、毁伤范围、使用方式有所不同，所以习惯上简称为核生化技术。

## 一、核武器

### （一）核武器技术发展概况

德国化学家马丁·海尔因兹·克拉普洛德1789年发现元素铀。犹太裔德国科学家

爱因斯坦创立狭义相对论以及布郎运动规律,为核武器奠定理论基础。英国物理学家詹姆斯·查德威克发现中子。德国化学家哈恩用中子轰击铀的原子核发现核裂变现象。1939 年 3 月美籍科学家费米发现并人工控制核裂变链式反应,向美国海军提出利用铀的裂变释放能量制造原子弹的设想,但未引起美国海军高层的注意。1939 年丹麦物理学家波尔获悉德国已开始计划研制原子弹,前往美国告诉费米、核物理学家西拉德等;1939 年 8 月 2 日经过爱因斯坦的同意,由西拉德等起草了以爱因斯坦名义给总统罗斯福写信,建议美国政府尽早研制原子弹。1939 年 9 月德国闪击波兰,第二次世界大战爆发,罗斯福于 10 月 11 日决定成立"铀顾问委员会",并在 1941 年 12 月 6 日正式批准"曼哈顿计划",由美国原子物理学家奥本海默负责,投资 20 亿美元,动员万余名科学家,开始秘密研制核武器。1945 年 7 月 16 日美国第一颗原子弹("瘦子")成功试爆。为迫使日本尽早投降和强化远东发言权,美国总统杜鲁门决定 1945 年 8 月 6 日和 8 月 9 日分别在广岛和长崎各投放一颗原子弹。

苏联于 1949 年 8 月 29 日在"米什克瓦"试验场成功进行第一次核试验。英国于 1952 年 10 月 3 日在太平洋的圣诞岛上成功进行第一次核爆。1952 年 11 月美国在太平洋马绍尔群岛进行第一次实验性氢弹原理试验(液态氘,1000 万吨 TNT 当量),并在南太平洋的埃鲁格拉伯小岛上成功试爆。1953 年 8 月 6 日苏联进行氢弹原理性试验。1954 年 3 月 1 日美国第一颗实用型氢弹(固态氘)在比基尼岛试验成功(1500 万吨当量)。1955 年苏联完成实用性氢弹试验。1957 年 5 月 15 日英国完成氢弹试爆。1960 年 2 月 13 日法国在北非沙漠地区成功进行核试验。1961 年 10 月 30 日苏联在新地岛上空完成 5000 万吨级氢弹(沙皇炸弹或大伊万)试验。1968 年 8 月 24 日法国在南太平洋成功试爆第一颗氢弹。1972—1973 年以色列宣布成功爆炸第一颗核武器。1974 年印度成功进行 1.5 万吨级地下核试验。1977 年美国宣布研制成功中子弹。

1958 年 6 月,毛泽东指出:"搞一些原子弹、氢弹有十年功夫完全可能。"1964 年 10 月 16 日中国在新疆罗布泊地区进行首次原子弹试验(地面塔安装裂变,约 2.2 万吨 TNT 当量),1967 年 6 月 17 日,中国第一颗氢弹爆炸试验成功。

### (二) 核武器概述

#### 1. 核武器定义

核武器(原子核能武器)是利用原子核裂变或聚变反应瞬时释放的能量产生爆炸作用,造成大规模杀伤破坏作用的武器,通常用 TNT 当量表示威力(核爆时释放能量相当于多少吨 TNT 炸药爆炸释放能量)。

#### 2. 核武器分类

核武器按照核装置爆炸原理可分为原子弹、氢弹、特殊性能核弹(中子弹、冲击波弹等);按照任务可分为战略核武器和核战术核武器;按照爆炸威力可分为高威力(100 万吨 TNT 当量)、中威力(10~100 万吨 TNT 当量)、小威力(小于 10 万吨 TNT 当量);按照配用武器平台分为核导弹、核炸弹、核鱼雷、核地雷、核炮弹。

原子弹是利用重核裂变链式反应放出的能量对目标造成杀伤破坏作用的核武器($^{235}U$ + 中子→核裂变碎片 + 中子 + 200 兆电子伏)。原子弹又称为裂变式武器或裂变弹。原子弹的主要组成部分是核装料(铀 235、铀 233、钚 239)、起爆装置、中子源、炸药。原子弹爆炸过程:起爆装置首先引爆高能炸药,产生挤压作用,使数块未达到临界质量的核装料迅速合拢达到临界状态;然后在中子源照射作用下核装料发生核裂变,形成链式反应,瞬间(百万分之一秒内)放出巨大能量,引起猛烈的爆炸,产生巨大破坏作用。

氢弹是利用氢核(氘、氚)聚变反应放出的巨大能量对目标造成杀伤和破坏的武器(核反应方程式:$^{2}_{1}H + ^{3}_{1}H \rightarrow ^{4}_{2}He$ + 中子 + 17.6 兆电子伏)。由于氢弹聚变反应需要极高的温度,聚变反应必须由原子弹引爆,因此氢弹又称为聚变弹或热核武器。氢弹的主要组成部分是引爆装置(原子弹)、热核装料(氘化锂)。氢弹爆炸过程:引爆原子弹后,首先产生大量中子、高温、高压,在中子作用下氘化锂中的锂立即生成氚;然后在高温高压下氘和氚迅速发生聚变反应,在极短时间内(百万分之几秒内)放出巨大核能,形成猛烈爆炸,产生巨大破坏作用。

中子弹是利用聚变反应产生的大量高能中子作为杀伤因素的一种小型氢弹,又称为加强辐射弹。中子弹爆炸时释放能量不大,造成的冲击波破坏相对原子弹和氢弹较弱,但核辐射能力强,中子弹对工事、建筑物破坏作用不大,但对工事、装甲目标内人员的辐射伤害强。

中子弹一般用小当量原子弹作为引爆装置,用铍作中子反射层,氘氚作为核装料。中子弹爆炸后产生的中子多(1 枚 1000 吨当量中子弹产生的中子量是同等当量原子弹的 10 倍)、能量高,早期核辐射效应增强。其放射性沾染程度轻,主要用于大规模杀伤集结军队,特别是装甲目标内作战人员的战术核武器。

冲击波弹是一种以核爆炸后产生冲击波效应作为主要杀伤破坏因素的特殊氢弹,又称为减少剩余放射性弹。它的杀伤和破坏作用与中子弹相反。其放射性和光辐射破坏作用有限,但冲击波的破坏作用显著,对地面建筑、坚固工事有较强的摧毁作用。

用原子弹、氢弹、中子弹制成的核弹头,可用火箭、火炮、导弹、飞机、舰艇发射和投掷,还可制成核地雷使用。其爆炸方式有空中爆炸(低空、中空、高空、超高空爆炸)、地面(水面)爆炸、地下(水下)爆炸。

**3. 核武器战术和技术防护**

核武器杀伤破坏因素包括光辐射、冲击波、早期核辐射、核电磁脉冲、放射性沾染。

1) 光辐射

核爆炸初期从火球中放出光和热,占总能量的 35%,火球内部温度可达几千万度高温,火球表面温度 8000℃,传播过程中高温可使钢铁汽化或物质炭化、燃烧、引爆炸药,引发火灾。人员造成的伤害主要是烧伤、烫伤,包括皮肤、呼吸道等部位。

光辐射的防护措施:当核爆时人员处于开阔地时,迅速背向爆心方向卧倒,并收腹、双手垫在胸前、闭眼张口、脸贴于两臂间，炙热气流来袭时暂时屏住呼吸，以免眼睛和呼吸道烧伤。光辐射能被浅色、光滑物体反射，从而减轻烧伤和破坏作业。

2）冲击波

核爆炸瞬间产生的高温高压火球迅速向四周膨胀，压缩周围空气而形成一个高于大气压的压缩区（超压）。随着火球膨胀，压缩区按惯性继续扩大（动压），当脱离火球时出现一个低于大气压的稀疏区。压缩区和稀疏区迅速向外传播而形成核爆炸的冲击波。冲击波从爆心以超声速向四周传播，随着距离增加逐步减弱直至消失。冲击波占核爆总能量的50%。

冲击波的防护措施：冲击波产生超压和动压在传播过程中如遇到障碍物（建筑物、地形），会在正面形成增压现象，并在从障碍物顶部或两侧绕过汇合后形成新的增压，造成人耳鼓膜破裂、内脏受损、骨折以及建筑倒塌引起的砸伤等。因此，针对冲击波防护应选择谷地、凹地、壕沟等背向爆心的减压区躲避，未离开建筑物的人员应避开门窗，选择墙根处、桌子或床下躲藏。

3）早期核辐射

核爆初期十几秒内从火球和烟云中释放出的γ射线和中子流，占核爆总能量5%。其穿透性极强，可通过电离作用破坏人体肌体组织的蛋白质和酶等具有生命功能的物质，导致细胞变异或死亡，从而引起肌体生理机能改变或失调（造血功能障碍、肠胃功能紊乱、中枢神经系统紊乱），产生一种全身性疾病（急性放射病）。该疾病常见的症状有：头昏、疲乏、失眠、恶心、脱发等。按剂量可分为4个等级，即轻度：100～200拉德，中度：200～350拉德，重度：350～550拉德，极重度：550拉德以上。

早期核辐射的防护措施：可利用自然界物质（土层、建筑物、墙壁、空气）吸收和削弱作用减轻核辐射对人体的伤害。一般70厘米厚的水泥墙、100厘米厚的土层、140厘米厚的水层都能使辐射剂量消减99%。因空气吸收和削弱作用，早期核辐射作用距离不超过4千米。

光辐射、冲击波、早期核辐射是瞬间杀伤破坏因素，对开阔地、暴露人员伤害大，核爆后人员多数是受到综合伤害（复合伤），导致伤情复杂、严重，死亡率高。

4）核电磁脉冲

核电磁脉冲是核爆瞬间发出的电磁脉冲，主要是由于γ射线与空气中原子核分子作用，产生径向电流形成不对称径向电场，导致电流震荡，形成电磁脉冲辐射，是核武器特有的破坏因素。其主要目标是未加防护措施的电子设备，对人员、武器、车辆、建筑物无害。

5）放射性沾染

核爆炸后产生裂变产物、剩余核装料和感生放射性物质等沉降物对地面、人员、武器、空气、水和物体造成污染，可通过食物和水进入人体，或通过皮肤渗透人体，一般持续时间较长，危害较大，可引起放射病。

放射性沾染的防护措施：对需要接触武器、生活用品用水进行彻底洗消、可服用碘化钾减少放射性碘在体内留存、多喝水或服用泻药排出误服的沾染放射性物质的食物或水，用口罩、雨衣、被单、雨伞等物品包裹人体，迅速撤离沾染地区。

### （三）核军控

冷战期间，美国和苏联相继确定"大规模摧毁"战略，研制并部署大量战略核武器，核战争阴云一直笼罩在人类社会。1983 年 10 月 31 日在华盛顿召开了"核战争以后的世界——关于核战争带来的长期的全球性生物学后果讨论会"，有美国、苏联等近 20 个国家的科学家，外交使节、政府官员、教育学家、环境问题专家、企业界领导人、军界人物等 500 名代表参加。这次会议之后，又有许多详细的研究工作证实了地球上的生命正面临着核冬天的严重威胁。该学术成果公开刊登在美国 1983 年 12 月 23 日出版的《科学》杂志上。

1987 年 12 月 8 日，美国、苏联两国首脑在华盛顿签订了《美苏消除两国中程和中短程导弹条约》（简称：《中导条约》）。该条约规定美国、苏联两国不再保有、生产或试验射程在 500 ~ 5500 千米的陆基巡航导弹和弹道导弹。《中程导弹条约》规定，美国、苏联销毁射程在 500 ~ 1000 千米的短程导弹，以及射程在 1000 ~ 5500 千米的中程导弹，包括搭载常规与核子弹头的导弹、导弹的陆基发射器。

1996 年 9 月 10 日联合国大会以 158 票赞成、3 票反对、5 票弃权通过《全面禁止核试验条约》，要求缔约国逐步消减、消除核武器，不参与或鼓励核试验。中国于 1996 年 12 月 30 日批准公约，1997 年 4 月 25 日向联合国交存批准书，成为公约原始缔约国。1997 年 11 月美国总统克林顿调整核武器使用新指令，放宽了对中国的使用范围（核基地、领导机构、石油补给、发电系统、军工企业、常规部队）。1999 年 8 月 19 日印度制定"最低限度可靠核威慑理论"表示：在研制和发展核武器的问题上，印度不接受任何限制。

2018 年 10 月 20 日，美国指责俄罗斯 4 年来多次违反条约规定，并以此为由拟退出《中程导弹条约》。2019 年 2 月 2 日起，美国暂停履行《中导条约》相关义务，正式启动为期 180 天的退约进程。

2019 年 2 月 2 日，俄罗斯总统普京宣布，俄罗斯暂停履行《中导条约》义务，以回应美国相同的举措。2 月 25 日，联合国秘书长古特雷斯敦促美国、俄罗斯挽救《中程导弹条约》。2019 年 3 月 4 日，俄罗斯总统普京签署停止履行《中导条约》的法令。2019 年 5 月 21 日，由于美国特朗普政府宣布正式退出《中导条约》，该条约于 8 月 2 日失效。2019 年 7 月，俄罗斯副外长里亚布科夫表示，莫斯科将努力使美国全面实施《新削减战略武器条约》。2019 年 8 月 2 日，《中导条约》全面失效。

《不扩散核武器条约》第九条第三款指出，目前全世界有核国家有中国、美国、俄罗斯、英国、法国。非法拥核国有印度、巴基斯坦等。

美国和俄罗斯拥有世界上约 90% 的核武器。截止 2020 年全球核武器数量下降到 13400 枚。美国 2019 年核弹头总数为 6185 枚，2020 年核弹头总数降为 5800 枚，其中处于"部署"状态的核弹头总数 1750 枚，"储藏"状态的核弹头总数 4050 枚。俄罗斯 2019

年的核弹头总数为6500枚,2020年核弹头总数降为6275枚(“部署”和“储藏”状态的核弹头总数分别为1570枚和4705枚)。此外,法国核弹头总数也从300枚下降到290枚。全球核武器减少的主要原因是俄罗斯和美国持有的退役核武器被拆除。

## 二、化学武器技术

### (一) 化学武器概述

凡用于战争目的,具有剧烈毒性,并以毒害作用伤害人、畜,毁坏植物的化学物质统称为军用毒剂(简称:毒剂)。装填毒剂(或毒剂的二元组成)并将毒剂造成战斗状态的兵器称为化学武器。二元化学武器是指将毒剂前体无毒或者低毒化学物质,分别装在弹体中有隔膜的容器内。在弹药投送过程中,毒剂前体混合,迅速发生化学反应,生成化学毒剂。化学武器是一种大规模杀伤性武器,由化学毒剂、毒剂载体、投掷工具等部分组成。毒剂的载体主要有炮弹、航弹、火箭弹等,其投掷工具主要是火炮、导弹、飞机、毒烟罐、手榴弹、地雷、布(喷)洒器等。使用军用毒剂的目的是通过使用毒剂疲惫、杀伤敌方有生力量,达到迟滞、困扰敌方军事行动。

第一次世界大战中为应对阵地战、堑壕战,突破由机枪阵地、铁丝网严密布防的阵地,改变长期对峙的态势,德军最高统帅部采纳化学家哈柏的意见,将工业氯气运到前线。1915年4月22日,德军打开装满氯气的钢瓶,借风势向英法军阵地释放氯气,英法联军面对突如其来的黄绿色云团和难以忍受的刺激性怪味,阵地一片混乱,其中15000人中毒,5000人死亡。德军顺势猛攻,趁机夺占联军阵地。据战后统计:第一次世界大战中因毒气弹伤亡有117万人,其中8万人直接致死,60%的人残疾(眼盲、皮肤溃烂、四肢残疾、呼吸道创伤、心肺功能创伤)。抗日战争期间侵华日军使用毒剂2000多次,造成中国军民20万人中毒。越战期间美军为对付越南丛林战使用“橙剂”(落叶剂),造成战后越南出生大量畸形儿童。美国对1000名越战退伍老兵健康调查表明,因战争期间使用含二噁英的脱叶剂,导致患糖尿病发病率提高47%。两伊战争期间,伊拉克使用化学武器导致伊朗5000人中毒。

### (二) 化学毒剂

**1. 化学毒剂的战斗状态**

化学武器使用后,毒剂发挥杀伤作用的状态称为战斗状态,有蒸气状、雾状、烟状、液滴状、微粉状。上述毒剂战斗状态构成化学武器有3种形式:毒剂初生云(使用后直接形成的毒剂蒸气或气溶胶云团)、毒剂液滴(毒剂使用后形成的地面、物体的染毒液滴)、毒剂再生云(由毒剂液滴自然蒸发形成的蒸气形成的毒剂云团)。

**2. 化学毒剂分类**

化学毒剂是化学武器主要组成部分,决定化学武器性能和使用方法。根据技术、战术应用的不同,化学毒剂的分类,具体如下:

1）毒剂按毒害作用分类(生理作用)

毒剂按毒害作用分类,其分为神经性毒剂、糜烂性毒剂、全身中毒性毒剂、失能性毒剂、窒息性毒剂、刺激性毒剂。

神经性毒剂:以破坏神经系统正常功能(胆碱)为目的的毒剂,因毒剂大都含有磷元素,因此又称为含磷毒剂,如沙林、梭曼、维埃克斯(美军代号:VX)等。这类毒剂毒性猛烈、中毒途径广、持久度各异,可以通过呼吸道伤害(沙林)、可以通过皮肤伤害(维埃克斯)。其中毒的症状是瞳孔缩小、胸闷、呼吸困难、流口水、肌肉颤抖并抽筋、中毒严重不及时治疗会导致死亡,如图 19－2 所示。1995 年 3 月 20 日,东京地铁发生沙林中毒案,造成 13 人死亡,5500 余人伤。

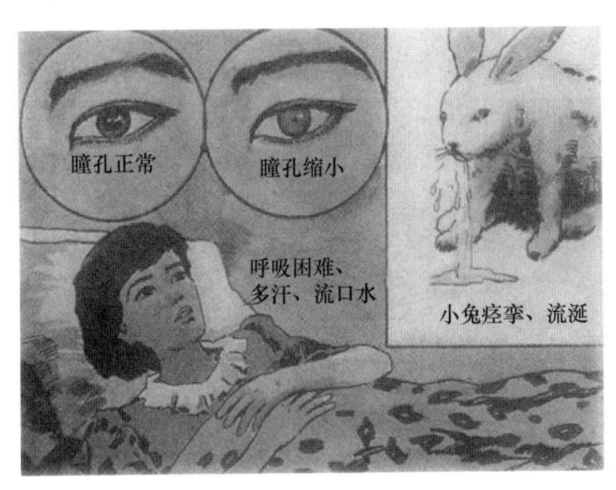


图 19－2 中毒的症状

糜烂性毒剂:糜烂性毒剂又称为“毒剂之王”,能使人员组织细胞坏死从而引起皮肤溃烂的毒剂,主要有芥子气、路易氏气。此类毒剂毒性大、防护和救治复杂。

全身中毒性毒剂:能破坏人体细胞氧化功能的毒剂,因毒剂中含有氰根,又称为氰类毒剂或血液性毒剂。其主要有氢氰酸、氯化氰。氢氰酸能以气状经呼吸道进入人体,人员中毒后破坏细胞内氧化酶活性,出现全身组织性缺氧,中枢神经系统功能紊乱,胸闷气短、呼吸困难、头疼、瞳孔散大、恶心呕吐、全身痉挛、大小便失禁、面部和嘴唇呈鲜红色等症状。氯化氰对人员眼睛、呼吸道的刺激作用比较明显。

失能性毒剂:能造成人员暂时丧失战斗力的毒剂,主要用于实战的是毕兹。它能造成人员瞳孔散大、视力模糊、注意力和记忆力减退、反应迟钝、嗜睡、行动障碍、幻觉、狂躁、兴奋等症状。

窒息性毒剂:能伤害人体肺部,引起肺水肿,从而导致人体呼吸功能障碍,甚至死亡。其中毒症状为呼吸困难、面部紫青色、咳嗽、吐泡沫状痰液等,严重时可致昏迷和死亡。其主要有光气和双光气两种毒剂。这类毒剂毒性较小、作用较慢、防护较容易。

刺激性毒剂:主要用于刺激人的感觉器官(眼睛、鼻子、喉、皮肤)感觉神经末梢的毒剂。其能使人出现流泪、眼痛、恶心、呕吐、头痛、皮肤灼疼等症状,人员一旦离开有毒地点或穿上防护服就可以有效对抗,中毒人员无需治疗,目前主要用于“抗暴剂”。刺激性毒剂主要有:西埃斯、亚当氏气、苯氯乙酮。

2)毒剂按杀伤作用持续时间分类

毒剂按杀伤作用持续时间分类,其可分为持久性毒剂、暂时性毒剂。持久性毒剂是指有效杀伤时间为数小时至几天以上的毒剂。这类毒剂的战斗状态为蒸气、气溶胶、液滴,如芥子气、路易氏气、维埃克斯、梭曼等。使用该毒剂时除能造成空气染毒外,还能造成地面、武器、服装、皮肤染毒,防护时必须采用全身防护措施。暂时性毒剂是指有效杀伤时间为几分钟至几十分钟的毒剂。这类毒剂的战斗状态为蒸气和气溶胶,如氢氯酸、光气、毕兹、苯氯乙酮,防护时只需佩戴防毒面具,不需要对地面和空气消毒。

3)毒剂按杀伤作用速度分类

毒剂按杀伤作用速度分类,其可分为速效性毒剂和缓效性毒剂。速效性毒剂是指能使人员迅速出现中毒症状而丧失战斗力的毒剂,如神经性毒剂、全身中毒性毒剂、刺激性毒剂。缓效性毒剂是指人员中毒后需要经过潜伏期才出现中毒症状,导致丧失战斗力的毒剂,如糜烂性毒剂、窒息性毒剂。毒剂杀伤作用速度除取决于毒剂性质外,还与中毒剂量、途径等因素有关。

4)毒剂按杀伤作用后果分类

毒剂按杀伤作用后果分类,其可分为致死性毒剂、非致死性毒剂。致死性毒剂是指能造成人员中毒死亡的毒剂,如神经性毒剂、窒息性毒剂、全身中毒性毒剂。其目的是大量消灭敌方有生力量。非致死性毒剂是指能使人员丧失战斗力而一般不会致人于死地的毒剂,如失能性毒剂、刺激性毒剂。

**3. 化学武器的杀伤特点**

相较于常规武器,化学武器杀伤特点是剧毒性、多样性、空间流动性、持续性、局限性,如图 19-3 所示。

剧毒性。常规武器是以弹丸或破片伤害人体,化学武器是以毒剂对机体的剧烈毒害作用杀伤人员,这种毒害作用往往遍及整个机体。

多样性。常规武器的杀伤作用主要是造成人的机体创伤。化学武器因伤害途径多元化,作用于人体不同的生理组织系统,毒剂产生的毒害的机理不相同,化学武器的毒害结果也不同,一方面造成救治困难,另一方面也为灵活使用化学武器提供可能。

空间流动性。常规武器的杀伤作用一般局限于弹丸、破片飞行轨迹上。化学武器使用后可利用毒剂云团在一定范围内杀伤人员、牲畜。毒剂云团可随风流动,导致破坏范围扩散,造成战场杀伤破坏的复杂性和杀伤人员范围扩大的可能性。

持续性。通常常规武器破坏是在弹丸、破片飞溅瞬间,而化学武器使用后,会对空气、地面、物体产生污染效应。因此,化学武器的杀伤作用可持续较长时间。

图 19-3 化学武器的杀伤特点

局限性。不良天候会大幅降低化学武器的杀伤作用,甚至无法使用。例如:风向、风速可以直接影响化学武器使用的效果,直接降低毒剂伤害浓度;气温高,可导致毒剂挥发加快,导致持续时间短;严寒低温天气可冻结毒剂,降低毒剂使用效果;降雨可冲掉毒剂液滴或水解、稀释毒剂;降雪能掩盖毒剂液滴,抑制毒性发挥。地形条件对化学武器也有影响,如山谷或低洼地区,毒剂能长期滞留,但杀伤范围有限,不易传播和扩散;高地、开阔地、水面地区,毒剂扩散快,杀伤范围大,但持续时间短。

**4. 化学武器的急救**

中毒人员急救,应根据毒剂的种类和中毒剂量不同采取相应急救措施。如情况允许,最好先撤离染毒地区,再送医救治。

1)神经毒剂

神经毒剂的急救:先戴防毒面具,再注射解磷针;互救时,对呼吸困难者进行人工呼吸;对染毒皮肤进行消毒和清理。

2)糜烂性毒剂

糜烂性毒剂的急救:用制式消毒液对皮肤进行消毒,若无消毒液,则可用棉花、布块、纸片等先将毒剂液滴吸掉,再用肥皂、洗衣粉、草木灰、碱等水溶液冲洗,或用汽油、酒精等擦拭染毒部位。对染毒的眼睛,可用2%小苏打水、1:1000的高锰酸钾水溶液冲洗。对染毒的衣物可用消毒液、肥皂、苏打水、草木灰等水溶液擦拭、洗涤、煮沸消毒,可也用风吹日晒进行自然消毒。

3)全身中毒性毒剂

全身中毒性毒剂的急救:给染毒人员吸入亚硝酸异戊酯安,对呼吸困难者进行人工呼吸。

4)窒息性毒剂

窒息性毒剂的急救:中毒者保持安静,尽量减少体力消耗,保暖,严禁对中毒者人工呼吸。

5）失能性和刺激性毒剂

失能性和刺激性毒剂的急救：一般无需急救，只要尽快离开染毒区域，症状可自行消失。

## 三、生物武器技术

### （一）生物武器概述

生物武器是指生物战剂及其释放装置，是以伤害人员、牲畜、危害农作物为目的的特殊武器。因其最初以病菌为战剂，以小动物（老鼠、昆虫、苍蝇、蚊子、跳蚤）及其他杂物为施放载体，故称为"细菌武器"。

日本发动侵华战争期间曾秘密组建细菌部队，用中国人及战俘进行令人发指的活体试验。第二次世界大战后美国出于自身利益考虑，包庇日本细菌部队成员，并在朝鲜战争中为挽回败局多次违反国际法而使用细菌武器。

### （二）生物战剂

战争中用来伤害人、畜，毁坏农作物的致病微生物和细菌所产生的病毒称为生物战剂。

**1. 生物战剂分类**

生物战剂按对人员伤害程度分类，其可分为失能性战剂、致死性战剂。失能性战剂：主要使人员暂时丧失战斗力，一般不会造成死亡的战剂（死亡率低于10%），如布氏杆菌、委内瑞拉马脑炎病毒等。致死性战剂：能使人员因染病导致死亡率大于50%的战剂（有些高达90%），如炭疽杆菌、肉毒杆菌毒素等。

生物战剂按所致疾病有无传染性分类，其可分为传染性战剂、非传染性战剂。传染性战剂：传染快，一旦流行易形成疫区，并可持续一定时间。其常用于袭击敌方纵深内战略目标，如霍乱弧菌、天花病毒等。非传染性战剂：只感染接触者，无传染作用，用于袭击需要攻占的敌方战术目标，如野兔热杆菌、肉毒毒素等。

**2. 生物战剂的类型**

生物战剂的类型，分为细菌类、病毒类、立克次体类、衣原体、毒素类、真菌类等。

细菌类：细菌是在显微镜下才能看见的单细胞生物，作为生物战剂的细菌属于异氧菌，需要利用植物和动物获取其生存和繁殖所需的营养物质。战争中最早的生物战剂就是细菌，如鼠疫杆菌、炭疽杆菌、霍乱弧菌、布氏杆菌等。

病毒类：已知最小的生物，广泛存在于自然界，可感染一切动植物及微生物，如黄热病毒、委内瑞拉马脑炎病毒、天花病毒、马尔堡病毒等。

立克次体类：其是原核细胞微生物，其大小和生理特性介于细菌和病毒，如Q热立克次体、流行性斑疹性伤寒立克次体等。

衣原体:衣原体比细菌小、比病毒大,引起的常见病为沙眼,如鸟疫衣原体。

毒素类:其是动、植物和微生物产生的有毒化学物质,也可用生物技术制造,又称为生物-化学战剂,如肉毒杆菌毒素、葡萄球菌肠毒素等。

真菌类:真菌具有完整细胞核,并有核膜而无叶绿素的一类菌藻植物(粗球孢子菌和炭膜组织胞浆菌等),可经呼吸道引起全身病变,如球孢子菌、组织包浆菌等。

**3. 生物战剂施放方式**

装填生物战剂的生物弹、气溶胶发生器、布洒器等统称生物武器。施放生物战剂的主要方式有释放气溶胶、投掷带菌媒介物(各种昆虫、小型动物、玩具、食物)。此外,也可派遣特务施放生物战剂,如通过污染水源、食物、通风管道;也可在撤退时遗弃带病菌物品或患有烈性传染病的死者遗体等方法。

**4. 生物战剂的杀伤特点**

生物战剂的杀伤特点:致病性强,可造成失能或死亡;有传染性,传播后可造成疫区;污染范围广,不易被发现;危害时间长,没有立即杀伤作用;受自然天候和条件影响大。

**5. 生物战剂的防护**

当敌人施放生物战剂气溶胶时,人员可佩戴防毒面具或防疫口罩,同时佩戴防毒眼镜和防毒衣或防护服。必要时进入具备滤毒通风设备的掩体部或坑道工事。

当敌人投放带病菌媒介物时,人员应保护暴露皮肤,防止蚊虫叮咬,利用工事、房屋、帐篷、个人防护器进行防护,必要时可在暴露皮肤上涂抹驱蚊剂。若有条件,则可在战争前搞好个人和战场卫生,或进行免疫接种,提高自身人体抗疫能力。此外,在发现敌人投放带菌媒介物后,组织人员进行烧燎、重蒸、捕打敌人投放昆虫、鼠类及带菌动物,搜集并销毁其他带菌媒介物。

尽管1972年4月10日,国际上签订《禁止细菌(生物)及毒素武器的发展、生产及储存以及销毁这类武器的公约》,但从现实情况上看美国始终未停止生物战剂的研发。1973年基因工程问世后,美国一直致力于利用剪接技术定向地创造新的生物或改造生物体,制造新型生物基因武器。但基因武器的使用将给人体细胞、组织、器官、机体的抗病能力,乃至生命安全带来严重危害。

中国政府1984年11月15日加入《禁止细菌(生物)及病毒武器的发展、生产及储存以及销毁这类武器的公约》,决心为人类社会全面禁止和彻底销毁生物武器作出应有贡献。

## 第三节　新概念武器

随着人类科学技术的飞速发展,新式武器不断涌现战场,对战争胜负产生重大影响的同时,也为未来战争形态带来革命性影响和变化。

## 一、新概念武器概述

新概念武器(新机理武器)是指工作原理和杀伤机理方面与传统武器有本质区别的新式武器。通过高技术和信息技术的运用,使武器系统大幅提高作战效能。例如:在工作原理、结构、功能、杀伤破坏机理方面与传统武器系统都存在明显差异(激光炮、电磁炮);杀伤机理相似但工作原理、结构与传统武器不同(战斗机器人、液体火药);工作原理、结构与传统武器相似,但杀伤破坏机制不同(超高速火箭动能武器、化学物质反装备武器)。

## 二、新概念武器简介

### (一)定向能武器

定向能武器又称为"束能武器",是利用激光束或粒子束直接或由反光镜间接照射目标,破坏其结构或敏感元件,使其丧失效能的武器。因其具有速度快、打击距离远、可多方向、多目标、多次射击的优点,可运用于反卫星。但其设备体积庞大、笨重、造价昂贵。

**1. 激光武器**

激光是20世纪60年代诞生的一种人造光源,特点是方向性好、亮度高、单色性好、相干性好,可用于制导、测距、通信。

激光武器是利用激光束的高能量直接照射目标表面,产生一系列热学、力学等物理和化学过程,通过烧蚀效应(激光部分能量被目标吸收转化为热能,导致目标表面材料因高温汽化产生凹陷和穿孔,引发内部材料过热,形成高温高压,引发目标内部爆炸)、激波效应(汽化物向外喷射时产生反冲力,在目标内部形成激波,引发目标因内应力变形、断裂等力学破坏)、辐射效应(目标因高温形成等离子体,辐射目标内部电子元器件),使目标受到杀伤和破坏,使其丧失战斗力的武器。

激光武器由高能激光器、跟踪系统、光束控制和发射系统组成。激光武器按应用可分为战术和战略激光武器。战术激光武器包括致盲武器(用于攻击人员和武器装备系统中的光电传感器,通过致盲作战人员眼睛和干扰、损伤光电传感器,达到迫使人员和武器丧失战斗力的目的)、防空激光武器(通过毁伤来袭飞机、导弹、精确制导弹药的壳体、制导系统、燃料箱、天线、整流罩等部位,拦截来袭目标保护地面小型面或点目标)。战略激光武器包括反卫星(破坏、干扰低轨道卫星光电设备使其失效)和战略反导激光武器(拦截处于助推器飞行末段的战略导弹)。

激光武器的特点如下:

激光武器的优点:相较于火炮打击和飞机拦截,激光武器具有反应时间短、照射速度快、命中精度高的优势,几乎不需要计算提前量和弹道;激光武器对目标采取高能量光束直接照射目标方式,利用烧蚀和激波效应摧毁目标,无需备弹和装填,摧毁威力巨大;由

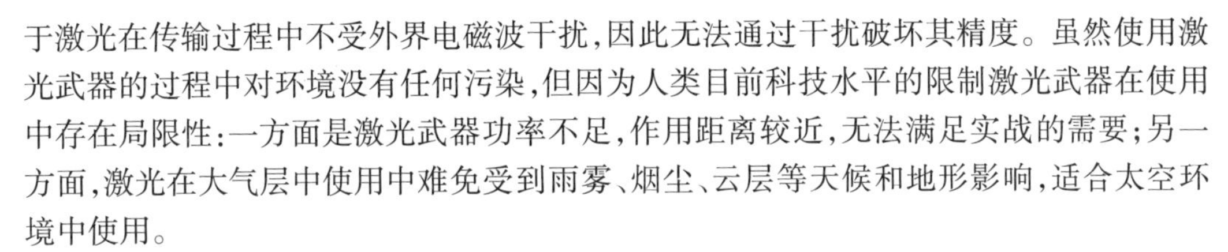
于激光在传输过程中不受外界电磁波干扰，因此无法通过干扰破坏其精度。虽然使用激光武器的过程中对环境没有任何污染，但因为人类目前科技水平的限制激光武器在使用中存在局限性：一方面是激光武器功率不足，作用距离较近，无法满足实战的需要；另一方面，激光在大气层中使用中难免受到雨雾、烟尘、云层等天候和地形影响，适合太空环境中使用。

**2. 粒子束武器**

粒子束武器是利用接近光速的高能亚原子（电子、质子、离子、中性粒子等）高能粒子流毁伤目标的定向能武器。其由能源、粒子加速器、聚焦控制器、瞄准跟踪系统等组成。它用加速器将粒子源产生的粒子加速到近光速，用磁场使其聚焦成密集束流射向目标。按粒子是否带电，其可分为带点粒子束武器（不宜在外层空间使用，因库仑斥力会把束流“扩散”；地球磁场可使射束产生偏离，导致瞄准失效；大气层内传输时会造成能量急剧衰减，武器作用距离较近，主要用于战术防空）和中性粒子束武器（不受地磁和库仑力影响，作用距离远，适合外层空间使用，用于反卫星和反弹道导弹）。

粒子束武器的特点，如下：

粒子束武器的优点：拦截速度快，打击目标无需计算提前量；发射速度高，每秒可闪击 100 次，只要有能源可连续发射粒子束；杀伤威力大，不仅可熔融目标，也可摧毁内部电子设备或引爆武器的战斗部；转换射击方向灵活，可拦截和攻击多批次目标；能全天候作战，粒子束可穿透云、雾、雨、雪，使用过程中不造成任何自然环境污染。其缺点：在大气层中传输时能量衰减严重（传输 1000 米，原能仅剩 6%）；空气中束流扩散明显（传输 1000 米，束流直径增大 33 倍）；带点粒子束会受地球磁场影响产生弯曲，导致偏离原来发射方向。

粒子束武器研究方面苏联原处于领先地位，在 20 世纪 70 年代制定外层空间部署粒子束武器研究计划，并先后 8 次利用“联盟”号飞船和“礼炮”空间站进行试验。美国在 20 世纪 80 年代中期开始粒子束试验，因技术限制，无法解决粒子束设备体积、重量庞大的难题，所以粒子束武器无法实现实战中应用。

**3. 射频武器**

射频武器（又称：“微波束能武器”）是采用微波发生器和高增益定向天线，发出强大的会聚的微波波束，对目标杀伤、破坏的一种新式武器。其波束能量比普通雷达用的微波功率大几个数量级。射频武器比激光束、粒子束武器作用距离远，受天候影响小，是定向武器的“超级明星”。其包括高功率微波武器和非核电磁脉冲武器。高功率微波武器的电磁波能量集中在单一频率为主的窄频段内；非核电磁脉冲武器的电磁波能量分散在一个极宽的频段内。

射频武器主要破坏飞机、导弹内部电子设备，使其丧失战斗力，即以高强度辐射场包围目标，在电器和电子线路中产生致命的电压和电流，达到破坏作用。其具有能量集中、传输快、方向单一的优点。对人员杀伤可分为非热（包括心理和人体功能减退现象，如烦躁、头疼、神经混乱、记忆力减退等)和热效应(人体烧伤、灼伤)两种。

## (二) 动能武器

由于传统火炮、战术导弹在飞行速度、射程、打击精度等难以应对速度越来越快的运动目标,因此动能武器应运而生。

动能武器是利用高速运动(5 倍声速)制导弹头,通过直接碰撞摧毁目标,主要用于反卫星、反导弹、防空、反坦克等。与定向武器相比,动能武器速度虽然慢,但价格低廉,并对其难以采取有效的反措施。

动能武器主要由拦截弹头、高速发射装置组成,其中:拦截弹头由红外、雷达探测器、计算机、制导和通信系统、杀伤机构以及推进、控制系统等部分组成,高速发射装置主要采用助推火箭发射,也可用电磁发射装置发射。

**1. 动能拦截弹**

动能拦截弹是利用超高速运动物体的动能打击目标,如反卫星动能拦截弹(攻击轨道高度在 500 千米以下的卫星)、反导动能拦截弹(拦截洲际弹道导弹)。

动能拦截弹特点是体积小、质量轻、速度快、灵活机动、准确可靠,杀伤力强,但只能攻击近地轨道航天器。

**2. 电磁炮**

电磁炮是利用电磁场的洛仑兹力加速或电能加热加速弹丸的动能武器系统,通过电磁发射“枪”或“炮”发射重金属(钨、钼)的粒子流。其与普通火炮的主要区别是用电磁力代替发射火药,使弹丸达到万米/秒的初速。根据结构和原理不同,电磁炮可分为有线圈炮、导轨炮、电热炮,主要用于反坦克、反飞机,可也用于攻击战术导弹。

电磁炮的优点是射程远、速度快、杀伤威力大、弹丸稳定性好;射击时无声响、无烟雾、无炮口火焰,具有良好的掩蔽性;射程调整方便,只需要输入加速器的能量,即可调整弹丸射程;弹丸尺寸小、重量轻、初速可控,发射时后坐力小、无冲击波、无烟尘污染;经济性好,与常规武器相比较,火炮发射药产生每焦耳能量需要 10 美元,而电磁炮只需要 0. 1 美元。

电磁炮的缺点是炮管寿命短。其在发射时强大的电磁力会使轨道结构离散,大电流密度和金属等离子体的烧蚀作用,导致轨道易损坏;受人为因素影响,电磁炮的炮管长度较长,导致电磁炮体积明显大于普通火炮,难以伪装和隐蔽,容易暴露目标,招致精确武器打击;发射弹丸的重量有限,无法满足作战的实际需要;电能功耗大(3000 米/秒的速度发射 1 千克弹丸需功率 200 万千瓦)。尽管美国等大力研发电磁炮,但受技术限制,无论是打击效果还是费效比都无法满足实战需要,一般作战平台也难以搭载。

## (三) 非致命武器

非致命武器是一种全新概念的高技术武器。与传统武器弹药作战目的不同,非致命武器不是以大规模杀伤人员、毁坏武器装备、破坏基础设施或工事、建筑物为作战目的，因此非致命武器又称为失能性武器、致伤致残性武器或软杀伤武器。战争中使用非致命性武器既可以达成作战目的，又可减少人员伤害，以及物质财产损失、战场环境污染。非致命武器发展方向主要有反传感器、反人员、反基础设施、反机动等。

**1. 反传感器非致命武器**

反传感器非致命武器主要对付情报搜集和目标探测的传感器。其通过攻击武器系统的光学系统、电子设备等，使武器装备或系统失灵，无法正常工作。其主要有低能激光武器、高功率微波武器、强光弹等，其中低能激光武器发展较快，技术较成熟，应用较广泛。目前美国、英国、俄罗斯、法国、德国等国家部队已列装不少该装备。例如：激光干扰和致盲，在实战中能干扰、破坏精确制导武器的导引头、跟踪器、目标指示器、测距仪、瞄准设备，这些武器可对车辆、坦克、飞机等战术兵器驾驶人员、观察人员眼睛造成伤害，使其暂时或永久性失明。

**2. 反人员非致命武器**

反人员非致命武器主要影响人员作战或行动能力，使人员暂时失能、晕厥。其包括非致命弹药（非致命手榴弹、非致命枪、“海绵”榴弹、泡沫榴弹等，对人体无致命作用，但有较强烈痛感）、非致命化学战剂（反人员泡沫剂、“太妃糖”枪、“斗士”网）、情绪控制武器（依据声学心理矫正原理，利用专门仪器发射特殊电磁波，进入人的潜意识，到达控制情绪、行为）、“声炮”、光弹等。

非致命“声炮”是声波武器的一种。声波武器是利用频率低于 20 赫（次声波）和高于 20 千赫（超声波）向人体定向发射，造成人精神和机械性损伤，如全身不适、头晕目眩、视觉模糊、恶心呕吐、眼球振颤，严重时发生精神失常、癫狂不止等不适症状，但不会致死或致残。“声炮”主要用于隐藏在建筑物、山洞、丛林中人员，由于这种武器使用时没有声音、烟雾、尘土，隐蔽性强；加上声波的传播性能强，在与大气沟通的掩体、工事内难以防御，不易控制影响范围，虽然能让敌方人员在痛苦状态下丧生战斗力，但也可能殃及己方人员安全。

反恐行动中使用的强光弹属于非致命武器，是利用高能炸药爆炸产生的能量加热稀有气体，瞬间产生强光，导致无防护的人员暂时致盲的武器。

**3. 反基础设施非致命武器**

反基础设施非致命武器主要以电力能源、水源等战略资源和其他基础设施为攻击目标，破坏能源供应、毁坏基础设施，影响战争物质基础。

典型的反基础非致命武器有破坏配电弹药、破坏水力发电化学战剂、非致命细菌弹等。例如：美国的碳纤维弹药，在海湾战争中美军投放能导电的“碳条”（碳纤维丝或粉末）和在科索沃战争中投放的“石墨”炸弹，能使电厂的高压线路短路、雷达和防空导弹无法使用。此外，利用特殊性能的粉末通过溶解于水中灌入建筑物墙体或石缝中，等凝固后发生膨胀，破坏工事、掩体、桥梁等目标。利用比氢氟酸的腐蚀性大数百倍的腐蚀剂毁坏桥梁金属构架，破坏桥梁承载能力，影响军队的调动和军事行动。

**4. 反机动非致命武器**

油料凝集剂可使技术兵器的燃料在常温状态下迅速凝结成胶冻状，从而使坦克、车辆等技术兵器的发动机无法正常启动。金属致脆液可使金属或合金分子结构改变，可以导致技术兵器强度、韧性、刚性等性能大幅降低。特殊化学制剂可使战场道路、跑道等路面摩擦因数下降、黏性加强，可以导致飞机、车辆、坦克无法正常行驶或起飞或降落。此外，还有特种电磁波干扰器、高压电击器、发动机熄火剂等。

总之，新概念武器改变战场敌己双方传统对抗与作战模式，与传统武器相比，其在效费比、威慑力、作战效能等方面具有无可比拟的优势和发展前景。

## 第四节　信息化武器发展趋势

未来的战争态势将从信息化阶段跨越到智能化阶段，战场的作战主力将是具备人工智能的无人作战平台，这也将极大地改变目前作战方式和战略局势。无人地面作战平台是指在地面上行驶的执行军事任务的机器人系统，不仅在和平时期可以帮助警察排除炸弹，完成要地保安任务，战时还可以代替士兵执行扫雷、侦察、火力支援、城市作战等各种任务。

美军有100多项战斗任务可由机器人承担，如机器人弹药装填手、机器人排雷车、火力支援机器人等。美军曾于2000年提出，到2015年将有1/3的地面作战车辆实现无人驾驶。

英军装备的机器人车辆主要有“土拨”和“野牛”机器人、“手推车”爆炸物处理车、“独眼巨人”Mk－3轻型通用机器人、“哈德润“爆炸物处理机器人、“搜索者”排爆机器人、RAVEN爆炸物销毁机器人等。

法军装备的机器人平台有：SAEMC800爆炸物探测机器人、RM35机器人、TSR200机器人、微型爆炸物处理机器人（可在机场及舰船的狭窄过道中使用）等。

德军装备的机器人以扫雷和爆炸物处理机器人为主，如“清道夫”2000扫雷车、“犀牛”扫雷车、Rode爆炸物处理机器人、MV4系列机器人、GARANT－3多用途机器人等。

除上面的国家外，其他国家也在开展地面无人作战平台的研制工作，如加拿大的“改进型地雷探测计划”、意大利、法国和西班牙联合开展的“先进移动机器人”项目、瑞士的Pemex轮式地面无人平台项目、比利时的HUDEM项目、西班牙的“罗德”轮式地面无人平台以及俄罗斯的“越野车”M3超轻型移动式机器人等。

2018年8月，我国首款自主研发的地面无人战斗平台亮相西安。该平台是具备全地形自主驾驶、自主跟随、远程遥控、卫星导航工作的新型智能无人侦察攻击平台，弥补了我军在地面无人平台的空白。

随着各种技术的进步，未来无人作战平台的发展呈现出多元化的趋势。然而，无人作战平台作为一种先进的自主无人系统，无论是军用还是民用，都注定要朝着低人工干预、高自主性、高智能化的方向发展。

总之，信息化作战平台向高机动、隐身化、多功能方向发展；信息化弹药向低成本、智能化、高精度和多功能趋势发展。

## 思考题

1. 什么是精确制导技术？什么是精确制导武器？
2. 什么是导弹？其分类有哪些？其基本组成有哪些？其特点有哪些？
3. 导弹的制导机理是什么？
4. 什么是核武器？其种类、毁伤机理、杀伤破坏因素有哪些？
5. 什么是化学武器？其类别、杀伤特点有哪些？
6. 什么是生物武器？其类别、杀伤特点有哪些？
7. 什么是新概念武器？

# 第五篇　现 代 战 争

现代战争概述

新军事革命

机械化战争

信息化战争

恩格斯从战争起源角度将战争划分为原始战争和成熟战争。自从人类进入阶级社会以来，战争作为人类社会各政治集团之间、民族（部落）之间、国家（联盟）之间解决矛盾的最高斗争手段，始终没有停止过。伴随着人类社会科技和文明的进步与发展，经历渔猎时代、农牧时代、工业时代，跨入信息时代，战争在作战理论、形态和作战样式上不断更新，并趋于成熟。

正如生产工具是人类社会形态的重要标志一样，战争形态的发展具有时代性和阶段性。武器的金属化、火炸药化、机械化、信息化到智能化，科学技术的进步与发展不仅影响人类社会自身发展的进程，也决定作战兵器的研发和使用，并直接影响战争形态的变迁。在人类战争史中，主战兵器一直是决定战争样式的根本因素，它深刻影响军队的编成和作战方式的变化。人类从农牧时代使用冷兵器，进行近距离体能释放的对抗，在经历火药的问世和应用后，人类社会在工业时代大规模使用热兵器进行机械化战争，甚至使用核武器。

随着人类社会在计算机技术、半导体技术、微电子技术等不断取得突破和发展后，高技术武器装备大量应用于战争，使战争形态由机械化战争逐步演变为高技术战争。人类社会进入21世纪后，随着信息时代的来临，信息技术和信息化武器装备（系统）大量应用于战争，战争形态又由高技术战争逐步转变为信息化战争。信息化技术在军事领域的广泛运用，不仅促进了军事技术、军队编制体制和军事理论发展，而且促使武器装备的效能发生质的飞跃，推动战争形态和作战样式发生深刻变化，战争形态已由机械化战争向高技术战争、信息化战争发展。

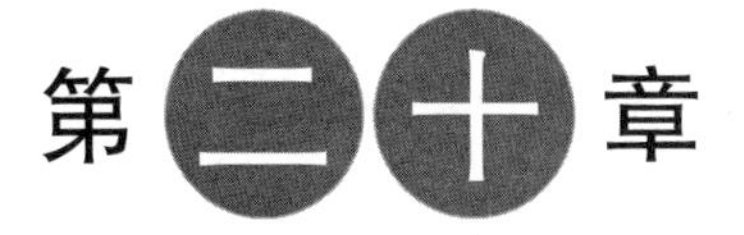

# 第二十章

# 现代战争概述

现代战争是在核武器以及其他现代化高科技武器的支持下，以现代高技术的作战武器装备为主的现代化常规战争。世界新技术革命的浪潮冲进战争领域，引起了军队武器装备、编制体制以及作战方法的重大变化，推动了战争形态从机械化战争、高技术战争发展到信息化战争。

## 第一节　现代战争的内涵

新技术革命催生了武器装备的革命，新武器在战争中的应用，使武器系统、军队结构、战争方法、指挥手段及战争样式等方面发生了革命性变化。

### 一、现代战争的基本内涵

自从人类进入阶级社会以来，战争作为人类社会解决矛盾最激烈、最极端、最高斗争手段，始终没有停止过。特别是在人类古代社会，因科技水平低下、导致生产力不足，无法满足人类日益膨胀的物质欲望，将解决社会矛盾和获得物质满足的欲望寄希望于战争的掠夺，导致人类社会统治阶级对战争的盲目宠信。

毛泽东在深刻认识到战争与阶级的关系后指出，“战争——从私有财产和有阶级以来就开始了的，用以解决阶级和阶级、民族与民族、国家和国家、政治集团和政治集团之间，在一定发展阶段上的矛盾的一种最高的斗争形式。”

2011 年版《中国人民解放军军语》中战争的定义：国家或政治集团之间为了一定的政治和经济等目的，使用武装力量进行的大规模激烈交战的军事斗争，是解决国家、政治集团、阶级、民族、宗教之间矛盾冲突的最高形式。

现代战争一是用新技术改造常规武器，如坦克、飞机、大炮、舰艇等装备新技术武器，使其作战性能更强；二是用新技术创造新武器，将使一代新型的高技术武器（如精确制导、能束武器等)登上战争舞台,极大地改变战争面貌;三是新技术提高了对战争的指挥、控制能力,改变着战争方法。

1982 年英国和阿根廷的马尔维纳斯群岛之战,1983 年美国入侵格林纳达,1982 年以色列入侵黎巴嫩袭击叙利亚军部署在贝卡谷地的导弹基地,1986 年美军袭击利比亚,以及 1999 年北约对南联盟战争等,都是现代战争。

## 二、现代战争的分类

(1) 按照战争性质分类,现代战争可分为正义战争和非正义战争。关于战争的性质,一直是难以表述清楚。不同的人根据不同原由,出于不同的目标和意义,对同一战争的性质可得出各种各样,甚至是完全相反的结论。反战主义者把通过战争来争取和平看成是一种以恶求善的行为,而战争是跟暴力相联的,所以其认为所有战争都是非正义战争。自然主义者以人的自然普遍性为出发点,重视目的和动机,出于不道德的目的和动机而暴发的战争就是不正义的战争,他们往往坚持人权高于主权。现实主义者以国家利益为出发点,特别注重的是国家的利益和结果,反对将和平视为正义,如以和平维持暴政就是非正义的。现实主义者更多的是坚守主权高于人权。一般各国正史通常会把带有自卫性质或者民族解放性质的战争视为正义战争,把侵略战争或者为争夺霸权而战视为非正义战争。但战争期间各国因政治利益缘故通常会利用宣传工具来任意解释战争的性质。例如:第二次世界大战前日本军国主义分子把侵略战争粉饰为“圣战”,辩称其战争目的是帮助东南亚国家人民摆脱西方殖民统治。

(2) 按照战争规模分类,现代战争可分为全面战争、局部战争、地区武装冲突。

(3) 按照战争形态分类,现代战争可分为机械化战争、信息化战争。

(4) 现代战争的未来形态将是智能化战争。

# 第二节　现代战争的特点

人类战争随社会变迁虽经历不同时代和战争形态,但战争本质和内在运动规律不变,具有固有的基本特点主要是战争的政治性、暴力性、对抗性、可控性。

## 一、政治性

德国军事理论家和军事历史学家、普鲁士军队少将卡尔·冯·克劳塞维茨在《战争论》中明确指出:战争无非是政治通过另一种手段的继续。其不仅阐述了战争与政治的关系,也揭示了战争的本质问题。

政治与战争的关系中政治决定战争,因为战争不是单纯军事行动,是实现政治目的的手段。战争起因、样式、规模、进程、强度、战略战术、基本态度、结局受政治制约。事实证明:古往今来战争都具有明确政治目的,现代战争仍然是政治继续,由国家统治集团为各自政治、经济利益而引发,解决难以调和政治矛盾最高手段。

毛泽东通过总结中国革命战争长期实践,继承和发展“战争是政治另一种手段的继续”的思想,并进一步深刻阐述到“‘战争是政治的继续’,在这点上说,战争就是政治,战争本身就是政治性质的行动。从古以来,没有不带政治性质的战争”“但是战争有其特殊性,在这点上说,战争不即等于一般的政治”。毛泽东用“战争是流血的政治、政治是不流血的战争”精辟的诠释了战争与政治的一致性和差异性。

此外,战争进程和结果也深刻影响政治前途。例如:在中国共产党的领导下,在中国军民长期不懈的努力和浴血奋战,付出巨大民族牺牲的基础上,先后取得抗日战争和解放战争胜利,为实现建立人民当家做主的社会主义新中国奠定坚实物质基础。

## 二、暴力性

人类社会的战争史就是一部人类为维护统治阶级利益,互相残杀的血泪史,无论是冷兵器时代近距离搏杀,还是近代人类发动的两次世界大战,都造成生灵涂炭、文明倒退。特别是人类在1937—1945年爆发的第二次世界大战,卷入战争的国家多达61个、20多亿人口,战争持续8年,战场遍及全球。在此期间因战争死伤的军民超过9000万,物质财产损失更是无法估量。所以,战争的残暴性、惨烈性、毁伤性特点鲜明。

造成暴力特征显著的原因是交战或对抗双方都是有组织、有计划实施暴力行为,有意识把暴力实施目标或对象扩大化。特别是在科技进步,生产力提升后,出现组织严密、训练有素、管理严格、装备精良的专职军队,以及完善、高效的领导体系,使战争暴力性相比于古代军队得到质的提升;战争促使科技进步,并广泛应用于军事领域,导致战争理论、战争形态和样式不断更新,战争工具的打击能力日新月异,进一步造成战场空间延伸至全球、对抗领域扩大至无形战场。战争双方指挥方式由原始的将帅战场指挥,演变为交战双方利用指挥自动化体系进行对抗。虽然高技术、信息技术使现代战争在规模、进程、打击目标的数量方面有所控制,但一些秉承霸权主义和强权政治的国家,为一己私利,利用不对称战斗力的优势,肆意发动战争,导致冲突地区大量无辜人员伤亡和财产损失。

## 三、对抗性

战争是交战双方(阵营)为一定目的运用暴力手段进行的对抗活动。无论是战争爆发前的政治斡旋,还是战争过程中敌我攻防对峙,乃至战后停战谈判和格局重建,无不体现敌我双方的军事对抗。战争中双方的对抗性不仅反映在应对战争的政治宣传、经济准备等方面,还体现在作战指挥艺术、战略战术制定等方面的博弈。

由于不是所有国家或利益冲突阵营愿意付出武力解决彼此争端,所以有些国家卷入战争完全是处于被迫、自卫。如何处理好战争与和平的关系,关乎一个国家发展战略。中国政府和人民爱好和平,但当国家和民族面临战争危险时,我们从不惧怕。毛泽东曾经明确提出:以斗争求和平则和平存,以妥协求和平则和平亡。

习近平主席也明确提出,“能战方能止战,准备打才可能不必打,越不能打越可能挨打,这就是战争与和平的辩证法。”尽管特朗普执政时针对中国采取遏制打压为主、经济脱钩的政策,2019 年 3 月 25 日美国成立专门对付中国“应对中国当前危险委员会”。在美国拜登政府上台后公开提出“中国是最严峻的竞争对手”,继续沿用特朗普时期对华政策。但中国政府在坚决维护中国核心利益基础上秉承“以斗争求合作”,寻找新平衡点的立场,维护地区和世界和平。

## 四、可控性

由于现代高技术/信息化武器作战效能的大幅提高,因此使战争在打击目标的数量、战争目的、打击力度、战争规模、战场范围、战争进程等方面可控性增强。由于战争的目的是获利而不是主权剥夺、大规模消灭敌方有生力量,因此以“点穴”式“不对称战力”精确打击敌方要害目标,迫使敌方屈服,而不是“地毯”式密集打击歼灭敌人,以微小代价速决完胜敌人而不是高消耗持久取胜。

例如:1991 年海湾战争期间,因伊拉克悍然入侵科威特,遭到联合国和国际社会普遍谴责。美国利用联合国 678 号决议的授权出兵海湾,美国发动战争打着维护科威特主权,恢复中东地区和平的旗号,实质是保护美国在海湾的利益,打击中东地区霸权主义国家伊拉克。多国部队利用技术兵器优势,采取非线性和非接触式作战,凭借电子战、网络战、计算机病毒等多重手段,采用空袭方式精确打击伊军指挥、通信机构,以微小代价瘫痪伊军的防御体系。

在战争规模上,43 个国家和地区组成的多国部队总兵力 70 万(美军 43 万),伊拉克军队兵力达 120 万,5000 余辆坦克和装甲车。虽然伊军人数占优,构筑“萨达姆”防线,想将多国部队拖入地面战,但伊拉克军队前线部队人员素质层次不齐、各级指挥官能力低下、战场指挥系统瘫痪,导致战斗力远逊于多国部队。在战争进程上,经过“沙漠风暴”行动 38 天空袭,“沙漠军刀”行动 100 小时地面作战,伊拉克军队在 42 天战争中遭到毁灭性打击。

现代战争这种较强的可控性,使战争与政治、外交更好配合,有利于政治目的的实现。“兵久而国利者,未之有也。”持久战在现代社会背景下,可能导致高消耗、高伤亡,对国家根本利益而言是不利的。

# 第三节　现代战争的发展历程

伴随着人类社会的科技和文明的进步与发展过程中,经历渔猎时代、农牧时代、工业时代,跨入信息时代。

战争在作战理论、形态和作战样式上不断更新,并趋于成熟。正如生产工具是人类社会形态的重要标志一样,战争形态的发展具有时代性和阶段性,从原始战争向武器的金属化、火药化、机械化到信息化，科学技术的进步与发展不仅影响人类社会自身发展的进程，也决定作战兵器的研发和使用，并直接影响战争形态。在人类战争史中，主战兵器一直是决定战争样式的根本因素，它随时影响军队的编成和作战方式的变化。人类从农牧时代使用冷兵器，进行近距离体能释放的对抗；火药的问世和应用后，人类社会在工业时代大规模使用热兵器进行机械化战争，甚至使用核武器。

## 一、冷兵器战争

广义上冷兵器是指冷兵器时代所有的作战装备；狭义上冷兵器是指不带有火药、炸药或其他燃烧物，在战斗中直接杀伤敌人，保护自己的武器装备。冷兵器的发展经历石器时代、青铜时代和铁器时代3个阶段。

冷兵器按材质分为石、骨、蚌、竹、木、皮革、青铜、钢铁等兵器；按用途分为进攻性兵器和防护装具，其中进攻性兵器又可分为格斗、远射和卫体3类；按作战方式分为步战兵器、车战兵器、骑战兵器、水战兵器和攻守城器械等；按结构形制分为短兵器、长兵器、抛射兵器、系兵器、护体装具、战车、战船等。火器时代开始后，冷兵器已不是作战的主要兵器。

中国进入铁器时代约在战国晚期。铁兵器远比青铜兵器锋利且有良好的韧性，所以逐渐取代青铜兵器，防护装具也以铁器制造为主。铁兵器的出现还促进了骑兵的迅速发展，军队的主力逐渐被重装骑兵取代，战争规模和作战空间也随之增大，原来单一的密集阵形逐渐被有弹性、机动、灵活的多元阵形取代。我国西汉汉武帝尤其重视骑兵作战，多次大规模使用骑兵远程奔袭，击败匈奴军，此时铁兵器已基本取代青铜兵器。

铁兵器的时代作战方式主要包括：①主要依靠人的体能及畜力等能量形式作战。在冷兵器的发展过程中，尽管出现了由石木兵器到铁兵器的飞跃，出现了抛石机、弓弩等投掷、射远兵器，但武器作用的距离极为有限，战争的基本形式是面对面厮杀，士兵所使用的刀、剑、斧、矛、攻城槌等武器仅仅传递能力而不能转换能量，战场上的能量对抗主要是人体力的较量。②阵式作战是主要的作战方式。原始社会末期，人们在狩猎和战斗中渐渐懂得了只有结群行动，才能有效地保护自己，因此在作战中，常采取几个成员为一组进行战斗。随着金属兵器的出现、战争规模的扩大，人们逐步认识到布阵作战能够产生更大的战斗力，严整密集的战斗队形方阵开始出现。无论是步兵还是战车，最初都是排成整齐的队伍，以整个方阵作为一个战术单位，交战时用缓慢的速度向前移动。随着铁兵器的大量使用，战场上出现了步、骑、车兵的配合作战。③作战指挥方式相对简单。冷兵器时期的军队主要由步兵、车兵和骑兵组成，指挥方式通常是国王或将帅亲临战场统一实施。指挥手段主要用击鼓、鸣金、吹角、挥旗、点火等声响和目视信号，或以符牌、文书调兵遣将，指挥作战。指挥机构比较简单，仅有少量谋士和辅助人员协助国王或将帅指挥。火器普及之前，冷兵器技术的基本结构没有发生质的变化，作战方式和战斗原则也没有根本的改变。在整个冷兵器时期，作战方式始终是集团布阵、短兵相接的白刃格斗。火药发明以后，火器逐渐发展起来，冷兵器战争逐渐被热兵器战争所取代。

## 二、热兵器战争

热兵器战争主要使用以火药能释放为机理的枪、炮等火器所进行的战争。它标志着人类战争从近战开始转入远战，实现了以兵力搏杀转为火力突击的第一次军事革命。

热兵器战争特点，具体如下：

（1）实现能量形式质的突破。火药的出现并在战争中的运用，打破了主要凭人的体力赢得战争胜利的局面。通过将火药的化学能转换成瞬间爆发的热能，武器的杀伤力发生了质的飞跃。热兵器在发展过程中，杀伤力成数倍、数十倍地提高。19 世纪以后，无烟火药、黄色炸药等的发明，使火药的能量达到更高的水平。

（2）出现了多元化的军种、兵种结构。与热兵器的发展相适应，长矛兵、车兵逐渐从战场上消失，炮兵、工程兵等兵种开始出现。随着战舰，尤其是蒸汽战舰的发展和火炮装备军舰的应用，以热兵器为主要作战武器的近代海军也迅速壮大。

（3）线式与散兵作战方式相继产生。冷兵器时期所采用的大纵深密集阵形，既不利于热兵器火力的充分发挥，又不利于对火力的防护，与热兵器相适应的线式作战阵形逐渐形成，作战距离也由冷兵器时代近距离的白刃格斗逐渐过渡到远距离的火力杀伤。19 世纪中叶起，科学技术的发展使热兵器的性能有了新的提高。来复枪代替滑膛枪，线膛炮代替滑膛炮，后装药代替前装药。枪炮的射程、精度和射速大大提高，打击力显著增强。在密集的弹雨面前，线式队形难以对抗，线性作战方式逐渐为散兵作战方式所取代。

（4）作战指挥复杂。随着热兵器的发展，军队数量和兵种也大大增加，一些国家相继建立了庞大的陆军、海军。战争规模扩大，作战伤亡与消耗增大，作战指挥增加了组织和运用火力、组织兵种协同等内容，战斗编组、后勤保障、战场管理也比冷兵器战争更为复杂。许多国家在团以上部队设置了司令部，指挥员主要通过司令部对军队实施作战指挥，组织步兵、骑兵、炮兵协同成为指挥的重要内容。

20 世纪初，高爆弹药问世，步兵武器向自动化方向发展，具有铁板装甲保护的装甲车、坦克、飞机等机械化装备出现并运用于作战。人类战争由热兵器战争时代开始进入机械化战争时代。

## 三、机械化战争

机械化战争是英国军事理论、史学家福勒提出的，其主张陆军实行机械化和依靠机械化军队取胜的军事理论（核心是坦克制胜论）。

机械化战争的特点，具体如下：

（1）具有高速机动能力的飞机、坦克、军舰成为作战的主要装备。

（2）战争中军队的进攻能力大大增强，打破了防御的优势。由于坦克等装备的使用，使得依靠战壕进行坚守防御的优势不复存在，极大地改变了军队的作战方式。

（3）战场范围扩大，情况变化急剧。机械化装备的大量运用，军队的火力、突击力、机动力和整体作战能力空前增强，导致作战行动由陆地、海洋向空中扩展，前方与后方的界限模糊，战场情况瞬息万变，力量对比转化迅速，攻防转换频繁。

(4) 立体作战、纵深作战成为重要作战方式。作战行动在多层次、全方位展开。陆空联合对战役布势全纵深的火力突击、大纵深迂回穿插和奔袭作战增多。

(5) 合同作战、联合作战迅速发展。以陆军为主，诸军种、兵种协同配合的合同作战逐渐发展为诸军种联合作战，作战威力大为提高。

(6) 破坏力强，消耗巨大。机械化武器装备对弹药、油料和其他物资的需求极大，武器装备损坏率高，人员伤亡增加，更加依赖于强大的经济、充足的人力物资、顺畅的交通运输和良好的后勤保障。

(7) 对参战人员的素质要求不断提高，战场上保障人员大量增加。

机械化战争思想内涵，具体如下：

(1)"瘫痪战"思想。坦克在第一次世界大战中最明显的作用是表现在对敌人士气的影响。因此，大量密集地使用坦克和机械化部队，其真正目的在于使敌方产生恐惧心理，而不是摧毁敌人。"攻击敌人的神经系统，进而瓦解敌指挥官的意志，这比粉碎敌士兵的肉体更为有利。"挫伤敌人勇气，就能轻易地使其溃散、秩序混乱、迅速瓦解。

例如：1916 年德军对通往巴黎的门户和法军阵地的枢纽——凡尔登进行重点进攻。英法联军为减轻凡尔登压力，向索姆河德军第 2 集团军发动支援性进攻战役。双方共投入 153 个师，10000 门火炮、1000 架飞机。从 7 月 1 日—14 日英法联军发射 150 万发炮弹，仅推进 5 ~ 10 千米，伤亡 61.5 万人。德军损失 65 万人。9 月 15 日英军首次使用 32 辆新式武器——坦克。虽然有 9 辆坦克抛锚，5 辆陷入沼泽无法继续作战，但剩余的坦克冲入德军阵地，因德军士兵第一次看见这个钢铁怪物，而且德军手中的武器无法伤及坦克，造成前线德军士兵惊恐万分，英法联军乘势攻占德军阵地。此战是坦克首次实战，标志着依托机枪阵地、铁丝网、雷区、堑壕构筑的坚固防线的热兵器时代的终结。

第二次世界大战德军装甲部队"闪击"波兰、法国，也是"瘫痪战"思想的具体实践，从军事上看，特别是在战争初期，收到了很好的效果。特别是作为世界强国的法国，在德军凌厉攻势前，束手无措，仅 44 天宣告投降，退出战争。

2003 年美英联军进攻伊拉克，美军第 3 机械化步兵师沿公路直扑巴格达，伊拉克军队面对美军快速推进的坦克、步兵战车以及空中优势兵力，恐战、厌战情绪蔓延，无心恋战。

需要说明的是"瘫痪战"思想不一定适用于所有进攻目标，第二次世界大战中德国用同样的战法闪击苏联，虽在战争初期获得巨大战役胜利，但在苏联强大的战争潜力消耗下，最终惨败。

(2)"纵深战"思想。在进攻上，一支部队的战役、战术作用都是与它突入敌防御的深度和活动范围成正比的。由于飞机出现于战场后的相当长时间里，飞机的航行和地面部队的运动是不一致的，因此必须集中使用坦克和机械化部队，以加快地面部队的运动速度，将打击力迅速指向敌纵深。"地面部队运动速度加快了，战争初期的作战就会发生明显的变化”。闪击战速度快、变化大,强调动态效应,正是基于“纵深战”的思想。

德军 1939 至 1942 年间在欧洲的作战行动,隆美尔与美军、英军在沙漠上的一系列攻势行动,也大多是靠快速猛烈的纵深攻击战而赢得主动的。

(3)“合成部队”思想。在第二次世界大战前后,坦克和近距离支援飞机是实施闪击战所需要的最主要的装备,但单靠这些装备本身并不能实施闪击战。闪击战需要有一支比例协调的诸兵种合成部队。编组包括坦克、步兵、炮兵、工程兵等战斗及战斗支援与保障力量的机械化部队的重要作用和意义。古德里安在《装甲兵将领》一书中写道:“我对历史的研究,在英国进行的演习以及我们自己使用武器模型的经验都使我相信,在坦克必须依赖的其他兵器还没有达到坦克的速度和越野性能水平之前,坦克是绝不能充分发挥其作用的。……因此,需要建立包括所有使坦克充分发挥作用所需的支援兵种在内的装甲师”。

(4)“空地协同作战”思想。富勒在《装甲战》中写道:“瓦解敌人的斗志,这是压倒一切的决定性打击。将来为达此目的,肯定会同时在地面和空中进行这种打击。”与杜黑的“制空权”理论相比,富勒对飞机作用的认识更加全面。富勒赞同杜黑关于战略上必须夺取制空权,空中攻击的主要目标不是军事设施,而是距离地面部队接触点较远的工业和人口中心的观点,但他更加注重飞机在战役战术领域的作用和意义。富勒指出:“飞机为战争艺术开辟了一个新的领域。”不管军事思想多么保守,空中力量的出现和广泛运用都必然会使得那些陈旧的武器被淘汰,过时的作战方式和军事思想被新的军事理论代替。德军在第二次世界大战初期的闪击战成功的原因之一,就是在突击前派空军袭击敌方防御纵深内机场,尽可能多消灭敌方空军实力,夺取战场上空制空权,为机械化突击部队扫清空中威胁。

《装甲战》深入地阐述了空地协同作战的原则和方法。它创立了一个比较完整的空地协同战术体系。

第一,富勒提出将坦克与飞机合编成一支部队,以使地面力量与空中力量构成一体,利用各自优势,充分发挥它们的战斗效能。他认为,地面机械化与空中摩托化是密切相关的。“事实上,坦克和飞机是相辅相成的,在今后一段长时间内,在作战中一方如得不到另一方配合,其安全就得不到保障。”特别是在俯冲轰炸机出现后,坦克与飞机的密切协同比步、坦协同更加重要。这一认识在当代军事世界仍不失其重要价值。

第二,机械化战争理论强调空军、防空部队和地面机械化部队紧密协同,实行“三位一体”的作战和指挥。从战术上分析,飞机的弱点不在空中而在地面,飞机是机动性能最强的武器,但在地面难以机动,几乎没有战斗力。飞机的后方会遭到敌空袭或地面攻击,这种攻击可能是致命的。相反,机械化部队容易遭到空中打击,自身难以进行对空防护,但在陆地上具有强大的突击力。富勒指出,以飞机引导、保护及协助坦克作战,以机械化部队和防空部队保障后方机场、补给基地、交通中心的安全,整个作战行动就会像 3 个主要战斗力量组成的协调机器,运转自如,发挥出强大的整体威力。“三位一体”的作战方法具有反应迅速、灵活多变、易于控制的特点，不同于第一次世界大战期间和战前那种主要以运动迟缓、数目庞大的步兵和炮兵力量，按照死板的规定实施作战的战术理论。第二次世界大战中，隆美尔、蒙哥马利、布莱德雷等军事将领的成功都与这一战术思想紧密相关。

第三，机械化战争中的战役战术行动，飞机与机械化部队协同的目的和方法。在进攻中，飞机主要是通过直接击败敌空军，或者通过攻击距离遥远的、敌不得不加以防御的某个指挥中心，把敌空军调离战场，以取得局部制空权；战斗中及时发现敌人，并保持接触，察明运动变化情况；对机械化部队攻击的地区进行详细侦察，力求察明敌配置的各种火炮和反坦克武器，保护进攻部队；尽量靠近进攻前沿地区建立编有防空部队，包括飞机着陆场的反坦克基地。在防御中，空军一般不单独行动，主要用于配合地面部队行动，特别是集中优势力量协同机械化部队实施反击；飞机的整个地面系统必须设在两翼安全、不易受后方攻击，并组织起良好的掩护和保障，以确保飞机能充分发挥其战斗力。

富勒的思想观点具有科学的预见性和创造性，深刻地影响着20世纪的军事思想和军事实践。随着直升机的出现和大量使用，使作战的立体性发生了深刻的变化，终于形成了立体化的战场结构。

1959—1973年，美军入侵越南期间共投入直升机3000多架，由此产生了直升机空运机动部队与机械化部队合同作战的立体攻击样式，“锤子与铁砧”以及“蛙跳”式的立体攻击成为越南战争的一个显著特色。在海湾战争中，美军101空中突击师“蛙跳”270～350千米，垂直包围伊拉克共和国卫队，创造了远距离“空地一体”联合攻击的成功战例，展现了“空地一体”作战的一些本质规律。

## 四、信息化战争

随着人类社会在计算机技术、半导体技术、核技术、微电子技术等领域不断取得突破和发展，高新武器装备大量应用于战争，使战争形态由机械化战争逐步演变为信息化战争。人类社会进入21世纪后，随着信息时代的来临，信息技术和信息化武器装备（系统）大量应用于战争，战争形态又由高技术战争逐步转变为信息化战争。信息化技术在军事领域的广泛运用，不仅使军事技术、军队编制体制和军事理论发展，而且促使武器装备的效能发生质的飞跃，推动战争形态和作战样式发生深刻变化，战争形态由机械化战争向高技术战争、信息化战争发展。

信息化战争是一种充分利用信息资源并依赖于信息的战争形态，是指在信息技术高度发展以及信息时代核威慑条件下，交战双方以信息化军队为主要作战力量，在陆、海、空、天、电等全维空间展开的多军兵种一体化的战争。信息化战争依托网络化信息系统，大量地运用了具有信息技术、新材料技术、新能源技术、生物技术、航天技术、海洋技术等高新技术水平的常规的武器装备，并采取相应的作战方法，在局部地区进行的战争，其目的手段规模均较有限的战争。信息化战争是指主要使用以信息技术为主导的武器装备系统，以信息为主要资源、以信息化军队为主体、以信息中心战为主要作战方式，以争夺信息资源为直接目标,并以相应的军事理论为指导的战争。信息实力包括信息高速公路、$C^4$ISR 系统、精确制导弹药、太空兵器、智能部队,以及具有高技术、高知识、高素质的人员。

信息化战争所描述的战争形态有以下 6 种表现:①主要使用以信息技术为主导的武器装备系统;②以信息为主要战略资源;③以信息中心战为基本作战方式;④以争夺信息资源为战场目标;⑤以信息化武装力量为主体;⑥实行以信息化军事理论为基础的战争指导。

人类迈向信息时代后,物质与能量构成的"二元战争"由物质、能量和信息构成的"三元战争"所取代。信息化战争与以往战争最大的不同点是信息的地位和作用发生了变化。信息化战争是以信息和信息系统为核心的,由物质和能量共同作用的新一代战争。信息作为一种新型资源,改变了物质结构形式和能量作用方式,进而改变了作战制胜机理,无可争议地成为生成战斗力的新的主导资源,但物质与能量不可能退出战争舞台。2000 年 7 月 22 日,西方七国及俄罗斯的国家元首,在日本冲绳召开信息化首脑会议,正式颁布《全球信息社会冲绳宪章》,郑重将人类社会称为"全球信息社会",这标志着信息的推动力和主导力具有了全球性,也标志着信息化战争进入了全面发展的新阶段。

社会学者普遍认为,信息社会发展经历个人电脑时代、网络时代和智能化时代 3 个阶段,信息化战争也必然经历作战单元数字化、战争体系网络化和战争过程智能化 3 个阶段。

1959 年,美军开发第一个数字化炮兵野战火控系统,标志着数字化阶段的开始;到海湾战争时,数字化战争进入成熟期。1992 年美国国防部开始推行"勇士"$C^4$I 计划,该计划用 18 年的时间建成一体化 $C^4$ISR 系统和"全球信息化",使信息化战争进入网络化阶段。之后,信息化战争开始向智能化阶段迈进,从而战争将趋于自动化和无人化。

综上所述,工业时代之前的战争是打杀伤力,核武器把聚合杀伤推向了极致。信息时代的信息化战争是打效率。从毁伤特征上说,数字化阶段打精度,战争中被发现就意味着死亡;网络化阶段打联动,战争中被标记就意味着死亡;智能化阶段则打创意,战争中被"列入"就意味着死亡。依托数字网络化智能战争体系,在任何时间,从任一空间,使用最便捷、最有效的手段,向已经确定攻击的任何目标实施高度精确的可控性、智能化、自动化的打击,同时能有效地保护己方的安全。

## 思考题

1. 什么是战争?战争有哪些特点?
2. 现代战争发展历程?
3. 什么是冷兵器?其分类是什么?
4. 什么是热兵器?热兵器战争特点是什么?
5. 富勒机械化战争思想的内涵有哪些?

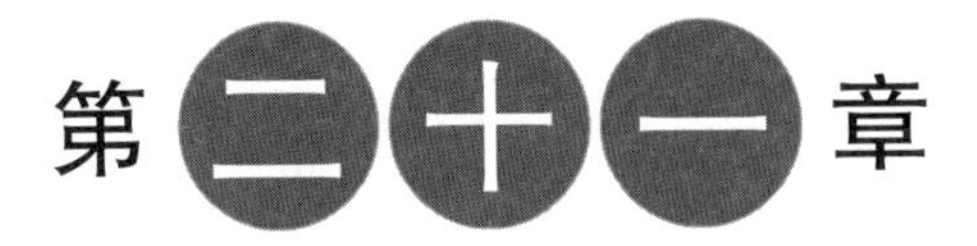

# 新军事革命

新军事革命是要把工业时代的机械化军事形态改造成信息时代的信息化军事形态。其表现在军队形态上,就是把工业时代的机械化军队改造成信息时代的信息化军队;表现在战争形态上,就是由机械化战争形态转变为信息化战争形态。因此,新军事革命的基本内容就是对构成军事系统的一系列要素进行革新。

## 第一节　新军事革命的内涵

战争形态历史性的转变都与科学技术发展与军事革命密切相关。例如:冶金技术的出现推动了兵器金属化军事革命,促使作战兵器由石器等原始状态进入冷兵器;火药发明以及火器的出现推动了火药化革命,促使人类由冷兵器进入热兵器时代;工业化革命促使枪械和机械大量应用于战争,促使人类战争形态由热兵器进入机械化战争。以信息技术为核心的高技术发展,人类战争正由机械化时代迈向信息化时代。

### 一、新军事革命的涵义

新军事革命是特指在工业社会走向信息社会的时代,以信息技术为核心并得以广泛应用,从而引起军事领域武器装备、军事理论和组织体制等一系列的根本变革,导致彻底改变战争形态和军队建设模式。

### 二、新军事革命的特点

(1) 深刻性。其主要国家军事改革正在从军事技术层面、军事组织层面、作战理论层面,深入到军事文化层面,提出了军事转型文化、联合文化和理论创新文化等。

(2) 全面性。世界主要国家军事改革和军事转型不仅涉及信息化军事技术形态、联合化组织形态和高效化管理形态,而且包括军事理论形态、作战形态、保障形态、教育形态等各个领域。

(3) 务实性。美军着力提升指挥控制能力、情报能力、火力打击能力、机动能力、防护能力、保障能力、信息能力、国际交流能力。俄军着眼于提高应对各种安全威胁的能力,尤其是提高应对大规模空天袭击和地区战争的能力。

(4) 不平衡性。在军事领域美国始终处于领先地位;英国、法国等其他发达国家紧随其后,积极跟进,加快推进军事转型;俄罗斯开展"新面貌"军事改革,现已完成军事组织形态的转型;印度、巴西等新兴国家以改善武器装备为重点,正在进行有选择的军事改革。

### 三、新军事革命的影响

新军事革命无论对军事领域,还是对国际战略格局和安全环境,都有深刻而重大的影响,主要表现:促使世界各国加大战略调整的力度,以及国际战略格局进行新的整合;加剧战略力量对比的失衡,使各国已存在的差距不但没有缩小,反而有可能扩大;为运用军事手段达到政治目的,提供了低风险、高效能、多样化的可能选择,从而刺激新干涉主义进一步抬头,给世界和平与安全带来新的威胁;使发展中国家的战略选择处于进退两难的地步。

新军事革命总的发展趋势是由机械化军事形态向信息化军事形态演变,并由此沿着以下方向发展:军事技术由军事工业革命走向军事信息革命,军事人员由技能型向智能型转变,军事理论由机械化向信息化发展,军队的机械化武器装备体系被信息化武器装备体系所代替,工业时代适于打机械化战争的军事结构被改造成信息时代适于打信息化战争的军事结构等。研究和把握新军事革命的基本内容、深刻影响及发展趋势,对于积极应对世界新军事革命的挑战,大力推进中国特色军事变革以及国防和军队现代化建设的跨越式发展,实现建设信息化军队,打赢信息化战争的战略目标,具有极为重要的意义。

## 第二节　新军事革命的发展演变

新军事革命是一个长期的发展过程。从军事技术形态的发展及其影响来看,新军事革命的主要发展过程,具体如下:

### 一、起步阶段

新军事革命起步阶段开始于20世纪60年代末期,持续到20世纪80～90年代。其主要标志是精确制导武器、超视距探测跟踪系统、指挥自动化系统等武器装备的出现,作战方式上超视距精确打击。世界主要发达国家和发展中国家都已先后进入了这一阶段,其中美国已基本上完成了这一阶段的任务(美军1982年提出"空地一体战"理论,重点发展精确制导武器,调整军队体制编制,以适应战争形态变化)。

英国、法国、德国、日本等发达国家在新军事革命许多方面取得了进展(1985年4月法国总统密特朗提出建立“欧洲工艺技术共同体”),俄罗斯开始积极筹划和实施新军事革命,中国(“国家高技术研究发展计划”——863计划)、印度、巴西等发展中国家也开始了本国的新军事革命。

### 二、展开阶段

新军事革命展开阶段大致起始于20世纪90年代,将持续到21世纪30年代。其主要标志是信息技术和其他高新技术大力发展,武器装备更新换代的步伐加快,新的军事理论层出不穷,军队规模缩小、结构优化,敌对双方的较量从超视距精确打击逐步转变为信息控制。

### 三、完成阶段

新军事革命完成阶段估计要持续到21世纪下半叶。其主要标志是机器人部队和新概念兵器的出现,武器装备、军事理论、军队编成等都将发生根本性变革,全新的智能化军事体系将完全取代机械化军事体系,整个军事系统将发生全面的根本性变革。

随着世界新军事革命深入发展,美军提出“二次转型”目标,要求建设更精干、更灵敏、更先进、战备程度更高的新型联合部队。俄罗斯“新面貌”改革进入调整完善阶段,力求实现“精干高效、机动灵活、装备精良、训练有素”的建军方针。日本提出了“机动防卫力量”构想,力求建设快反、机动、灵活、持续的多能型自卫队。欧盟主要国家提出了“建立一支规模小、装备精、轻型化、机动灵活、快速反应能力较强的实战型军队”的建军方针。

## 第三节 新军事革命的主要内容

新军事革命的主要内容就是对构成军事系统的一系列要素进行革新,具体如下:

### 一、新军事技术的革命

新军事技术革命是整个新军事革命的先导,是军事领域变革的技术基础和前提,也是军事革命的主要内容。新军事技术包括军事微电子技术、军事计算机技术、数字通信技术、网络技术、军事光电子技术、军事航天技术、人工智能技术等。其涵盖信息技术、新材料技术、新能源技术、航天技术、海洋技术、生物技术等领域。军事技术形态正向智能化、网络化、微型化方向发展。

### 二、新军事装备革命

新军事装备革命主要是指武器装备的智能化发展,包括作战平台信息化、制导武器精确化、指挥控制自动化、电子战装备系统更加完善等智能化发展。武器装备呈现出向数字化、精确化、隐身化、无人化的发展趋势。

## 三、军队组织革命

新军事革命背景下的军队组织革命是指体制编制的根本性变革。其包括组建成立网络部队、机器人部队、航空航天军、信息战部队等军种、兵种;提高军队技术含量,缩小军队规模;军队编组实行跨军种、兵种合成;指挥体制向“扁平化”“网络化”“自动化”“无缝化”发展,一体化联合作战指挥体系逐步形成;部队编制联合化、小型化、一体化、自主化和多能化等。

## 四、新军事理论的创新

新军事理论的创新包括国家安全观内涵扩大到军事安全之外的经济安全、政治安全、文化安全等;战争的动因更加复杂、战争目的更加有限、战争持续时间缩短、战争的毁伤减小、战争的一体化程度提高等信息化战争理论的创新;联合作战、非线性作战、非对称作战、信息战、瘫痪战、重心打击等作战理论的创新等。联合作战形态向“四非”(非接触、非线性、非对称和非正规)和“三无”(无形、无声、无人)作战方向发展。

一般地说,在军事革命中,先是有以科学技术进步为基础的军事技术和武器装备的革新,并很快会显示出其革命性的力量,然后才会有军队编制、军事理论等方面的革新。由于军队编制、军事理论的革新通常不可避免地具有相对滞后性,因此只有构成军事革命的诸要素都发生了根本变革,新军事革命才能实现。

# 第四节　新军事革命的发展趋势

当前,世界新军事革命已深入发展。世界上主要国家一方面积极吸收前期军事改革和转型所取得的成果,军队建设进入相对稳定期和调整适应期;另一方面,不断总结反思、调整纠偏、整合资源,准备推动新一轮军事改革。

## 一、技术形态

军事技术形态正在向智能化、网络化、微型化、高超声速的方向发展。世界主要国家着力发展各种新型武器装备。美军计划到2030年左右全面完成$C^4$ISRK系统建设;俄军已计划建成全军统一的自动化数字通信网络系统;美国、英国、法国、俄罗斯等国都在研制人工智能作战系统,包括无人飞行器、地面机器人、水面和水下机器人作战系统。一些国家已正式把网络空间作为继“陆、海、空、天、电”之后的第六维作战空间。美国正在研发各种网络侦察、网络防御和网络进攻等武器系统,俄罗斯网络攻防武器研制取得了突破性进展。目前,全球有100多个国家具有开发网络武器的能力。美国已成功进行数十次导弹拦截试验和数次电磁轨道炮试射,俄罗斯加紧研制空天飞行器,英国、法国等均有空天飞行器研制计划,日本和韩国加紧部署导弹防御系统。

## 二、组织形态

军事组织形态正在向优化结构、减员增效、模块组合、“去重型化”的方向发展。一是优化结构,完善联合作战效能。例如:美国将联合作战层级由旅战斗队下沉至营战斗队;俄罗斯建立了4个联合战略司令部;日本成立了联合参谋部,形成了联合作战指挥体制;印度成立了联合国防参谋部和三军联合的战区司令部。二是压缩规模,增加基本作战单位数量。世界主要国家军队在减少员额的同时增加基本作战单位数量。例如:美国陆军基本战术行动单位从33个增加到73个作战旅,俄罗斯陆军基本战术兵团从36个增加到113个常备旅。三是“去重型化”,提升作战部队的机动能力。例如:美军斯特赖克旅成为其陆军数字化程度最高、机动性最强、可遂行多种任务的主要作战部队;俄军实行新编制,按照不同任务分类建设轻型、中型和重型常备旅;英军和德军裁减了陆军重型装甲部队,组建了更加机动、灵活、轻便的,可遂行多样任务的新型作战旅。

## 三、作战力量

作战力量正在向一体化、无人化、网络化、太空化的方向发展。美国、俄罗斯等国的军队正在大力发展新型作战力量,并在实战中运用和检验新的作战方式和方法。

一是无人化作战部队应运而生。目前,世界主要国家十分重视发展无人武器系统,正在积极着手建设无人作战力量。2013年底,全球在机器人方面的防务开支超过134亿美元。2015年,美国战场无人化作战系统达到50%。俄军预测,到2025年左右,人工智能机器人武器装备将成为未来战场上的主战武器装备,将彻底改变传统作战方式,带来军事领域的真正革命。

二是网络攻防部队成为重要作战力量。美国国防部宣布组建40支网络部队,其中13支用来攻击对手;俄罗斯也建立了网络作战部队,其破网技术取得了突破性进展。目前,全球网络军备竞赛掀起高潮,超过40个国家组建了网络战力量。

三是新型特种作战行动作用增大。新型特种作战部队在规模数量、职能任务、作战方式和行动样式上发生了很大变化,成为可达成战略目的的新型作战力量。

四是空天作战部队正在建立。美国正在研制可攻击敌方卫星的微型卫星和空天飞机。俄罗斯拥有相当规模的太空武器,并明确将空天战略性战役作为在未来战争中首先实施的战略性战役之一。世界其他一些国家纷纷建立太空兵和太空司令部,积极准备实施空天作战行动。世界50多个国家拥有空间飞行器。世界主要大国基于时代前沿战略技术形成了特定战略能力,空间已经成为国际战略竞争的制高点。

## 四、国防管理

国防管理正在向注重战略规划、提高军费使用效益、增强科研创新能力、提高军队职业化水平的方向发展。世界主要国家十分重视国防改革,积极转变国防管理方式。

一是提高战略规划水平。美国不断推动战略管理制度化、标准化和程序化建设,提高国防管理运行效率和国防投入效益;俄罗斯制定了《2020年前俄罗斯联邦武器装备发展纲要》等一系列战略规划文件;法国国防部制定了“六年军事规划法”和军队发展中期和长期计划。

二是提高国防投入效益。美国更加强调优化军费投向投量,对关键地区、关键领域和关键力量的投入不减反增;2020年俄罗斯军费开支为617亿美元,装备采购费比重不断加大。

三是提高科技创新能力。美国不断加强对军事前沿技术、高技术装备和高风险项目的总体规划及跟踪研究。俄罗斯积极调整优化国防科技布局和军工体系,提升国防科技竞争力。

四是提高军队职业化水平。法军暂停义务兵役制,实行全面职业化;德国从混合兵役制转向全志愿兵役制;俄军始终把职业化作为军队建设的发展方向,其合同兵比例不断提升。

## 思考题

1. 什么是新军事革命?其特点是什么?
2. 新军事革命内容有哪些?
3. 新军事革命发展趋势是什么?

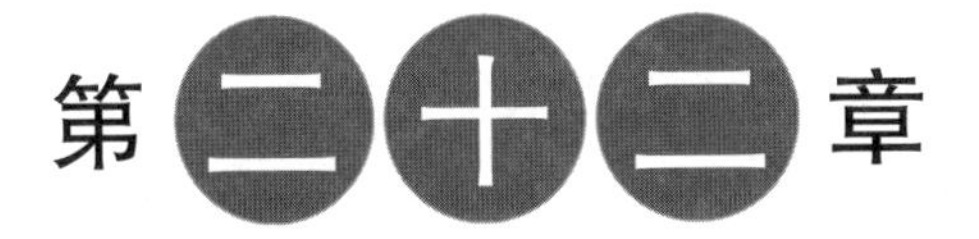

# 第二十二章 机械化战争

机械化战争是具有高速机动能力的飞机、坦克、军舰成为作战的主要装备,极大地改变了军队的作战方式,使战场范围扩大。机械化武器装备的大量运用,使军队的火力、突击力、机动力和整体作战能力空前增强,攻防转换频繁;作战行动在多层次、全方位展开;合同作战、联合作战迅速发展;以陆军为主,诸军种、兵种协同配合的作战逐渐发展为诸军种联合作战,作战威力大幅提高。

## 第一节 机械化战争的内涵

19 世纪末至 20 世纪初,人类社会依托电力能源和内燃机的发明进入第二次工业革命。随着动力机械等科学技术发明和运用,工厂手工业发展为机器化大工业,为机械化军事变革提供技术和物质条件,为未来研发、生产、装备机械化战争所需的技术兵器提供可能。

机械化战争是指交战双方作战部队使用机械化武器装备及相应作战方法,在海空军、空降部队掩护和配合下进行的战争,也称为“坦克制胜论”。其是工业时代战争的基本形态。

机械化战争与以往人类战争样式不同之处:战争军事行动中主要使用机械化武器装备,承担主要作战任务的部队是专门的、有组织的机械化军队,在战略方向上采用大规模兵团集中、领先突击,以歼灭敌方有生力量为战略战役目标,作战思想以机械化战争作战理论为指导。

## 第二节 机械化战争的主要形态

机械化战争是在内燃机出现以后,科学技术和经济迅速发展的基础上逐渐产生的。

机械化战争军事变革经历了以下三个阶段。

## 一、1911 年德军首先将飞机投入实战,主要用于侦察和轰炸

英法联军为打破阵地战僵局,1916 年英军在索姆河战役中使用坦克,并取得初步成果。1918 年英军装备装甲输送车并组建机械化部队。此后其他国家也组建机械化部队。因此,机械化武器装备的大量使用对军队的作战行动和军事学术的发展产生了重大影响。1918 年 5 月,英国军事理论家、装甲战理论创始人富勒提出"坦克制胜论"思想。德国装甲战之父古德里安在 1937 年出版的《注意—坦克!》中,也从不同角度阐述了坦克和机械化部队在未来战争中的作用以及机械化部队的组建和使用原则等问题。

## 二、机械化作战理论和机械化武器装备的发展

第二次世界大战期间,坦克、装甲战车、自行火炮及其他机械化装备不断涌现并大量装备部队,使装甲兵成为陆军的主要突击力量,步兵也大量发展为机械(摩托)化部队。

军事强国将现代化的陆海空军及其具有高度机动力、突击力的机械化作战平台大量运用于战争,作战方式逐步由线式作战向纵深作战发展。在作战理论上,出现杜黑的"空军制胜论"、富勒的"机械化战争论"、鲁登道夫的"总体战"等著名的机械化战争理论,特别是德国的"闪击战"理论,提出了以装甲部队在飞机和空降兵的协同下远程奔袭,实施高速进攻的新的作战观念,成为第二次世界大战中德军作战的理论基础。与之相对应的苏联"大纵深战役"作战理论,首次提出实施方面军、集团军战役的观点,强调杀伤兵器的同时压制敌整个防御纵深,在选定方向上突破,然后使用机械化部队迅速扩张战果,将战术胜利发展为战役胜利,达成预定目的。这些理论均在战争中得到充分运用,并取得了显著的效果。

## 三、1945 年 8 月美国投下两颗原子弹,宣告核时代的到来

原子弹、导弹的出现,使机械化战争发展到了一个新的阶段。美军建立战略空军司令部,苏联组建战略火箭军,英国、法国等也建立有限的战略核部队。在常规力量建设上,苏联、美国陆军装备战役战术导弹和高性能火炮,空军装备可携带战略战术导弹新型作战飞机,海军导弹舰艇、导弹核潜艇和海军航空兵也可搭载战略核武器、洲际导弹。在常规战争理论方面,突出局部(有限)战争对机械化部队运用理论的研究。20 世纪 70 年代中后期至 80 年代中期,进一步形成核威慑条件下的常规战争理论。1982 年美军提出"空地一体作战"理论,苏军的"大纵深战役"作战理论又发展为"大纵深立体战役"作战理论,机械化战争理论进一步得到发展。

20 世纪 80 年代中后期,以信息技术为核心的高技术飞速发展并在军事领域广泛应

用,引发新的军事技术革命,使武器装备有了质的飞跃,也推动了军队体制编制、作战方法和军事理论的革命。以1991年海湾战争为标志,由精确制导武器、情报支援系统和电子战系统三者结合为主构成的信息作战系统及其他高技术在军事领域里的广泛运用,大幅改变了机械化战争的面貌。统领战争舞台近一个世纪的机械化战争理论受到巨大冲击和挑战。

在机械化战争军事变革期间,随技术和战争实践的发展,机械化战争形态先后经历两个形态:一是单平台机械化战争,二是信息系统体系化背景下的机械化战争。早期的机械化战争因受限于单个武器平台在搭载能力、平台间的通信联系、平台的机动能力,所以机械化作战虽在整体规模上看似壮观,但在多兵种协同能力(空地)、作战单元内部协调能力方面存在明显缺陷,无法做到相互间密切配合,合理减少伤亡和战损。因此,机械化战争多采用集中技术兵器的数量优势,达成战役胜利。随着信息技术的发展,战场通信、指挥、控制、侦察系统的自动化、一体化,可以使各作战单元信息共享,充分协调各作战单元火力、情报,通过信息系统可实现预先侦察、快速反应、精准打击,提供技术兵器的作战能力。

## 第三节 机械化战争的特点

自1916年起,英军先后在索姆河战役和康布雷战役中使用了具有突击能力的坦克。此后坦克、装甲战车、自行火炮及其他机械化装备不断涌现并大量装备部队,使装甲兵成为陆军的主要突击力量,步兵也大量发展为机械(摩托)化部队。

### 一、作战的主要装备主要是高速机动能力的飞机、坦克、军舰等机械化装备

科技应用于军事引发机械化军事革命,促使坦克、飞机、潜艇、航母、自行火炮、装甲车等新式武器列装部队并投入战场,部队作战和机动开始机械化。战争出现空地协同、步坦协同、快速突击的作战样式。

### 二、军队进攻能力大幅增强,打破防御的优势

由于坦克等装备的使用,使依靠战壕进行坚守防御的优势不复存在,因此极大地改变了军队的作战方式变革。

### 三、战场范围扩大,情况变化急剧

机械化装备的大量运用,军队的火力、突击力、机动力和整体作战能力空前增强,导致作战行动由陆地、海洋向空中扩展,前方与后方的界限模糊,战场情况瞬息万变,力量对比转化迅速,攻防转换频繁。

## 四、立体作战、纵深作战成为重要作战方式

作战行动在多层次、全方位展开。陆空联合对战役布势全纵深的火力突击、大纵深迂回穿插和奔袭作战增多。

## 五、合同作战、联合作战迅速发展

以陆军为主,诸军种、兵种协同配合的合同作战逐渐发展为诸军种联合作战,作战威力大为提高。

## 六、破坏力强,消耗巨大

机械化武器装备对弹药、油料和其他物资的需求极大,武器装备损坏率高,人员伤亡增加,因此机械化战争更加依赖于强大的经济、充足的人力物资、顺畅的交通运输和良好的后勤保障。

## 七、机械化战争中火力成为作战主导因素

在冷兵器时代中兵力是战争主导要素;未来信息化战争主导因素是信息,信息流主导能量流和物质流,成为影响胜负的主要因素。

## 八、机械化战争以歼灭敌有生力量、摧毁技术兵器为主

战争实践表明,以往机械化战争作战对象大多是敌方重兵集团或精锐部队,战争结果一般都造成作战人员、技术兵器巨大战损。例如:苏联卫国战争期间歼灭德军及其仆从国部队1008万,苏军战争中也战斗减员1260万。

随着时代的发展和科学技术的进步,信息化武器装备已经在战场上占有越来越重要的地位,制信息权正在逐渐成为决定战争胜负的关键因素,与工业时代相适应的机械化战争形态也将为信息化战争所取代。

# 第四节　机械化战争战例

20世纪末的海湾战争是自第二次世界大战以来以美国为首的多国部队共同实施的参与国家最多、战争规模最大、机械化程度最高的一场局部战争。

## 一、海湾战争概述

1990年8月2日凌晨2时(当地时间),伊拉克出动5个师的地面部队在空军的支援下,突然大举入侵科威特,于当日下午占领了科威特全境。伊拉克出兵占领科威特这一赤裸裸地侵略行径,遭到国际社会的强烈谴责和反对,直接触及美国和西方国家重大战

略利益方,导致以美国为首的多国部队进行武装干涉。

“沙漠风暴”行动:1991年1月17日—2月23日(38天),美国以及英国、法国、意大利、加拿大、沙特阿拉伯、科威特、巴林、卡塔尔和阿联酋等10国部队,共出动飞机队9.4万架次,美军驻海湾的军舰共发射约280枚“战斧”式巡航导弹,对伊科境内军事战略目标和伊驻科战区地面部队及其后勤补给线,进行持续空袭,投弹量达88500多吨。

伊拉克在初战时,以“藏”的办法顶住了多国部队大规模空袭,挫败了多国部队的空战制胜、速战速决的企图,迫使美军延长空袭作战时间。为改变被动挨打局面,伊拉克向以色列、和沙特阿拉伯发射了71枚地地导弹(以35枚、沙36枚)、其中被拦截45枚(以17枚;沙28枚),未对战局产生大的影响。多国部队的空袭,使伊拉克军队损失惨重,指挥控制系统遭严重破坏,战争能力大为削弱,后勤补给线被切断,伊拉克军队在科威特战区的14个师战斗力削弱了50%以上,二线部队战斗力仅剩50%~75%。

“沙漠军刀”行动(2月24日至28日):其战役决心是以部分部队从沙特阿拉伯和科威特边境作正面突破,而主力部队则从沙特阿拉伯和伊拉克边境突破,快速向伊拉克纵深推进,对科威特进行战略迂回,切断入侵科威特伊拉克军队退路,然后围歼之。

以美国为首的11国部队(英国、法国、埃及、叙利亚、沙特阿拉伯、科威特、阿联酋、巴林、卡塔尔和阿曼)于2月24日凌晨(北京时间为上午9时)发动了代号为“沙漠军刀”行动的地面战争。在多国空军、海军日出动3000架次飞机的协同下,成功地采用声东击西的欺骗战术,出其不意地从西线直取伊拉克南部地区,切断伊拉克军队退路并形成了对伊拉克军队的南北夹击之势,使伊拉克军队处于被动就歼的境地。

战前,美军将地面部队主力部署在沙特阿拉伯和科威特边境地区,使伊拉克军队误认为美军将从沙特阿拉伯和科威特边境实施主要突破。美军海军则在科威特沿海佯动,使伊拉克军队认为美军将要发起大规模登陆作战,从而使伊拉克军队主力集中部署于科威特境内。而美军主力西调至伊拉克军队设防薄弱的科威特以西的伊拉克和沙特阿拉伯的边境,并将其作为地面战争发起后的主要突击方向(由于多国部队的空袭,美军在夺取战场制空权并摧毁伊拉克军队空中侦察能力后,在伊拉克军队无法察觉的情况下实施的)。

地面战争开始后,美军2个陆战队师在美军第2装甲师1个旅及第82空降师一部协同下,在海上两栖登陆部队佯动迷惑行动的配合下,分两路从沙特阿拉伯和科威特边境中段实施突破,向科威特市进击。沙特和埃及、叙利亚、科威特等阿拉伯部队分别沿沙特沿海公路和从沙特阿拉伯和科威特边界西段突破伊拉克军队防线,在美国陆战队西侧牵制伊拉克军队并向科威特市方向推进。2天后,上述部队均推进至科威特市城郊,并在行进中歼灭伊拉克军队约10个师。在沙特阿拉伯和伊拉克边境腊夫哈方向,美军第18空降军(辖第101空中突击师、第24机步师和第82空降师一部)及配属的法军第6轻装师,充分利用其快速机动的特点,迅速向伊拉克纵深实施深远作战,2天内前进约160公里,第3天接近幼发拉底河的巴士拉地区,从而切断了伊拉克军队退路。期间,第101空中突击师和第82空降师选在伊拉克纵深地区实施机降和伞降作战,建立前进基地。美军第7军(美国陆军王牌部队)含第1、2、3装甲师,第1骑兵师和第1机步师及配属的英军第1装甲师沿伊拉克和科威特边界方向发起主要突击,直逼伊拉克军队精锐共和国卫队,2天内其先头部队已进至巴士拉郊外。多国部队的上述行动,共歼灭伊拉克军队11个师。26日,多国部队对科威特战区伊拉克军队基本形成包围态势,萨达姆曾亲临伊拉克南部前线组织反击,未获成功,遂下令其驻科威特伊拉克军队全部撤出,向伊拉克南部巴士拉地区收缩退却。在溃退中,伊拉克许多部队遭多国部队空袭被重创。27日,多国部队收复科威特市,并在伊拉克南部巴士拉地区及科威特西北部地区围歼伊拉克共和国卫队的5个师。28日10时,美国总统布什宣布于13时(北京时间)停止进攻性作战行动。至此,地面作战行动共100个小时(又称为百时地面行动),海湾战争实现停火。

海湾战争(不包括伊侵科作战行动)使伊拉克在军事上、经济上都受到严重损失。其海军、空军几乎全部失去作战能力。伊拉克的武器和导弹生产研制设施被摧毁,48个地地导弹发射架被炸毁,42个师被歼灭或重创,损失坦克3700辆、装甲车2000余辆、大炮2140门,被俘伊拉克军队17.5万人,伊拉克南部2.6万平方千米被占领。据伊拉克官方宣称,伊拉克全国十多个城市遭空袭,工业和石油设施受到较大破坏,巴士拉和巴格达毁坏程度严重,经济损失超过2000亿美元。据美国官方宣称,多国部队在战争中共伤亡600余人(其中美军死亡79人、伤213人,失踪44人),被俘11人;损失多种飞机49架(其中美机38架),美国两栖攻击舰与巡洋舰各1艘触雷炸伤。美国及多国部队海湾战争的军事目标基本实现,科威特在战争中遭受的破坏也很严重。据称,科威特960口油井有600多口被伊拉克军队焚毁,炼油设施被破坏,包括王宫、议会大厦在内的许多建筑物成为废墟,各种经济损失估计约600多亿美元,重建需10年时间,费用将高达1000亿美元。

## 二、海湾战争评述

海湾战争是世界战略格局发生重大变化和脱序的情况下爆发的一场对国际形势有重大影响的局部战争。其实质是伊拉克地区霸权主义与美国全球霸权主义在海湾的争夺。

### (一) 多国部队取胜原因

#### 1. 计划周密,准备充分

伊拉克入侵科威特的海湾危机爆发后,美国决策层就制定了两个策略,不战而胜和战而胜之。不战而胜,即以外交孤立、经济制裁、重兵压境为手段,以压促和,逼伊拉克撤军,力争兵不血刃收复科威特。同时,以刺杀萨达姆,收买亲美国势力、煽动闹事、制造政变等手段颠覆伊拉克政府;战而胜之,即采取小打、中打和大打:大打的目标不但收复科威特,而且攻占巴格达。但其基本的立足点是中打,力争小打致胜,尽量避免大打。为此,美国进行了战后最大规模的军事部署,即代号为"沙漠盾牌"行动,该计划要调集美国43万军队,50%以上的作战舰只,75%的海军陆战队和2/3以上的装甲机械化部队。在实施大规模军队集结的同时,经过近半年的外交努力,形成了对美国有利的大气候,安理会通过了12项谴责伊拉克的决议,包括中国、苏联在内106个国家参加对伊拉克经济制裁,近30个国家向海湾派兵参加多国部队,在政治上、经济上使伊拉克处于极端孤立的境地;并针对伊拉克对占领科威特的态度,及时地制定和实施了"沙漠风暴"和"沙漠军刀"作战计划。美国围绕"沙漠风暴"计划进行了周密的战前准备:4~7颗KH-11"锁眼"卫星和"曲棍球"雷达侦察卫星不间断地跟踪伊拉克军队的调动情况,数颗"大酒瓶""漩涡"通信卫星监听伊拉克的无线电通信,较准确的测出伊拉克大多数战略目标的位置和性质,为突袭提供了大量的情报。

**2. "软、硬"并举,发挥整体威力**

多国部队在大规模空袭和地面进攻中,采用大面积、长时间、高强度的电子干扰实施"软"杀伤,使伊拉克军队的防空系统形同虚设,指挥、控制系统完全陷于瘫痪。使伊拉克军队的米格-29战斗机、"飞毛腿"导弹和T72坦克等装备由于缺乏系统优化而发挥不了作用。与此同时,美军运用"战斧"式巡航导弹、B52战略轰炸机,歼击轰炸机,大量的激光、电视和红外制导炸弹,以及众多的压制火炮和大口径舰炮,对伊拉克军队战争能力和军事目标进行强大的"硬"摧毁。在长达38天的空袭中,摧毁了伊拉克军队力量约一半,使其经济陷于瘫痪,在地面仅百时进攻中,就摧毁了伊拉克军队坦克90%。装甲车和火炮80%以及大部分伊拉克军队工事,部署在伊拉克南部地区和科威特境内的伊拉克军队42个陆军师中的41个师被歼灭或被俘。如此大规模的"软、硬"打击相结合,极大地发挥了各种兵器的综合威力、成为战后高技术战争的一大奇观。

**3. "空地一体"作战,实施大纵深攻击**

"沙漠风暴"的行动,多国部队对伊拉克全境和驻科威特伊拉克军队进行了10万余架次的空袭,摧毁伊拉克军队近一半兵力,这种长时间、大规模、高强度的轰炸,为地面进攻创造了条件。在地面进攻中美军十分重视"空地一体"作战,发挥整体威力。地面部队行动之前,首先动用了大量B-52战略轰炸机和歼击轰炸机,对伊拉克军队进行航空火力准备,紧接着利用包括巡航导弹和舰炮在内,以及地面数千门火炮对伊拉克军队纵深目标和前沿阵地进行火力急袭,摧毁了伊拉克军队的防御工事。几十万大军在战斗直升机的支援下,长驱直入,实施大纵深攻击,一举突破伊拉克防线,使失去制空权的伊拉克军队毫无还手之力。这是美国"空地一体"军事理论的第一次尝试。

**4. 机械化部队穿插迂回,分割包围**

多国部队在航空火力的有力支援下发起了地面进攻,西路最精锐的美军第1、第3装甲师,第1、第2机械化步兵师,第101空中突击师,第2、第3装甲骑兵团和英军第1装甲师等部队,沿伊拉克和沙特阿拉伯边境进入伊拉克实施主要突击,穿插迂回到幼发拉底河沿岸和纳西里亚南侧,完全切断了驻科威特的伊拉克军队和伊拉克南部军队的退路,形成了一个大包围圈。与此同时,美军第2装甲师,第1、第2陆战师,第197机械化步兵旅和阿拉伯联合部队从中路突破,直插科威特城西,将伊军共和国卫队置于包围圈内,并将科威特城的伊拉克军队置于孤立无援之境地。东路多国部队进行牵制性行动,对伊拉克军队实施攻击,此外,美军第82空降师在巴士拉西南地区实施战役性战术空降切断了巴士拉与科威特城之间的联系。此时,多国部队的穿插迂回作战行动,已将伊拉克军队一分为二,形成两个包围围,加之伊拉克军队无制空权,部队被割裂,友邻又失去联系;在又无退路的情况下,以200多辆坦克组织突围,遭到美军第1、第3装甲师800多辆坦克的困歼。经过4天激战,伊拉克军队战败。

### (二)伊拉克军队失败的原因

**1. 采取单一专守防御,处于被动挨打境地**

伊拉克军队在海湾战争中,仍旧采用“两伊战争”时的落后战法,实施单纯消极防御。自以为依托所谓坚不可摧的“萨达姆防线”,死守既设阵地,实施坚固阵地防御,就可抗住多国部队的“空地一体”的进攻。在地面作战中,伊拉克军队没能抓住多国部队调整部署或立足未稳之机向多国部队实施主动攻击,在40多天的战争中,只在海夫吉一地实施了一次出击,没能够根据自己军队的优长,采取广泛机动打击敌人的战法,而采取硬对硬的战法,在多国部队的强大空中突击下,伊拉克空军为了执行“只藏不打”的消极避战战略。大量作战飞机逃往伊朗,未能与地面防空火力形成空地一体力量,在局部夺取制空权。伊拉克军队前沿大量工事被摧毁,失去了赖以依托的既设阵地,因此伊拉克军队丧失了战斗能力,使整个防御陷入瘫痪。由于伊拉克军队采取了专守防御的作战方法,严重地束缚了自己的手脚,不能够采取高度机动灵活的战法去打击敌人,从而陷入被动挨打的境地,并且在战争中始终未能改变这一被动挨打的局面。

**2. 技术落后,没有空中优势**

海湾战争,伊拉克军队和多国部队的武器装备相差并不悬殊,主要是高新技术落后于多国部队,伊拉克军队的侦察和电子干扰以及导弹等领域明显落后于敌方。伊拉克的武器装备大多来自苏联,而苏联出口的这些装备,也往往缺乏高技术(可能是出口的原因)。为此,多国部队利用与伊拉克军队的“技术差”,充分发挥多国部队武器装备的优势,予敌以有力的打击。伊拉克军队发射的70多枚“飞毛腿”导弹,绝大多数被美军“爱国者”防空导弹击毁。伊拉克军队的电子武器在美军强烈的电子干扰下无法开机工作。在多国部队的精确制导武器的打击下,伊拉克军队的武器装备无法发挥作用,地面部队藏在掩体内,处于被动挨打的境地。伊拉克空军力量远不如多国部队,仅有的700多架作战飞机,有的逃往国外,有的则藏在掩体里不能动弹或被摧毁。地面防空火器被多国部队空袭或突击大量被毁,多国部队始终掌握着战争的制空权。多国部队进行的近10万架次的空中突击,使伊拉克军队的防御工事被摧毁,地面第一线兵力损失50%,二线部队也损失了25%以上,极大地削弱了伊拉克军队的战斗力。与此同时,伊拉克军队的通信指挥系统、机场、导弹基地、防空体系和运输补给线均遭到严重破坏，使其前线部队指挥失灵，补给中断（战区的后勤补给由战前的每日 2 万吨降至不足 0.2 万吨，一线失去基本保障）。上述情况导致了以美国为首的多国部队的速战速决，最终以伊拉克失败而告结束。

**3. 指挥呆板，军队素质低下**

伊拉克军队指挥呆板，不能够充分发挥各级指挥人员的主动性和积极性。最高统帅萨达姆生性好疑、刚愎自用，不许下级越雷池一步，对部队的行动严格加以控制，部队的指挥权严格控制在萨达姆手中，下级的作战行动都受复兴党党员的政治“指导员”和“政委”限制，主管作战的军事领导受其掣肘。各级指挥员自身的主动性不能发挥，战场机会往往因指挥关系不畅而消逝。

当多国部队地面进攻发起后，因伊拉克军队通信联络中断，不能组织战斗，使伊拉克军队各级指挥员无所适从，很快被各个击破。伊拉克军队号称 100 万之众，编有 70 多个师，除共和国卫队 8 个师外，大多数伊拉克军队战斗力不强。海湾战争爆发，伊拉克大批农民和 16 岁的青少年也被征召入伍，他们对军事知识一窍不通，且未经过严格的军事训练就被派往战场。另外，伊拉克军队缺乏对美军“空地一体”作战理论的研究和重视，仍认为只要建立牢固的防御前沿就可挡住敌人，只偏重于前沿工事的构筑，忽视纵深地幅内的防御设施。总之，伊拉克军队兵员素质低劣、战斗力差，在战争中，一旦与多国部队战斗接触，便很快溃不成军。

**4. 指挥系统瘫痪，后勤供应困难**

伊拉克军队情报侦知手段有限，缺乏外空侦察能力，特别是在失去制空权后。伊拉克侦察飞机不敢起飞，不能及时侦获多国部队的动向，军队处于盲目作战。由于情报保障失灵，伊拉克军队从战争一开始，就陷入了穷于应付和“只有招架之功，没有还手之力”的境地。

在地面战争中有明显的证据表明，轰炸已使萨达姆失去了进行战争和指挥部队的能力。因多国部队空袭的主要目标之一是摧毁指挥中心和通信线路，从而使伊拉克军队指挥员不能同前线部队通话。正如美国中央司令部作战室副主任理查德·尼尔准将说：“伊拉克军队左翼部队经常不知道右翼部队在干什么。战场上一片混乱，当有些坦克向美军进攻时，另外一些坦克却朝其他方向开过去了”。这一事实充分表明了萨达姆的指挥控制系统被摧毁了，因此很难协调部队的行动。美国、伊拉克双方经过 40 余天的较量，特别是伊拉克军队指挥系统遭到严重破坏，防空能力受到极大削弱的情况下，多国部队 10 万架次的空中突袭，使伊拉克全国 70% 以上的桥梁被摧毁，交通运输近于瘫痪状态，使驻科威特的伊拉克军队的运输补给减少 90%，伊拉克军队向科威特战区的后勤补给由战争前每日 2 万吨降至不足 2 千吨，一线部队得不到基本的物质保障，伊拉克士兵常常处于多日无粮水维系的惨景。因此，只打了 1 个多月，伊拉克军队因无力维持而宣布从科威特撤军。

## 三、海湾战争的启示

海湾战争有深刻的国际政治背景和经济原因,它反映出现代战争的一般规律使世界各国更加重视。世界各国都进行深入地研究、分析并加以总结,海湾战争对军事和经济领域产生了深远的影响。

### (一)在当前世界战略格局下,必须增强国防意识,作好应付突发事件的准备

海湾战争尽管是大霸和小霸的争斗,但它是在国际战略格局处于新旧交替的情况下发生的,具有一定的国际性质的局部战争。虽然世界大战在当前缓和国际大趋势下不致于打起来,但因领土、海洋、财富等引发的局部战争与武装冲突不可避免,“大战不起,小战不已”仍然是国际大趋势下的基本走向。世界各国在比战略决策、比科学技术、比综合国力的“和平竞争”中,应把增强国防意识,加强国防实力、加速部队现代化建设,作为我军工作的出发点。一丝不苟地作好应付可能引发的局部战争或突发事件的准备工作,使我军永远立于不败之地。

### (二)进一步加强对毛泽东军事思想、习近平强军思想的学习和研究

“得道多助,失道寡助”。人心向背、军队士气在现代条件下仍是决定战争胜负的关键因素。海湾战争中伊拉克军队尽管有一定的实力,但因政治上失道寡助、军事思想落后保守,军心瓦解、一触即溃,这体现了决定战争胜负的因素是人不是物,更不是一两件新式武器。但是,也不能否认武器装备是现代局部战争取胜的重要因素。为此,在继承毛泽东军事思想、邓小平新时期军队建设思想、江泽民国防和军队建设思想、胡锦涛国防和军队建设思想、深入学习习近平强军思想的基础上,根据现代信息化战争的新特点、新趋势加以发展,在任何时候都要采取积极防御的战略方针,弘扬人民战争思想和人民战争的战略战术,并使其在新时代有新的发展。

### (三)走质量建军的道路,注重发挥武器装备的整体威力

海湾战争是一场现代高新技术争斗的一大奇观,美军所投入的高技术武器大多是20世纪70年代~80年代以后生产的。因此,我们必须走质量建军的道路,实现精兵利器,使我军整体打击能力有一个较大的发展,具有适应性、快速性、高效性、整体性,并针对我国周边的安全环境,建立具有各战区特色的快速、高效的反应部队,以应付可能的突发事件。

### (四)落实军事训练,增强部队战斗力

海湾战争以无可辩驳的事实证明,部队训练出战斗力。严格训练、严格要求,真正从难从严从实战需要出发练兵,“一切为着战时的胜利”,就能出战斗力。通过对部队的各

种方面的教育训练,才能磨炼出一支政治合格、军事过硬、作风雷厉的尖刀。

2014 年 10 月 31 日习近平主席在出席古田全军政治工作会议上提出培养“四有”军人(有灵魂、有品德、有本事、有血性)。平时应结合各自的作战预案,进行严格的适应性训练,全面提高部队的战斗力水平。

## 思考题

1. 什么是机械化战争?其特点是什么?
2. 海湾战争的启示是什么?

# 信息化战争

随着人类社会进入21世纪，信息技术迅猛发展和广泛应用，推动信息化武器装备发展，进一步促进军事理论创新和军队编制体制变革。信息化战争将取代工业时代的机械化战争，成为未来战争的基本形态。

## 第一节　信息化战争概述

军队指挥的中枢是指运用电子对抗系统、侦察监视系统、通信系统、自动化指挥系统，可引导制导武器实施远程精确打击。信息已成为高技术武器装备作战效能发挥的基础，掌控“制信息权”对战争胜负的影响也日益增加。

### 一、“信息化战争”概念提出的背景

“信息化战争”这个概念最早是由美国军事理论家汤姆·罗那在1976年首次提出。信息化战争理论萌芽于1980—1983年美国提出的以微电子技术为核心的新技术革命。随着美国$C^4$ISR系统为主的军事信息系统的发展、完善，并在高技术战争中的广泛应用，信息化战争作为一种全新的战争形态，开始取代机械化战争走入战争的历史舞台，成为世界各国关注的对象。

美军对信息化战争已经进行长达30余年的研究，提出信息战、信息作战、信息行动、网络战等一系列相关概念。美军潜心研究信息化战争的目的：一方面是在新军事革命浪潮下，寻求新型战争形态及作战样式，保持作战理论的领先优势；另一方面是利用信息优势，保持军事力量质量的绝对优势，谋求长期“一超称霸”的局面。美军通过不对称的信息化战争（有军事家认为现阶段“信息化战争”称为“不对称战争”比较准确），以低投入、军费低消耗达到维护美国全球利益的目的。

1995年钱学森教授也提出“信息化战争”的概念，我国学术界开始广泛研究。中国

对信息化战争的研究始于外军的信息化战争理论和战例分析。

## 二、信息化战争的涵义

信息化战争是指在信息时代、以信息战场为依托、以信息化武器装备和信息化军队为基本力量,运用信息和信息手段,通过攻击敌方信息系统和思想信念,迫使敌方放弃对抗意志的一切战争行动和准行动。在信息时代核威慑条件下,交战双方以信息化军队为主要作战力量,广泛使用信息技术及物化的武器装备,在全维空间通过夺取信息优势和制信息权而展开的多军兵种一体化的战争。

《中国人民解放军军语》(军事科学出版社,2011)的信息化战争定义:“依托网络化信息系统,使用信息化武器装备及相应作战方法,在陆、海、空、天和网络电磁等空间及认知领域进行的以体系对抗为主要形式的战争,是信息时代战争的基本形态”。

信息化战争是信息时代经济、科技、生产力、生产方式在战争领域的客观反映,是信息时代的主要战争形态。信息化战争是武器装备信息化、智能化、综合化、系统化的必然结果。战争主体是信息化军队,战争伤亡损失小。信息化战争的目标是通过打击敌方获取、控制和处理信息的系统及基础设施,剥夺敌方信息控制权、使用权和对己方信息系统的威胁,建立己方信息优势。信息化战争的核心资源是信息和知识,掌握信息和知识的高素质的人是信息化战争胜负的决定因素。信息化战争作战空间是陆、海、空、天、信息、认知等六维空间。

## 三、信息化战争的发展历程

信息化战争经历萌生期、并生期、独立发展期。1946 年计算机问世到 20 世纪 60 年代数字化装备列装前是萌生期,1991 年海湾战争前是与机械化战争的并生期,1999 年科索沃战争标志信息化战争进入独立发展期。

1991 年在海湾战争中,信息化武器装备(军用卫星、GPS 系统、电子对抗、$C^3I$ 系统)开始在战争中发挥重大作用。多国部队使用战场信息系统,在情报收集、指挥决策、命令传递、情况反馈等环节实现战区级信息一体化。例如:建立包括 118 个机动卫星地面站、12 个商用卫星终端、81 台交换机、329 条话音线路和 3 条文电线路的互联通信网,每天处理 70 万次电话和 15.2 万份电报,使用 3 万种无线电频率,有条不紊地管理和协调着陆、海、空、天的军事活动,确立战场信息优势,最终以最小代价达成战役目的。1996 年 8 月 27 日,美国陆军正式颁发《FM100 - 6 信息作战条令》,这是美国陆军指导信息战的“纲领性”文件。

1999 年科索沃战争是第一场真正意义的信息化战争,第一次完全使用空中力量进行作战,地面部队自始至终没有介入,信息化装备大量应用,最后“北约”军队实现战争零伤亡。2001 年,在阿富汗战争中,美国军队实现网络化、互联互通,战场前方不再是大规模军队作战,而是执行不同任务的战斗小分队,指挥官在战场后方通过网络监视大屏幕进行指挥。2003年伊拉克战争是一场信息化水平高的战争,实现战争直播,战争进展迅速。

信息化战争的独立发展期将经历数字化阶段、网络化阶段、智能化阶段。信息化战争形态发展到智能化阶段后,随科技的发展将被更高级的战争形态取代。

## 第二节 信息化战争的主要样式

随着人类信息化程度提高,国外军事分析家在高技术战争基础上开始研究新的战争形态及作战样式,提出“信息战”“空间战争”(天战或太空战)“电脑专家的战争”“计算机战争”“机器人战争”以及“壁龛战争”(美国未来学家托夫勒在《第三次浪潮战争》中,把“冷战”结束后因世界威胁因素分散化,导致战争多样化和小型化称为“壁龛战争”)等作战样式。信息化战争取代机械化战争成为新的作战形态,具有自身特殊的作战样式。

### 一、高技术战争与信息化战争的区别

高技术武器装备是以一种或多种军用高技术为基础研制而成的武器装备,是军用高技术的物化成果,包括研制的新型武器装备和对现有武器装备的技术改造等。信息化武器装备属于高端技术的高技术武器战备,高技术武器战备与信息化武器战备没有本质的区别,两者的区别只是在于武器系统内信息化程度或信息设备效能先进程度不同。

高技术战争与信息化战争都是高技术大量应用于战争的产物,两者存在一致性和差异性。

两者的一致性表现为战争形态的定性标准一致,如使用高技术武器装备为主的战争称为高技术战争。战争以信息武器为主,信息是战争主导因素时称为信息化战争。从整体上说,高技术战争包含信息化战争,信息化战争是高技术战争的重要组成部分。

两者的差异性,一方面依托的军事技术不同。高技术是包括信息技术在内的技术群,是一个广泛的技术领域,高技术战争随着高技术的大量运用,已成为现代战争形态,与一般常规战争有本质区别。信息技术是扩展人获取、传递和处理、利用信息功能的技术,包括传感技术、通信技术和计算机技术,是一个具有时代特征的局部概念。美军认为信息时代影响战斗力的基础科技有电子技术、光电子技术、微电子技术、人工智能技术,但最关键的技术是信息技术。随着信息技术在战争领域广泛的使用,必然导致军事技术的信息化,因此未来战争必将是信息化的高技术战争。1991年海湾战争后,信息技术成为高技术群的核心技术,信息武器成为高技术武器的主导,信息化战争成为高技术战争的核心内容。因此,在技术上信息化战争比高技术战争更具有先进性,依托的技术领域强调的主要是高技术群中的信息技术。另一方面时代背景不同,高技术战争是人类处于高技术时代的产物,可追溯到20世纪60年代,而信息化战争是人类进入信息社会后的产物,是以信息技术和信息化武器装备的形成为前提。战争形态的形成除理论和技术支撑外,还必须有对应的技术装备应用于战争实践。

高技术战争与信息化战争发展趋势不同。战争形态不是战争要素的静态的简单组合,而是一个动态的发展演变过程。随着高技术的动态发展,高技术战争可反映不同时代的战争内容和本质,而信息化战争只能反映以信息、信息技术、信息化武器装备为标志的高技术战争这一特有的战争形态。随着信息技术的发展,战争中大量应用定向能武器、智能机器人、基因武器时,信息化战争作为战争形态可能转化为定向能战争、机器人战争、基因武器战争。

## 二、信息化战争与信息战的区别

信息化战争和信息战是两个不同的称谓,其反映两个互相区别但又紧密联系的概念。信息化战争从整体上说是继冷兵器战争、热兵器战争之后出现的以信息能为重点的新的战争形态(形态是关于事物形状或运动状态的展现)。信息战是信息化战争中的一种作战形式,作战样式是作战形态的具体表现,有什么样的战争形态就必然会出现什么样的战争样式。信息战是使用信息技术和信息化武器装备,在信息化战场上的作战行动,核心是夺取制信息权。

战争形态与作战形式虽然不同,但密切联系不能截然割裂。一种作战形式可用于不同的战争形态,在不同的战争形态中,同样的作战形式在内容上也不尽相同。例如:毛泽东在新民主主义革命时期提出的“人民战争”与邓小平在新时期提出的“人民战争”,针对时代背景和武器装备的不同在作战形式及内容方面存在明显的不同。信息化战争与信息战,都是以大量使用信息技术和信息化武器装备为物质和技术基础,以信息与物质、能量的结合为力量要素,都是以信息化战场为活动舞台。信息战是信息化战争的主要的作战形式和手段,离开信息战,信息化战争也就无从表现。因此,信息化战争与信息战既有区别、又是紧密联系的一个整体。

## 三、信息化战争的主要样式

农业社会的冷兵器战争,战争要素是“人力”,以体能释放为主导地位,战争表现为近距离格斗。在冷兵器战争中有信息但谈不上信息技术,信息的传递靠自然信道(火把、狼烟)和人体信道,军队的指挥靠旗、鼓、锣、角和人的传信。工业社会的战争,战争要素是“人力 + 机动力 + 火力”,以机械能和化学能为主导地位,战争表现为使用热兵器的机械化战争;随着电报、电话、雷达等信息技术的使用,可以用电磁波传递信息,陆海空协同作战、远距离作战样式出现。信息时代的战争,战争要素是“人力 + 机动力 + 火力 + 信息”,以信息能释放为主导地位,战争表现为体系与体系的对抗;战争不再是线式可叠加,在单一作战力量、武器平台之间进行,而是以非线性、非接触式、一体化的样式呈现。随着信息技术和信息网络的发展,军队除传统的火力、机动力、防护力外,获得新的能力——信息能力,加速战争形态由机械化向信息化方向转化。目前,人类社会处于信息能制约热能释放的过渡时期,因此现代战争中既有装甲机械化部队大纵深作战,又有电子对抗、

$C^4ISR$ 系统等对抗交织存在。

信息化战争围绕信息化武器的使用和制信息权的争夺，其作战样式主要有信息战、网络（中心）战、心理战、电子战、情报战、太空战、精确战等，其中信息战是主导样式。

### （一）信息战

信息战是信息技术发展的必然产物，包含电子战、网络战、心理战等手段和方法。信息战主要有信息攻击战和信息防御战两方面。

信息攻击作战是指利用己方电子信息系统，识别、确定目标并采取心理战、电子战、硬杀伤等作战手段，主动对敌方实施攻击和控制攻击过程，达成预期作战目的的能力。信息战是在信息技术基础上发展起来，网络技术推进了信息战的发展。利用网络技术及相关技术，信息攻击方可在感知层（作战目标、作战计划决策）、信息结构层（信息应用、传输）以及物理实体层对敌方进行全方位的信息窃取和攻击。

有军事家认为，在 21 世纪类似 1941 年"珍珠港事件"的突然袭击，很可能会以信息战的方式重演。袭击对象不是飞机、大炮和核武器，而是敌方计算机系统。其作战手段包括计算机病毒、隐码、数据破坏程序等。其目的是阻塞、摧毁敌方计算机网络，使其指挥失灵、通信混乱。

信息防御作战（信息防护战）是指根据联合作战指挥部和信息指挥结构的统一计划，在信息指挥机构或通信、雷达部门的组织下，围绕控制和夺取制电磁权，保护己方信息和信息系统的安全而采取的反侦察、反干扰、抗病毒、防窃取、信息反击为主要内容，并与攻势行动相结合的信息系统防护及信息安全保密等综合措施和行动。信息防御的主要任务是保护己方作战信息和信息系统的完整性和可靠性，确保信息的获取、传递、处理、使用的能力；采取防护措施阻止敌方破坏、干扰自己的信息系统，确保己方信息系统。

### （二）网络战与网络中心战

网络中心战与网络战都是基于网络的作战样式，但两者存在很大区别。

"网络中心战"的概念是 2001 年 7 月美国国防部提出，美军把发展"网络中心战"能力作为《2020 年联合设想》提出的夺取信息优势和决策优势、实现军队转型、提高联合作战能力的主要手段之一。网络中心战是以网络为作战中心和重心，主要目的是通过计算机网络将所有作战实体、电子系统、武器平台组合成一个整体，改变以作战平台为中心的传统作战方式和思想，实现广泛的信息共享，达到物理域、信息域、感知域的高度统一，夺取作战优势保障作战目的的达成，从而实现美军提出的"系统整合对抗"的作战理念。"网络中心战"作为技术关注的是系统内有效链接或联网作战能力。由于网络具有"零距离"的特性，因此"网络中心战"具有全时空攻击敌方网络特点。

"网络战"是应对网络时代而产生的，通过计算机及相关设备对敌方网络系统实施攻防的军事对抗手段。其具有高效费比性、持续性、强破坏性、突然性、平等性、不对称性的特点。网络战的方法有黑客入侵法(非法用户通过破解密码进入网络,对敌方网络系统的数据、程序进行检查、篡改、删除,实施远程遥控指挥)、信息阻塞法(通过发送大量电子邮件和数据信息阻塞或暂时瘫痪敌方计算机网络)、病毒破坏法。1995年美国军方举行代号“联合勇士”的网络战演习,由海军信息战专家模拟黑客,利用商业计算机和互联网,侵入美国大西洋舰队的指挥计算机网络,最终在舰队没有察觉的情况下接管军舰的指挥权,引起美国“五角大楼”的高度关注。

网络攻防型信息战武器装备有计算机病毒、预置陷阱、防火墙等。

计算机病毒是一种人为编制的有害程序,它能在计算机系统运行过程中把自身精确地或经修改的复制到其他计算机程序体内,对源程序进行置换和破坏甚至毁灭整个信息系统中的软件和数据。计算机病毒具有潜伏性、感染性、触发性、破坏性、可控性、敌我识别性,已成为信息化战争的进攻性武器。病毒破坏法(计算机病毒战)是指在普遍使用微电子技术和计算机的未来高技术战场上,以计算机为手段和对象的作战方式。其主要方式:将计算机病毒通过网络直接“注入”敌人的电子系统;利用“病毒枪”通过无线电波发射“注入”的方式,使病毒进入敌方飞机、坦克、潜艇等战术武器的计算机系统,实施远程遥控;利用集成电路中植入固化病毒的“芯片”,通过非正常渠道进入敌国信息化武器系统,战时需要通过远程遥控激活,达到大面积瘫痪敌方战略武器、$C^4I$ 系统、预警系统、电子战系统以及军事指挥系统和金融系统的目的。

例如:1991年海湾战争开战前一年美国获悉伊拉克将从法国购买一种用于防空系统的新型打印机,计划通过约旦首都安曼运回巴格达。美国间谍通过各种手段用带有“固化病毒”的芯片,在安曼机场换下打印机芯片,导致伊拉克把打印机安装到其防空系统上。当海湾战争揭开战幕时,美军通过无线网激活打印机芯片内的计算机病毒,并使病毒侵入伊拉克防空系统计算机网络,迅速扰乱伊拉克防空和情报系统,甚至感染机载计算机,最终导致整个伊拉克防空、空军作战系统陷入瘫痪。

美国的未来学家托夫勒曾明确指出:网络战争是弱国对付强国的一张王牌。网络战、计算机病毒战是把“双刃剑”,具有平等性,在信息化战争中弱小的一方也可利用病毒有效打击强大的一方,使对方造成惨重的损失。1991年海湾战争期间一名10岁的男孩通过商务计算机侵入美国的第36研究所;1999年科索沃战争期间,南联盟的黑客攻击北约计算机系统和相关网站,利用大量包含宏病毒的邮件造成北约邮件服务器因过载而瘫痪,甚至导致美国白宫的服务器全天休克,英国为轰炸提供气象信息的网站也损失惨重。美军在实施计算机病毒战的同时,也不得不花费巨资维护、防止自己的计算机系统免遭敌方的攻击和破坏。

计算机病毒主要针对敌方计算机的软件系统,但1999年爆发的CIH病毒不仅可破坏软件系统,还可通过BIOS指令摧毁电脑主板和硬盘,造成全球6000万台计算机损坏,成为最具破坏力的病毒。美国正在研究将生物技术和电子技术结合起来培育一种新的微生物。这种微生物能吞噬电子元件,如同微生物能吃掉垃圾一样,使用这种微生物可以毁掉敌方的整个计算机网络系统。

预置陷阱是在信息系统中人为预设一些“陷阱”,以干扰和破坏计算机系统的运行。预置陷阱一般可分为硬件陷阱和软件陷阱两种。

防火墙是指一种将内部网和公众访问网分开的方法,就像学校大门的门卫一样,将得到允许进入学校的师生放进来,将地方闲杂人员堵住。

### (三)心理战

心理战,即以信息能为主要手段的“攻心战”,通过攻击敌方人员的认识和信念,造成敌方官兵心理压力,动摇士气和军民抵抗意志,配合其他作战手段,达到不战而屈人之兵的目的。其活动空间:一是消息;二是媒体。其主要手段是广播电视宣传、前线广播、散发传单、投送电子邮件等。

例如:1991 年海湾战争前夕,美国在实施“沙漠盾牌”行动中,为有效震慑伊拉克军队,为在开战前向海湾地区部署军事力量争取时间,每天媒体不间断播放美军和技术兵器到达沙特阿拉伯军事基地的画面镜头。由于伊拉克没有侦察监视设备,无法证实消息的可靠性,只能原地挖壕固守,丧失南下攻占沙特阿拉伯的时机。在“沙漠风暴”行动中,多国部队对科威特境内和伊拉克南部地区伊拉克军队阵地实施 38 天空袭,造成一线伊拉克军队 50% 以上的伤亡,在军事打击和宣传的配合下,一线伊拉克军队士气低落,指挥失灵,无心恋战。多国部队地面作战 100 小时,伊拉克就宣布接受联合国所有决议,撤出科威特,并以政治方式结束海湾危机。

信息化战争改变传统的“消灭敌人有生力量”的作战观点,变成“消除敌人抵抗意志”,达到“不战而屈人之兵”。因此,信息化战争的伤亡和损失比传统战争大幅减少,甚至可能是零伤亡。

## 第三节　信息化战争的主要特征

信息化战争作为信息社会的特殊战争形态,与以往的战争形态相比,信息化战争总体上有以下特征。

### 一、战场主导武器是信息化武器

战争形态的主要特征依据战场武器装备的形式和状态。由于机械化战争中大量使用高机动性能的机械化武器装备,所以机械化战争由军队和武器装备的“数量规模主导”。只有在战争中使用信息化武器装备并主导战争的进程,才能称为信息化战争,其由“信息主导”。

信息化武器装备是指运用计算机技术、信息技术、微电子技术等现代高新技术研制,具备信息探测、传输、处理、控制、制导、对抗等功能的武器装备。其主要由信息化弹药

（主要指精确制导武器）和信息化作战平台（主要指利用信息技术和计算机技术使作战平台的控制、制导、打击等功能形成自动化、精确化和一体化水平的各种武器装备系统）构成。其包括侦察、预警、通信卫星及技术兵器（战斗机、预警机、战舰、坦克、装甲战车等）。

信息武器不仅是获取、传递、处理信息，还扩展成为信息进攻和信息防御、硬杀伤和软杀伤武器，主要是信息压制、信息打击和信息截取、信息扰乱等，如无线电压制反压制、雷达摧毁反摧毁、计算机病毒对抗、黑客扰乱与防止、对武器的精确制导反制导等。有的信息技术本身也是武器，计算机不但是一种指挥工具，而且可以成为一种武器。信息技术与能量相结合，形成了信息化武器装备系统。该系统包含：各种信息作战的作战平台；各种信息化弹体，如各种导弹、雷体等；单兵信息化武器装备，如信息化头盔、服装、通信工具和武器等；信息网络化战场的基础设施，如各种卫星、$C^4$ISR 系统等；用于计算网络系统作战的数字化程序化武器，如病毒、黑客等。

信息技术还可使现有的常规武器装备作战效能大幅提高。例如：飞机利用信息技术改进后，可使机载雷达探测距离增加，加大远战、精确制导及抗干扰能力；如涂抹吸波涂料，具备夜视功能，则作战效能发生质的飞跃。信息与能量相结合，不但使作战平台自身作战效能提高，而且可使发射的弹体在信息引导下提高命中概率。例如：安装电子战设备的轰炸机生存率为70% ~95%，而未安装的则不足25%；水面舰艇安装电子战设备，可使被反舰导弹命中的概率下降 20 倍。1991 年海湾战争中，多国部队使用的信息化弹药在其总弹药量中虽然只占 8%，但却完成了 80% ~90% 的战略战役目标打击任务。而2003 年伊拉克战争中，信息化弹药已经占到总弹药量的 80% 左右，充分反映信息化兵器的战场主导作用。战争实践表明：信息化兵器已成为战场“主力军”，发挥机械化兵器无法替代的主导作用。

## 二、战场能量主要释放方式是信息能

战争是力量的对抗，不仅表现在武器装备的质量和数量上，更表现在战场能量释放方式上。机械化战争战场释放的主要是机械能（机械运动产生的动能和势能）。

信息化战争作为机械化战争的高级发展阶段，战场能量释放方式是体现智能活动的信息能（各种信息化武器装备的战场探测、预警、侦察、精确制导、作战指挥与控制、通信联络等软能力）。它支配和主导着信息化战场上的全部作战活动，对战争制胜产生深刻影响。据资料统计：海湾战争中多国部队参战的大型主战兵器只有 1 万多件，而参战的“附属保障兵器”计算机却达到 4 ~5 万台。一方面说明多国部队的主战兵器信息化含量高，另一方面说明信息能已经成为决定战争成败的重要因素。

## 三、战场作战样式主要是信息战

信息战主要表现为战场上的信息对抗，即通过信息威慑、信息渗透、信息欺骗、信息封锁争夺“制信息权”。信息威慑是通过宣传、欺骗等方式，造成威慑敌方的声势和威力，构成敌心理障碍，影响判断和指挥，达到“不战而屈人之兵”的目的。信息遮断是以硬杀伤手段破坏敌信息系统的关键部位，同时实施电子干扰、压制，促使敌方信息系统瘫痪、失灵。信息渗透是通过黑客攻击和释放病毒，窃取、篡改敌方系统重要文件或数据，使敌信息系统污染或混乱。信息欺骗是利用全息投影模拟技术，制造“虚拟现实”的幻影或图像，或发放假信息、情报，扰乱敌方信息流的正常流动，诱使敌方做出错误判断。信息封锁是通过保密、反侦察等技术或手段，阻止敌方获取己方有价值的真实信息。

信息战与以往作战形式相比，主要有 3 个不同：一是信息战是敌对双方在信息领域的对抗活动，包括决策对抗（双方竭力遏制对方决策者和指挥机关）和指挥对抗（双方通过信息打击迫使敌方难以构成战场现实战斗力）；二是信息战目的不是歼灭敌人有生力量，也不是单纯为获取、处理与利用信息进行的技术较量，而是以破坏、摧毁对方的信息化战场支柱的认识系统、信息系统、指挥控制系统为根本目的；三是信息战摒弃机械化战争中以争夺战场兵力兵器数量优势为目标的作战目的，而是以夺取战场信息优势为目的，即争取实时有效地感知战场情况的能力、及时有效地使用部队和打击兵器的能力、通畅可靠的网络通信能力。1991 年海湾战争中，伊拉克军队采用落后的线性、接触式阵地战形式与多国部队的信息作战、联合作战等新型作战形式相抗衡，结果以惨败而告终。实践说明，信息战在信息化战争中的重要作用。

## 四、战场争夺的焦点是“制电磁权”

制信息权是指运用以信息技术为核心的战场认识系统、通联系统和指挥控制系统，在有效阻止敌方了解、掌握己方主要情况的同时，实时准确地掌握敌方情况，具有战场上信息获取权、使用权和控制权。

制信息权是信息化战场争夺的“第一制高点”，主导和支配制空权、制陆权、制海权、制天权等主动权的争夺。因为信息化战场已打破机械化战争陆战场、海战场、空战场等单一战场的构成格局，使作战成为“陆、海、空、天、电”五维一体化战场的整体较量。在整体较量中，任何单一空间战场的主动权都不能完全左右整个战场局势，必须依靠大体系进行整体协调和运作。因此，制信息权作为主导和沟通“陆、海、空、天、电”战场上层的主动权，具有制空、制地、制海、制天、制电的系统功能。深刻体现机械化战争特点的制空权、制陆权、制海权等战场主动权的单一争夺，将完全融入制信息权的整体争夺中。

夺取制信息权成为信息化战争制胜的前提。信息化战争取胜的途径是通过制信息权的获得达到对抗的优势。在未来的信息战战场上，任何作战行动都是凭借和围绕信息展开的，争夺制信息权的斗争不仅贯穿战争始终，也将异常尖锐、激烈。

“制信息权”的斗争主要集中在 3 个基本环节（信息获取、信息传递和信息处理）和 5 种基本手段（侦察与反侦察、干扰与反干扰、破坏与反破坏、摧毁与反摧毁、控制与反控制）上。获取信息是信息化战争制胜的核心和基础。通过收集信息，能准确实时掌握战场情报，提高决策效率；只有顺畅的信息传递，才能自如掌控战场；只有及时处理和利用信息,才能抓住战机,有效组织系统对抗完胜敌方。

## 五、战场主要作战目标是“三大系统”

信息化战争作为一种新型战争形态,表现为系统对抗。

一方面,以战场识别系统、信息系统、指挥控制系统、战场打击系统(包括兵力、火力)、支援保障系统等五大分系统构成的作战体系间的整体较量。战场认识系统、战场信息系统、指挥控制系统等三大系统,是构成信息化战场的“眼睛”“耳朵”“神经”和“大脑”,主导和支配战场所有力量和打击行动,作战双方都是紧紧围绕破坏、瘫痪敌人的“三大系统”和有效地保护、屏蔽己方的“三大系统”而进行的系统对系统的整体较量。

另一方面,军事信息通信成为战争指挥、控制活动的基础。美国国防部在科索沃战争的总结报告中指出:“‘联盟力量’行动中运用的指挥、控制、通信、与计算机系统的效能和种类方面是前所未有的”,而且在“联盟力量”行动中,北约盟军司令部“第一次把电视电话会议系统作为实时指挥与控制的主要手段使用”。美军称之为“跨越了战略、战役、战术级指挥层次,大大压缩了通常的指挥控制过程”。可见,军事信息系统成为信息化战争指挥和控制活动的基础。

## 六、战场是体系与体系之间一体化对抗

一体化对抗是信息化战争重要的特征之一,包括作战力量一体化、作战行动一体化、作战指挥一体化、综合保障一体化。

(1) 作战力量一体化。信息化战争中通过信息网络和信息技术,可将全空域作战单元整合为一个有机整体,形成一体化的作战力量。例如:采用“横向技术一体化”技术使功能单一的武器平台系统化,针对战场信息数据流具备通用性、联动性,使武器平台横向联结成统一的有机整体,大幅提高武器装备的作战效能。通过诸兵种合成一体化和诸军种联合一体化,提高军队的整体作战能力。因此,作战力量一体化是一体化作战的基础和保证。

(2) 作战行动一体化。信息化战争是诸军兵种一体化作战,相互之间的关联性密切,即使在小规模的军事行动,也需要通过信息系统搜集、处理和传输大量情报。同时传统的作战力量分工界限变得模糊,如击沉敌方舰艇,不一定是潜艇使用的鱼雷,可能是飞机发射的反舰导弹或远程智能反舰导弹。现代战争实践表明:单一军种的作战正逐渐消失,“陆、海、空、天、电”为一体的全维战争成为基本样式。如果没有作战行动的一体化,则无法系统发挥作战的效能和优势。

(3) 作战指挥一体化。信息化战争中由于使用 $C^4ISR$ 系统,使原有树状指挥体制逐步转变为扁平网络化指挥体制,实现指挥的一体化。为整合作战力量和作战行动提供保障。

(4) 综合保障一体化。保障是军队遂行作战任务而采取的保证性措施与活动的总

称，分作战保障、后勤保障、装备保障、政治保障等类型。信息化战争中，各类保障由机械化战争的分离趋向一体化。不仅降低成本和缩短中间环节，也可提高保障的可靠性和效率。

## 第四节　信息化战争与我国国防现代化建设

2019年《新时代的中国国防》白皮书中明确指出，新时代中国国防的发展路径是坚持走有中国特色强军之路。新时代中国国防和军队建设的战略目标是：到2020年基本实现机械化，信息化建设取得重大进展，战略能力有大的提升。同国家现代化进程相一致，全面推进军事理论现代化、军队组织形态现代化、军事人员现代化、武器装备现代化，力争到2035年基本实现国防和军队现代化，到本世纪中叶把人民军队全面建成世界一流军队。

### 一、树立信息化思想观念

军队打仗的基本依据就是与战争形态相适应的指挥方法、打赢战争的理论依据。既要有装备还要有理论，二者结合才能打赢战争。我国目前军队面对信息化战争已经成为战争形态的现实，必须在作战理论和军队建设的规划方面，进行前瞻性研究，要把工业时代以机械化战争为核心的军事理论转变为信息时代以信息化战争为核心的军事理论。

### 二、发展国产信息化技术

在高技术迅猛发展的现代社会，发展我国自己的高技术是现代化建设的必由之路，我国在国防现代化建设和军队现代化建设方面急需高技术支持。因此，在军事技术方面，要依托我国自己的技术优势，积极开发和利用高技术，特别是信息技术。当前，包括信息技术在内的各项高技术正在飞速发展，各国军方在积极利用民用信息技术的同时，正在大力开发军用信息技术，以便为进行装备信息化建设提供持续的技术支撑。

### 三、研发国产信息化武器装备

从世界上融入信息化建设和改造的发达国家军队的实践看，在信息化武器装备发展和建设上，大体上有以下几种类型的选择：一是“休克式”的彻底换代，即按照未来信息作战的需求，直接生产平台与系统一体的信息化武器装备；二是“渐进式”的滚动微调，即运用信息技术，对现有的机械化武器平台进行信息化改造；三是“复合式”的同步发展，即“远近兼顾”“软硬并进”，开发与改造并重，选择的是一条中间道路。

以国产高技术和信息化技术为平台，在武器装备方面，要把面对的战争形态由高技术局部战争转向信息化战争，把机械化武器装备体系逐步改造为信息化武器装备体系。世界各国军队尽管装备信息化建设起步有早有晚，发展水平很不平衡，但都走上了装备信息化建设之路。总之，军队信息化建设，不是简单的战术层面的武器装备系统的更新，而是建设由机械化战争形态变革为信息化战争形态的整体建设。

## 四、培养国有新型军事人才

信息化战争的系统对抗，核心仍然是人才的竞争。因此，在军事人才培养方面，急需大量信息时代的新型军事人员。这些军事人员要有强烈的信息意识、丰富的信息知识和高超的信息技能，适于建设信息化军队和打信息化战争。

战争形态决定人才结构，机械化战争需要指挥打赢机械化战争的军事人才，而打赢信息化战争人才的要求要远高于打赢机械化战争人才的要求。信息化战争是机械化战争的升级，军事人才也必须完成理论与指挥思维的升级。因此，要求必须加快新型军事人才培养的步伐，只有这样才能缩小与发达国家军事人才的差距。

2020 年经中央军委主席习近平批准，中央军委印发《关于加快推进三位一体新型军事人才培养体系建设的决定》。《关于加快推进三位一体新型军事人才培养体系建设的决定》紧紧围绕贯彻和落实习近平主席在全军院校长集训时重要讲话精神，以强化新型军事人才培养体系设计为牵引，以发挥军队院校教育、部队训练实践、军事职业教育特色优势为重点，以健全政策制度为支撑，明确新型军事人才培养体系建设的总体要求、着力重点和运行机制等，为推动全军办教育、全程育人才提供了依据。

培养军事人才的途径：改革院校教育，增设信息战和信息技术课程；在训练和演习中增加信息战攻防演练课目，提高部队的夺取和保持信息优势技能；充分利用地方教育资源，加大依托国民教育培养军事人才的力度，不能局限于军事院校的培养，更不能局限于满足军队消极信息化建设的需要。

## 五、建立、健全信息化军队的组织体制

在不同的战争形态下，要想打赢战争，需要与之相适应的军队编制体制，这是战斗力生成的必然要求。

在军事组织体制方面，要考虑建立信息时代的信息化军队体制编制，使信息在军队内部和战场上快速、顺畅、有序地流动，以适应信息化战争的要求。

目前，美国等西方国家军队将重点是解决如何变纵长形“树”状领导指挥体制为扁平形“网”状领导指挥体制；如何进行陆军的结构改革，使其适应高技术战争和信息化战争的要求，以及如何组建信息战攻防部（分）队等。

## 六、后勤保障信息化建设

信息化战争作战进程快、力量控制精、技术含量高，后勤保障强度和难度空前增加。从近几场局部战争来看，后勤保障成为影响战争胜负的重要因素，赢得战略竞争主动的重要力量，提高后勤保障能力刻不容缓。

**1. 提高后勤保障能力，需要突出信息主导**

信息化战争需要信息化后勤。信息化后勤必须着眼提高基于信息系统的体系作战保障能力，大力加强后勤信息化建设，发挥其在后勤保障能力生成中的“信息赋能、网络聚能、体系增能”作用。“可视化后勤”是现代化后勤建设的主要目标之一，应充分利用先进的物联网技术和传感定位技术，加强对后勤保障系统的数字化改造，把整个后勤系统置于统一的网络之中，确保前线部队战斗到哪里，后勤就能精确地“适时、适地、适量”保障到哪里。应依托大数据、云计算等信息技术，着力构建与作战指挥系统相配套、与各军兵种部队及各专业保障实体相联通的后勤指挥控制系统，实施一体化指挥控制，最终达成保障需求实时可知、保障资源实时可视、保障活动实时可控的目的。

**2. 提高后勤保障能力，需要优化组织结构**

未来战争是“一体化”联合作战，战斗力链条上的任何一块短板、一个漏洞，都可能引发“多米诺骨牌效应”。所以，必须积极适应信息化局部战争的新特点，构建上下衔接、专通互补、“战保一体”的后勤保障力量体系。另外，还要充实应急机动保障力量，以实现支援保障力量快速机动为目标，配齐、配强各类人员和装备物资器材，积极推动应急保障力量由单一专业保障向多专业保障、由陆地保障向立体保障、由划区定点保障向跨区域机动保障转变。

**3. 提高后勤保障能力，需要加强人才队伍建设**

后勤保障建设的现代化程度越高，对高素质人才的需求就越大。因此，应进一步强化人才意识，把后勤保障人才建设摆在更加突出的战略位置来抓。在倡导广大官兵岗位成才、自学成才的同时，加强与后勤院校的交流，定期组织后勤骨干赴院校进修和轮训，增强技术敏感度。由于未来信息化战争是陆、海、空、天、电“五维一体”的联合作战，作战与保障越来越趋于一体，因此后勤人员必须超越本专业领域，具有后勤保障和指挥作战的双重本领。总之，应根据现代战争后勤保障特点，着眼战场需求，着力培养“军政后合一、指技合一”的复合型后勤人才，提高后勤保障人员的综合素养。

## 思考题

1. 什么是信息化战争？
2. 信息化战争有哪些特征？
3. 信息化战争的发展历程是什么？
4. 信息化战争对我国国防建设的要求是什么？

# 参 考 文 献

[1] 邓小平. 邓小平文选:第三卷[M]. 北京:人民出版社,1994.
[2] 军事学教程编辑委员会. 军事学教程[M]. 北京:高等教育出版社,1996.
[3] 张彦斌,党小林. 高等学校军事理论教材[M]. 沈阳:白山出版社,1998.
[4] 张万年. 当代世界军事与中国国防[M]. 北京:军事科学出版社,1999.
[5] 李文宣,孟天财. 孙子兵法释评[M]. 北京:兵器工业出版社,2000.
[6] 国防大学军训办公室. 高校军训手册[M]. 北京:中央民族大学出版社,2000.
[7] 武登春. 军事理论教程[M]. 北京:北京航空航天大学出版社,2001.
[8] 刘精松,王祖训. 跨世纪的国防建设教程[M]. 北京:军事科学出版社,2001.
[9] 王越. 国防科技与军事教程[M]. 哈尔滨:哈尔滨工程大学出版社,2003.
[10] 罗援. 伊拉克战争点评[M]. 北京:军事科学出版社,2003.
[11] 单秀法. 江泽民国防和军队建设思想研究[M]. 北京:军事科学出版社,2004.
[12] 军事科学院作战条令部. 信息化作战理论学习指南[M]. 北京:军事科学出版社,2005.
[13] 富勒 J F C. 装甲战[M]. 北京:解放军出版社,2006.
[14] 中国军事百科全书编审委员会. 中国军事百科全书:军事学术[M]. 北京:军事科学出版社,2009.
[15] 骆红斌,单小忠,苗志良. 大学军事课教程[M]. 杭州:浙江文艺出版社,2009.
[16] 丁晓昌,张政文. 军事理论教程[M]. 南京:河海大学出版社,2010.
[17] 李鹏青. 普通高等学校军事教程[M]. 北京:军事科学出版社,2010.
[18] 中国人民解放军军事科学院. 中国人民解放军军语[M]. 北京:军事科学院出版社,2011.
[19] 张正明. 军事理论技能教程[M]. 西安:西安交通大学出版社,2011.
[20] 习近平. 决胜全面建成小康社会,夺取新时代中国特色社会主义伟大胜利——在中国共产党第十九次全国代表大会上的报告[M]. 北京:人民出版社,2017.
[21] 中共中央宣传部. 习近平新时代中国特色社会主义思想三十讲[M]. 北京:学习出版社,2018.
[22] 中华人民共和国国务院新闻办公室. 新时代的中国国防[M]. 人民出版社,2019.
[23] 习近平. 论中国共产党历史[M]. 北京:中央文献出版社,2021.

# 后　记

《军事理论教程》是南京理工大学“十二五”规划教材、“十三五”规划教材、“十四五”规划教材。为了反映教材的时代性和新颖性，同时融入中国共产党的十八大以来的理论和实践创新成果，更好地吸取师生在教材使用过程中提出的意见和建议，所以根据最新《普通高等学校军事课教学大纲》于2021年进行了大量修改。

军事专家海军指挥学院刘杭军教授、南京理工大学机械工程学院兵器专家周克栋教授、南京理工大学马克思主义学院院长李俊奎教授对本书进行了精心审核，在此表示衷心感谢。

本书参考并引用了大量的文献，其主要参考文献附后。由于篇幅所限，不能一一注明有关文献的出处，在此向被引文的著译者表示深深的感谢。